范 莉 / 著

儿童和成人语法中的否定和否定辖域

安徽大学出版社

图书在版编目(CIP)数据

儿童和成人语法中的否定和否定辖域 / 范 莉著.
—合肥:安徽大学出版社,2007.4
ISBN 978-7-81110-290-1

Ⅰ.儿... Ⅱ.范... Ⅲ.汉语—否定(语法)—研究
Ⅳ.H146.3

中国版本图书馆 CIP 数据核字(2007)第 040647 号

儿童和成人语法中的否定和否定辖域 范 莉 著

出版发行	安徽大学出版社 (合肥市肥西路 3 号 邮编 230039)	**印 刷**	中国科学技术大学印刷厂
		开 本	787×1092 1/16
联系电话	编辑室 0551-5108458 发行部 0551-5107716	**印 张**	21.5
		字 数	498 千
责任编辑	徐 建 韦 明	**版 次**	2007 年 4 月第 1 版
封面设计	孟献辉	**印 次**	2007 年 4 月第 1 次印刷

ISBN 978-7-81110-290-1 **定价 35.00 元**

致 谢

终于能以这样正式的方式来感谢我的老师、朋友和家人。

我要感谢我的第一位语言学老师，也是我硕士和博士研读期间的恩师，方立老师。对老师，我是怀着无以言表的感激之情的，因为我的点滴进步都凝结着老师的心血。

我要感谢博士论文指导和答辩小组的各位老师。他们的批评和指点帮助我顺利完成论文的研究工作。

我要特别感谢香港CERG"与连续性假设相关的汉语词序和论元结构的习得"(The Acquisition of Word Order and Argument Structure in Chinese: Its relevance to the Continuity Hypothesis, CityU 1245/02H)基金对汉语儿童早期习得(Chinese Early Child Language, CELA)项目的资助。CELA项目是在李行德教授、方立教授和杨小璐博士的指导下进行的。本研究使用的自然语料来源于该项目所建立的语料库。各位指导老师未读过全书文稿，故文责自负。

我要感谢我们进行跟踪取样的三名儿童和他们的父母。他们的热忱支持，是该研究得以顺利进行的基础。我要感谢北京CELA小组的每一个成员，感谢他们的工作和协助。

我要感谢在语言测试中，解放军总后勤部五一幼儿园、前八家小学和海淀区实验三小的老师和小朋友们所给予的合作与支持。

我还要感谢北京林业大学以及外国语学院的领导和同事们。在我学习期间，学校和学院的领导都给了我很多支持，同事们为我承担了许多教学任务。是在他们的扶助下，我才能完成学业。

我要感谢我的家人。他们的默默支持，是我随时都能体会到的。

最后，要感谢本书编辑徐建老师的帮助。

论文写作及成书过程中，有乐，也有苦。是在老师、朋友和家人的扶持下，我才能坚持跑到了终点。谢谢你们！

内容提要

否定和否定辖域在语义系统和语法系统中占据重要的地位。两条脉络贯穿论文的理论研究和习得研究：在语法系统内部，体现为“否定－否定辖域”；从语言使用者角度，体现为“成人语法－儿童语法”。本书以否定辖域问题作为切入点，在成人语法和儿童语法的研究中实现了两个“统一”：

第一个“统一”：就否定辖域问题，实现了对汉语成人语法和儿童语法的统一描写。

本书提出了对汉语儿童辖域知识初始状态的假设，建立了早期儿童和成人进行辖域判断的原则系统，揭示了儿童辖域知识发展的过程。

第一个“统一”的实现为以下建立在普遍语法基础上的重大理论假设提供了有力支持：

第一，儿童和成人对语言的假设都受到普遍语法的制约；

第二，语言习得过程是一个在普遍原则指导下的参数设置过程；

第三，语言发展过程具有连续性的特点。

第二个“统一”：实现了对汉语否定和量化、否定和情态两种辖域问题的统一描写。

本书发现汉语儿童和成人在判断两种辖域关系时使用的原则是相通的。论文在形式语义学的框架下对两种辖域关系进行了形式化描写，凸显了形式语义学的强大解释力。

本书共分五章：

第一章：“前言”，介绍本书的理论框架和语料来源。

第二章：“否定”。

理论研究部分：论文首先界定“否定”、“否定词”和“否定句”，提出一个供进一步讨论的观点：“否定”概念的原型意义是“否定存在”。主张将否定词划分为形式上的否定和意义上的否定，并提出以是否形成向下蕴涵语境作为划分意义上的否定词的标准。同时，运用向下蕴涵和反（非）真实性的概念辨析了“不”、“没”一类词与“很难”一类词在意义上的关联和区别。在确定“否定句”时，主张从句法、语义和语用三个角度去考量。

习得研究部分：从历时近两年对三名北京儿童，CY(00;10;05－02;04;31)、SJQ(01;02;06－01;11;29)和ZTX(00;11;18－02;06;02)，的定期跟踪语料中，从词汇、句法和语义的角度探讨了儿童早期对普通话中否定的获得过程。在词汇方面，讨论了普通话的儿童获得否定词的次序以及形成这种次序的原因。在语义方面，报告了主要否定概念始现的时间和使用的频率，发现了早期语义发展的特点。关于否定概念和否定词的习得问题，提出：否定概念的习得顺序与儿童认知能力的发展水平有关，否定概念的习得顺序决定了否定词的习得顺序。此外，本书还讨论了语义获得与句法获得之间的关系。在句法方面，总结了儿童自发使用的否定结构和使用频率，总结了儿童早期获得简单否定结构的大致次序，分析了儿童早期语料中否定结构由简到繁变化的过程和原因。在跟踪取样和语言测试中，研究均发现：就不同类型的否定来说，语义否定的习得要早于语用否定。

第三章："否定和量化"。

理论研究部分：

本书首先讨论了主要量词的语义性质，然后讨论了否定和量化的辖域问题。语言测试结果表明：汉语中存在否定和量化的辖域歧义现象，顺序解释是非标记性的，逆序解释是标记性的；否定和量化间的辖域分配与量化名词在句中充当的句法和题元角色无关；否定和量化的辖域研究与量化内部的辖域研究是不同的。提出了汉语成人决定否定和量化辖域的原则系统是：

线性原则＞语义蕴涵原则/数字解释原则

线性原则和语义蕴涵原则的关系是：前者是由后者派生的；前者是定理，后者是公理。在原则系统中，线性原则的核心地位表明汉语"形"中有"义"的特点，同时也表明成人在判断否定和量化辖域时首先是凭借语序，之后才是语义。

习得研究部分：

本书报告了 CY、SJQ 和 ZTX 的语料中"都"、"每"和"所有"的使用情况。根据所掌握的语料，汉语儿童完全掌握全称量词的知识是在 03;00;00 左右。

关于否定和量化辖域知识的初始状态：本书的发现与 Crain (1992,1993)、Crain、Ni 和 Conway (1994)等提出的语义子集原则不一致。在一些结构的测试结果中，4～5 岁或 5～6 岁的儿童同时接受母集解释和子集解释。从语言发展的起点来看，本书的假设是：在处理两个算子间辖域问题时，儿童最初运用的缺省策略是假设两个算子的演算是双向的，两种不同的辖域解释都是成立的。同时，这两种解释的优劣程度不相等，因为儿童会运用自己的原则系统对它们进行评定。随着心智器官的发展和语言经验的丰富，儿童最终会获得成人对这些原则的排列次序，从而把那些在自己母语中不可能的解释排除掉。

关于早期儿童使用什么样的原则来判断否定和量化的辖域：本书的结论与当前两种主要的理论假设不符，即 Musolino、Crain 和 Thornton (2000:14)关于线性现象的观察；Lidz 和 Musolino (?)、Lidz 和 Musolino(2002)提出的成分—控制原则。本书提出在解决否定和量化辖域问题时，汉语早期儿童的原则系统是：

语义蕴涵原则/数字解释原则＞线性原则

关于否定和量化辖域知识的发展问题：本文的发现支持 Pinker (1984, 1989)、Crain (1991)等学者提出的连续性假设。在解决否定和量化辖域问题时，早期汉语儿童和成人使用的是同一套原则系统，所不同的仅在于线性原则在系统内部的地位和作用不一样。与量词辖域习得研究中的发现一样，否定和量化辖域知识的发展过程在汉语儿童身上体现为对线性原则重要性逐步认识过程。汉语儿童在 6～7 岁左右基本建立了以线性原则为核心的原则系统。

关于不同类型否定的获得情况：汉语儿童对语义否定知识的获得要早于语用否定。他们 6～岁开始逐渐认识到语义否定和语用否定的区别；但是到了 7～8 岁阶段，他们关于语用否定的知识还不全面。早期儿童在解释语用否定时基本上还是采用处理语义否定的原则。

第四章:"否定和情态"。

理论研究部分:

关于情态词的语义层级问题:基于语言测试结果,本书建立了汉语中一些主要的情态词的语义层级。特别是利用调查结果进一步证明了方立和范莉(2005)对"应该"的重新定义。

关于情态词否定式的问题:本书运用可能世界逻辑形式化地辨析了"应该"、"可能"和"可以"的不同否定式之间意义上的区别和联系。如果含否定词和情态词的句子的两种可能解释之间存在单向的蕴涵关系,汉语成人在辖域判断时使用的原则系统是:

线性原则＞语义蕴涵原则

线性原则是核心原则。当涉及到"可能不 VP"和"可以$_2$不 VP"时,成人语法中的语义蕴涵原则会生成一个标记性的解释。如果一个句子的两种可能解释不存在语义蕴涵原则所规定的语义关系时,成人只会使用线性原则来进行判断。

关于情态词的双重否定式的问题:本书运用可能世界逻辑描写了一些情态词的双重否定式,解释了为什么有时"盖'無不'两字,皆弗辞也。连用相消,同乎正意",而有时又"'双重否定决不是像数学上负乘负得正那样互相抵消'";还解释了为什么双重否定有时能加强语气,有时会减弱肯定,而有时又对原来的意义没有任何影响。

习得研究部分:

关于情态词的习得研究:在词汇习得方面,普通话儿童是在01;04左右开始使用情态动词;"会"和"能"是习得时间最早而且在早期使用频率最高的。从语义发展的角度,研究发现动态性和道义性情态意义的获得要早于认知性的。这个习得顺序与许多跨语言研究的发现是一致的,从而证明存在一个普遍的习得情态意义的顺序,这个顺序是由儿童认知能力的发展水平所决定的。借鉴 Sweetser (1990)的理论框架,本书从认知的角度来阐释了这个习得顺序。

关于情态词的语义层级的问题:语言测试表明,在4～5岁阶段,已经有少数儿童开始意识到情态词在语义强度上的差别;到了5～6岁和6～7岁阶段,这方面的知识有了进一步发展,并且达到较好的水平;7～8岁的儿童这方面的知识已经比较成熟。但是,儿童到7～8岁阶段对情态词双重否定式间语义强度的判断仍和成人的判断有明显差异,这是由于双重否定演算的复杂性所造成的。

关于情态词否定式的问题:本书围绕"应该"、"可能"和"可以$_2$"的否定式来讨论。从否定式使用的时间来看,"不＋情态词＋VP"的结构要早于"情态词＋不＋VP"的结构。语言测试表明,从4～5岁到7～8岁的儿童都有将"可能不 VP"完全等同于"不可能 VP"的情况。Lee (1986:338)在语言测试中发现3岁和4岁的儿童有将"可以不 VP"等同于"不可以 VP"的情况,5岁、6岁和7岁的儿童好像仍不能完全掌握"可以不 VP"的意义。本书认为"可能不 VP"和"可以$_2$不 VP"的习得困难和结构的标记性与语言输入有一定的关系,但是,最主要的原因是在评估具有蕴涵关系的两种可能辖域解释时,早期儿童使用的原则系统中的原则排序和成人的有差别。早期儿童的原则系统是：

语义蕴涵原则＞线性原则

当否定词和情态词的两种可能解释不存在语义蕴涵原则所规定的语义关系时，早期儿童仍会先假设两种解释都成立，但是他们会倾向于选择符合线性原则的顺序解释。汉语儿童的否定和情态辖域知识的发展过程仍然是一个根据语言输入逐步建立以线性原则为核心的原则系统的过程。

关于情态词双重否定式的问题：在CY(00;10;05－02;04;31)、SJQ(01;02;06－01;11;29)和ZTX(00;11;18－02;06;02)的语料中，未发现他们使用双重否定结构的情况。语言测试结果显示，部分4～5岁的儿童已经开始了解“双重否定表达的是肯定”，大多数儿童到了6～7岁和7～8岁阶段才完全掌握相关的知识。双重否定还会引起情态词的语义强度发生变化，儿童到了7～8岁还没有完全掌握这方面的知识。当不具备处理情态词双重否定的能力时，早期儿童会采用两个策略：省略策略和相消策略。在复述双重否定式时，7～8岁的儿童中也有使用省略策略的情况。

第五章：“结语”。

基于理论分析和测试研究，本书得出如下结论：就汉语否定辖域的问题来说，形式语义学是具有很强解释力的；成人和儿童的语法体现出连续性的特点，用于描写成人语法的形式化系统也适用于描写儿童语法。

Abstract

The aim of this thesis is to present a unified account of the system of principles Chinese children and adults apply in interpreting scope relations between negation and quantifiers, and between negation and modal verbs on the other. Its findings support the following hypotheses:

a. Children's and adults' hypotheses about language are constrained by Universal Grammar;

b. Children acquire a language by setting parameters under the guidance of Universal Principles. After the language – particular parameters are set, the effect of Universal Principles doesn't completely vanish, although it is not as strong as before.

c. There is continuity between the initial and steady states of language.

This thesis consists of five chapters:

Chapter One gives a brief introduction of the theoretical framework, and the sources of data upon which the study is based.

Chapter Two discusses the definitions of "negation", "negative word" and "negative sentence". The thesis reports the order in which some key negative words, negative concepts and negative constructions are acquired by three children who were born and brought up in Beijing. The postverbal negation involves the operation of wrapping, so it is acquired later than the preverbal negation. Their first use of postverbal negation was found at 01;07;00 – 01;09;00. The findings prove that at this age children's ability to form negative constructions greatly improves. Furthermore, they are getting more sensitive to the word order, the scope and the focus in negative constructions. Compared to propositional negation, metalinguistic negation is acquired later. The children at the age of 06;00;00 – 07;00;00 are aware of the difference between the two kinds of negation. However, the children aged from 07;00;00 to 08;00;00 don't have a very good command of metalinguistic negation.

Chapter Three begins with a brief study of the lexical properties of Chinese quantifiers and then makes a close study of their scope interaction with negation. In interpreting scope relations between negation and quantifiers, young children and adults apply the same set of principles. The principles involved are the same but their rankings in weight are different:

Ranking of principles in young child grammar:

Semantic Entailment Principle/Number Reading Principle > Linear Precedence Principle

Ranking of principles in adult grammar:

Linear Precedence Principle >Semantic Entailment Principle/Number Reading Principle

There exists a close bond between the Linear Precedence Principle and the Semantic Entailment Principle. The latter is an axiom. The former can be derived from the latter and is, thus, a theorem. When interpreting a sentence with negation and a quantifier, children first assume that the linear reading and the inverse reading both are valid, and then judge which one to be optimal. Stimulated by language input, the children aged around 06;00;00 – 07;00;00 re – rank the principles and finally set up the adult system with the Linear Precedence Principle playing the dominant role in interpreting scope relations. The data in this study does not support the Semantic Subset Principle proposed by Crain (1992, 1993) and Crain, Ni & Conway (1994). Moreover, the study shows that young Chinese children do accept the inverse reading, which is rejected by Musolino, Crain & Thornton (2000) and Lidz & Musolino (2002).

Chapter Four first discusses the process in which children acquire key modal words in Mandarin at early stages. Studied from the perspective of semantic development, the data provides Chinese – particular evidence for the same acquisition sequence that has been well discussed in many other cross – linguistic studies, i. e. the sequence in which the dynamic and deontic use of modality both occur before the epistemic use in early child language. Such an acquisition sequence sheds light on a close relationship between language development and cognitive maturity. Following in the footsteps of Sweetser (1990), we account for the acquisition data from a cognitive linguistic approach by means of the metaphorical mapping from the sociophysical world onto the reasoning world. The thesis explores the scale of modality in Chinese and its child acquisition. The experiment results show that the children aged from 04; 00;00 to 05;00;00 are aware of the difference in the strength of modality and such knowledge is fully developed at the age of 07;00;00 – 08;00;00. Even the children aged from 07;00;00 to 08;00;00 have trouble identifying the difference in strength when faced with modal phrases in the form of double negation.

This chapter proposes a formalized account of negative constructions containing modal words. In determining scope relations between negation and modality, young children and adults act in accordance with the same set of principles, which reflects continuity in language development. If a sentence with negation and a modal word has two possible readings, one entailing the other, but not vice versa, young children and adults will rank the principles differently:

Ranking of principles in young child grammar:

Semantic Entailment Principle >Linear Precedence Principle

Ranking of principles in adult grammar:

Linear Precedence Principle >Semantic Entailment Principle

In this case, children initially consider the linear reading and the inverse reading as possible. They sift out the preferred reading with the help of their evaluation system. The ranking in child grammar, different from that in adult grammar, explains why young children misinterpret "*keneng bu* VP" as "*bu keneng* VP" and "*keyi bu* VP" as "*bu keyi* VP". If one possible reading is not entailed by the other, adults interpret the sentence in accordance with the Linear Precedence Principle. Assuming a free – order scope interpretation between the two operators, young children tend to prefer the linear reading. The process in which young children develop their scope interpretation is the one in which they establish the Linear Precedence Principle as a dominant principle in their grammar.

Much space in this chapter is also devoted to the acquisition of double negation constructions with modality. It is found that children have acquired the knowledge that "double negation" doesn't mean "negation", but "affirmation", when they reach their sixth or seventh birthday. A bit later they come to understand "external negation plus internal negation" may not be equal to "affirmation". Lacking the ability to process double negation constructions, young children often take the two strategies, i. e. Omission and Double Deletion.

In conclusion, ***Chapter Five*** summarizes the research that has been carried out in this thesis.

目　录

第1章 前 言

否定和否定辖域在语义系统和语法系统中都占据着重要的地位。两条脉络贯穿本书的理论研究和习得研究①:在语法体系内部,体现为"否定—否定辖域";从语言使用者角度,体现为"成人语法—儿童语法"。儿童和成人语法中的否定辖域问题是本书的研究重点。

本书选择从否定和量化、否定和情态两个方面来讨论汉语中的否定辖域问题。原因如下:

第一,否定词、量词和情态词是语言逻辑中三个重要的算子(Operator),它们的辖域关系是语义学研究的重要课题。

第二,量词系统中的全称量词、存在量词在意义上分别与情态词系统中的必然性算子、可能性算子相对应。

第三,本书的研究结果表明:在判断否定和量化辖域、否定和情态辖域时,汉语成人和儿童使用的原则系统是相通的。

1.1 理论框架

1.1.1 理论部分

1.1.1.1 真值条件语义学(Truth-conditional Semantics)

在真值条件语义学中,一个句子的核心意义就是这个句子的真值。在布尔逻辑(Boolean Logic)中,一个命题要么真,要么假,因此布尔逻辑也被称作"二值逻辑"。以一元谓词 P 和个体常量 a 组成的公式(Formula)为例:

如果 $[a]\in[P]$,那么$[P(a)]=1$。

$[P(a)]$表示句子的语义值;$[a]$ 表示个体常量 a 的语义值;$[P]$表示一元谓词的语义值。这个句子要为真,只有当个体 a 是 P 代表的集合中的成员。相反,

① 关于"Acquisition"这个词的译法,是有争议的。在本书中,"获得"和"习得"这两个术语的意思完全一样。

(2)如果 $[a]\notin[P]$，那么$[P(a)]=0$。

不是任何一个句子的真值都可以用 1 和 0 来衡量。有些句子既不为真，也不为假。关注这类语言现象的逻辑就是三值逻辑或多值逻辑。本书的讨论是以二值逻辑为基础的。

1.1.1.2 命题逻辑语义学(Propositional Logic Semantics)

Chierchia 和 McConnell－Ginet (1990:58)、方立(1997:130)将命题定义为一个句子的内涵(Sense/Intensional Meaning)。命题逻辑的句法部分主要包括句子的常量、变量和一些逻辑算子，如¬(否定)、∨(析取)、∧(合取)、→(蕴涵)、↔(相等)。自然语言的句子在命题逻辑中被称作“公式”，如句子“花开了”，就可以设为一个原子公式(Atomic Formula)，或称“简单公式”(Simple Formula)，p。[1] “花没开。”就是一个复合公式(Molecular Formula/Compound Formula/Complex Formula)，$\neg p$。逻辑算子可将 p 这样的简单公式连接成复合公式。复合公式的真值表是：

复合公式的真值表

p	q	$\neg p$	$p\vee q$[2]	$p\wedge q$	$p\to q$	$p\leftrightarrow q$
1	1	0	1	1	1	1
1	0	0	1	0	0	0
0	1	1	1	0	1	0
0	0	1	0	0	1	1

本书的讨论涉及最多的三个算子是：¬(否定)、→(蕴涵)和↔(相等)。其中，命题间的蕴涵和相等关系定义如下：

蕴涵(→)

假设有两个命题 p 和 q。如果 p 为真，q 也必定为真，那么 $p\to q$。

相等(↔)

假设有两个命题 p 和 q。如果 $p\to q$ 而且 $q\to p$，那么 $p\leftrightarrow q$。

蕴涵分为向上蕴涵(Upward Entailing)和向下蕴涵(Downward Entailing)两种：

向上蕴涵的算子(Upward Entailing Functor)

f 是一个向上蕴涵的算子，当且仅当每一个集合 P 和 Q，$P\leqslant Q\to f(P)\leqslant f(Q)$。

向下蕴涵的算子(Downward Entailing Functor)

f 是一个向下蕴涵的算子，当且仅当每一个集合 P 和 Q，$P\leqslant Q\to f(Q)\leqslant f(P)$。

---

① 忽略了时态。

② 此处的析取是相容的(Inclusive)。关于相容与相斥的析取之间的差别可参见方立(1997:139－141)。

比如有两个集合 P=[勤奋的学生]和 Q=[学生]，$P\subseteq Q$，那么：

(3)a. 他是一个勤奋的学生。→他是一个学生。

b. 他是一个学生。↛他是一个勤奋的学生。

向上蕴涵是从子集到母集的一种关系，肯定句是向上蕴涵语境。

(4)a. 他不是一个勤奋的学生。↛他不是一个学生。

b. 他不是一个学生。→他不是一个勤奋的学生。

向下蕴涵是从母集到子集的一种关系，否定句是向下蕴涵语境。

此外，在对算子进行运算时，本书还涉及到以下命题逻辑中的定律：

互补律

$$p \vee \neg p \leftrightarrow 1$$

$$p \wedge \neg p \leftrightarrow 0$$

$$\neg\neg p \leftrightarrow p$$

1.1.1.3 谓词逻辑语义学(Predicate Logic Semantics)

谓词逻辑是命题逻辑的发展。在对自然语言形式化描写中，它比命题逻辑更精细、更丰富。谓词逻辑引入了一些新的形式化的手段，如谓词(Predicate)、个体(Individual)、变量(Variable)、量词(Quantifier)[①]等。

谓词逻辑中有两个量词算子：全称量词∀和存在量词∃，它们组成的命题的真值条件是：

含全称量词的表达式的语义值：

如果 ϕ 是属于逻辑类 t 的表达式，并且它含有一个属于逻辑类 e 的自由变量 x，那 $[\forall x\phi]^{M,g}=1$ 当且仅当语域 U 中的每一个个体 a 都能使得 $[\phi]^{M,g[a/x]}=1$。除 $g[a/x]$ 中 x 的值可能跟 g 中的 x 不同之外，其他都一致。

含存在量词的表达式的语义值：

如果 ϕ 是属于逻辑类 t 的表达式，并且它含有一个属于逻辑类 e 的自由变量 x，那 $[\exists x\phi]^{M,g}=1$ 当且仅当语域 U 中至少存在一个个体 a 能使得 $[\phi]^{M,g[a/x]}=1$。除 $g[a/x]$ 中 x 的值可能跟 g 中的 x 不同之外，其他都一致。

相关的定义可见 Cann(1993：157，155)和 方立(2000：151－152)。

量词算子和变量 x 的关系是约束者和被约束者的关系。在逻辑式中，量词算子的辖域是指紧随它后面的部分，如：

① 注意：本书所说的"量词"不是传统的汉语语法研究中的像"个"、"辆"这样一些也被称作单位词(Unit Word/Classifier)的词。本书的"量词(Quantifier)"是在谓词逻辑中决定在一个集合中有多少个体使得与谓词相关的命题为真的这样一些词，如"每"、"两"。本书将"个"这样的词称作"单位词"，用符号"Cl."来表示。

(5) $\forall x\ (P(x) \wedge Q(x))$

在这个复合式中，$P(x) \wedge Q(x)$ 在 $\forall$ 的辖域内。如果一个表达式中的变量没有约束者的话，那它就是一个开式(Open Formula)，如(6)：

(6) $\forall x\ (P(x) \wedge Q(x)) \wedge W(y)$

本书使用了下列量词的运算定律：

全称量词消去律：

$$\forall x\, P(x) \rightarrow P(a)$$

存在量词引入律：

$$P(a) \rightarrow \exists x\, P(x)$$

量词否定律：

$$\neg \forall x\, P(x) \leftrightarrow \exists x \neg P(x)$$
$$\forall x \neg P(x) \leftrightarrow \neg \exists x\, P(x)$$

1.1.1.4 可能世界语义学 (Possible Worlds Semantics)

“可能世界”是可能世界语义学中的核心概念，是 Leibniz (1952)最先使用的。“可能世界”是什么？Stalnaker (1984:50) 将它看做一些抽象的物体，而不是具体的物体和情景，它们可以从一个理性的施事者的行为中推断并抽象出来。Kripke (1972: 267)说“可能世界”是设立的，而不是用高倍望远镜找到的，“可能世界”是为了考察语义而设立的一个有用的概念。由于“可能世界”是抽象的，所以学者们在定义它时意见有分歧。本书中，一个可能世界的集合 (a set of possible worlds) 就是一个情景的集合 (a set of circumstances)。

“必然性”和“可能性”是可能世界语义学研究的对象，它们可以从不同的角度来考察，比如逻辑上的、认知上的、道义上的。本书所关注的是认知上和道义上的“必然性”和“可能性”。认知逻辑(Epistemic Logic)与说话人的知识和信念有关；道义逻辑(Deontic Logic)与责任和许可有关。本书中，认知上的“必然性”和“可能性”分别用“□”和“◇”来表示。下面是它们的语义解释规则：

含认知性算子的表达式的语义值：

a. 如果 ϕ 是一个合格的表达式，$[\Box\phi]^{M, w_i, g}=1$ 当且仅当每一个认知上的可能世界 $w_j \in W$ 都能使得 $[\phi]^{M, w_j, g}=1$。

b. 如果 ϕ 是一个合格的表达式，$[\Diamond\phi]^{M, w_i, g}=1$ 当且仅当至少存在着一个认知上的可能世界 $w_j \in W$ 能使得 $[\phi]^{M, w_j, g}=1$。

□和◇相互转换规则：

$\Box\phi \leftrightarrow \neg\Diamond\neg\phi$

$\Diamond\phi \leftrightarrow \neg\Box\neg\phi$

$$\neg\Diamond\phi\leftrightarrow\Box\neg\phi$$

$$\Diamond\neg\phi\leftrightarrow\neg\Box\phi$$ （Dowty 等 1981:128—129）

本书采用 O 和 P 分别来表示道义上的“必然性”和“可能性”，它们的语义解释规则如下：

含道义性算子的表达式的语义值：

a. 如果 ϕ 是一个合格的表达式，$[O\phi]^{M,w_i,g}=1$ 当且仅当每一个道义上的（包括司法上的）可能世界 $w_j\in W$ 都能使得 $[\phi]^{M,w_j,g}=1$。

b. 如果 ϕ 是一个合格的表达式，$[P\phi]^{M,w_i,g}=1$ 当且仅当至少存在着一个道义上的（包括司法上的）可能世界 $w_j\in W$ 能使得 $[\phi]^{M,w_j,g}=1$。

O 和 P 相互转换规则：

$$O\Phi\leftrightarrow\neg P\neg\Phi$$

$$P\Phi\leftrightarrow\neg O\neg\Phi$$

$$\neg P\Phi\leftrightarrow O\neg\Phi$$

$$P\neg\Phi\leftrightarrow\neg O\Phi$$

虽然是在不同的逻辑中，但必然性算子和可能性算子的演算规则是相同的。

1.1.2 习得部分

Wittgenstein(1958)说：“语言游戏就是儿童开始使用的语言……当我们去观察他们简单的语言形式时，那些笼罩在我们语言用法上的薄雾就会消失。我们所看到的一些行为、反应都是那样清楚而透彻。”从语言的最初形式、发展过程去考察语言，会更清楚地把握一些现象的实质，有助于提高语言理论的描写性和解释性。针对与否定相关的语言现象，本书主要关注以下问题：

起因的问题。在儿童身上，一些相关语言知识的初始状态(Initial State)或早期状态(Earlier State)是怎样的？它与成人的语言有何差异？造成这种差异的原因是什么？

发展的问题。语言知识的发展是怎样的一个过程？儿童对相关语言知识的掌握情况在哪个阶段与成人的接近或一样？

普遍性的问题。对于一些相同的语言知识，不同语言的儿童的习得情况是否有共性？产生共性的原因是什么？

关于儿童如何掌握自己的母语，也就是 Chomsky 所说的“柏拉图式的问题”(Plato's Problem)，主要有两种不同的观点：语言获得的决定因素是“Nature”还是“Nurture”？也就是语言是“与生俱来”的还是“后天学习”的？认为语言能力与生俱来的学术阵营的领军人物是 Chomsky。与 Chomsky 的观点相同或相近的有 Crain、Steedman、Thornton、Wexler 等(Crain 和 Steedman 1985；Crain 和 Thornton 1998；Crain 和 Wexler 1999)。而在相对的阵营中，有 Tomasello (2000，2003)等。Tomasello(2003：97)的观点是：语言知识不应该等同于一个形式语法的知识；即使儿童最后能进行抽象的语言归纳(generalization)，但在语言发展的最初阶段他们是根本不这样做的，或者仅是在有些情况下进行抽象的归纳。Tomasello(2003：7)认为，以 Chomsky 的普遍语法(Universal Grammar,UG)为基础来解释儿童语言习得过程是有问题的。

本书在对儿童跟踪取样和语言测试中都观察到三种主要现象：

第一，语言发展过程是有规律的。同一年龄段、不同家庭背景、不同智力水平的儿童在语言发展过程中的表现是有规律可循的，共性的东西多于个性的东西。

第二，语言发展过程相当多的部分[①]是潜意识的过程。有些语言知识，没有来自成人有意的指导，但是儿童最终都能成功掌握。

第三，语言发展过程表现出连续性的特点。就汉语的否定辖域来说，早期儿童确实使用一些抽象的原则来进行辖域解释；他们使用的原则系统和成人使用的原则系统是一样的，所不同的只是系统内部原则按重要性的排序不同。

基于这三种现象，本书进行的儿童习得研究与以下两个理论假设紧密相关：先天性假设和连续性假设。

1.1.2.1 先天性假设(The Innateness Hypothesis)

Chomsky 提出语言是天赋的。针对有人对这个假设发出的质疑，他(2000:50—51)打了个形象的比喻："说'语言不是天赋的。'就像说我的孙女、岩石和兔子间是没有区别的。如果这样，将岩石、兔子和我的孙女带入一个英语的环境，他们也都会说英语。"

Chomsky 提出人的大脑中生来就有一个帮助他们获得语言的机制。语言获得机制(Language Acquisition Device, LAD)是语言的最初状态，与普遍语法[②]是一回事(Chomsky 2000:54)。儿童是如何获得语言知识的？要回答这个问题，只需描写普遍语法及它的原则是怎样与儿童的语言经历相互作用而产生语言的(Chomsky 1986:3)。

获得和运用语言的能力是人类所特有的。有些深层的、限制性的原则深植于人的大脑之中，它们决定人类语言的性质(Chomsky 1972:102)。语言的获得与人的智力无关，与获得语言的环境无关(Chomsky 1972:79)。语言的获得是一种潜意识的活动，即使没有特意地去教儿童语言，或者关注语言的发展过程，儿童最终仍然能成功地掌握语言(Chomsky 1965:200—201)。

1.1.2.2 连续性假设(The Continuity Hypothesis)

连续性假设是 Pinker (1984, 1989)、Crain(1991)等学者提出的。它的主要内容是：

第一，儿童和成人都拥有语言知识的核心部分(Core Grammar)。儿童对语言建立的假设是受到普遍语法制约的(Crain 和 Thornton 1998:121)。

第二，儿童的语法在有限的方面区别于成人的语法，"成人语法与儿童语法间的区别和成人语法间的区别一样(Crain 和 Thornton 1998:31)"。

---

① 这里说是"相当多的部分"，是因为我们无法排除语言输入对语言习得的影响。

② 参见 Chomsky(1981:7)对普遍语法(UG)的定义："UG 被看做是对儿童语言的初始状态的描写"(UG is taken to be characterization of the child's pre—linguistic initial state.")。

1.2 语料来源

本书的语料有儿童语料和成人语料两种。

1.2.1 儿童语料

儿童语料是采用跟踪取样和语言测试两种方式获得的。

1.2.1.1 跟踪取样

本研究所跟踪的对象是3名生长在北京的儿童，语料收集工作是从他们1岁左右开始。他们都是来自独生子女家庭，家庭使用语言是普通话。下表显示了3名儿童的简单信息：

受访儿童的信息

儿童	性别	出生日期	访问时段
CY	女	2001/12/30	00;10;05—02;04;31
SJQ	女	2001/10/16	01;02;06—01;11;29
ZTX	男	2001/12/20	00;11;18—02;06;02

语料的收集采用家庭访问的形式。每次家庭访问的时间原则上是1个小时，但是由于一些客观原因，极少数的访问不足1个小时。除了"非典"流行和其他一些特殊原因以外，访问在2岁以前，1周1次；2岁以后，2周1次。

在访问过程中，我们对受访儿童与周边人群的自然语言交流进行录音和录像，接着对音像资料进行数字化处理，而后根据CHILDES对儿童语料的转写格式人工进行文字转写，最后再由一名非转写人员进行核查。①

在关于否定的儿童早期习得研究中，本研究共使用了对3名儿童145次的访问记录。简单统计如下表。

使用语料的转写情况（一）

儿童	全部转写的语料(/次)	部分转写的语料(/次)
CY	65	0
SJQ	24	5
ZTX	49	2
合计	138	7

其中部分转写的语料，是指对整个访问内容没有进行全部转写，只是转写了含有否定词语的对话片段。

① 关于CHILDES的有关信息和转写规范，参见http://childes.psy.cmu.edu。所有的转写和核查人员均说标准和流利的普通话。

在关于情态的儿童早期习得研究中，共使用了143次访问记录。

使用语料的转写情况（二）

儿童	所用语料的访问次数
CY	64
SJQ	28
ZTX	51
合计	143

1.2.1.2 语言测试

本书关于否定和量化部分的语言测试采用的是真值判断（Truth－value Judgment）的方法，相关测试内容采用图片和图像两种方式来展示。关于否定和情态部分的语言测试采用让被试听故事，然后根据故事内容回答问题或者判断测试句正误的方法。关于测试的具体设计在相关部分有详尽介绍。在测试过程中，对每个儿童每个部分的测试都进行了录音。

语言测试中各年龄组儿童的相关信息如下：

被试儿童的背景信息

测试的学校	测试的时间	测试的年龄组	测试的人数
解放军总后勤部五一幼儿园	2004/11/8－2004/12/3	4～5岁组	15人
		5～6岁组	15人
		6～7岁组	2人
前八家小学	2004/11/29－2004/12/17	6～7岁组	9人
		7～8岁组	10人
海淀区实验三小	2004/12/20－2004/12/23	6～7岁组	4人
		7～8岁组	5人

各年龄组的平均年龄

测试的年龄组	起止年龄	平均年龄
4～5岁组	04;02－04;11	04;05
5～6岁组	05;03－05;11	05;05
6～7岁组	06;00－06;09	06;06
7～8岁组	07;00－08;01	07;07

1.2.2 成人语料

本书就否定和量化、否定和情态等问题进行了语言测试和多次语言调查。测试设计、测试方法及被试信息参见下文相关部分。

第2章 否 定

2.1 否 定

什么是否定？钱敏汝（1990:31）运用黑格尔“扬弃”的概念给“否定”下了定义，认为“任何具有‘扬弃’作用的语言单位即具有否定意义，这样的语言单位可称为‘否定载体’”。熊文华（1999:226）的定义更为具体：“言非、指未、述无、反说、对举、否认、拒绝和劝阻均可视为是一种‘否定’。”

一个词语可以有一个典范（Model）或者原型的形象（Prototype Image），比如说到“北京的大学”，人们想到的很可能是“北京大学”或者“清华大学”，因为它们是“北京的大学”这个集合中最具有代表性的成员。原型的概念能用来处理词语意义的问题，也应该可以用来处理语法概念的问题。比如 Dowty （1991） 就提出使用“原型题元角色”（Thematic Proto－roles）这个概念来解决定义题元角色时所产生的纷争。同样地，为了把握“否定”概念的基本意义，也可以问：什么是否定的原型意义（Prototype Meaning）？

“原型意义”应该是儿童在语言发展的最初阶段最早把握、最多使用的意义。不少跨语言的习得研究 （Bloom 1970；McNeil 和 McNeil 1968；Choi 1988）都发现儿童最先使用的否定概念是：否定人和物的存在。在 CY（00;10;05－02;04;31）、SJQ（01;02;06－01;11;29）和 ZTX （00;11;18－02;06;02）的语料中，本研究也发现：“否定人和物的存在”是他们最早和最多使用语言来表达的否定概念之一。因此，本研究提出一个供进一步讨论的观点：“否定”概念的原型意义是“否定存在”。

2.2 否定词

概念必须通过词语来表达，接下来的问题是：什么样的词可以划分为否定词？

单纯从意义的角度出发，就会出现朱晓亚（1992:24）所提到的 20 世纪 50 年代有些学者（袁圣 1951、徐仲华 1959）将“很难”这样的词划作否定词的作法。朱晓亚（1992:24）这样评价道：“这是汉语语法学过于偏重意义所造成的结果。”其实，将“很难”划为否定词也不是全无道理，它确实表现出与“不”这样的否定词的相似之处。举例说明：

（1） 肯定句

a. 我是学语言学的学生。→我是学生。

b. 我是学生。↛我是学语言学的学生。

(2) 否定句

a. 我不是学语言学的学生。↛我不是学生。

b. 我不是学生。→我不是学语言学的学生。

(3)“很容易”

a. 我很容易就找到一个学语言学的学生。→我很容易就找到一个学生。

b. 我很容易就找到一个学生。↛我很容易就找到一个学语言学的学生。

(4)“很难”

a. 我很难才找到一个学语言学的学生。↛我很难才找到一个学生。

b. 我很难才找到一个学生。→我很难才找到一个学语言学的学生。

肯定句和“很容易”都形成向上蕴涵语境,而“不”和“很难”都形成向下蕴涵语境。另一方面,“很难”又不完全等同于“不”,例如:

(5) 很难找到一本好书。↛找不到一本好书。

很难找到一本好书。↛找到一本好书。

“很难”表达的意义倾向于“不”,但又不完全等同于“不”。运用当前在负极项(Negative Polarity Items)研究中广泛使用的一个概念,“真实性(Veridicality)”①,就能把肯定、否定和“很难”这类词表达的意义清清楚楚地区分开来。

关于命题算子(反/非)真实性的定义:

a. 一个命题算子 F 是真实性的,当且仅当 Fp 蕴涵 p:$Fp \to p$;
否则 F 就是非真实性的(nonveridical);

b. 一个命题算子 F 是反真实性的(antiveridical)当且仅当 Fp 蕴涵 $\neg p$:$Fp \to \neg p$。 (Giannakidou 1999, 2002)

肯定句是真实性的语境;否定词,如“不”、“没”,形成反真实性的语境;像“很难”这类词形成的是非真实性的语境。反真实性和非真实性都是与真实性相对的,所以在一般的分类中可以忽略二者的细微差别。

本书主张从句法和语义两个角度来划分否定词:像“不”、“没”和“别”等这样的词,它们在形式上是否定标记,在意义上形成向下蕴涵语境,因此它们是句法和语义上的否定词;有些词语在形式上不含否定的字眼,但是在意义上也能形成向下蕴涵语境,那它们就是语义上的否定词,如“很难”、“很少”。本书提出,以是否形成向下蕴涵语境作为确定一个词是否是语义上的否定词的标准。

---

① “真实性”是 Montague (1969) 最早用来分析感知动词(Sense Verbs)的语义时使用的概念,比如“看见”这个动词就是具有真实性的,因为“看见 X”蕴涵着 X 的存在。例如,“我看见一个学生。”蕴涵“有一个学生。”说“非真实性”,就是说“不存在”了。与“看见”这样的词不同,内涵动词的“寻找”就是非真实性的(Nonveridical)。如说“他寻找一只独角兽。”并不蕴涵“有一只独角兽。”关于相关问题的讨论,参见方立(2000:297—301)。

2.3 否定句

什么是“否定句”呢？

从形式上来考察。金兆梓(1983(1922):78)说：“凡是肯定句与否定句的分别，只须看表词中有否‘不’‘无’‘非’‘弗’‘莫’等否定副词，就可辨别得出。”吕叔湘(1982(1942):237)指出“否定的句子却是必须要有否定的字样”。

从意义上来考察。黄伯荣、廖序东(1991:229)说：“对事物作出否定判断的句子，叫否定句。”王力(1985:123)这样来定义：“凡能在消极方面否定某一种事情者，叫作否定作用。”

从形式和意义相结合的角度来看。王力(1962:238)指出：“表示否定的句子叫否定句。否定句中必须要有否定词。”

讨论这些不同的分类方法。首先，如只从形式上来考察，会将一些含有否定词，但并不表达否定意义的结构归类为否定，如：

(6)你去不？

其次，如单从意义上来考察，肯定形式的反问句也应该归类为否定句，如：

(7)老师还没说我，你就说我大半天。你是老师吗？

最后，从形式和意义相结合的角度来考察，肯定形式的反问句又必定会被排除在否定句外。虽然它在意义上表达否定的概念，但在形式上缺少否定的标志。王力(1985:129)曾提出这样的观点：“反诘语可以当否定语用，这是很自然的道理，不过反诘语的语意更重罢了。”言外之意应该是说反诘语不属于否定句，但可当否定句用。此外，按照形式和意义相结合来考察的观点，双重否定也必然要被排除在否定句之外。这样一来，大家惯称的“双重否定”实际上并不属于否定，是“有名无实”的了。

本书主张从形、义和用三个角度来定义“否定句”。“句法否定”只要求否定词的出现，不管是否表达否定的概念。有些句法否定在意义上是不表达“否定”概念的，熊文华(1999:227)就提到过这样的语言现象：“否定形式不一定都总是表示否定意义。”吕叔湘(1985)将这种现象概括为“否定作用的模糊化”。“句法否定”这个概念的提出就是针对这样一些语言现象的，如双重否定：

(8)在最艰难的时候，她不能不咬紧牙关，坚持下去。

又如朱德熙(1959)和沈家煊(1999:75—90)都讨论过的含“差一点儿”的结构，如：

(9)我差一点儿没注意她是在故意回避这个问题。

还有 Yeh (1998: 259)讨论的“还不”结构：

(10)是他帮了你的忙。你还不快谢谢他。

本书把这种含有单个否定词，但不表达否定意义的句子称作“羡余否定”。羡余否定和双重否定属于“句法否定”，但不属于下文说的“语义否定”。

在表达“否定”概念时，可以对命题本身的真值进行否定，即“语义否定”；也可以对命题使用的适宜条件或叙述方式进行否定，即“语用否定”。

表达“语义否定”的句子中不一定有否定词，比如肯定形式的反问句和利用语调等手段来表达否定的句子。

“语用否定”[①]等同于 Horn (1985)的“元语言否定(Metalinguistic Negation)”，元语言否定是用语言来谈论语言的一种用法。举例说明：

(11)她不是什么“女人”，她是我妻子！

(12)中国的足球健儿没有屡战屡败——他们是屡败屡战。

(沈家煊 1993:322－328)

2.4 习得研究

2.4.1 研究现状

儿童对否定的习得是语言习得研究的一个重要课题。

以英语和其他欧洲语言的儿童为研究对象的文献很多，比如关于英语的有 Klima 和 Bellugi (1966)、Bellugi (1967)、Bloom (1970) 和 Pea (1980)；德语的有 Wode (1976)。关于亚洲语言的研究，日语的有 McNeil 和 McNeil (1968)、Ito (1981)；韩语的有 Choi (1988)和 Kim(1997)。

关于汉语的研究也有很长的历史。最早可以追述到陈鹤琴(1925)，以及后来的 Li (1968) 和 Lee (1981，李行德 1982)等。

此类研究一般都关注两个问题：

第一，否定词在句中的位置。

在对三个母语是英语的儿童的语料进行分析后，Bellugi (1967)发现儿童获得否定要经历这样一个过程：先把否定词放在名词短语、动词短语或主谓句前，如：

(13) No supper.
NEG[②]晚餐

(14) No eat.
NEG 吃

(15) No the sun shining.
NEG 太阳 照耀

---

① 本书采用沈家煊(1993)提出的这个术语。

② 用 NEG 表示否定词。

之后到了一定阶段，才会将否定词从句外移动到句内。

在 Bloom (1970) 所收集的语料中，只有否定词出现在名词或动词短语前的例子，没有否定词放在主谓句前的情况。因此，Bloom (1970)认为，儿童一开始就是将否定词置于句中的。像 *No Lois do it*. 这样的句子中，*No* 只是与前面的句子相衔接，而和后面的主谓句无关。

考察汉语语料。Erbaugh (1992：434)提到来自 Pang(02;10;00)的一个例子：

(16) 不天气冷才可以去游泳。

Pang 将否定词直接放在了表条件的从句的句首。要表达同样的意思，成人会说：

(17)天气不冷才可以去游泳。

第二，否定概念的习得顺序。

Bloom(1970)把否定句分为三类，儿童对它们的获得是依照这样的顺序：

否定物体存在→表达拒绝→表达命题的否定

McNeil 和 McNeil (1968)发现母语是日语的儿童最先使用的否定是"否定物体存在"。Pea (1980:165－166) 认为相对"表达拒绝"的否定来说，"表达消失"的否定和"对真值功能的否定(Truth－functional negation)"要复杂，因为它们要求抽象的认知表达(Abstract Cognitive Representation)。他对六个母语是英语的儿童长达一年的观察验证了他的观点。这六个儿童习得否定概念的顺序是：

表达拒绝→表达消失→对真值功能的否定

Choi (1988) 对法语、英语和韩语跨语言的研究发现，儿童获得否定要经历三个阶段：

第一阶段：否定存在、禁止、拒绝 (失败)

第二阶段：否定命题(没有能力，认知性的否定(Epistemic Negation))

第三阶段：规范性的否定(Normative Negation)，推断性的否定(Inferential Negation)

关于以汉语普通话为母语的儿童习得"否定"概念的情况，可参见 Lee (1981、李行德 1982)。从对 XM 01;05;00 到 01;11;02 长达 25 小时的录音和观察资料中，李行德(Lee, 1982：277)发现，在语义层面上，XM 获得否定的先后顺序大体是：

否定物体的继续出现→否定物体的存在→拒绝/禁止→对能力的否定→否定物体名称→否定事件的发生→否定物体的特性或状态→否定事件的继续发生

从表达层面来看，它们出现的先后顺序是：

否定物体的继续出现→否定物体的存在→否定物体名称(用语音标志)→否定事件的发生→拒绝→否定物体的特性或状态→否定事件的继续发生→对能力的否定→否定物体名称(用形态标志)→禁止

李行德(Lee，1982：278)提出语义的发展应和认知的发展紧密相关，所以否定语义的发展过程应存在普遍的发展规律；而否定词本身的发展则不一定有普遍顺序。

在这些研究中，由于不同学者对“否定”概念的分析角度和细致程度不一样，所以从他们的研究结果中不可能得出不同语言的儿童获得“否定”概念的普遍顺序。但是，他们的研究结果共同反映出这样两点：

第一，儿童对“否定”概念的获得存在先后顺序，这与不同“否定”概念对儿童认知能力的要求不同有关。

第二，总体上说，不同语言的儿童对“否定”概念的获得是有共性的。“否定存在”是儿童获得较早的概念。

2.4.2 本书的研究

审视汉语关于以上两个问题的研究现状。从词汇习得的角度，现有研究缺乏长期获得的自然语料的支持。从语义发展的角度来看普通话的儿童对“否定”概念的获得是否存在共性，目前的研究仍然难以帮助我们得到满意的答案。在否定的句法习得方面，对普通话的儿童早期使用的否定结构是怎么样的，关于否定的句法知识是如何发展的，我们所获的语料和相关的讨论都还不充分。针对课题的研究焦点和汉语的研究现状，本书将基于长期跟踪所获的语料从词汇、语义和句法三个方面来讨论普通话儿童对“否定”的获得。

2.4.2.1 语料选择

语料的选择直接影响研究结果，需要特别说明。本书只讨论儿童自发使用含有否定标记“没”、“没有”、“不”和“别”的否定结构；只关注语言表达层面上的获得情况，不讨论儿童如何使用神情、手势等非语言手段来表达的否定。① 语料的筛选遵循以下原则：

①不讨论发音不清晰，而且转写和核查人员都无法辨别内容的词语；②

②不讨论否定词用来表达非否定的语气，如疑问。例如：

(18) *③妈妈：我没有看见你眼镜啊。
*儿童④：有没有青蛙？　　SJQ01;10;22⑤

③不讨论含有否定词的一些固定的客套话、专有名词、形容词和副词等。如：
客套话：

---

① 根据对一个在贵阳话和普通话语境中成长的女童的观察，她在01;01;00左右已经能用摇头来否定意愿，如表达“不要，不想”，用点头来表达肯定意愿。本研究暂不讨论在普通话的单一语境下成长的儿童使用语言以前是如何用神情和肢体来表达否定的，这是今后研究的课题之一。

② 在转写文本中，会使用拼音来替代汉字，来表示儿童在早期发音与成人的相比有些差异但仍能辨别出来的词语。

③ 在全文中，用“*”表示一个话语(utterance)单位的开头。

④ 文中转写语料中的“儿童”指受访的对象。

⑤ 本文对儿童年龄的标识采用统一格式。大写英文字母是儿童的代号，如CY。数字是儿童的年龄，YY;MM;DD分别代表年;月;日。

(19) *研究者：毛毛。
*妈妈：你跟爷爷说对不起。
*儿童：对不起。 ZTX01;07;21

形容词/副词：[1]

(20) *儿童：光不秋溜的。
*姥姥：光不溜+/。
*儿童：光不溜秋的。 SJQ01;11;08

(21) *研究者：我们家那个的幼儿园可小了。
*研究者：没有你家这个大。
*儿童：大，差不多啦。 ZTX02;06;02

专有名词：

(22) *妈妈：这是不倒翁。
*儿童：不倒翁。 ZTX01;09;01

4. 不讨论出现在故事、诗歌和歌曲中的话语：

(23) *爸爸：轻轻地放在。
*爸爸：小朋友的后面。
*儿童：大家不要告诉他。 ZTX01;10;06

5. 在计算使用频率时，如儿童直接重复成人刚说过的话，不计算在内。如：

(24) *研究者：线不够长。
*儿童：线不够长。 CY01;06;02

但成人和儿童相同的话如有间隔，统计时计算在内。如：

(25) *儿童：气球拿。
*妈妈：拿不了，这是画。
*儿童：拿不了。
*妈妈：对了，拿不了，这画在那上面。 CY01;08;16

儿童如重复自己的语句，统计时只计一次。如：

(26) *儿童：不给爸爸。
*爸爸：嗯？
*儿童：不给爸爸。
*爸爸：你还给爸爸吧。
*儿童：不给爸爸。 ZTX01;08;24

① 不考察这些词语是因为它们有的根本没有对应的肯定式，有的是只用或多用在否定式中的负极项(Negative Polarity Item)。

2.4.2.2 语料分析

"没"、"没有"、"不"和"别"是普通话中主要的否定词。从形态与意义间关系的角度，根据语料，将3名受访儿童表达过的"否定"概念与语言形式间的匹配关系归纳为下表：

儿童语言中的"否定"概念与语言形式的关系

"否定"概念	没/没有	不	别
否定"拥有"	我没有车。		
否定人或物的"存在"	教室里没(有)人。		
否定物体的性状或习惯性的行为		饼干不好吃。/他不喜欢。	
表达拒绝或否定意愿		不，我不去。	
表达劝阻		宝宝不上去。	宝宝别上去。
否定行为发生的可能性		拿不起来。	
否定状态已经存在或过去行为的发生	灯没亮(过)。/我没吃(过)。		
否定状态或行为将发生或持续		灯不亮了。/爸爸不回来了。	

下面将从词汇、语义和句法三个角度来分析儿童对4个否定词的获得情况。

2.4.2.2.1 词汇习得

下表显示3名儿童第一次使用"没"、"没有"、"不"和"别"的年龄。

否定词的始现时间

否定词	CY	SJQ	ZTX
没	01;02;13	01;02;20	01;05;19
没有	01;04;22	01;03;23	01;06;22
不	00;10;20	01;03;23	01;03;17
别	01;08;30	01;09;27	01;07;12

儿童第一次使用这些否定词的具体语料见"附录一"。

基于语料，得出以下观察结果：

第一，2岁以前，说普通话的儿童已经开始使用母语中的主要否定词，即"没"、"没有"、"不"和"别"。

第二，不同否定词的获得次序存在局部的个体差异。4个否定词在3名儿童的语料中出现的次序分别是：

(27) 不→没→没有→别(在CY和ZTX的语料中)
没→没有→不→别(在SJQ的语料中)

差异体现在"不"和"没/没有"出现的先后顺序上。

第三，儿童最初对不同否定词的使用频率因人而异。选择每个儿童最初使用"没

(有)”和“不”后的10次访问语料来作详细分析，发现个人差异的存在：ZTX和SJQ使用“没(有)”要远多于“不”，而CY使用“不”和“没(有)”的频率差不多。[①]

儿童早期使用“不”和“没(有)”的频率

儿童	没(有)	不
CY	45.71% (16/35)	54.29% (19/35)
SJQ	78.26% (72/92)	21.74% (20/92)
ZTX	75.9% (148/195)	24.1% (47/195)

第四，形态的繁简影响词汇的获得时间。如果不同的词语在意义上相等，那形态上简单的词先获得，这从“没”的出现早于“没有”这一现象中可看出。

第五，能表达更多意义的否定词，优先被儿童获得。“别”是在3名儿童语料中最后出现的否定词，这是因为“别”在表达劝阻和禁止时，可以用“不”来替代。以SJQ的语料为例。“别”是在她01;09;27出现的，在此之前她使用“不”来表“劝阻”：

(28) *妈妈：你不看，妈妈关掉了。
*儿童：妈妈妈妈妈妈不关。 SJQ01;09;04

(29) *妈妈：妈妈关掉吧，好不好？
*儿童：nla1 妈妈不关。 SJQ01;09;11

(30) *妈妈：再吃一口。
*妈妈：你要慢一……
*儿童：妈妈不挡着。
*妈妈：好，不挡着。 SJQ01;09;11

而且，即使在“别”出现后，她有时候还会使用“不”表达“劝阻”：

(31) *儿童：那是zhou1 姥爷的。
*妈妈：没关系，哥哥玩儿一下。
*儿童：哥哥不动姥爷的了。
*妈妈：哥哥动一下子吧没关系。 SJQ01;10;15

(32) *阿姨：走路声音小点儿啊。
*儿童：xxx 哥哥不上床 ma1。 SJQ01;10;15

2.4.2.2.2 语义习得

在对否定获得情况进行语义分析时，本书先从自然语料出发，将儿童含有否定词的结

① 10次访问的时间分别是：

儿童	1	2	3	4	5	6	7	8	9	10
CY	01;02;13	01;02;20	01;02;27	01;03;03	01;03;10	01;03;15	01;03;24	01;04;00	01;04;08	01;04;15
SJQ	01;03;23	01;03;30	01;04;07	01;04;14	01;04;21	01;05;00	01;05;06	01;05;14	01;05;21	01;05;28
ZTX	01;05;19	01;05;26	01;06;09	01;06;16	01;06;22	01;07;00	01;07;07	01;07;12	01;07;21	01;07;28

构参照成人的语义系统进行分类。对 3 名儿童的语料分析后，发现他们早期主要运用否定词来表达前文提到的 8 个否定概念。下面 3 个表格分别显示 3 名儿童第一次使用否定词来表达这些否定概念的时间。

"否定"概念在 CY 语料中始现的时间

否定概念	使用的否定词	CY
表达拒绝或否定意愿	不	00;10;20
否定人或物的"存在"	没	01;02;13
否定物体的性状或习惯性的行为	不	01;04;00
否定"拥有"	没	01;08;03
否定状态已经存在或过去行为的发生	没	01;08;03
否定行为发生的可能性	不	01;08;16
否定状态或行为将发生或持续	不	01;08;16
劝阻	别	01;08;30

"否定"概念在 SJQ 语料中始现的时间

否定概念	使用的否定词	SJQ
否定人或物的"存在"	没	01;02;20
否定物体的性状或习惯性的行为	不	01;03;23
否定状态已经存在或过去行为的发生	没有	01;03;23
否定"拥有"	没	01;03;30
表达拒绝或否定意愿	不	01;05;00
否定状态或行为将发生或持续	不	01;05;28
否定行为发生的可能性	不	01;08;13
劝阻	别	01;09;27

"否定"概念在 ZTX 语料中始现的时间

否定概念	使用的否定词	ZTX
否定物体的性状或习惯性的行为	不	01;03;17
否定人或物的"存在"	没	01;05;19
否定"拥有"	没	01;06;09
否定状态已经存在或过去行为的发生	没	01;06;09
表达拒绝或否定意愿	不	01;06;16
劝阻	别	01;07;12
否定状态或行为将发生或持续	不	01;09;01
否定行为发生的可能性	不	01;09;29

"附录二"是相关的语料。

关于普通话儿童对否定语义的获得，本研究的发现是：

第一，否定语义的发展应该存在共性。相同母语的不同儿童，不同母语的儿童在获得"否定"概念时可能表现出个人差异，但有些核心概念应是他们普遍最先获得的。

3名儿童对不同"否定"概念第一次使用的时间虽然存在个人差异，但从整体来看，"否定人或物的'存在'"和"否定物体的性状或习惯性的行为"是他们共同最早获得的概念。先就汉语的研究结果来看，"否定'存在'"较优先获得，这一观察结果与李行德(1982)的观察结果应是相同的。不过，在定义"否定"概念和分析语料时，本研究将李行德(1982)的"否定物体的继续存在"和"否定物体存在"合并成一个，即"否定'存在'"。再从跨语言对比研究的角度来看，本研究的观察也与McNeil和McNeil (1968)、Bloom(1970)和Choi(1988)的一致，与Pea(1980)的观察有所不同。由此可见，意义的获得是与人的认知能力是密不可分的。如李行德(1982)所说，语义的发展和认知的发展紧密相关。因此，必然存在语义发展的普遍规律。

语义发展的共性从另外一个角度也可得到证实。在我们的语料中，"劝阻"、"否定行为发生的可能性"和"否定状态或行为将发生或持续"是3名儿童共同较晚获得的概念。

第二，不同"否定"概念在儿童早期语言中出现的频率表现出共性。

仍是选取3名儿童在第一次使用"没(有)"和"不"后的10次访问语料来讨论他们使用"没(有)"和"不"来表达不同"否定"概念的频率。

"没(有)"表达的否定概念在语料中的出现频率

使用"没(有)"表达的否定概念	CY	SJQ	ZTX
否定人或物的"存在"	100%(16/16)	70.8%(51/72)	85.8%(127/148)
否定状态已经存在或过去行为的发生	0%(0/16)	25%(18/72)	9.5%(14/148)
否定"拥有"	0%(0/16)	4.2%(3/72)	4%(6/148)
无法分析的语误	0%(0/16)	0%(0/72)	0.7%(1/148) ①

统计结果反映出，"否定存在"是3名儿童最初用"没(有)"来表达最多的否定概念，它出现的频率分别是：CY的语料中占100%(16/16)，SJQ的语料中占70.8%(51/72)，ZTX的语料中占85.8%(127/148)。

"不"表达的否定概念在语料中的出现频率

使用"不"表达的否定概念	CY	SJQ	ZTX
否定物体的性状或习惯性的行为	15.79%(3/19)	10%(2/20)	62%(29/47)
表达拒绝或否定意愿	84.21%(16/19)	90%(18/20)	30%(14/47)
否定行为发生的可能性	0%(0/19)	0%(0/20)	2%(1/47)
否定状态或行为将发生或持续	0%(0/19)	0%(0/20)	4%(2/47)
劝阻	0%(0/19)	0%(0/20)	2%(1/47)

① 在下面的语言片段中，ZTX错误地使用了"没"来回答研究者的问题：

*研究者：坐不坐？

*儿童：没坐。　　ZTX01;07;00

统计表明,儿童最早几乎只用"不"来表达 2 个否定概念,"否定物体的性状或习惯性的行为"和"表达拒绝或否定意愿"。"不"的使用在 2 名女孩的语料(CY 和 SJQ)中几乎都是用于"表达拒绝或否定意愿"(CY 的语料中占 84.21%(16/19),SJQ 的语料中占 90%(18/20));在男孩 ZTX 的语料中则更多地(62%(29/47))被用来"否定物体的性状或习惯性的行为"。早期儿童使用否定概念的使用频率是否在一定程度上与性别存在关系,这需考察更多儿童的语料才可得知。

第三,语义的获得可能先于句法的获得①。证据是下文 2.4.2.2.3 中的(35)和(36)。SJQ 在意义上已经会运用否定词来否定行为发生的可能性,但是她在形式上还未完全掌握母语中可能性补语的否定结构。

2.4.2.2.3 句法习得

下表显示在语料中 3 名儿童所使用的主要否定结构第一次出现的时间,它帮助我们勾勒出儿童早期所用的否定结构是如何从单字的发展为复杂的。我们有下列发现:

第一,普通话儿童对基本否定结构的获得过程存在共性。

含"不"的否定结构在语料中的始现情况

含"不"的否定结构	CY	SJQ	ZTX
不②		01;03;23(不)	
不-V	00;10;20(不-V)	01;03;23(不-V)	01;03;17(不-V) 01;07;07(不-V-N)
N-不-V/ADJ	01;04;00(N-不-V)	01;05;21(N-不-V)	01;07;12(N-不-ADJ)
V-不-COMP(-N)	01;08;03(V-不-COMP)	01;09;04(N-V-不-COMP-N)③	01;07;21(V-不-COMP)
N-V-不-COMP(-N)	01;08;16(N-V-不-COMP)	01;09;04(N-V-不-COMP-N)	01;11;10(N-V-不-COMP)
N-不-V-N	01;08;16(N-不-V-N)	01;09;04(N-不-V-N)	02;00;15(N-不-MOD-V-N)

相关语料见"附录三"。CY、SJQ 和 ZTX 获得含"不"的句法结构时经历了大体上相同的过程:首先,单独使用"不"或"不-V";而后,使用"N-不-V"或者"V-不-COMP(-N)";否定结构逐渐复杂,最后出现"N-V-不-COMP(-N)"和"N-不-V-N"。

以下三个表格反映出,随着儿童语言经验的丰富,含有"没(有)"的否定结构也越来越复杂。相关语料见"附录四"。

① 语义获得和句法获得谁先谁后,谁在儿童语言发展过程中的作用更大,这是个很大的研究课题。本研究所获得的语料是远不足于就这个课题得出一个确定的结论的。

② CY 和 ZTX 第一次使用"不"就是将它用在被否定的成分前的。

③ 下文(35)中,SJQ 是完全重复成人刚说过的话,所以未统计在考察的语料中。

含“没(有)”的否定结构在 CY 语料中的始现情况

含“没(有)”的否定结构	CY
没	01;02;13(没)
N/PRON—没(有)	01;08;03(N—没)
没(有)—N/V/ADJ	01;08;03(没—N) 01;10;11(没有—V)
N—没(有)—V(—COMP)/(—N)	01;10;11(N—没—V—N) 02;00;13(N—没—V—COMP)
没—V— COMP	02;04;09(没—V— COMP)

含“没(有)”的否定结构在 SJQ 语料中的始现情况

含“没(有)”的否定结构	SJQ
没	01;02;20(没)
没(有)—N/V/ADJ	01;05;21(没—ADJ)
N/PRON—没(有)	01;05;28(PRON—没有)
N—没(有)—V(—COMP)/(—N)	01;09;04(N—没—V—N)
没—V— COMP	01;10;02(没—V— COMP)

含“没(有)”的否定结构在 ZTX 语料中的始现情况

含“没(有)”的否定结构	ZTX
没	01;05;19(没)
N/PRON—没(有)	01;06;09(N—没)
没(有)—N/V/ADJ	01;06;22(没—V) 01;06;22(没—N) 01;07;21(没—V—N)
没—V— COMP	01;07;07(没—V— COMP)
N—没(有)—V(—COMP)/(—N)	01;09;22(N—没—V—N) 01;10;13(N—没—V—COMP)

首先,是单独使用“没”来进行否定;然后,在“没(有)”前或后加上一个句法成分(如名词、动词或形容词)连用;最后,将“没”用在“没—V— COMP”或“N—没(有)—V(—COMP)/(—N)”的结构中。

“别”的出现较晚,分别在 CY01;08;30、SJQ01;09;27 和 ZTX01;07;12。在 01;07—01;10 阶段,3 名儿童的句法知识已经比较丰富,这反映在他们在此阶段使用的含“不”和“没(有)”的否定结构的复杂程度上。因此,获得“别”时,儿童可能不再会经历获得“不”和“没(有)”时所经历的发展过程,而可能会直接将它用在简单的主谓句中。下表为含“别”的否定结构的使用情况。详细语料见“附录五”。

含“别”的否定结构在语料中的始现情况①

含“别”的否定结构	CY	SJQ	ZTX
别			02;02;09
别－V	②	01;10;15	01;07;12
别－V－N			01;08;11
N－别－V		01;09;27	
N－别－V－N	01;08;23		02;02;23

从总体来看，3名儿童对简单句否定式习得的大致次序为：

主语—不/没—谓语动词—(不)(—补语)(—宾语)

第一阶段

第二阶段

第二阶段

第三阶段

第二，普通话儿童初期使用的否定句是以谓语为核心的，而后在谓语的前后加入其他成分。以上分析结果反映出，以谓语动词为核心的否定结构最早获得，并且从3名儿童在第一次使用“没(有)”和“不”后的10次访问语料来看，儿童早期也多是单独使用否定词和在否定词后加入谓语。

儿童早期使用含“不”的否定结构的频率

含“不”的否定结构	CY	SJQ	ZTX
不	10.5%(2/19)	10% (2/20)	6.4% (3/47)
不－V	84.2% (16/19)	85% (17/20)	87.2% (41/47)
N－不－V/ADJ	5.3% (1/19)	5% (1/20)	4.3% (2/47)
V－不－COMP(－N)			2.1% (1/47)
N－V－不－COMP(－N)			
N－不－V－N			

儿童早期使用含“没(有)”的否定结构的频率

含“不”的否定结构	CY	SJQ	ZTX
没	100%(16/16)	97.2%(70/72)	79%(117/148)
没(有)－N/V/ADJ		1.4% (1/72)	16.2% (24/148)
N/PRON－没(有)		1.4% (1/72)	4.1%(6/148)
没－V－ COMP			0.7% (1/148)
N－没(有)－V(－COMP)/(－N)			

① 全文表中的阴影表示相关结构在所掌握的语料中或在所讨论的年龄阶段没有出现过。

② CY在01;04;00复述故事时，曾经使用过“别－V”的结构，详细语料见附录五。

第三，“(N－)V－不－COMP”和“不－V”两个结构的获得情况从句法的角度告诉我们，普通话儿童关于否定焦点和否定辖域知识的发展是个渐进的过程。

根据以上分析，“(N－)V－不－COMP”的出现晚于“不－V”。对儿童来说，两种否定结构的难易差异可以从两个角度来分析：

首先，从成分结构组成的复杂性来说。以“不拿出来”和“拿不出来”为例。“不拿”这种动词前的否定形式比较容易构成，只需在动词的前面加上否定词“不”。“拿不出来”的构成要比“不拿”复杂些：首先要确定成分间的语义关系，将“拿出来”切分(Segment)成“拿”和“出来”，之后再将否定词插入。

其次，从否定算子计算的复杂程度来讨论。根据 Lambek (1958) 和 Bar－Hillel 等(1960)，函数运算是双方向的，可向前或向后。归纳成以下两个规则：

函数运算规则(Functional Application Rules)：

$$X/Y \quad Y \rightarrow X \qquad (向前)$$
$$Y \quad Y\backslash X \rightarrow X \qquad (向后)$$

算子[①]在论元左边的运算是向前运算，算子在论元右边的运算是向后运算。Bach (1979a, 1979b, 1984) 提出一些内包规则(Wrapping Rules)来解决非连续性成分(Discontinuous Elements)和词序变化(Word Order Variation)等问题。下面是其中与本书讨论相关的规则之一：

内包规则(Wrapping Rule, Bach 1979b:516)：

如果 a 的形式是$[_{XP}X\ W]$，那么内包(a,b)就是 X_b_W。

不考虑下面两个否定形式的意义差别，只讨论它们运算的过程：

(33) 不　　　　拿出来

　　　　　　　——→　　向后函数运算

　——————————→　　向前函数运算

(34) 拿　出来　　不

　——→　　　　　　　　向后函数运算

　——————————→　　内包运算

与向前和向后运算相比，内包运算对儿童来说是比较难的。这就解释了为什么在初期儿童在组成动词后的否定时会表现得不是那么得心应手了。

另一方面，“(N－)V－不－COMP”的出现晚于“不－V”，这使得我们思考一个问题：在对“(N－)V－ COMP”中的补语(COMP)进行否定时，儿童是不是一开始就能准确地将否定词移到动词后，放在补语前？在语料中，我们发现：

(35) *儿童：不找见了。
　　*妈妈：找不见了。

① 这里的算子也可称作“函子”。

*儿童：找不见了。 SJQ 01;08;13

(36) *妈妈：拿得出来吗？

*儿童：不拿出来。（根据情景，她是要表达“拿不出来”。）

*研究者：拿得出来吗？

*儿童：我不拿出来。

*研究者：阿姨帮你拿出来。 SJQ01;08;13

从SJQ的语料来看，儿童在最初否定动词补语时，可能会将否定词错误地放在整个动词短语前。否定词从整个动词短语前移至补语前的变化，表明儿童对否定辖域和否定焦点开始敏感，意识到汉语线性的特点使得否定词的辖域往往只能覆盖它后面相邻的成分。3名儿童第一次使用“V－不－COMP”的时间分别是，01;08;03(CY)、01;09;04(SJQ)和01;07;21(ZTX)。由此可推断，普通话儿童在01;07;00－01;09;00左右对否定辖域和否定焦点已经敏感。

第四，本研究未发现系统的语料来支持Bellugi(1967)的观点，即所有的儿童在获得否定时都一定会经历将否定词用在名词短语和主谓句前的过程。在CY的语料中，有一例将否定词直接置于名词前的情况：

(37) *儿童：不聪明。

*研究者：漂亮吗？

*儿童：不漂亮。

*妈妈：我看你是疯子。

*儿童：不疯子[朝向妈妈]。 CY01;11;23

除(37)外，没有发现再多的同类语料。另外，根据采样的研究人员汇报，SJQ在01;08;00左右有将否定词用在主谓句前的情况：

(38) *儿童：不水喝了。

此外，本书所使用的转写语料中也没有发现相同的情况。

第五，普通话儿童在组建否定结构时，有时也会出现将被否定的词语错误地进行语义切割的情况。如：

(39) *研究者：心在哪，毛毛？

*研究者：你摸摸给阿姨看看。

*研究者：心呢？

*儿童：bu3帮bu3忙。

注释：他说“不帮不忙”。

*研究者：啊，不帮忙。

*研究者：不帮忙。

*研究者：不是说不帮不忙。 ZTX02;00;15

2.4.2.2.4 类型的习得

此处的“类型”是按否定词否定的对象，将“否定”分为“语义否定”和“语用否定”两种类型。根据所获得的自然语料和测试结果，在这两种否定中，语义否定的获得时间是早于语用否定的。在CY、SJQ和ZTX的语料中，未发现儿童语言输出中有语用否定的使用记录。在本研究进行的否定和量化的语言测试中，发现儿童从6～7岁才开始逐渐意识到“不是一(＋Cl.)N VP。”和“不是两(＋Cl.)N VP。”两个结构中语义否定和语用否定的区别。但是，即使是7～8岁阶段的儿童关于语用否定的知识还不全面，他们有的仍然是用处理语义否定的原则来处理语用否定。相关讨论，参见3.4.2.3和3.4.2.4。

2.4.3 小结

在理论方面：关于“否定”的定义，本研究提出“否定”的核心概念是“否定存在”。关于“否定词”的定义，本研究主张从形式和意义两个方面来划分否定词。关于“否定句”的定义，本研究认为应分为句法否定、语义否定和语用否定。

在习得方面：基于自然语料，本研究从词汇、句法和语义的角度探讨了儿童早期对普通话否定的获得过程，讨论围绕语言发展过程中共性和个性的问题展开。在词汇方面，发现普通话的儿童在2岁以前开始使用母语中主要的否定词；不同否定词的获得次序存在局部个体差异；儿童最初对不同否定词的使用频率因人而异；形态上的繁简影响词汇的获得过程；语义越丰富的否定词，越早获得。在语义方面，报告了儿童早期语料中的主要否定概念始现的时间和使用的频率，发现否定语义的发展存在共性，推测语义的获得可能先于句法的获得。在句法方面，勾勒了儿童自发使用的否定结构是由简到繁的转变过程，发现在此获得过程中存在共性，提出了儿童开始对否定辖域和否定焦点敏感的大致时间和证据。结合对自然语料的观察和语言实验的结果，本研究提出儿童对语义否定的获得时间要早于语用否定。

第3章 否定和量化

3.1 相关研究

否定和量化的辖域问题与量词间的辖域问题既有关联，又相区别。要弄清否定和量化间的问题，自然得弄清量词内部的问题，因此先从量化的研究谈起。量词间辖域的研究很丰富，主要是从语法系统中的不同层面来寻找影响辖域的因素：

第一，词汇因素。

词汇意义影响量词间的辖域分配吗？以往的研究对此有争议。Beghelli (1997：368) 将两种不同的观点归纳为不同的原则：

辖域指派同一性原则(Uniformity of Scope Assignment)

辖域指派原则不会因量化短语的差异而不同。

辖域差异原则(Principle of Scopal Diversity)

不同类的量化短语占有不同的辖域位置，参与不同的辖域指派过程。

认为词汇因素在辖域解释中发挥作用的学者有 Ioup(1975)、VanLehn (1978)、Beghelli (1997)、Beghelli 和 Stowell (1997) 、Cruse (2000)等。

在对汉语量化名词间辖域问题的讨论中，最早期的文献都没有把研究重点放在量化词语的词汇差异上，如 S. F. Huang (1981)、J. Huang (1982)、Lee (1986)。相关的实验报告(如 Lee，Yip 和 Wang 1998)表明了词汇差异确实影响辖域解释。将词汇因素作为考察的因素并将其贯彻到理论研究中的有 Wu (1992)，Kuno、Takami 和 Wu (1999)。

词汇差异会影响量词间的辖域。那么，当涉及否定和量化时，量词的词汇因素会不会也发挥作用呢?

第二，句法因素。

大致有两种途径从结构上来分析量化辖域问题：线性居先(Linear Precedence)和成分—控制(C－command)。

先从第一种途径说起。Kroch (1974)、S. F. Huang (1981)、Fodor (1982)、Kurtzman 和 MacDonald (1993)等认为，具有辖域的成分在表层结构上的排列顺序直接决定了它们各自的辖域。换句话说，如有两个具有辖域的成分，谁居先，谁取宽域。

选择第二种途径的学者(如 Reinhart 1976；1983、May 1977、J. Huang 1982、Aoun 和 Li 1989；1993)用成分—控制来定义辖域，即：有两个具有辖域的成分 α 和 β。如果 α 成

分一控制 β，那么 α 的辖域就大；如果 β 成分一控制 α，那么 β 的辖域就大。

这两种句法因素与汉语中否定和量化的辖域解释有关吗？

本研究先采用语言测试的方法，掌握成人如何理解汉语中含有否定词和量词的结构的语料；然后，在真值条件语义学、命题逻辑语义学和谓词逻辑语义学的基础之上对测试结果进行理论分析与解释。

3.2 研究方法

3.2.1 测试方法

关于否定和量化的语言测试，我们采用真值判断的方法。主要的设计思路是：假设一个含有否定词和量化短语的测试句可能有两种不同的解释。通过图片或图像的方式，给这两种解释分别提供不同的情景。在一个情景中，只有一种解释成立。在被试看完图片或图像后，录音机会播放测试句。要求被试判断测试句的内容和所看到的图片或图像内容是否一致。如果一致，就答“对”；不一致，就答“不对”。

3.2.2 测试内容

测试分为三个部分：第一部分和第二部分都是看图片，做判断；第三部分是听故事，看图像，做判断。关于否定和量化的测试句都是 SV(O)结构。一个结构 C_1 含否定词和量词，理论上说可能有两种不同的辖域解释，即 R_1 和 R_2。R_1 在第一部分、第二部分和第三部分都各出现一次。为了避免重复，R_1 每次出现都是以同样的结构、不同的句子，以及与句子相匹配的图片或图像出现的。对 R_2 的处理也一样。以测试中的一个结构，“每(+Cl.)N 都不/没 VP。”，为例：

每(+Cl.)N 都不/没 VP。

	R_1	R_2
	在 R_1 中，$\forall > \neg$。	在 R_2 中，$\neg > \forall$。
关于量化名词词组与否定辖域的语言测试（一）	每个小朋友都不在吃苹果。	每个小丑都不在吹泡泡。

关于量化名词词组与否定辖域的语言测试（二）

每个小男孩都不在看书。

每只小兔子都不在吃胡萝卜。

关于量化名词词组与否定辖域的语言测试（三）

每只小熊都不在睡觉。

每只小熊都不在玩玩具。

第三部分通过图像来提供情景，以测试句“每只小熊都不在玩玩具”为例：

（主试：我们先看一个小故事。看完故事后，录音机会说一句话。它有时候说的和故事说的是一样的，我们就说“对”；有时候它说的和故事说的不一样，我们就说“不对”。你和这只小兔子[①]比比，看谁答得好。）

测试故事：

（有三只小熊。两只小熊在玩，一只小熊在看书。）

（画外音：小熊在家里玩。）

小熊1：我在玩玩具。

小熊2：我也在玩玩具。

（指着在看书的小熊3。）

小熊1：他不在玩玩具。

（主试：注意录音机要说话了。看看它说的和你看的故事一样不一样。一样，你就说“对”；不一样，你就说“不对”。）

测试句：每只小熊都不在玩玩具。

测试句是事先用录音机录制好的。录音者是北京语言大学一名从事对外汉语教学的女教师。她发音标准，语速适中。采用图片和图像两种形式，主要是平衡掉相对静态和相对动态的两种测试方式对被试的影响，使测试结果比较全面和客观。三个部分测试卷中测试句的编号是一样的。但是，在实际测试中，第三部分的测试句是以逆序进行的。测试卷见“附录六”、“附录七”和“附录八”。

① 指主试手中的玩具兔子。

3.2.3 测试流程

测试方法方面:成人的测试是在北京林业大学的教室里集体进行的;儿童的测试是以主试和被试一对一的形式进行的。成人的判断是在测试卷上书面回答;而儿童的是口头回答。在对儿童进行的测试中,主试会要求儿童对他们的回答进行简短说明,以确保他们的回答是有根据的,同时也检验儿童是否能认真完成测试。

测试时间方面:在成人的测试中,关于量化名词词组与否定辖域的语言测试(一)和(三)是同时进行的;关于量化名词词组与否定辖域的语言测试(二)是在另一个时间进行的。儿童三个部分的测试都是在不同的时间进行,先进行关于量化名词词组与否定辖域的语言测试(一)或(二),再进行(三)。关于量化名词词组与否定辖域的语言测试(一)中有 3 个预备项目,(二)中有 2 个预备项目,(三)中无预备项目。在对儿童的测试中,每个部分的测试至少间隔一天的时间。

主试方面:在对成人的测试中,每个部分的主试是一样的。在对儿童的测试中,每个部分的主试是不一样的。

在对儿童的测试中,有三次关于相同结构的测试,有两种不同的测试方法,有三次不同的测试的时间,有三个不同的主试。

3.2.4 主试信息

共有 6 名主试,他们分别是北京语言大学从事语言习得研究的教师和北京林业大学外语学院语言学专业的研究生和四年级本科生。在进行测试之前,就测试方法和步骤对他们进行了统一的培训,要求他们按照统一的操作方法进行测试。学生先在测试中担任助手,之后才独立担任主试工作。

3.2.5 被试信息

本研究在 2004 年 11 月至 12 月间进行的关于否定和量化、否定和情态的语言测试[①],一共涉及 75 名被试:15 名成人和 60 名儿童。15 名成人被试都是北京林业大学外语学院英语专业的二年级和四年级的本科生。他们没有相关的语言学背景,普通话流畅。60 名儿童分为四个年龄组,有关他们的详尽背景情况,参见 1.2.1.2。

① 特别指语言测试部分,不包括这段时间前后进行的多次语言调查涉及的被试。

3.3 理论研究

3.3.1 测试结果

3.3.1.1 否定和“都”

量化副词（Adverb of Quantification）“都”和量化限定词（Determiner of Quantification）“每”与“所有”关系紧密，所以首先讨论“都”的词汇意义和句法功能。然后，通过两类结构讨论否定词和“都”的辖域问题：

	否定词和量词的线性位置[①]	测试结构
第一类	都…NEG	NP 都不/没 VP。
第二类	NEG…都	NP 不/没都 VP。

3.3.1.1.1 关于“都”

“都”是什么？它在句中是“干什么”的？

“都”的研究具有很悠久的历史。黎锦熙(1998(1924)：188)把“都”看做是表总括的副词。丁声树等(1961：183)称“都”是表总括的范围副词。吕叔湘[1996(1980)：153]把“都”解释为“总括全部”的副词。朱德熙[1997(1982)：196]认为“都”是表示包举的范围副词。王力(1985：133)称“都”是表示全范围的范围副词。陆俭明和马真(1985：98)认为“都”是表总括的范围副词。

“都”在句中是“干什么”的？根据《现代汉语虚词例释》[1996(1982)：163]，“都”是“总括前边提到的事物，表示后边的动作没有例外”。根据这个观点，很难解释为什么不太能说(1)，而完全能说(2)：

(1)？我们都把张三推倒了。

(2) 我们都把张三推倒过。 Wu (1992：320)

“总括”的实质是将涉及的个体集合的成员当成一个整体来看待，与“总括”相对的概念是“分配(Distributive)”。Link (1987) 继承了 Dowty 和 Brodie (1984) 的观点，把英语中的 all 看做是分配算子(Distributive Operator)，并且对它作了逻辑上的描述：

$D_{VP} \Rightarrow \lambda X \forall y\ [\ y \in X \rightarrow VP(y)]$，$X$ 是作用于复数个体的变量，y 是作用于单个个体的变量。

---

① NEG 代表否定词。“NEG…都”代表否定词在线性顺序上位于“都”的前面；反之，“都…NEG”表示“都”在线性顺序上位于否定词的前面。下文都采用这样的格式来描写涉及的结构。

这个逻辑式的意思是：在某个由所有 X 组成的集合中，如果每一个 y 都是 X 的成员，则每一个 y 都具有 VP 动词词组所具有的性质。其中 X 是变量，指任何一个由多个个体组成的集合；y 也是变量，指 X 中的任何一个个体。Lin (1998)也将"都"看做是一个分配算子，这个分配算子作用于被量化的成分之上，使其具有全称量词的意义。Lin (1998：205)在 Link 的逻辑描写基础之上提出：

$$都 \Rightarrow \lambda P \lambda X \forall y [y \in X \rightarrow P(y)], P \in D_{<e,t>}$$

从 Lin (1998)提出的逻辑式中可以看出，将"都"看做分配算子这一观点的核心内容就是将相关的个体集合中的成员一个一个地与谓词 P 联系起来，使它们都具有 P 的性质。将"都"看做分配算子的还有：Liu (1990)、Li (1992)、Cheng (1995)等。

从下面两个例子来看，这种将"都"看做分配算子的观点是很有道理的：

(3)学生们有三本书。

这个句子只有一种整体性的解释(Unitary Reading)：有一个"学生"的集合，集合中的成员共同拥有三本书。在句中加入"都"后，句子的意义就不一样：

(4)学生们都有三本书。

"都"使得句子有了分配性的解释(Distributive Reading)：有一个"学生"的集合，集合中的每个成员都有三本书。既然具有分配的特性，就如 Lee (1986：59)所说，如果谓语动词表达的是集合成员间的一种对称性关系(Symmetric Relation)，是不能用"都"的，比如不能说：

(5)＊他把两个概念都混淆了。　　　　Lee (1986：59)

但是 Huang Shi－zhe (1996：6) 却提出反例：

(6)他们都是同学。

"是同学"代表的关系显然也是 Lee (1986：59)所说的集合成员间拥有的关系，但是(6)插入"都"后，本研究认为也可得到一个可接受性很好的句子。由此看来，将"都"只看做分配算子处理会有问题。

从 Lin (1998：205)对"都"作的逻辑描写来看，实质上"都"就是作用于一个个体集合的全称量词。如果将"都"等同于这样一个全称量词，可能还是会有个问题难以回答：当句中同时含有全称限定词"每"或"所有"的时候，究竟是"都"还是"每"或"所有"在发挥全称量化的作用呢？

总结上面的讨论：如果将"都"看做是对相关名词所指的对象进行总括，那无法解答(1)提出的问题；如果将"都"只看做是分配算子，无法解释(5)和(6)的区别；如果将"都"当作是作用于个体集合的全称量词，无法回答这样的问题：全称限定词与"都"同时出现在一个句子时，是谁发挥全称量化的作用？

还有一种"总括"的观点，不过它与前面提到的"总括"的观点不同。Paris(1981：53)和 Huang Shi－Zhe (1996：84，161)认为："都"起到类似"总括"或"连接"的作用，不过它作用的对象不是名词指代的个体，而是一个个的事件。Huang Shi－Zhe (1996：84，161)

把“都”看做是一个作用于事件上的总数算子(Sum Operator):“都”将一些最小事件组合成为一个复数的事件。Paris(1981:53)使用一种特殊的树形图来说明“都”在描写最小事件的句子中所起到的作用,并且指出:“使用‘都’时,说话人用的是重复的方法。在具有某种特性的一类成分以外,他说明还有一个或多个具有同样特性的成分,从这个意义上讲,‘都’是把数个命题连接起来的形式。”例如:

(7) 我们俩都喜欢他。

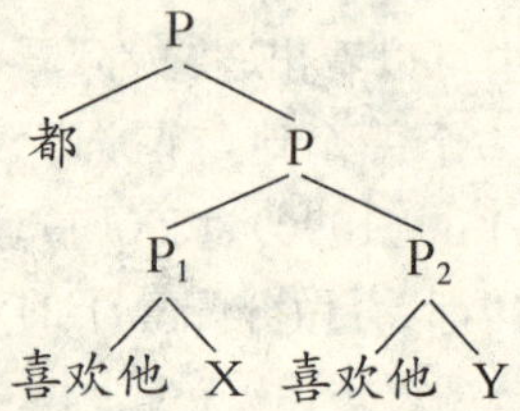

Paris (1981) 的这种特殊的树形图使人联想到形式语义学中描写自然语言的一些手段和概念:Paris 所指的 P 就是命题逻辑中的命题,“连接”实际上就是合取算子 ∧。

方立和范莉(2003) 从事件—驱动的角度对“都”进行了分析,认为“都”具有两面性:把子事件合成复合事件时,它是合一运算(Unification)[①];把复合事件分解成子事件时,“都”又是一个分配算子。

这种提法[方立和范莉(2003:72)]有两个关键点:“都”在句中的作用是和句子描写的整个事件发生联系,而不仅仅是事件的参与者[②];“都”同时发挥了“总括”和“分配”的作用,“总括”和“分配”是一个问题的两个方面。“都”在语义上起到衔接复合事件与子事件的作用:

$E_{复合} \leftrightarrow E_1 \wedge \cdots\cdots \wedge E_n (n \geqslant 2)$[③]

所谓“合一”,就是将含“都”的句子看做是一个复合事件,这个复合事件是“都”在一些相关子事件上进行合一运算的结果。以 Wu (1992:320)的例子来说:

(8)(有三个人,张三、李四和我。)

我们都把张三推倒过。

“过”是个表示经历的体标记(Experiential Aspect Marker),而“经历”具有反复性,“把张三推倒”这个动作就可以在过去不同的时间里重复出现。复合事件中的参与者“我们”也是可分的。这个复合事件可以看做由以下的子事件合一而成:

(8a)李四把张三推倒过。

---

① 合一运算(Unification)与数学中的合并运算(union)密切相关,是计算语言学和非转换—生成语法学派(词汇—功能语法、广义短语结构语法、中心特征驱动短语结构语法等)使用的一个重要概念。

② 后来,重读《现代汉语虚词例释》[1996(1982):163]对“都”的定义时,也隐约可见这种观点的痕迹,不过书中仍认为“都”是与名词发生语义联系的。

③ 方立和范莉(2003)在表达上使用的是“P”,“命题”。“事件”是由命题来陈述和描写的,所以二者之间在此并无区别。

(8b)我把张三推倒过。

在子事件合一成复合事件时，“都”就是其中的合一算子∪：

$$(8a)'\begin{bmatrix}\text{关系:推倒过}\\ \text{推倒过别人的人:李四}\\ \text{被推倒者:张三}\end{bmatrix} \sqcup (8b)'\begin{bmatrix}\text{关系:推倒过}\\ \text{推倒过别人的人:我}\\ \text{被推倒者:张三}\end{bmatrix} = (8)'\begin{bmatrix}\text{关系:推倒过}\\ \text{推倒过别人的人:李四、我}\\ \text{被推倒者:张三}\end{bmatrix}$$

子事件(8a)和(8b)中的动作(“推倒过”)都是一样的，组合成复合事件时可以合一成“推倒过”；被推者“张三”可以合一成“张三”；“推到过别人的人”是两个不同的人，合一就是将他们并列在一起，也就得到复合事件中的“我们”。从“合一”的角度来说，方立和范莉(2003)对“都”的处理方法跟 Huang Shi－Zhe (1996:84,161)与 Paris(1981:53)的观点有相似之处。

关于“合一”的相反过程“分配”，所谓“分配”就是说复合事件可以分解(Decompose)成子事件。例如：

(9)(有三个学生，张三、李四和王五。)
学生们都在唱歌。

既然含有“都”，(9)必定是一个复合事件，它便可以分解成：

(9a)张三在唱歌。
(9b)李四在唱歌。
(9c)王五在唱歌。

从这些分解出来的子事件来看，“学生”代表的这个集合中的每个人都在唱歌。J. Huang (1982:120)将“都”描述为辖域标记(Scope Marker)，说“都”能引起全称量化的解释(Trigger of Universal Quantification)。从复合事件分解成子事件的过程中，我们可以清楚地看到这种引发全称量化的过程。另外，提出“都”是运作于事件上的分配算子，就不难解释(10)为什么不好：

(10)? 我们都把张三推倒了。　　　　Wu (1992:320)

方立和范莉(2003:74)的解释是：“虽然‘我们’是可以分解的，‘张三’这个参与者在不同的事件中也可以重复出现，但‘推倒了’是一个表达单一事件的谓语(Single－event Predicate)，因而是不可分解的。既然是一个单一事件，‘把张三推倒’就是我们合力的结果。因此，使用‘都’就不恰当。”依据同样的思路也不难解释为什么下面的句子不能说：

(11) *他把两个概念都混淆了。　　　　Lee (1986:59)
(12) *他们俩都是同学。

而下面的句子可以说：

(13) 他们都是同学。　　　　Huang Shi－zhe (1996: 6)

(11)和(12)不能说，是因为只有涉及两个或两个以上的子事件时，才需要合一，才会用“都”。

J. Huang (1982:77) 提到一个例子：

(14) 每个学生都买了一本书。 J. Huang (1982:77)

对于这个例子，J. Huang (1982:120) 给出一个脚注：“‘都’……是一个副词，它的意思是‘一律地，全部地’。它表明它前面的名词可解释为一个全称量词，继而这个量化名词的辖域覆盖含‘都’的句子。因此‘都’是一个引发全称量化的因素，是一个辖域标记。”其言外之意是不是这样：“都”是使相关名词成为全称量词的原因，它自身不是全称量词。如果这种理解是对的话，那又怎么解释他自己的例子呢？在(14)中，本来就有全称量化的限定词“每”，哪儿还需要“都”使它变为全称量词呢？其实，这里隐藏着关于“都”的研究的另一个难点：为什么全称量词“每”要求“都”和它同时使用？在讨论这个问题之前，首先要弄清这个问题讨论的前提是否存在：是不是“每”的确要求“都”在句中与它共同使用？

本研究(2004 年 10 月)在北京林业大学外语学院英语专业[①]的 39 名学生中进行过一次书面调查。被调查者对句子的评定采用下面的 5 点量表[②]：

5	4	3	2	1
很好。	好。	一般。	比较差。	很差。

调查要求被调查者根据自己的语感对句子的可接受性进行评价。调查使用的句子是：

(15)每个小朋友不吃苹果。

关于含“每”的句子可接受性的调查结果

(2004)

被试代号[③]	性别	籍贯	评分	被试代号	性别	籍贯	评分
FCC	男	江苏	1	XQQ	女	浙江	1
ZT	男	辽宁	1	WJ	女	北京	2
ZS	男	山东	2	GR	女	四川	2
SN	男	上海	2	ZWY	女	云南	3
LK	男	云南	2	DBS	女	吉林	2
LLBW	男	福建	1	LS	女	天津	2
DWW	女	天津	2	XJS	女	江苏	2
ZN	女	广东	2	ZF	女	辽宁	1
TZQ	女	江苏	3	WH	女	北京	1

① 这与后来参加关于否定和量化、否定和情态的语言测试的学生不是同一批学生。

② 下文提到的 5 点量表都和这个相同。

③ 本文被试代号由被试姓和名拼音的第一个字母组成。如有重复，使用阿拉伯数字编号来区别。

续上表

WLL	女	云南	1	LCL	女	福建	3
LL	女	重庆	3	LL	女	江苏	4
HLJ	女	福建	1	LZT	女	山东	1
GXZ	女	云南	2	WXR	女	河南	1
WXM	女	海南	2	WJ	女	云南	3
LBL	女	福建	1	FF	女	安徽	2
ZBS	女	辽宁	1	YFY	女	北京	2
CP	女	山东	1	NPH	女	江西	1
ZBT	女	福建	2	ZS	女	云南	1
YJ	女	江苏	1	HS	女	安徽	2
CL	女	湖北	1	平均值			1.743589744

根据平均值,(15)是一个可接受性很差的句子。

有了讨论的前提,那看看以往的研究中是如何解释"每"要求"都"和它共同使用的。

首先,谈谈 Lin (1998)的"特征核查(Feature Checking)说"。Lin (1998) 所进行的形式化描写是建立在 Beghelli 和 Stowell (1997)的研究之上的,所以不妨简单看看 Beghelli 和 Stowell (1997) 提出的功能范畴以及它们在层级上的分布。这些功能范畴是:指称短语(Referential Phrase,RefP)、分配短语(Distributive Phrase, DistP)和共享短语(Share Phrase,ShareP):

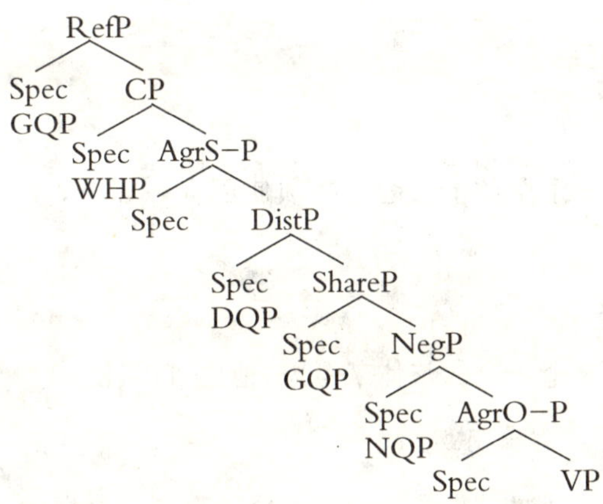

WHP= Wh 短语(Wh phrases);

DQP= 分配—全称量词短语 (Distributive—universal quantifier phrases)

GQP= 代表群体的量词短语(Group—denoting quantifier phrases)

NQP= 否定量词短语(Negative QP)

Lin (1998) 提出具有分配性特征的量化名词必须由"都"投射(Project)出来一个分

配短语(DisP),然后通过一种指定语—中心语(Spec－Head)的关系来对它的特点进行核查:

(16)

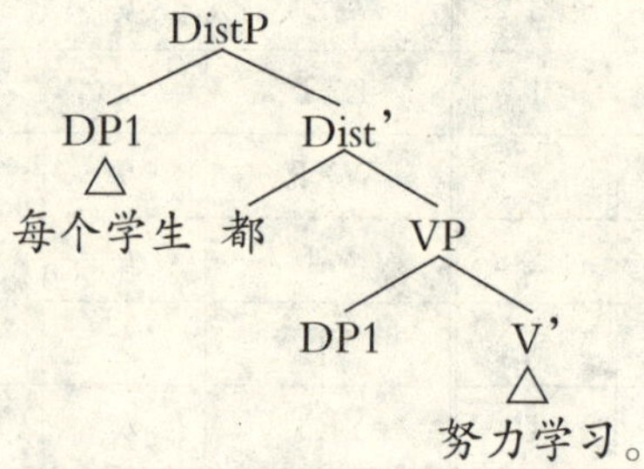

其次,谈谈 Lee (1986) 提出的“约束(Binding)说”。Lee (1986:31) 将汉语中的量化名词与特殊疑问词、复数名词短语都看做变量(Variable),它们必须受到一个算子的约束,而“都”就是这样一个算子。“Lewis (1973)所说的那种无选择的量词(Unselective Quantifier),‘都’看起来就是这种量词(Lee 1986:29)”。因为它对所量化成分的句法范畴没有选择,不像“每”和“所有”那样只能量化名词。然而,全称量词与特殊疑问词毕竟不同,所以 Lee (1986)的观点也受到了一些挑战。可参见 Yang (2001: 123－126)。

本研究采用方立和范莉(2003)提出的事件—驱动的理论框架来解释为什么“每”或者“所有”量化主语名词时要求“都”共现。举例来说明。设在语域中,有一个“学生”的集合,{张三、李四、王五}。一天,有人问他们的老师:“你这三个弟子谁用功?”老师可能从未考虑过这个问题,于是一边想一边说道:

(17a)张三很用功。

(17b)李四很用功。

想了片刻,又补充道:

(17c)王五很用功。

老师的这些话就是一个个的子命题。必须使用合一算子,才能将它们合成一个复合命题:

(17) 他们都很用功。

如果老师从“学生”这个集合的整体来考虑,他也可以说:

(18) 所有的学生都很用功。

如果老师要着重强调“学生”集合中的每个成员都具有这样的品质的话,他也可以说:

(19) 每个学生都很用功。

“都”是合一的标记,它保留在复合命题中。

“每”和“所有”在意义上是有差别的。从词汇的角度来看,“每”着重于“个体”,而“所有”强调“整体”。这种词汇差使它们组成的命题之间存在一种蕴涵的关系,例如:

(20) 每一个人都抬着一个沙发。

分配性解释:“每个人都抬着一个不同的沙发。”

(21) 所有的人都抬着一个沙发。

分配性解释:“每个人都抬着一个不同的沙发。”

整体性解释:“所有的人抬着同一个沙发。”

(20)为真,必定(21)为真;但是,(21)为真,未必(20)为真。使(20)为真的情景(Circumstances)组成的集合 S_2 是使(21)为真的情景组成的集合 S_1 的子集:

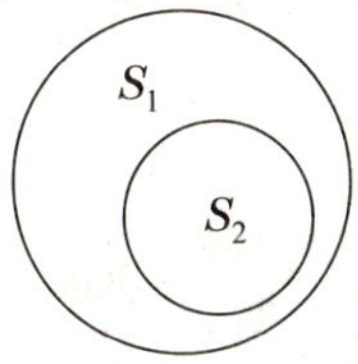

汉语中“每”的性质,就像 Quirk 等(1985:382)说英语中的 every 和 each 一样,“它们是将集合中的成员一个个挑选出来,而不是从整体上去考虑它们”。例如:

(22) 每个学生都喜欢语义学。

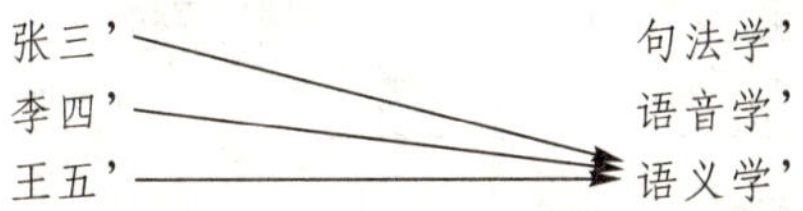

(23) 所有的学生都喜欢语义学。

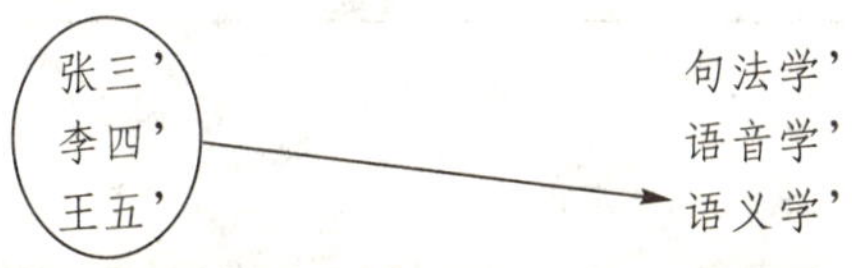

在组成复合命题时,要将这一个一个的子命题合一。相对于“所有”来说,强调个体的“每”就更要求“都”能与它共现。“所有”强调一个整体,它自己就是合一运算的产物和标志。尽管这样,在复合事件中保留合一算子是最好的作法。由于这个原因,“每(+Cl.)N 不/没 VP。”结构的可接受性很低,而“所有的 N 不/没 VP。”结构的可接受性要略高些,不过也不是最好的。以下还是来自上文提到的那 39 名成人的调查结果:

所有的小朋友没拿气球。

关于含“所有”的句子可接受性的调查结果

(2004)

被试代号	性别	籍贯	评分	被试代号	性别	籍贯	评分
FCC	男	江苏	2	XQQ	女	浙江	3
ZT	男	辽宁	2	WJ	女	北京	2
ZS	男	山东	2	GR	女	四川	1
SN	男	上海	2	ZWY	女	云南	1
LK	男	云南	3	DBS	女	吉林	2

续上表

LLBW	男	福建	2	LS	女	天津	2
DWW	女	天津	2	XJS	女	江苏	4
ZN	女	广东	3	ZF	女	辽宁	1
TZQ	女	江苏	3	WH	女	北京	1
WLL	女	云南	2	LCL	女	福建	4
LL	女	重庆	3	LL	女	江苏	3
HLJ	女	福建	3	LZT	女	山东	4
GXZ	女	云南	3	WXR	女	河南	2
WXM	女	海南	3	WJ	女	云南	2
LBL	女	福建	3	FF	女	安徽	3
ZBS	女	辽宁	2	YFY	女	北京	3
CP	女	山东	4	NPH	女	江西	3
ZBT	女	福建	5	ZS	女	云南	3
YJ	女	江苏	3	HS	女	安徽	2
CL	女	湖北	5				
				平均值			2.641025641

根据 5 点量表,“所有的 N 不/没 VP。”的句子要比“每(+Cl.)N 不/没 VP。”好,但是它也只是一个介于可接受性“一般”和“比较差”之间的句子。

为什么汉语中“每”要与“都”同时使用呢?这个问题的提出其实源于汉英的对比研究。英语中,every 量化的名词作主语时就不要求有汉语中“都”这样的词与它共同使用,比如:

(25)Every student has his dream.
每个 学生 有他的 梦想

子事件合一成复合事件的过程,在英语中也是一样的。只不过在英语中合一算子没有词汇化而已。英语中找不到与汉语的“都”完全一样的词,无论合一的子事件是两个还是两个以上都可以用“都”。在英语中,如果复合事件是由两个子事件组成的,合一算子是 *both*:

(26) Mary and her husband both like music.
Mary 和 她的 丈夫 都 喜欢 音乐

如果是两个以上的子事件时,合一算子是 *all*:

(27) Mary and her children all like music.
Mary 和 她的 孩子们 都 喜欢 音乐

但如果主语是全称量词 *all* 修饰的名词时，就会有一种等同删除(Equi－deletion)：

(28) All the students *all* like music.

所有的　学生　　喜欢 音乐

如果 *every* 出现了，*all* 就更得删除，因为具有单数性质的、分配性的 *every* 和具有复数性质的、概括性的 *all* 在语义上根本不相容：

(29) Every student all like music.

每个　学生　喜欢 音乐

因此，英语中含 all 和 every 的句子中没有合一算子是因为在英语中没有一个完全适合的词来实现它。

综合以上的讨论，在方立和范莉(2003:74)研究的基础上，本研究进一步提出"都"具有两面性：汉语中的"都"是一个作用于子事件的合取算子，它的作用类似作用于个体集合的"所有"；同时，"都"也是一个作用于子事件的分配算子，它的作用类似作用于个体集合的"每"。"都"是一个作用于一个事件集合的全称量词∀：

(30) $\forall e\phi(e)$

(9)可译为：

(9)(有三个学生，张三、李四和王五。)

学生们都在唱歌。

(31) ∀e[唱歌'(e) ∧ Ag(e, 张三') ∧ Ag(e, 李四') ∧ Ag(e, 王五')][①]

方立和范莉(2003:81)提出："都"做"甚至"解时，还是作用于子事件的合取算子，只不过它合一的子事件存在于复合事件的先设(Presupposition)中。举例来说。

(32)(如果有三个人，张三、李四和王五。)

小宋一个人都不认识。

这个复合事件以下面的子事件为先设：

(33) a. 小宋不认识张三。

b. 小宋不认识李四。

c. 小宋不认识王五。

"都"是对这些在先设中的子事件进行合一。下面是对复合命题(32)的翻译：

(34) ∀e [¬认识'(e) ∧ Ag (e, 小宋') ∧ Th (e, 张三') ∧ Th (e, 李四') ∧ Th (e, 王五')][②]

方立和范莉(2003:81)认为："……，这类句子里的'都'本身就有'甚至'或'连'的意

① 其中的 e 表示事件(Event)，Ag 表示施事(Agent)。

② 其中的 Th 表示主题(Theme)。

思。加上'甚至'或'连'时，只是语气更强烈而已。'甚至'和'连'必须与'都'和'也'这样的词连用，否则就会产生不符合语法的句子。"关于"都"作"甚至"解，本研究的测试结构是"NP 一（+Cl.）N 都不/没 V。"。关于这一结构的测试结果，参见 3.3.1.4.8。

弄清"都"的性质，便可以讨论它与否定词的辖域问题了。

3.3.1.1.2 NP 都不/没 VP

以关于量化名词词组与否定辖域的语言测试（一）中的测试句为例①：

测试句 34②：小乌龟们都不在看书。

∀e[¬看书'(e)∧Ag(e, 龟 1')∧Ag(e, 龟 2')∧Ag(e, 龟 3')]

测试句 3：小蜜蜂们都不在浇花。

¬∀e[浇花'(e)∧Ag(e, 蜜蜂 1')∧Ag(e, 蜜蜂 2')∧Ag(e, 蜜蜂 3')]

关于"NP 都不/没 VP。"的调查结果（成人组）

（2004）

测试句编号	NP 都不/没 VP。	关于量化名词词组与否定辖域的语言测试（一）	关于量化名词词组与否定辖域的语言测试（二）	关于量化名词词组与否定辖域的语言测试（三）	总计
测试句 34	都>¬	100%(15/15)	100%(15/15)	100%(15/15)	100%(45/45)
测试句 3	¬>都	0%(0/15)	0%(0/15)	0%(0/15)	0%(45/45)

当两个算子在成分结构中的排列顺序与它们在语义解释中的排列顺序一致时，本书将这种解释称作"顺序解释"(Linear Reading)；相反，当两个算子在成分结构中的排列顺序与它们在语义解释中的排列顺序恰好相反时，这种解释被称作"逆序解释"(Inverse Reading)。测试句 34 就是顺序解释，而测试句 3 是逆序解释。测试结果表明：在"NP 都不/没 VP."结构中，只有顺序解释成立，而逆序解释不成立。

3.3.1.1.3 NP 不/没都 VP

测试句 38：小兔子们不都在吃胡萝卜。

¬∀e[吃胡萝卜'(e)∧Ag(e, 兔 1')∧Ag(e, 兔 2')∧Ag(e, 兔 3')]

测试句 41：小鸭子们不都在踢球。

∀e[¬踢球'(e)∧Ag(e, 鸭 1')∧Ag(e, 鸭 2')∧Ag(e, 鸭 3')]

---

① 以下讨论所使用的测试句都是关于量化名词词组与否定辖域的语言测试（一）中的句子。（一）、（二）和（三）中，同样编号的句子在结构和辖域解释上都是一样的，只是相关的名词和动词不同。另外，一个测试句只用于测试一个结构的一种可能解释。关于细节，参见附录中的测试卷。

② 测试句的编号是测试卷中这个句子的编号。测试句所对应的图片见附录中的测试卷。

关于“NP 不/没都 VP。”的调查结果（成人组）

(2004)

测试句编号	NP 不/没 都 VP。	关于量化名词词组与否定辖域的语言测试(一)	关于量化名词词组与否定辖域的语言测试(二)	关于量化名词词组与否定辖域的语言测试(三)	总计
测试句 38	¬＞都	100%(15/15)	100%(15/15)	100%(15/15)	100%(45/45)
测试句 41	都＞¬	53.33%(8/15)	40%(6/15)	13.33%(2/15)	35.56%(16/45)

所有的被试都接受顺序解释，其中“＞¬都”；有 35.56%(16/45)的人次认为逆序解释也是可以的，其中“都＞¬”。

3.3.1.1.4 小结

从对“NP 都不/没 VP。”和“NP 不/没都 VP。”两个结构的调查结果来看，100%(45/45)的人次接受顺序解释。在“NP 不/没都 VP。”中，有 35.56%(16/45)的人次接受逆序解释，逆序解释是标记性的。

“NP 不/没都 VP。”中的逆序解释和顺序解释间有语义蕴涵的关系：前者蕴涵后者。举例说明：

(35)小兔子们不都在吃胡萝卜。

a. 顺序解释：$\neg\forall e[\text{吃胡萝卜}'(e)\wedge Ag(e,\ \text{兔}1')\wedge Ag(e,\ \text{兔}2')\wedge Ag(e,\ \text{兔}3')]$

b. 逆序解释：$\forall e[\neg\text{吃胡萝卜}'(e)\wedge Ag(e,\ \text{兔}1')\wedge Ag(e,\ \text{兔}2')\wedge Ag(e,\ \text{兔}3')]$

(35a)的解释为真，当且仅当“小兔子”这个集合中至少有一个成员不在吃胡萝卜，也就是与(35)这个复合事件相关的子事件中至少有一个是“x 不在吃胡萝卜”；(35b)的解释为真，当且仅当“小兔子”这个集合中的每一个成员都不在吃胡萝卜，也就是与(35)这个复合事件相关的所有子事件都是“x 不在吃胡萝卜”。可见，使逆序解释(35b)为真的条件要严格得多，使(35b)为真的情景组成的集合是使(35a)为真的情景组成的集合的子集。(35b)蕴涵(35a)。

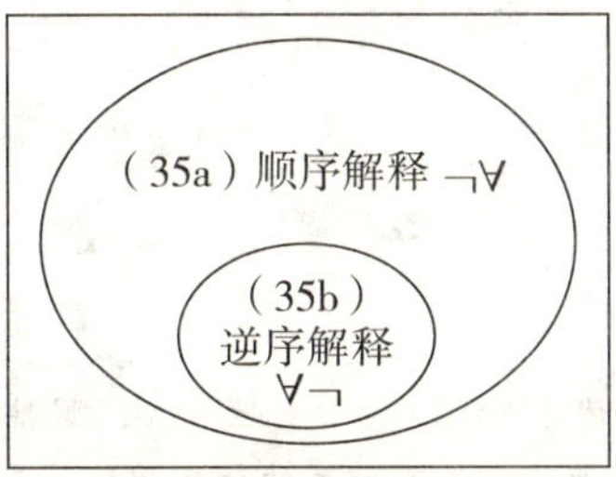

为什么测试句 3 也是逆序解释，而它则完全不可能呢？在“NP 都不/没 VP。”中，使顺序解释和逆序解释分别为真的情景组成的集合间存在着与上面相反的母集和子集的关

系：

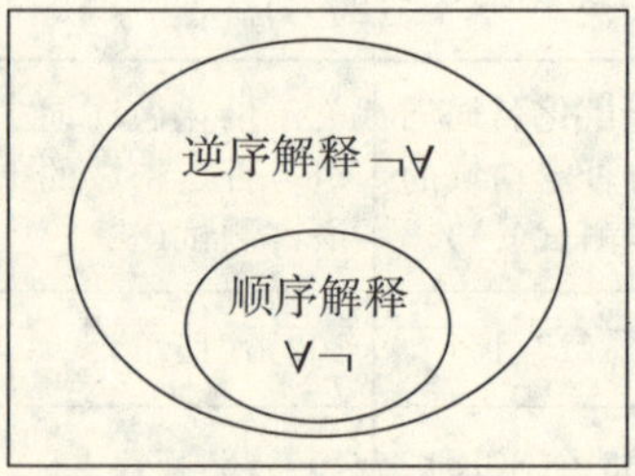

使顺序解释为真的情景组成的集合是使逆序解释为真的情景组成的集合的子集；顺序解释蕴涵逆序解释。

总结“NP 都不/没 VP。”和“NP 不/没都 VP。”两个结构的测试结果：首先，顺序解释是句子非标记性的解释，说明否定词和量词的线性顺序在决定辖域分配时起到决定性的作用；其次，如果逆序解释语义上蕴涵顺序解释的话，那逆序解释是句子可能的、标记性的解释。

3.3.1.2 否定和“每”

先谈“每”的一些语义和语用特征，然后通过两类结构来看它与否定词的辖域问题：

	否定词和量词的线性位置	测试结构
第一类	每…NEG	每(＋Cl.)N 都不/没 VP。
第二类	NEG…每	不是每(＋Cl.)N 都 VP。

3.3.1.2.1 关于“每”

上面讨论了“每”和“所有”在词汇意义上的区别，以及各自组成的命题在语义上的蕴涵关系。含有“每”的句子趋向于取分配性的解释；含有“所有”的句子趋向于取整体性的解释。尽管“每”和“所有”量化的方式不一样，但是在谓词逻辑中都使用同一个算子来表示它们，∀。

在此，主要从这个方面来谈“每”：“每(＋Cl.)N”作 SVO 结构中直接宾语的可接受性。范莉(2000)[①]曾对下面的句子进行过语言调查：

(36)一个学生种了每棵树。

调查的结果是：

---

① 调查是 2000 年进行的。被试是 23 名(其中女性 15 名、男性 8 名)在北京林业大学和北京语言大学的大学生、教师和办公室职员。他们都没有相关的语言学背景。以下提到同一时间(2000)进行的，与量化辖域有关的调查都指同一次。关于更多结构的理论分析和测试结果，可参见 Fan (2000) *An HPSG Account of Quantifier Scope Ambiguity in Chinese*. Master thesis. Unpublished. Beijing Language and Culture University.

关于“每(+Cl.)N”作直接宾语的调查结果

(2000)

测试句	测试结果		
	这是一个很好的句子。	这是一个可以说的句子。	这是一个不能说的句子。
一个学生种了每棵树。	17.4%(4/23)	30.4%(7/23)	52.2%(12/23)

注:所谓“很好的句子”,是被试认为,在大多数的情景下,这句话都是恰当的、可说的;“可以说的句子”,是被试认为在大多数情景下,这句话是可以被使用和理解的;“不能说的句子”,是被试认为在大多数情景下,这句话都不能被接受。

本研究(2004年10月)也就下面的测试句在北京林业大学英语系二年级20名学生中进行了书面调查:

(37) 老师没拿每本书。

调查采用5点量表。调查结果如下:

关于“每(+Cl.)N”作直接宾语的句子可接受性的调查结果

(2004)

被试代号	籍贯	评分	被试代号	籍贯	评分
FF	安徽	2	LL	江苏	3
WJ	北京	2	NPH	江西	3
WH	北京	2	ZF	辽宁	1
YFY	北京	2	LZT	山东	1
LLBW	福建	2	GR	四川	1
LCL	福建	2	LS	天津	2
WXR	河南	2	ZWY	云南	2
CL	湖北	2	WJ	云南	1
DJB	吉林	2	ZS	云南	1
XJS	江苏	2	XQQ	浙江	1
			平均值		1.8

最后得到这个句子的平均可接受度是1.8。根据5点量表,是一个可接受性很差的句子。前后两次调查(2000、2004)的结果都表明:“每(+Cl.)N”作SVO结构中的直接宾语时,句子的可接受性很差。

根据Quirk等(1985:382)的研究,英语中的*each*、*every*和*every*一组成的复合词也具有分配性的特征,但是我们发现“*each/every*+名词”却可以在英语的SVO结构中作直接宾语。在Huang Shi—zhe (1996:28)的例子中,甚至可以一句有两个分配性的全称量词的情况:

(38)Every boy kissed every girl. Huang Shi—zhe (1996:28)

“每”量化的名词也不是完全不可以作直接宾语,但是必须有其他的条件,比如扩展成“修饰语+每(+Cl.)N”的结构。下面是范莉(2000)的测试句和调查结果:

关于"每"量化的名词作直接宾语的调查结果

(2000)

测试句	测试结果		
	这是一个很好的句子。	这是一个可以说的句子。	这是一个不能说的句子。
我看过一个作家写的每本书。	69.6%(16/23)	26.1%(6/23)	4.3%(1/23)

下面是两个取自CCL语料库[①]的句子,它们也可以表明"修饰语+每(+Cl.)N"作直接宾语是可接受的:

(39)我将确定生活的每个坐标……

【文件名:\10当代\1\佳作4.TXT 文章标题:减去十岁 作者:谌容】

(40)我知道壁上的每个小黑点,这些都是我在无聊时数过又数的。

【文件名:\1919-1949\2\散文2.TXT 文章标题:搬家 作者:苏青】

从语料来看,作直接宾语时,"每"要求它量化的名词代表的集合必须是确定的。在作主语时,不需要额外的语言信息来帮助确定相关集合。这种不对称的语言现象是由于"每"的词汇特征和汉语中的同构效应(Isomorphic Effect)所引起的。大量关于量化辖域的研究(如Wu 1992;Kuno、Takami和Wu 1999)都表明:"每"具有很强的分配性,有很强的获取宽域的能力。同时,线性优先是汉语辖域解释的一个重要特点。当"每(+Cl.)N"在SVO结构中作直接宾语时,它就需要其他的修饰语来帮助整个量化短语在意义上变成有定的(Definite),这样在线性上处于劣势的"每"才更有取得逆向宽域的可能。当"每"量化的名词作主语时,自然就无此需要了。

Musolino (1998a:29)曾提到在与J. Huang的私人交流中,J. Huang对下列句子所作的辖域判断是:

(41)每匹马都没跳过栏杆。　　每>没

(42)老师没看到每个学生。　　没>每

既然已证明(42)这个结构的可接受性差,本书就只讨论"每(+Cl.)N"作主语的结构。

3.3.1.2.2 每(+Cl.)N都不/没VP

测试句1:每个小朋友都不在吃苹果。

$\forall x$[小朋友'(x)→¬吃苹果'(x)]

测试句9:每个小丑都不在吹泡泡。

¬$\forall x$[小丑'(x)→吹泡泡'(x)]

① CCL语料库是指北京大学汉语语言学研究中心的汉语语料库中现代汉语部分的语料。该库的汉语语料共107,791,180字,其中现代汉语部分有85,398,433字。

关于"每(＋Cl.)N都不/没VP。"的调查结果（成人组）

(2004)

测试句编号	每（＋Cl.）N都不/没VP。	关于量化名词词组与否定辖域的语言测试(一)	关于量化名词词组与否定辖域的语言测试(二)	关于量化名词词组与否定辖域的语言测试(三)	总计
测试句1	每>¬	100%(15/15)	100%(15/15)	100%(15/15)	100%(45/45)
测试句9	¬>每	0%(0/15)	0%(0/15)	0%(0/15)	0%(0/45)

三部分的调查结果都表明：在"每(＋Cl.)N都不/没VP。"结构中，全称量词"每"的辖域大于否定算子的辖域，只有顺序解释成立。

3.3.1.2.3 不是每(＋Cl.)N都VP

测试句27：不是每个小朋友都穿裙子。

$\neg\forall x$[小朋友'(x)→穿裙子'(x)]

测试句16：不是每个小女孩都拿花。

$\forall x$[小女孩'(x)→¬拿花'(x)]

关于"不是每(＋Cl.)N都VP。"的调查结果（成人组）

(2004)

测试句编号	不是每（＋Cl.）N都VP。	关于量化名词词组与否定辖域的语言测试(一)	关于量化名词词组与否定辖域的语言测试(二)	关于量化名词词组与否定辖域的语言测试(三)	总计
测试句27	¬>每	100%(15/15)	100%(15/15)	100%(15/15)	100%(45/45)
测试句16	每>¬	46.67%(4/15)	26.67%(4/15)	40%(6/15)	37.78%(17/45)

100%(45/45)的人次都接受顺序解释；37.78%(17/45)的人次接受逆序解释。

3.3.1.2.4 小结

测试结果表明：在"每(＋Cl.)N都不/没VP。"和"不是每(＋Cl.)N都VP。"两类结构中，顺序解释是所有的被试都接受的，是非标记性的解释。在"每(＋Cl.)N都不/没VP。"中，没有被试接受逆序解释；在"不是每(＋Cl.)N都VP。"中，有37.78%(17/45)的被试接受逆序解释。

以下详细讨论两类结构：

"每(＋Cl.)N都不/没VP。"结构有两种可能的辖域解释，例如：

(43) 每个小朋友都不在吃苹果。

a. $\forall x$[小朋友'(x)→¬吃苹果'(x)]

b. $\neg\forall x$[小朋友'(x)→吃苹果'(x)]

这两种解释间的蕴涵关系是：(43a)→(43b)。使(43a)为真的情景组成的集合是使(43b)为真的情景组成的集合的子集。顺序解释蕴涵逆序解释，但反过来不成立。(43a)的解释是顺序解释，它必定成立。但是，逆序解释，(43b)，是根本不可能的（在测试句9

中，没有被试接受逆序解释）。

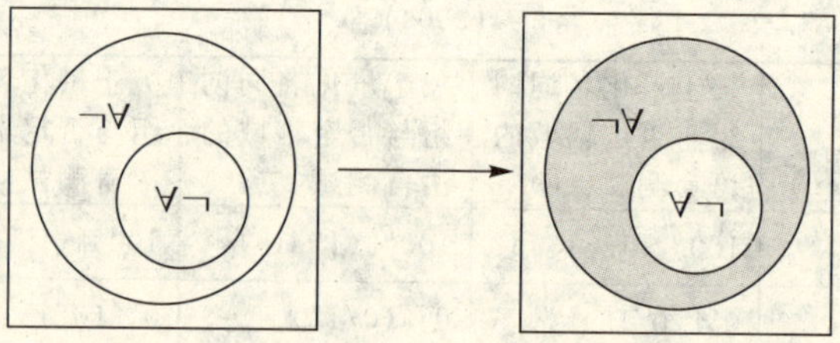

“不是每（+Cl.）N 都 VP。”结构也有两种可能的辖域解释，例如：

（44）不是每个小女孩都拿花。

a. ¬∀x［小朋友’(x)→拿花’(x)］

b. ∀x［小朋友’(x)→¬拿花’(x)］

两种解释的蕴涵关系是：(44b)→(44a)。(44a)是顺序解释，它必定成立。逆序解释(44b)蕴涵顺序解释(44a)，则逆序解释成为了句子标记性的解释（测试句 16 中，有 37.78%(17/45)的人次接受逆序解释）。

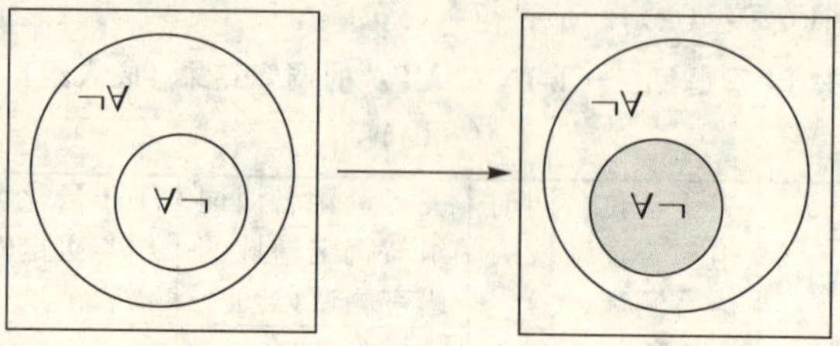

在“每”的两类结构中的发现和在“都”的两类结构中的发现有相同之处：如果顺序解释蕴涵逆序解释，那只有顺序解释成立，句子不歧义；如果逆序解释蕴涵顺序解释，那顺序解释是句子非标记性的解释，逆序解释是标记性的解释。下面再看含“所有”的两类结构是否也有同样的规律。

3.3.1.3 否定和“所有”

分两类结构来讨论否定和“所有”的辖域问题：

	否定词和量词的线性位置	测试结构
第一类	所有…NEG	所有的 N 都不/没 VP。
第二类	NEG…所有	不是所有的 N 都 VP。
		NP 不/没 V 所有的 N。

3.3.1.3.1 所有的 N 都不/没 VP

测试句 31：所有的小雪人都没拿气球。

∀x［小雪人’(x)→¬拿气球’(x)］

测试句 7：所有的虫子都没拿篮子。

¬∀x［虫子’(x)→拿篮子’(x)］

关于"所有的 N 都不/没 VP。"的调查结果（成人组）

(2004)

测试句编号	所有的 N 都不/没 VP。	关于量化名词词组与否定辖域的语言测试(一)	关于量化名词词组与否定辖域的语言测试(二)	关于量化名词词组与否定辖域的语言测试(三)	总计
测试句 31	所有>¬	100%(15/15)	100%(15/15)	100%(15/15)	100%(45/45)
测试句 7	¬>所有	0%(0/15)	0%(0/15)	0%(0/15)	0%(0/45)

只有顺序解释成立，逆序解释不成立。

3.3.1.3.2 不是所有的 N 都 VP

测试句 17：不是所有的小羊都在吃叶子。

$\neg \forall x$[小羊'(x)→吃叶子'(x)]

测试句 21：不是所有的小狗都在啃骨头。

$\forall x$[小狗'(x)→¬啃骨头'(x)]

关于"不是所有的 N 都 VP。"的调查结果（成人组）

(2004)

测试句编号	不是所有的 N 都 VP。	关于量化名词词组与否定辖域的语言测试(一)	关于量化名词词组与否定辖域的语言测试(二)	关于量化名词词组与否定辖域的语言测试(三)	总计
测试句 17	¬>所有	100%(15/15)	100%(15/15)	100%(15/15)	100%(45/45)
测试句 21	所有>¬	53.33%(8/15)	40%(6/15)	26.67%(0/15)	40%(18/45)

100%(45/45)的人次接受顺序解释，40%(18/45)的人次接受逆序解释。这个结果与上面讨论过的"不是每(+Cl.)N 都 VP。"结构的测试结果是大致一样的。

3.3.1.3.3 NP 不/没 V 所有的 N

测试句 2：大象没背所有的虫子。

$\neg \forall x$[虫子'(x)→背'(大象',x)]

测试句 35：小狐狸没拿所有的气球。

$\forall x$[气球'(x)→¬拿'(小狐狸',x)]

关于"NP 不/没 V 所有的 N。"的调查结果（成人组）

(2004)

测试句编号	NP 不/没 V 所有的 N。	关于量化名词词组与否定辖域的语言测试(一)	关于量化名词词组与否定辖域的语言测试(二)	关于量化名词词组与否定辖域的语言测试(三)	总计
测试句 2	¬>所有	100%(15/15)	100%(15/15)	100%(15/15)	100%(45/45)
测试句 35	所有>¬	46.67%(7/15)	66.67%(10/15)	40%(6/15)	51.11%(23/45)

100%(45/45)的人次都接受顺序解释，51.11%(23/45)的人次接受逆序解释。

3.3.1.3.4 小结

“所有的 N 都不/没 VP。” 的结构是不歧义的，只有“∀¬”顺序解释成立：

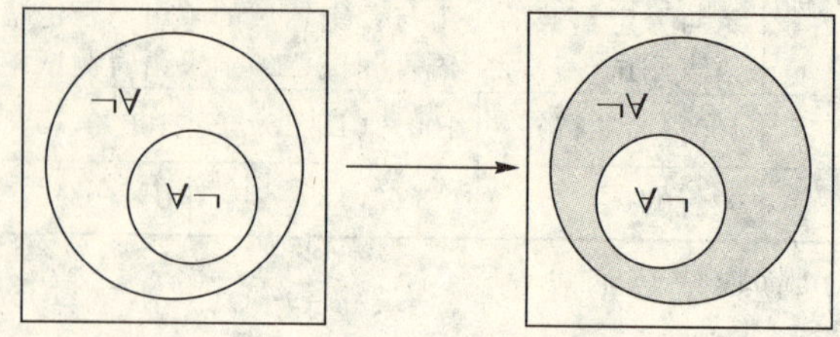

“不是所有的 N 都 VP。” 和“NP 不/没 V 所有的 N。” 结构中，逆序解释和顺序解释间存在蕴涵和被蕴涵的关系，则逆序解释是句子标记性的解释：

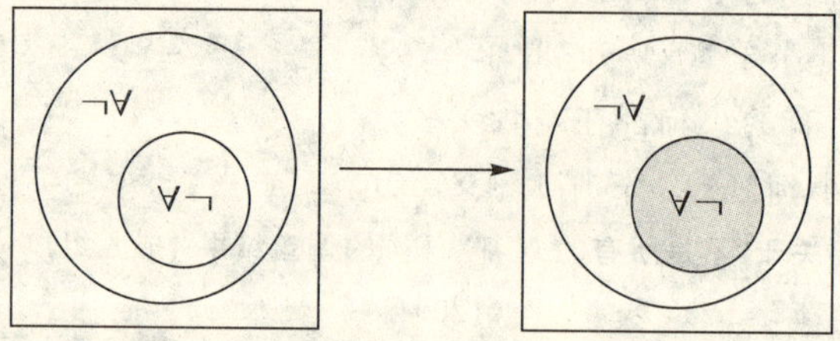

以下总结含否定词和全称量词的所有测试结果：

	否定词和量词的线性位置	顺序解释	逆序解释
第一类	∀…NEG	√	×
第二类	NEG…∀	√(非标记性)	√(标记性)

3.3.1.4 否定和“一”

本节首先讨论“一(+Cl.)N”和“有一(+Cl.)N”的语义内容和句法表现，然后分两类结构来讨论否定与“一”的辖域问题：

	否定词和量词的线性位置	测试结构
第一类	一…NEG	一(+Cl.)N 不/没 VP。
		有一(+Cl.)N 不/没 VP。
		有一(+Cl.)N，NP 不/没 V。
第二类	NEG…一	NP 不/没 V 一(+Cl.)N。

此外，本研究也会讨论另外三个特殊结构的语义解释：

没有一(+Cl.)N VP。
NP 一(+Cl.)N 都不/没 V。
不是一(+Cl.)N VP。

3.3.1.4.1 关于“一(+Cl.)N”

很多文献都曾讨论过“一(+Cl.)N”结构。王力(1985:250)说：“‘一’字因为是数目的开始，所以它能有许多引申的意义和活用法。”关于它的意义，吕叔湘(1944)说道：“‘一个’是一个数量兼表无定的冠词”，“‘个’字是单位词，但是和别的单位词比较起来，它有些地方更近似某些语言的无定冠词。”

“一”是数词，但它有时又不同于一般的数词。范莉(2000)调查过这样一个句子：

(45)(有三个格子。)

在一个格子里写两个数字。

调查中，给被调查者提供的四种逻辑上可能的辖域解释是：

解释 1　一>两

12		

解释 2　一<两

1	2	

解释 3　一(= 每)>两

12	34	56

解释 4　一(= 每)< 两

12	12	12

关于“一”的语言调查(2000)

一>两	100%(24/24)[①]
一<两	8.3%(2/24)
一 = 每> 两	66.6%(16/24)
一 = 每< 两	66.6%(16/24)

从调查结果来看，“一”的量化作用是不确定的。它可以表示“有且只有一个”，也可以起全称量词的作用。基于调查数据，本研究认为，“一(+Cl.)N”是一个数词短语，也是一个不定名词短语。

确定“一(+Cl.)”的“身份”，就是为了对它进行形式化的描写。关于不定名词短语的量化能力和意义，有两种截然不同的观点：

第一种：所有的不定名词短语的量化意义是一样的，可以统一将它们翻译成存在量词。持这种观点的学者如 Groenendijk 和 Stokhof (1991)、Schubert 和 Pelletier (1989)。

第二种：不定名词短语的量化功能不是固定的、唯一的，它是依赖于所处的语境的。Heim (1982, 1990)是支持这种观点的代表人物之一。Heim (1982: 127)提出：“不定词量化的功能适应语境变化的能力就犹如一只变色龙。”Nishigauchi(1990)也认为，不定名词短语不具有自己的量化意义。

本书赞同 Heim (1982, 1990) 将不定名词在意义和量化作用上看做“变色龙”的观

① 参加这个测试项调查的被试是 24 人。

点，但同时也认为不定名词最基本的意思是等于存在量词的，只是在一些情况下用存在量词来表达它不够精确。如果"一(＋Cl.)"在句中表示的意思是"至少有一(＋Cl.)"，那正是存在量词要表达的意思；如果"一"的意思是"有且只有一(＋Cl.)"，那也可以用存在量词，因为

(46) 有且只有一个老师生病了。→至少有一个老师生病了。

$|[生病']^{M,g}\cap[老师']^{M,g}|=1\rightarrow|[生病']^{M,g}\cap[老师']^{M,g}|\geqslant 1$

如果"一"的意思是"每(＋Cl.)"，在语义翻译中也是可以粗略译作"至少有一(＋Cl.)"的，因为

(47) 每个老师都生病了。→至少有一个老师生病了。

$\forall x[老师'(x)\rightarrow生病'(x)]\rightarrow\exists x[老师'(x)\wedge生病'(x)]$

"一(＋Cl.)N"是否可以作句子的主语？Chao (2001 (1968)[①]: 46) 曾谈到汉语的一个特点："有一种强烈的趋势，主语所指的事物是有定的，宾语所指的事物是无定的。"朱德熙 (1997(1982):96)也持同样的观点："说话人选来作为话题的往往是他已经知道的事物，因此汉语有一种很强烈的倾向，即让主语表示已知的确定的事物，而让宾语去表示不确定的事物。"这些学者都将名词的有定性和句法位置联系在一起，是因为他们普遍认为汉语具有话题—显著 (topic－dominant)的特点。动词前后两个句法位置对名词有定和不定的选择程度是不同的，谈到这个问题，可用 Chao (2001 (1968):47/1968:76)的两个例子来说明：

(48) a. 来客了。

b. 客来了。

(48a)中的"客"在动词的后面，它指不确定的"某个或某些客人"；(48b)中的"客"处在动词的前面，它是话题，指说话人知道的、特定的"一个或一些客人"。

Lee (1986:75) 对下列句子的可接受性提出了质疑：

(49) ?? 一个小孩偷了我的车子。

(50) ?? 一个老师买了房子。

(51) ?? 三个人死了。

(52) ?? 一个数学家很聪明。

Lee (1986:75)的观点是："除非在句中其他地方有逻辑算子，否则数词短语是严禁做母句的主语的。句中的第一个名词总是被分析成话题，这也就是说数词短语是不能出现在话题的位置上的。" Aoun 和 Li (1993: 199, ch. 1, n. 3) 的观点也大致相同：不定名词短语是不能出现在主语位置上的，除非句中有情态词，或主语在条件句中，或主语的前面有"有"。Tsai (1999:15)的观察也是：没有"有"，数词是不能作主语的。不过，他 (1999:15)也注意到数词可以在下列结构中作主语：

① 赵元任，2001(1968)，《汉语口语语法》，吕叔湘译，北京：商务印书馆。

(53)V—得—V/V—不—V 结构

一个人搬得动/搬不动这个行李。

(54)含有情态词的结构

三个人可以/能/应该/必须/完成这项任务。

(55)"拉盖"式结构(Flip—flop Construction)

两个人坐两辆车。

两辆车坐六个人。

(56)含有"够"的结构

两间屋子够住四个人。

以上学者都认为像"一(+Cl.)N"这样的结构不要或最好不要用它作主语,正如朱德熙[1997(1982):96]所说"汉语有一种很强烈的倾向,即让主语表示已知的确定的事物……"。但说到"倾向",评定的标准就不是那么绝对了。Liu (1997:86)曾讨论过这样一对句子:

(57)一个同学买了好几张唱片。

(58)有一个同学买了好几张唱片。

Liu (1997:86)认为,不一定要在作主语的不定名词前加"有"才能得到一个合格的句子,只不过有"有"的句子更好些。

范莉(2000)曾对"一(+Cl.)N"作主语的句子进行过调查,结果如下:

关于不定主语可接受性的调查

(2000)

测试句	这是一个很好的句子。	这是一个可以说的句子。	这是一个不能说的句子。
一个学生种了所有的树。	95.7%(22/23)	4.3%(1/23)	0%(0/23)
一个学生种了一棵树。	91.3%(21/23)	8.7%(2/23)	0%(0/23)
一个学生种了两棵树。	95.7%(22/23)	4.3%(1/23)	0%(0/23)

调查的结果表明:这些句子的可接受性都不低。2004 年 10 月所作的语言调查结果是:

关于不定主语可接受性的调查

(2004)

姓名	性别	籍贯	测试句	测试句
			一个小朋友没戴帽子。	有一个小男孩没戴眼镜。
FCC	男	江苏	4	4
ZT	男	辽宁	5	5
ZS	男	山东	4	4
SN	男	上海	5	5
LK	男	云南	5	5

续上表

HS	男	安徽	5	5
DWW	女	天津	4	5
ZN	女	广东	5	4
TZQ	女	江苏	5	5
WLL	女	云南	4	5
LL	女	重庆	5	5
HLJ	女	福建	5	5
GXZ	女	云南	5	5
WXM	女	海南	4	4
LBL	女	福建	5	5
ZBS	女	辽宁	4	4
CP	女	山东	4	5
ZBT	女	福建	4	5
YJ	女	江苏	4	5
CL	女	湖北	5	5
LLBW	男	福建	4	3
XQQ	女	浙江	3	4
WJ	女	北京	5	5
GR	女	四川	5	5
ZWY	女	云南	5	5
DJB	女	吉林	4	5
LS	女	天津	4	5
XJS	女	江苏	5	5
ZF	女	辽宁	4	4
WH	女	北京	4	4
LCL	女	福建	5	5
LL	女	江苏	5	5
LZT	女	山东	4	5
WXR	女	河南	3	5
WJ	女	云南	5	5
FF	女	安徽	4	3
YFY	女	北京	3	3
NPH	女	江西	5	5
ZS	女	云南	5	5
平均值			4.435897436	4.641025641

根据 5 点量表，这两个句子是介于“很好”和“好”之间的句子；有没有“有”对句子的可

接受性有影响，但是影响不是很大。基于语言调查的结果，本研究赞同 Jiang、Pan 和 Zou (1997:16)的观点："认为汉语的主语必须是有定的观点是不正确的。"

总结以上讨论：

第一，在逻辑式中，"一"可以译成存在量词，∃。

第二，"一(+Cl.)N"是不定名词短语，也是数词短语。

第三，"一(+Cl.)N"可以作句子的主语。

3.3.1.4.2 关于"有一(+Cl.)N"

在界定"有"的句法地位时，学者们提出了两种不同的建议：第一种是将"有"与后面的不定名词短语的组合处理成一个存在量词。J. Huang(1982:120)采用了这种处理办法。考察下面的例子：

(59)有一个作家喜欢这本书。

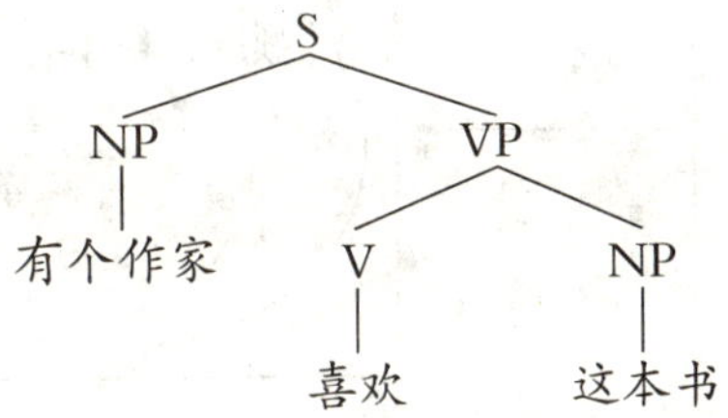

第二种是将"有"处理成一个动词。吕叔湘(1996(1980):558)将"有"归类为表存在的动词；Liu(1997)也把"有"看做存在动词，提出它使得它后面无修饰语的名词短语可以解释为存在量词。

不同的处理方法会导致不同的层次分析：如果采纳第一种处理方法，(59)就是一个 SVO 结构的简单句；如果采用第二种处理方法，同样的句子就不是一个 SVO 结构的简单句了。"有"到底应该怎样处理？

在测试中，作者发现：成人是把"没有一(+Cl.)N VP."结构中的"没有一(+Cl.)"作为一个语块(Chunk)来处理的，它的意思是：¬∃。因此，本研究支持将"有一(+Cl.)"处理成存在量词，将"有一个学生"之类的短语翻译成"∃x 学生'(x)"。在儿童的测试部分，本研究发现儿童并不像成人那样将"没有一(+Cl.)"当作语块。详细讨论见 3.3.1.4.6 和 3.4.2.3。

3.3.1.4.3 一(+Cl.)N 不/没 VP

测试句 18：一个小朋友没戴帽子。

∃x[小朋友'(x)∧¬戴帽子'(x)]

测试句 13：一个小朋友不在睡觉。

¬∃x[小朋友'(x)∧睡觉'(x)]

关于“一(＋Cl.)N 不/没 VP。”的调查结果(成人组)

(2004)

测试句编号	一(＋Cl.)N 不/没 VP。	关于量化名词词组与否定辖域的语言测试(一)	关于量化名词词组与否定辖域的语言测试(二)	关于量化名词词组与否定辖域的语言测试(三)	总计
测试句 18	一＞¬	100％(15/15)	100％(15/15)	100％(15/15)	100％(45/45)
测试句 13	¬＞一	53.33％(8/15)	20％(3/15)	6.67％(1/15)	26.67％(12/45)

100％(15/15)的人次接受顺序解释；26.67％(12/45)的人次接受逆序解释。

在这个结构中，∃¬的解释被全部被试接受是自然的，因为它是顺序解释。问题是为什么逆序的¬∃的解释也能为少部分被试接受呢？从语义蕴涵的角度入手，可以发现是因为逆序解释蕴涵顺序解释：

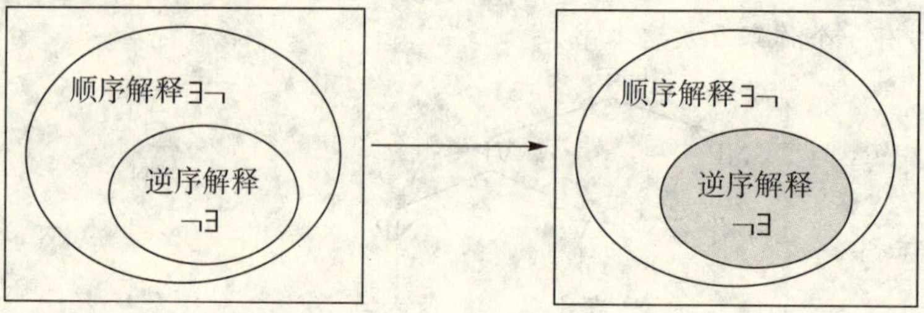

含全称量词和存在量词的命题间有这样的一种相互蕴涵关系：

$$\forall\neg\varphi(x)\leftrightarrow\neg\exists\varphi(x)$$

¬∃的解释在“一(＋Cl.)N 不/没 VP。”结构中是逆序解释，∀¬的解释在“NP 不/没 V 所有的 N。”结构中也是逆序解释。那就不妨将两个结构的测试结果比较一下：

关于“NP 不/没 V 所有的 N。”的调查结果(成人组)

(2004)

测试句编号	NP 不/没 V 所有的 N。	关于量化名词词组与否定辖域的语言测试(一)	关于量化名词词组与否定辖域的语言测试(二)	关于量化名词词组与否定辖域的语言测试(三)	总计
测试句 2	¬＞所有	100％(15/15)	100％(15/15)	100％(15/15)	100％(45/45)
测试句 35	所有＞¬	46.67％(7/15)	66.67％(10/15)	40％(6/15)	51.11％(23/45)

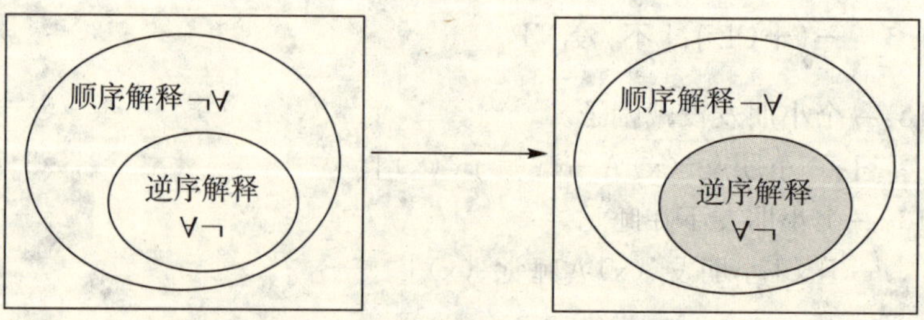

如果决定否定和量词间辖域的因素只有以上所说的算子的线性顺序和顺序/逆序解释之间的蕴涵关系，那么在“一(＋Cl.)N 不/没 VP。”和“NP 不/没 V 所有的 N。”两个结

构中逆序解释成立的可能性应该是相当的，但是测试结果反映出“一（＋Cl.）N 不/没 VP。”中逆序解释成立的可能性要远低于“NP 不/没 V 所有的 N。”中逆序解释成立的可能性。这是由词汇差异和语用因素造成的。上面提到，“一”是只“变色龙”。可以将它理解为存在量词，比如说：

（60）一个老师生病了。

“一个老师”的意思可以是“至少一个老师”，用广义量词的描写方法来描写这个句子的真值条件如下：

（61）$[(一个'(老师'))(生病')]^{M,g}$ 为真，当且仅当 $|[生病']^{M,g} \cap [老师']^{M,g}| \geqslant 1$。

Horn (1972)认为这种“至少一个老师”的解释是语义解释(Semantic Reading)，本研究同意这种观点。这种将数字 N，理解为“至少有 N”的解释可以称做“至少的解释”(At－least Reading)。

另外，“一个老师”的意思还可以是“有且只有一个老师”，那么它的真值条件就是：

（62）$[(一个'(老师'))(生病')]^{M,g}$ 为真，当且仅当 $|[生病']^{M,g} \cap [老师']^{M,g}| = 1$。

根据 Grice (1975 (1967)) 提出的合作原则(Cooperative Principle)中的数量准则(Quantity Maxim)：说话人要按要求提供不多不少的信息。如果说话人是一个合作的谈话参与者，他说“一个老师”就是说“有且只有一个老师”。这种对数字确切的解释(Exact Reading)是从合作原则[①]推导出来的，属于语用解释。

“一”在测试句 13 中是歧义的：它既是存在量词，又是数词。接受它的被试将它看做存在量词；反对它的被试将它当作数词，在测试句 13 中是“三个，而不是一个小朋友不在睡觉。”。不接受测试句 13 的被试是将主试看做一个合作的言语交流者，主试会根据数量准则提供不多不少的信息，那“一”就应取数字确切的解释。由于这个缘故，在“一（＋Cl.）N 不/没 VP。”中逆序解释成立的可能性低于“NP 不/没 V 所有的 N。”中的逆序解释。

决定“一（＋Cl.）N 不/没 VP。”结构的辖域解释的因素有三个：算子的线性顺序；“一”取数字确切解释的趋势；逆序解释蕴涵顺序解释的语义关系。其中最主要的因素是算子的线性顺序。

3.3.1.4.4 NP 不/没 V 一（＋Cl.）N

测试句 25：老奶奶没抱一个小朋友。

$\neg \exists x[小朋友'(x) \wedge 抱'(老奶奶', x)]$

测试句 4：小朋友没拿一个苹果。

$\exists x[苹果'(x) \wedge \neg 拿'(小朋友', x)]$

---

① Horn (1972, 1989) 运用 Grice 的理论来分析数词形成的不对称的层级蕴涵(Scalar Implicature)关系。相关研究还有 Hirschberg (1985)、Sperber 和 Wilson (1995)等。

关于"NP 不/没 V 一(+Cl.)N。"的调查结果(成人组)

(2004)

测试句编号	NP 不/没 V 一(+Cl.)N。	关于量化名词词组与否定辖域的语言测试(一)	关于量化名词词组与否定辖域的语言测试(二)	关于量化名词词组与否定辖域的语言测试(三)	总计
测试句 25	¬>一	86.67%(13/15)	73.33%(11/15)	93.33%(14/15)	84.44%(38/45)
测试句 4	一>¬	53.33%(8/15)	26.67%(4/15)	46.67%(7/15)	42.22%(19/45)

调查结果给我们提出两个问题:首先,根据线性原则,为什么不是100%的人次接受顺序解释,即测试句25中的解释?其次,根据在其他类结构中发现的规律,顺序解释¬∃蕴涵逆序解释∃¬,逆序解释应该是不成立的,但为什么有42.22%(19/45)的人次接受逆序解释呢?这个问题的答案还是与"一"的词义有关。

在测试句25中,有一部分被试不接受顺序解释,是因为他们将"一"看做数词,认为"老奶奶没抱的是三个小朋友,而不是一个";而在测试句4中,有42.22%(19/45)的人次接受逆序解释,是因为图中"有且只有一个苹果,小朋友没拿",是对"一"进行了确切的数字解释。相对于在"一(+Cl.)N 不/没 VP。"结构中,在"NP 不/没 V 一(+Cl.)N。"结构中,较少的被试接受顺序解释,而较多的接受逆序解释,这并不表明"线性优先"在这个结构中不是很奏效。只是在这个结构中,"一"有很强的趋势取确切数字的解释,而"一"的确切数字的解释恰好与这个结构的逆序解释相同。

在决定"NP 不/没 V 一(+Cl.)N。"结构的辖域时,真正发挥作用的是线性词序和数字取确切义的趋势,而前者的作用仍是主要的:

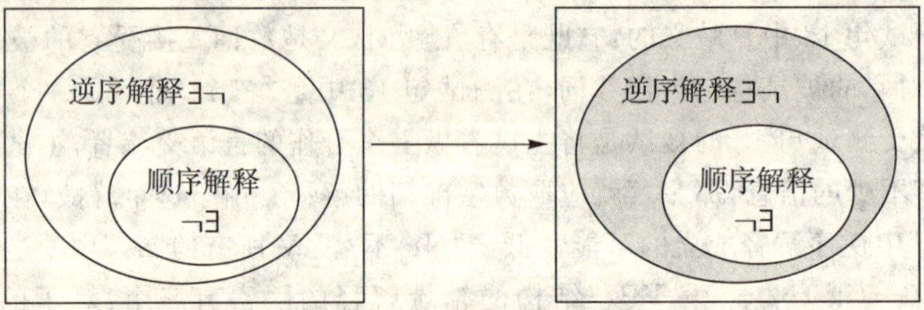

3.3.1.4.5 有一(+Cl.)N 不/没 VP

下面再对"一(+Cl.)N 不/没 VP。"和"有一(+Cl.)N 不/没 VP。"两种句式进行比较。

测试句8:有一个小男孩没戴眼镜。

∃x[小男孩'(x)∧¬戴眼镜'(x)]

测试句20:有一个阿姨没拿包。

¬∃x[阿姨'(x)∧拿包'(x)]

关于"一(+Cl.)N 不/没 VP。"和"有一(+Cl.)N 不/没 VP。"的调查结果(成人组)

(2004)

	测试句编号		关于量化名词词组与否定辖域的语言测试(一)	关于量化名词词组与否定辖域的语言测试(二)	关于量化名词词组与否定辖域的语言测试(三)	总计
一(+Cl.)N 不/没 VP。	测试句 18	一>¬	100%(15/15)	100%(15/15)	100%(15/15)	100%(45/45)
	测试句 13	¬>一	53.33%(8/15)	20%(3/15)	6.67%(1/15)	26.67%(12/45)
有一(+Cl.)N 不/没 VP。	测试句 8	一>¬	100%(15/15)	100%(15/15)	100%(15/15)	100%(45/45)
	测试句 20	¬>一	13.33%(2/15)	6.67%(1/15)	13.33%(2/15)	11.11%(5/45)

"一(+Cl.)N 不/没 VP。"和"有一(+Cl.)N 不/没 VP。"两个结构的测试结果反映出:在线性顺序上,"一"本身就位于否定的前面,它必定能获得宽域;在"一"的前面添加上"有",更增加了"一"作为"有且只有一个"解释的可能性,这样接受逆序解释的被试就更少了,人次从 26.67% (12/45)减到 11.11%(5/45)。这个结果和 Musolino (1998a:29)提到的 J. Huang 的个人判断是基本一致的:

(63) 有一匹马没跳过栏杆。　　　　一>¬

换个角度看,11.11%(5/45)的人次接受测试句 20 的逆序解释,并不是无缘无故的,而是上面提到的两种解释间的语义蕴涵关系在起作用。

3.3.1.4.6 没有一(+Cl.)N VP

测试句 12:没有一只小鸭子在看电视。

¬∃x[小鸭子'(x)∧看电视'(x)]

测试句 33:没有一只小青蛙在喝水。

∃x[小青蛙'(x)∧¬喝水'(x)]

关于"没有一(+Cl.)N VP。"的调查结果(成人组)

(2004)

测试句编号	没有一(+Cl.)N VP。	关于量化名词词组与否定辖域的语言测试(一)	关于量化名词词组与否定辖域的语言测试(二)	关于量化名词词组与否定辖域的语言测试(三)	总计
测试句 12		100%(15/15)	100%(15/15)	100%(15/15)	100%(45/45)
测试句 33		0%(0/15)	0%(0/15)	0%(0/15)	0%(0/45)

"没有一(+Cl.)N VP。"结构是无歧义的。如果将"有"看成是一个存在动词的话,就很难解释为什么在这个结构中逆序解释不存在,而在"NP 不/没 V 一(+Cl.)N。"中逆序解释却是有可能的。将"有一(+Cl.)"理解成一个存在量词∃的话,就不存在歧义的问题。因为与"有一(+Cl.)"相对,"没有一(+Cl.)"就只能是¬∃,不可能是∃¬。基于这个测试结果,本研究主张将"有一(+Cl.)"当做一个等同于存在量词∃的语块来处理。

儿童关于“没有一(+Cl.)N VP。”辖域解释的知识获得较晚,3.4.2.3 会提到 7~8 岁儿童对于这个结构的判断与成人的判断仍存在显著差异。早期儿童不像成人那样将“没有一(+Cl.)”处理成¬∃,他们大致是用处理“NP 不/没 V 一(+Cl.)N。”结构的原则来处理“没有一(+Cl.)N VP。”。

3.3.1.4.7 有一(+Cl.)N,NP 不/没 V

在讨论之前,有必要说明为什么要考察这个结构。把这个结构和“有一(+Cl.)N 不/没 VP。”与“NP 不/没 V 一(+Cl.)N。”进行测试和讨论的想法起源于关于量词间辖域的研究。

首先,是关于句法关系。上面的讨论提得最多的决定汉语辖域解释的因素是:线性顺序,也就是词序。但并不是所有的学者都赞同词序能左右辖域的解释。Ioup (1975:37) 就认为词序与量词的辖域毫无联系。Chien (1994) 观察到,处于同一个线性位置的不同量词在取辖域时有不同表现,于是指出线性上的顺序并不是一个稳定的因素。Bever (1970) 更是否定了线性词序与大多数句子理解过程的相关性。针对量词间的辖域问题,根据不同的句法关系对辖域的影响,不少学者还制定了一些层级,比如 Ioup (1976)、Kuno、Takami 和 Wu (1999)。下面是 Ioup (1976) 对 14 种语言的语料进行研究的成果:

> 话题(Topic) >深层和表层的主语(Deep and Surface Subject) >深层或表层的主语(Deep or Surface Subject) >间接宾语(Indirect Object) >介词宾语 (Prepositional Object) >直接宾语(Direct Object)

在这个层级中,处在左边的名词短语比右边的更易取宽域。

虽然否定和量化的辖域问题不牵涉两个名词间句法关系的差异,但是在否定词和量化名词线性排列没有发生变化的情况下,一个量化名词在句中可以扮演不同的句法角色。句法角色的不同会不会影响否定和量化的辖域呢?

其次,是关于题元角色(θ—role)。不少学者认为题元角色也会影响量化名词间的辖域分配,如 Jackendoff (1972,1983)、Foley 和 Van Valin (1984)、Xu 和 Lee (1989) 等。Xu 和 Lee (1989) 认为在汉语中量化辖域是线性原则与题元层级共同决定的。他们提出的题元层级是:

> A 组:施事(Agent),处所(Location),来源(Source),目的(Goal)
> B 组:主题(Theme),受事(Patient),使事(Factive)

题元角色是 *B* 组的名词易取窄域。由此也引出一个问题:量化名词的题元角色是否会影响否定和量化的辖域?

以下从句法关系和题元角色两个方面,分析将要讨论的结构:

测试句 8:有一个小男孩没戴眼镜。

句法成分:主语

题元角色:施事

测试句 28:有一个气球,小狐狸没拿。

句法成分:宾语

题元角色:受事

测试句8和测试句28中的"有一(+Cl.)N"都处在否定词的前面,如果测试结果反映这两个句子的解释没有什么不同的话,那就表明上文提到的线性因素是决定汉语中否定和量化辖域的因素,而句法关系和题元角色与否定和量化的辖域分配无关。

测试句8:有一个小男孩没戴眼镜。

∃x[小男孩'(x)∧¬戴眼镜'(x)]

测试句20:有一个阿姨没拿包。

¬∃x[阿姨'(x)∧拿包'(x)]

测试句28:有一个气球,小狐狸没拿。

∃x[气球'(x)∧¬拿'(小狐狸', x)]

测试句5:有一个桶,小熊没拿。

¬∃x[桶'(x)∧拿'(小熊', x)]

关于"有一(+Cl.)N不/没VP。"和"有一(+Cl.)N,NP不/没V。"

的调查结果(成人组)(2004)

	测试句编号		关于量化名词词组与否定辖域的语言测试(一)	关于量化名词词组与否定辖域的语言测试(二)	关于量化名词词组与否定辖域的语言测试(三)	总计
有一(+Cl.)N不/没VP。	测试句8	一>¬	100%(15/15)	100%(15/15)	100%(15/15)	100%(45/45)
	测试句20	¬>一	13.33%(2/15)	6.67%(1/15)	13.33%(2/15)	11.11%(5/45)
有一(+Cl.)N,NP不/没V。	测试句28	一>¬	100%(15/15)	100%(15/15)	100%(15/15)	100%(45/45)
	测试句5	¬>一	6.67%(1/15)	6.67%(1/15)	6.67%(1/15)	6.67%(3/45)

两个结构的语义解释几乎没有差别,这证明了:量化名词短语的句法关系和题元角色不影响否定和量化的辖域;起作用的是量化名词短语与否定词的线性顺序。

再比较"NP不/没V一(+Cl.)N。"和"有一(+Cl.)N,NP不/没V。"

测试句25:老奶奶没抱一个小朋友。

句法成分:宾语

题元角色:受事

测试句28:有一个气球,小狐狸没拿。

句法成分:宾语

题元角色:受事

两句中量化名词短语的句法关系和题元角色一样,只是线性位置不一样。还有一点不同,在测试句28中有"有",上面已讨论过"有"会增强"一"作确切数字性解释"有且只有一个"的可能性。

关于"NP 不/没 V 一(+Cl.)N。"和"有一(+Cl.)N,NP 不/没 V。"的调查结果(成人组)(2004)

	测试句编号		关于量化名词词组与否定辖域的语言测试(一)	关于量化名词词组与否定辖域的语言测试(二)	关于量化名词词组与否定辖域的语言测试(三)	总计
NP 不/没 V 一(+Cl.)N。	测试句 25	¬>一	86.67%(13/15)	73.33%(11/15)	93.33%(14/15)	84.44%(38/45)
	测试句 4	一>¬	53.33%(8/15)	26.67%(4/15)	46.67%(7/15)	42.22%(19/45)
有一(+Cl.)N, NP 不/没 V。	测试句 28	一>¬	100%(15/15)	100%(15/15)	100%(15/15)	100%(45/45)
	测试句 5	¬>一	6.67%(1/15)	6.67%(1/15)	6.67%(1/15)	6.67%(3/45)

测试结果表明:虽然"(有)一(+Cl.)N"在两种结构中所扮演的句法关系和题元角色都一样,但是只要它们与否定词的线性顺序不同,它们取宽域解释的可接受性就截然不同。对这两种结构测试结果的比较再次证明了量化名词短语的句法关系和题元角色与否定和量化的辖域解释无关。

3.3.1.4.8 NP 一(+Cl.)N 都不/没 V

如果不考虑"都"的话,那么测试句 6 和测试句 40 的逻辑表达式是:

测试句 6:小猪一块西瓜都没拿。

$?\ \exists x[\text{西瓜}'(x) \wedge \neg \text{拿}'(\text{小猪}', x)]$

测试句 40:大象一只虫子都没背。

$?\ \neg \exists x[\text{虫子}'(x) \wedge \text{背}'(\text{大象}', x)]$

关于"NP 一(+Cl.)N 都不/没 V。"的调查结果(成人组)(2004)

测试句编号	NP 一(+Cl.)N 都不/没 V。	关于量化名词词组与否定辖域的语言测试(一)	关于量化名词词组与否定辖域的语言测试(二)	关于量化名词词组与否定辖域的语言测试(三)	总计
测试句 6		0%(0/15)	0%(0/15)	0%(0/15)	0%(0/45)
测试句 40		100%(15/15)	100%(15/15)	100%(15/15)	100%(45/45)

所有的人都不接受测试句 6,而接受测试句 40。

依据线性词序来预测,应该只有测试句 6 中的解释是成立的;即使测试句 40 的解释成立的话,也只会有极少数人接受。但是,测试结果则完全相反。是线性原则出了问题?不是。问题出在"都"上,"NP 一(+Cl.)N 都不/没 V。"结构不属于以上讨论的 SVO 典型结构。

上面已讨论过,"NP 一(+Cl.)N 都不/没 V。"等同于"NP 连一(+Cl.)N 都不/没 V。"。"都"做"甚至"解时,还是作用于事件的合取算子,只不过它合一的子事件是存在于复合事件的先设中。举例来说。如果有三只虫子,"大象一只虫子都没背"是以下面的子事件为先设的:

(64) a. 大象没背虫子 1。

b. 大象没背虫子 2。

c. 大象没背虫子 3。

可将测试句 40 翻译成：

(65) ∀e [¬背'(e)∧Ag (e,大象')∧Pa(e,虫子 1')∧ Pa (e, 虫子 2')∧ Pa(e, 虫子 3')][1]

所以，在"NP 一(+Cl.)N 都不/没 V。"结构中，只有测试句 40 中的解释能成立。

3.3.1.4.9 不是一(+Cl.)N VP

测试句 10：不是一只小老鼠在睡觉。

? ¬∃x [老鼠'(x)∧睡觉'(x)]

测试句 24：不是一只小海豚在游泳。

? ∃x [海豚'(x)∧¬游泳'(x)]

关于"不是一(+Cl.)N VP。"的调查结果（成人组）

(2004)

测试句编号	不是一(+Cl.)N VP。	关于量化名词词组与否定辖域的语言测试(一)	关于量化名词词组与否定辖域的语言测试(二)	关于量化名词词组与否定辖域的语言测试(三)	总计
测试句 10	顺序解释	33.33%(5/15)	20%(3/15)	46.67%(7/15)	33.33%(15/45)
测试句 24	逆序解释/语用否定的解释	100%(15/15)	86.67%(13/15)	100%(15/15)	95.56%(43/45)

33.33%(15/45)的人次接受顺序解释，而有 95.56%(43/45)的人次接受逆序解释。

上面已经讨论过"不是每(+Cl.)N 都 VP。"和"不是所有的 N 都 VP。"两种结构，从两个方面可以解释所得到的测试结果：算子的线性顺序；顺序/逆序解释间的蕴涵关系。

关于"不是每(+Cl.)N 都 VP。"和"不是所有的 N 都 VP。"的调查结果

(成人组)(2004)

	测试句编号		关于量化名词词组与否定辖域的语言测试(一)	关于量化名词词组与否定辖域的语言测试(二)	关于量化名词词组与否定辖域的语言测试(三)	总计
不是每(+Cl.)N 都 VP。	测试句 27	¬>每	100%(15/15)	100%(15/15)	100%(15/15)	100%(45/45)
	测试句 16	每>¬	46.67%(7/15)	26.67%(4/15)	40%(6/15)	37.78%(17/45)
不是所有的 N 都 VP。	测试句 17	¬>所有	100%(15/15)	100%(15/15)	100%(15/15)	100%(45/45)
	测试句 21	所有>¬	53.33%(8/15)	40%(6/15)	26.67%(4/15)	40%(18/45)

在两种可能的解释中：顺序解释是 100%的可接受，这是线性次序可以解释的；逆序解释是可能的，是由于逆序解释蕴涵顺序解释的原因。但这两点无法解释"不是一(+

[1] Pa 表示受事(Patient)。

Cl.)N VP。"中的测试结果：逆序解释反倒比顺序解释为更多被试所接受。问题的关键在于："不是一(+Cl.)N VP。"与"不是每(+Cl.)N 都 VP。"、"不是所有的 N 都 VP。"中的否定是不一样的否定。可用"不是 p，是 q。"这个结构来检验出它们之间的差异：

设相关名词代表的集合有三个成员。

测试句 27：不是每个小朋友都穿裙子。

检验：不是<u>每个小朋友都穿裙子</u>，是<u>两个小朋友穿裙子</u>。

p　　　　q

测试句 17：不是所有的小羊都在吃叶子。

检验：不是<u>所有的小羊都在吃叶子</u>，是<u>一只小羊在吃叶子</u>。

p　　　　q

其中 $p \rightarrow q$，但是 $q \nrightarrow p$。如图：

$p \rightarrow q$

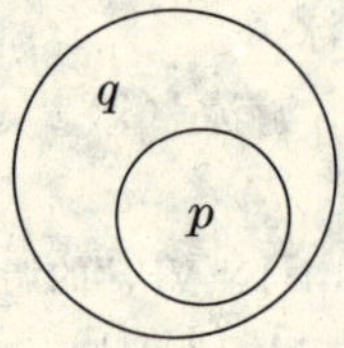

否定 p，并不等于否定 q：

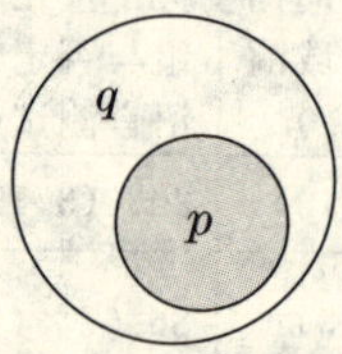

测试句 24：不是一只小海豚在游泳。

检验：不是<u>一只小海豚在游泳</u>，是<u>两只小海豚在游泳</u>。

p　　　　q

其中 $q \rightarrow p$，但是 $p \nrightarrow q$。如图：

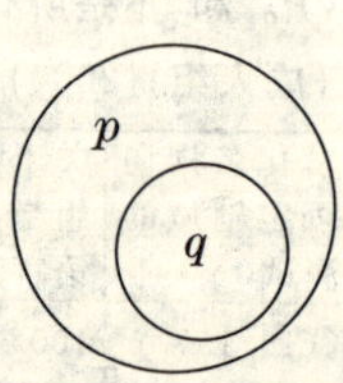

否定 p，也是否定 q：

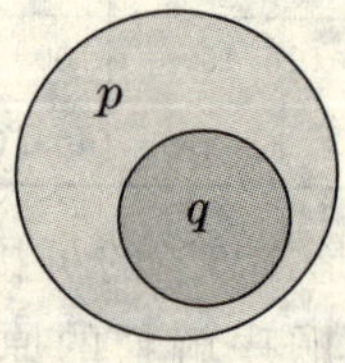

从语义真值的角度，这句话"不是一只小老鼠在睡觉，是两只小老鼠在睡觉"是根本不能说的，因为说"不是 p"，也就是说"不是 q"了。在语义真值上，"不是 p"和"是 q"根本就

是对立的。然而,事实上这个句子却是能说的。

从检验的结果来看,存在两种不同的否定。“不是每(+Cl.)N 都 VP。”和“不是所有的 N 都 VP。”中的否定是语义否定,是对命题真值进行的否定。“不是一(+Cl.)N VP。”中有两种不同的否定:

第一种是对命题“一(+Cl.)N VP。”的语义真值进行否定,是语义否定:测试句 10 是语义否定的顺序解释,而测试句 24 则是逆序解释。理解这种否定的过程比较简单,只需考虑测试句表面的意思。

第二种是对命题的使用方式进行否定,属于语用否定。在语用否定中,“不是”是对数量“一”进行否定。根据数量准则得出的隐含义(Implicature)就是:不是“一(+Cl.)N”,是“X (+Cl.)N”(其中 X>“一”)进行 VP 所描述的行为动作。“不是 p,是 q。”中的 q 是缺省的,需要被试自己将它补充完整。如果被试认为“不是 p”只是对 p 的真值进行否定,不是对说 p 的适宜条件进行否定的话,被试是不可能补出 q 的。在“不是一(+Cl.)N VP。”中,测试句 24 中的解释除了是语义否定的逆序解释外,还是语用否定的解释。由于它的双重身份,所以接受测试句 24 的人次非常高。

可以用下图来表明两种解释产生的原因:

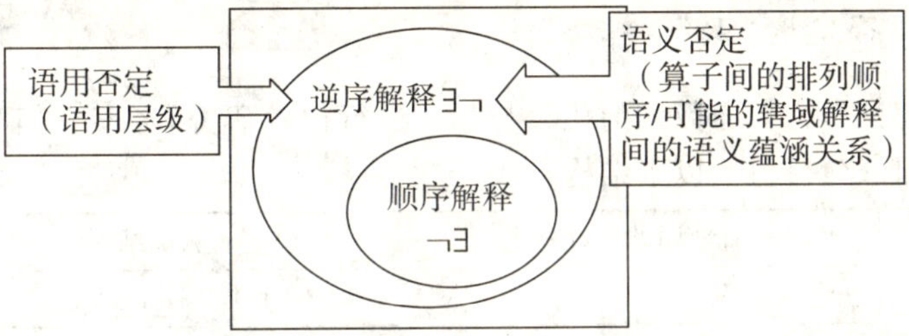

再对“不是一(+Cl.)N VP。”和“没有一(+Cl.)N VP。”的测试结果进行比较:

测试句 12:没有一只小鸭子在看电视。

$\neg\exists x$[小鸭子'(x)∧看电视'(x)]

测试句 33:没有一只小青蛙在喝水。

$\exists x$[小青蛙'(x)∧¬喝水'(x)]

关于“不是一(+Cl.)N VP。”和“没有一(+Cl.)N VP。”的调查结果(成人组)(2004)

	测试句编号		关于量化名词词组与否定辖域的语言测试(一)	关于量化名词词组与否定辖域的语言测试(二)	关于量化名词词组与否定辖域的语言测试(三)	总计
不是一(+Cl.)N VP。	测试句 10	顺序解释	33.33%(5/15)	20%(3/15)	46.67%(7/15)	33.33%(15/45)
	测试句 24	逆序解释/语用否定的解释	100%(15/15)	86.67%(13/15)	100%(15/15)	95.56%(43/45)
没有一(+Cl.)N VP。	测试句 12		100%(15/15)	100%(15/15)	100%(15/15)	100%(45/45)
	测试句 33		0%(0/15)	0%(0/15)	0%(0/15)	0%(0/45)

“不是一(+Cl.)N VP。”和“没有一(+Cl.)N VP。”的测试结果表明:“没有一(+Cl.)N VP。”中的否定不是语用否定,因为根本没有被试接受测试句 33 的解释。

总结否定和“一”的测试结果：

	否定词和量词的线性位置	测试结构	顺序解释	逆序解释
第一类	一…NEG	一(+Cl.)N不/没 VP。	√(非标记性)	√(标记性)
第二类	NEG…一	NP不/没 V一(+Cl.)N。	√(非标记性)	√(标记性)

在以下两个结构中,“有”的作用使得逆序解释基本不可能：

有一(+Cl.)N不/没 VP。

有一(+Cl.)N,NP不/没 V。

下面两个结构根本不歧义：

没有一(+Cl.)N VP。

NP一(+Cl.)N都不/没 V。

下面结构中的语用否定是非标记性的：

不是一(+Cl.)N VP。

3.3.1.5 否定和“两”

本研究把“两”作为普通数词的代表与“一”进行比较研究,考察它们与否定的辖域关系有无差别。测试项目包括以下结构：

	否定词和量词的线性位置	测试结构
第一类	两…NEG	两(+Cl.)N不/没 VP。
		有两(+Cl.)N不/没 VP。
		有两(+Cl.)N,NP不/没 V。
		有两(+Cl.)N,NP都不/没 V。
第二类	NEG…两	NP不/没 V两(+Cl.)N。

另外,还涉及含语用否定的结构：

不是两(+Cl.)N VP。

3.3.1.5.1 两[①](+Cl.)N不/没 VP

测试句37:两只小熊没拿桶。

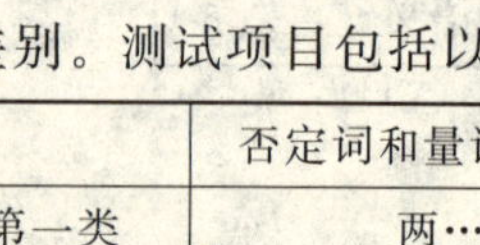

测试句19:两个小朋友不在玩玩具。

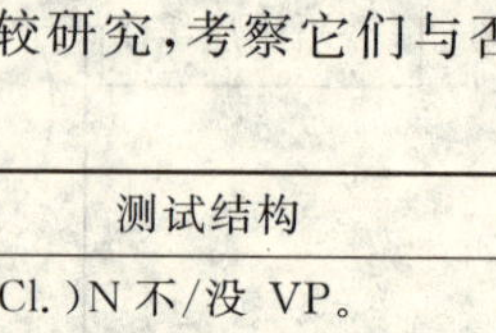

① 由于在谓词逻辑中没有一个简单的算子来表示如“两”这样的数词。为了简便,本研究就不对含“两”的命题进行逻辑翻译。

关于"两(+Cl.)N 不/没 VP。"的调查结果(成人组)

(2004)

测试句编号	两(+Cl.)N 不/没 VP。	关于量化名词词组与否定辖域的语言测试(一)	关于量化名词词组与否定辖域的语言测试(二)	关于量化名词词组与否定辖域的语言测试(三)	总计
测试句 37	两>¬	100%(15/15)	100%(15/15)	100%(15/15)	100%(45/45)
测试句 19	¬>两	13.33%(2/15)	6.67%(1/15)	0%(0/15)	6.67%(3/45)

100%的被试接受"两"取宽域的解释,仅有 6.67%(3/45)人次接受否定词取宽域的解释。

将"两(+Cl.)N 不/没 VP。"和"一(+Cl.)N 不/没 VP。"两个结构的测试结果进行对比会发现差异:

关于"一(+Cl.)N 不/没 VP。"的调查结果(成人组)

(2004)

测试句编号	一(+Cl.)N 不/没 VP。	关于量化名词词组与否定辖域的语言测试(一)	关于量化名词词组与否定辖域的语言测试(二)	关于量化名词词组与否定辖域的语言测试(三)	总计
测试句 18	一>¬	100%(15/15)	100%(15/15)	100%(15/15)	100%(45/45)
测试句 13	¬>一	53.33%(8/15)	20%(3/15)	6.67%(1/15)	26.67%(12/45)

在"一(+Cl.)N 不/没 VP。"结构中,逆序解释蕴涵顺序解释,所以逆序解释是标记性的解释,顺序解释是非标记性的。

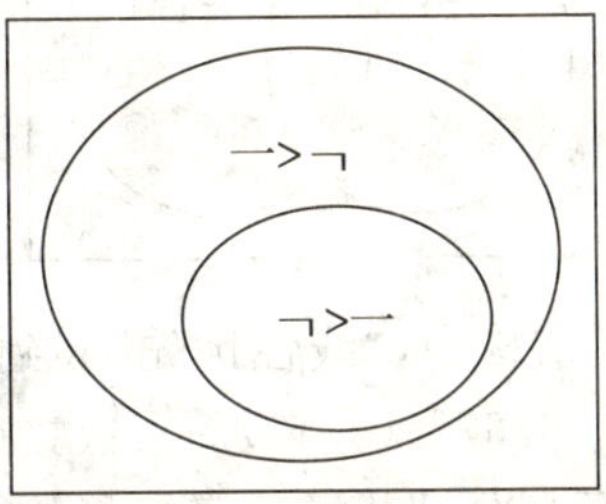

"两(+Cl.)N 不/没 VP。"结构中的逆序解释和顺序解释之间却不存在同样的蕴涵关系。举例说明:

(66)两个学生没拿桶。

(如果有三个学生。)

两>¬

¬>两

两种辖域解释相互蕴涵，它们是相等的。

（如果有四个学生）

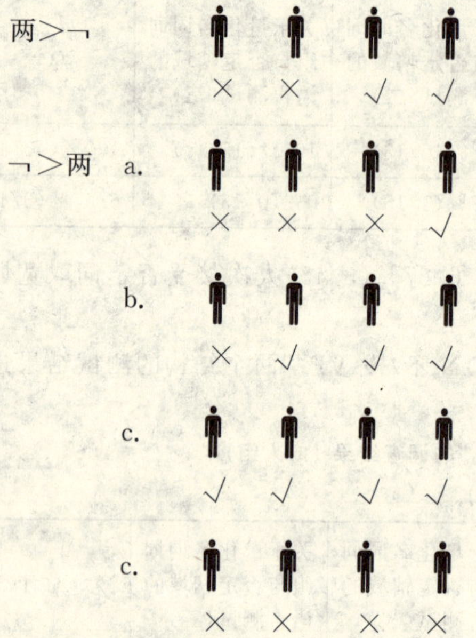

从两种辖域解释中，得不到“两¬↔¬两”的结果，表明它们不是相等的；同时，也不总是能得到“两¬→¬两”或“¬两→两¬”的结果。这表明：使“两¬”解释为真的情景组成的集合与使“¬两”解释为真的情景组成的集合是相交的关系。如下图所示：

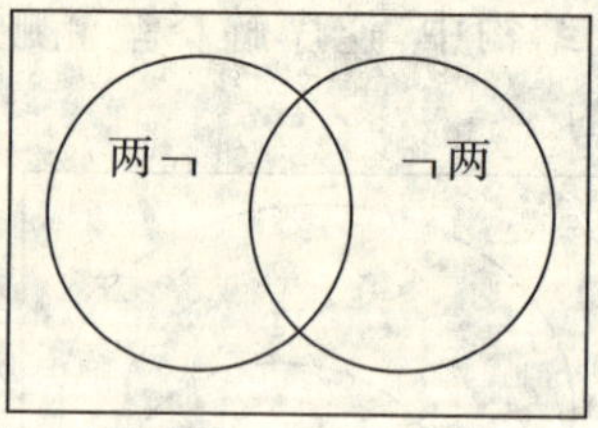

在“两(+Cl.)N 不/没 VP。”结构中，“线性优先”起到绝对的作用，100%(45/45)的人次接受测试句 37 的解释。还有 6.67%(3/45)的人次接受测试句 19 的逆序解释，是因为图片中说的“三个小朋友不在玩玩具。”蕴涵顺序解释的“有且只有两个(小朋友不在玩玩具。)”。逆序解释还是有极低的成立的可能性，是因为“两¬”解释和“¬两”解释不是完全没有语义关系的，使它们与真的情景组成的集合还有相交的关系。

上面提到，数字有取确切解释的趋势在“两(+Cl.)N 不/没 VP。”中生成的解释和算子线性序列生成的解释是一样的。决定“两(+Cl.)N 不/没 VP。”辖域解释的因素有两个：算子的线性序列，数字有取确切之意的倾向。

3.3.1.5.2 NP 不/没 V 两(+Cl.)N

测试句 11：小朋友没拿两个苹果。

测试句 36：小丑没拿两朵花。

关于"NP 不/没 V 两(+Cl.)N。"的调查结果（成人组）

(2004)

测试句编号	NP 不/没 V 两(+Cl.)N。	关于量化名词词组与否定辖域的语言测试(一)	关于量化名词词组与否定辖域的语言测试(二)	关于量化名词词组与否定辖域的语言测试(三)	总计
测试句 11	¬>两	86.67%(13/15)	86.67%(13/15)	86.67%(13/15)	86.67%(39/45)
测试句 36	两>¬	6.67%(1/15)	6.67%(1/15)	6.67%(1/15)	6.67%(3/45)

86.67%(39/45)的人次接受顺序解释；仅有 6.67%(3/45)的人次接受逆序解释。3 个接受逆序解释的人次不是出现在同一个被试身上，也不是出现在同一个测试部分中。

首先，讨论顺序解释，即测试句 11 的解释，的接受率为什么不是 100%呢？是因为数字有要求确切解释的趋势。被试在关注小朋友手中的那个苹果的同时，也关注他没拿的那"三个苹果"。所以，有被试不接受这个句子是因为他们认为，根据图片，这句话应该这样来说："小朋友没拿三个苹果。"

其次，关注逆序解释。从测试结果来看，当"两(+Cl.)N"作宾语且处在否定词的后面时，它逆向取宽域的可能性很小(6.67%(3/45))。Musolino (1998a: 29)提到的 J. Huang认为下面的句子是歧义的，允许两种不同的解释：

(67)老师没看到两个学生。 ¬>两/两>¬

从测试结果来看，两种辖域解释的优劣程度是不相等的，两>¬的解释是具有标记性的。

最后，将"NP 不/没 V 两(+Cl.)N。"和"NP 不/没 V 一(+Cl.)N。"比较一下：

测试句 25：老奶奶没抱一个小朋友。

测试句 4：小朋友没拿一个苹果。

关于"NP 不/没 V 一(+Cl.)N。"和"NP 不/没 V 两(+Cl.)N。"的调查结果（成人组）(2004)

	测试句编号		关于量化名词词组与否定辖域的语言测试(一)	关于量化名词词组与否定辖域的语言测试(二)	关于量化名词词组与否定辖域的语言测试(三)	总计
NP 不/没 V 一(+Cl.)N。	测试句 25	¬>一	86.67%(13/15)	73.33%(11/15)	93.33%(14/15)	84.44%(38/45)
	测试句 4	一>¬	53.33%(8/15)	26.67%(4/15)	46.67%(7/15)	42.22%(19/45)
NP 不/没 V 两(+Cl.)N。	测试句 11	¬>两	86.67%(13/15)	86.67%(13/15)	86.67%(13/15)	86.67%(39/45)
	测试句 36	两>¬	6.67%(1/15)	6.67%(1/15)	6.67%(1/15)	6.67%(3/45)

顺序解释的接受情况大致相同。问题是，在好像同属一类的结构中，为什么"一"取逆向宽域的可能性要比"两"大呢？为什么测试句 4 的可接受性比测试句 36 的高呢？原因是上面讨论过的：在"NP 不/没 V 一(+Cl.)N。"结构中，逆序解释蕴涵顺序解释，使逆序解释为真的情景组成的集合是使顺序解释为真的情景组成的集合的子集；而在"NP 不/没 V 两(+Cl.)N。"中，使顺序解释和逆序解释为真的情景组成的集合间却是一种相交的关系。在"NP 不/没 V 两(+Cl.)N。"中，逆序解释通过蕴涵顺序解释而成立的可能性不是一定存在的。由此可见，决定"NP 不/没 V 两(+Cl.)N。"辖域解释的因素是两个：算子序列产生"¬>两"的解释；数字确切解释的因素产生标记性的"两>¬"的解释，并且稍微减少了顺序解释的可接受性。

3.3.1.5.3 有两(+Cl.)N 不/没 VP

测试句 30：有两个小男孩没戴眼镜。

测试句 23：有两个阿姨没拿包。

关于"两(+Cl.)N 不/没 VP。"和"有两(+Cl.)N 不/没 VP。"的调查结果（成人组）(2004)

	测试句编号		关于量化名词词组与否定辖域的语言测试(一)	关于量化名词词组与否定辖域的语言测试(二)	关于量化名词词组与否定辖域的语言测试(三)	总计
两(+Cl.)N 不/没 VP。	测试句 37	两>¬	100%(15/15)	100%(15/15)	100%(15/15)	100%(45/45)
	测试句 19	¬>两	13.33%(2/15)	6.67%(1/15)	0%(0/15)	6.67%(3/45)
有两(+Cl.)N 不/没 VP。	测试句 30	两>¬	100%(15/15)	100%(15/15)	100%(15/15)	100%(45/45)
	测试句 23	¬>两	6.67%(1/15)	13.33%(2/15)	6.67%%(1/15)	8.89%(4/45)

在"有两(+Cl.)N 不/没 VP。"结构中，100%(45/45)的人次接受顺序解释，仅有 8.89%

(4/45)的人次接受逆序解释。有人接受逆序解释是因为测试句23的图所表达的“三个阿姨没拿包”蕴涵着这个结构的顺序解释,“有且只有两个阿姨没拿包”。

在“一(+Cl.)N不/没VP。”和“有一(+Cl.)N不/没VP。”两个结构中,如果“有”出现,会适当增加“一(+Cl.)”作为“有且仅有一(+Cl.)”解释的可能性。

关于“一(+Cl.)N不/没VP。”和“有一(+Cl.)N不/没VP。”的调查结果(成人组)

(2004)

	测试句编号		关于量化名词词组与否定辖域的语言测试(一)	关于量化名词词组与否定辖域的语言测试(二)	关于量化名词词组与否定辖域的语言测试(三)	总计
一(+Cl.)N不/没VP。	测试句18	一>¬	100%(15/15)	100%(15/15)	100%(15/15)	100%(45/45)
	测试句13	¬>一	53.33%(8/15)	20%(3/15)	6.67%(1/15)	26.67%(12/45)
有一(+Cl.)N不/没VP。	测试句8	一>¬	100%(15/15)	100%(15/15)	100%(15/15)	100%(45/45)
	测试句20	¬>一	13.33%(2/15)	6.67%(1/15)	13.33%(2/15)	11.11%(5/45)

而在“两(+Cl.)N不/没VP。”中添加“有”之后,从测试的结果来看,有无“有”、“两”和“不/没”的辖域关系并未出现明显差异。

3.3.1.5.4 有两(+Cl.)N,NP不/没V

已经比较了“有一(+Cl.)N不/没VP。”、“有一(+Cl.)N,NP不/没V。”和“NP不/没V一(+Cl.)N。”三个结构在辖域解释中的差异,得出的结论是:量化名词在句中扮演的句法角色和题元角色不影响否定和量化间的辖域。下面讨论在“有两(+Cl.)N不/没VP。”、“有两(+Cl.)N,NP不/没V。”和“NP不/没V两(+Cl.)N。”中,这个结论是否也成立。

测试句39:有两本书,小女孩没拿。

测试句15:有两个车,小熊没推。

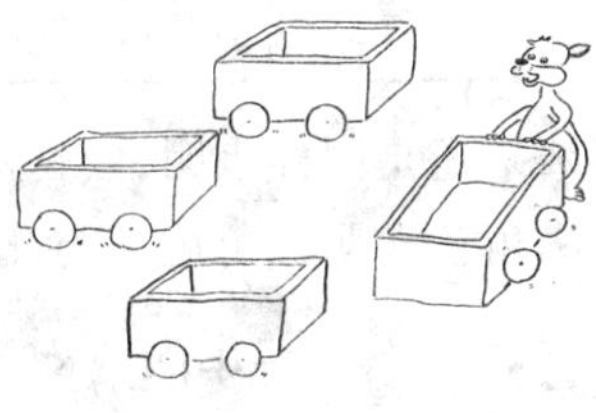

测试句30:有两个小男孩没戴眼镜。

测试句23:有两个阿姨没拿包。

关于“有两(+Cl.)N不/没 VP。”和“有两(+Cl.)N,NP不/没 V。”的调查结果（成人组）

(2004)

	测试句编号		关于量化名词词组与否定辖域的语言测试(一)	关于量化名词词组与否定辖域的语言测试(二)	关于量化名词词组与否定辖域的语言测试(三)	总计
有两(+Cl.)N不/没 VP。	测试句 30	两>¬	100%(15/15)	100%(15/15)	100%(15/15)	100%(45/45)
	测试句 23	¬>两	6.67%(1/15)	13.33%(2/15)	6.67%%(1/15)	8.89%(4/45)
有两(+Cl.)N，NP 不/没V。	测试句 39	两>¬	100%(15/15)	93.33%(14/15)	100%(15/15)	97.78%(44/45)
	测试句 15	¬>两	6.67%(1/15)	13.33%(2/15)	6.67%(1/15)	8.89%(4/45)

尽管“有两(+Cl.)N”在两个结构中的句法角色和题元角色都不一样，但是算子线性顺序决定了它们的辖域都大于否定词。

再考察“NP不/没 V两(+Cl.)N。”和“有两(+Cl.)N,NP不/没 V。”辖域解释的情况。“两(+Cl.)N”在两个结构中都是宾语，都是受事，不同之处在于它们的线性位置。

测试句 11:小朋友没拿两个苹果。

测试句 36:小丑没拿两朵花。

关于“NP不/没 V两(+Cl.)N。”和“有两(+Cl.)N,NP不/没 V。”的调查结果（成人组）

(2004)

	测试句编号		关于量化名词词组与否定辖域的语言测试(一)	关于量化名词词组与否定辖域的语言测试(二)	关于量化名词词组与否定辖域的语言测试(三)	总计
NP不/没V两(+Cl.)N。	测试句 11	¬>两	86.67%(13/15)	86.67%(13/15)	86.67%(13/15)	86.67%(39/45)
	测试句 36	两>¬	6.67%(1/15)	6.67%(1/15)	6.67%%(1/15)	6.67%(3/45)
有两(+Cl.)N，NP 不/没V。	测试句 39	两>¬	100%(15/15)	93.33%(14/15)	100%(15/15)	97.78%(44/45)
	测试句 15	¬>两	6.67%(1/15)	13.33%(2/15)	6.67%(1/15)	8.89%(4/45)

测试结果还是同样表明：线性顺序一旦改变就会影响否定和量化辖域的解释；量词在句中的句法角色和题元角色都与此无关。

3.3.1.5.5 有两(+Cl.)N,NP都不/没V

对“有两(+Cl.)N,NP不/没 V。”和“有两(+Cl.)N, NP都不/没 V。”两个结构进行考察，主要是看“都”是否会影响它们的辖域解释。

测试句 22:有两个篮子，阿姨都没拿。　　测试句 32:有两个苹果，小朋友都没拿。

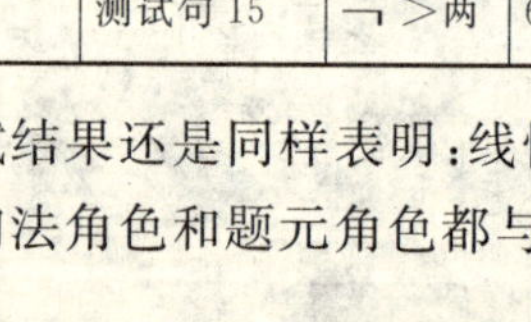

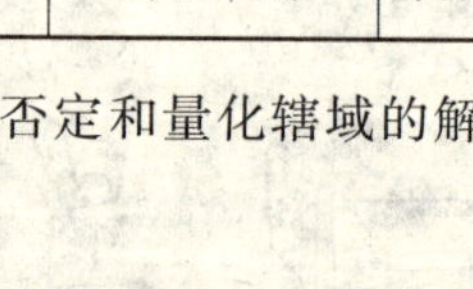

关于“有两(＋Cl.)N,NP 不/没 V。”和“有两(＋Cl.)N, NP 都不/没 V。”的调查结果(成人组)

(2004)

	测试句编号		关于量化名词词组与否定辖域的语言测试(一)	关于量化名词词组与否定辖域的语言测试(二)	关于量化名词词组与否定辖域的语言测试(三)	总计
有两(＋Cl.)N, NP 不/没 V。	测试句 39	两>¬	100%(15/15)	93.33%(14/15)	100%(15/15)	97.78%(44/45)
	测试句 15	¬>两	6.67%(1/15)	13.33%(2/15)	6.67%(1/15)	8.89%(4/45)
有两(＋Cl.)N,NP 都不/没 V。	测试句 22	两>¬	100%(15/15)	100%(15/15)	100%(15/15)	100%(45/45)
	测试句 32	¬>两	0%(0/15)	0%(0/15)	0%(0/15)	0%(0/45)

在测试句 22 和测试句 32 中,“都”的出现将相关的名词集合中的成员限定为 2 个,这就使得逆序解释无法通过蕴涵顺序解释获取宽域。但是,尽管如此,两个结构的测试结果并无悬殊,这说明决定它们辖域解释的同样是“线性优先”原则,与是否有“都”关系不大。

3.3.1.5.6 不是两(＋Cl.)N VP

测试句 26:不是两个小朋友在睡觉。

测试句 29:不是两只小海豚在玩球。

测试句 14:不是两只小老鼠在种树。

关于“不是两(＋Cl.)N VP。”的调查结果(成人组)

(2004)

测试句编号	不是两(＋Cl.)N VP。	关于量化名词词组与否定辖域的语言测试(一)	关于量化名词词组与否定辖域的语言测试(二)	关于量化名词词组与否定辖域的语言测试(三)	总计
测试句 26	顺序解释	100%(15/15)	100%(15/15)	100%(15/15)	100%(45/45)
测试句 14	逆序解释	6.67%(1/15)	0%(0/15)	6.67%(1/15)	4.44%(2/45)
测试句 29	语用否定的解释	100%(15/15)	100%(15/15)	100%(15/15)	100%(45/45)

测试句 26 是语义否定的顺序解释,其中“¬>两”。根据图片,测试句 26 可以扩展为:

(68)不是两个小朋友在睡觉，是一个小朋友在睡觉。

p　　　　　　q

其中，p→q。测试句29是语用否定，它也可以扩展为：

(69)不是两只小海豚在玩球，是三只小海豚在玩球。

p　　　　　　q

其中，q→p。测试句14是语义否定的逆序解释，其中“两>¬”，测试结果表明它基本不成立。有4.44%(2/45)的人次接受逆序解释，是因为“两”有取确切意义的趋势。

还有一个问题需要讨论。重复“不是一(+Cl.)N VP。”的测试结果：

测试句10：不是一只小老鼠在睡觉。

测试句24：不是一只小海豚在游泳。

关于“不是一(+Cl.)N VP。”的调查结果(成人组)

(2004)

测试句编号	不是一(+Cl.)N VP。	关于量化名词词组与否定辖域的语言测试(一)	关于量化名词词组与否定辖域的语言测试(二)	关于量化名词词组与否定辖域的语言测试(三)	总计
测试句10	顺序解释	33.33%(5/15)	20%(3/15)	46.67%(7/15)	33.33%(15/45)
测试句24	逆序解释/语用否定的解释	100%(15/15)	86.67%(13/15)	100%(15/15)	95.56%(43/45)

“不是一(+Cl.)N VP。”中的逆序解释的接受率要比“不是两(+Cl.)N VP。”中的逆序解释高，这是因为，在“不是一(+Cl.)N VP。”中，它的语用否定的解释恰好与逆序解释相等。

总结关于否定和“两”的测试结果：

	否定词和量词的线性位置	测试结构	顺序解释	逆序解释
第一类	两…NEG	两(+Cl.)N不/没 VP。	√	×[注]
第二类	NEG…两	NP不/没V两(+Cl.)N。	√(非标记性)	√(标记性)

注：在一些情况下，逆序解释存在，是因为逆序解释蕴涵顺序解释的缘故。

如果逆序解释不蕴涵顺序解释，下面结构不歧义：

有两(+Cl.)N不/没 VP。

有两(+Cl.)N，NP不/没 V。

下面这个结构根本不歧义：

有两(+Cl.)N，NP都不/没 V。

下面结构中，语义否定的顺序解释和语用否定是非标记性的：

不是两(+Cl.)N VP。

3.3.2 理论分析

3.3.2.1 原则的建立

否定和量词的辖域研究与量词间的辖域研究既相关又相异：

“相关”是说它们都涉及对量词特性的认识。从上面的测试结果来看，数词性量词有取确切意义的词汇特点不仅会影响量词间的辖域分配，也会影响否定词和量词间的辖域分配。

“相异”是指否定和量化的问题是不同类算子的演算问题，而量词内部的辖域研究只涉及同一类算子。更重要的是，影响两种辖域关系的因素是不一样的。大量关于汉语量化辖域问题的研究（S. F. Huang 1981；J. Huang 1982，1983；Lee 1986，1991，1993，1996a；Liu1990，1997；Aoun 和 Li 1989，1993；Wu 1992 等）发现影响汉语量化辖域的主要因素有：词汇上的，量词的词汇差异；句法上的，不同量词间的线性序列和层级关系，以及量词在句中的句法关系；语义上的，量词的题元角色；语用上的，话题化和非话题化成分。

从本书对一些结构的测试结果和分析来看，影响汉语量化辖域的这些因素并不是都能在决定否定和量化的辖域中发挥作用。不考虑语用否定、“没有一（＋Cl.）N VP。”和“NP 一（＋Cl.）N 都不/没 V。”等结构，本书测试的所有 SV(O)结构的否定和量化辖域受到下面三个因素的影响：

第一，否定词与量词的线性顺序；

第二，顺序解释和逆序解释之间的蕴涵关系；

第三，数词的词义。

本书把这三个因素概括成三个原则。

线性原则（Linear Precedence Principle）：

> 一个 SV(O)结构的简单句 S 含有两个算子 OP_1 和 OP_2。在 S 成分结构的线性排列上，如果 OP_1 先于 OP_2，那么 OP_1 的辖域大于 OP_2 的辖域；如果 OP_2 先于 OP_1，那么 OP_2 的辖域大于 OP_1 的辖域。

关于在汉语中语序重要的思想，很多前辈学者在研究量词辖域时已经以不同的方式提出过或强调过，如 S. F. Huang、J. Huang（1982）、Lee（1986）等。所以，这个原则的提出是建立在他们研究的基础之上的，更是建立在本书语言测试和理论分析基础之上的。线性原则不仅在决定量化辖域，而且在决定否定和量化辖域时都起到至关重要的作用。关于线性原则，至少还有三个问题值得探讨。

首先，成分结构是否与语义解释有关？在标准理论时期，Chomsky 提出语法包含一个深层结构，它是语义解释的输入。到后来的最简方案时期，他认为是 LF 决定意义。在近期的文献中，Chomsky（2002：114）也曾谈过量化辖域的研究：“在这个课题上，二十五年前的研究认为量化辖域是与表层的一些性质有关；而现在的研究发现量化辖域还是和非表层的性质有关，也就是 LF。”但是，本书的研究表明，在决定汉语 SV(O)结构中的否定和量化辖域时，无需求助于其他抽象的句法层次，无需使用如成分—控制等句法概念，只考察成分结构的线性顺序，并辅之以一些语义因素就可以了。

其次，为什么线性顺序与语义解释相关？句子的生成过程是说话人将自己的思想转换成一系列符号的过程，这些符号生成的次序是从左至右的，听话人对句子的理解也必定是按照从左至右的次序。句子组成部分的排列顺序对整个句子的诠释必然起到关键性的作用，这是句子生成过程所决定的（关于相似观点，可参考 Lakoff 1971; Frege 1972; Fodor 1982）。

最后，为什么线性原则在汉语的辖域解释中表现如此突出？关于汉语线性顺序影响辖域解释的讨论，首先要提到 S. F. Huang。S. F. Huang (1981) 提出表层结构中的线性顺序是决定汉语辖域解释的因素。J. Huang (1982) 认为线性顺序对辖域产生影响是因为在汉语 S—结构上两个量化名词间的成分—控制关系仍保留到 LF 层次上，而决定辖域的因素是成分—控制。在按重要性评估影响汉语量词辖域的因素时，Lee (1986) 将线性顺序排到层级关系之前。关于线性关系在决定汉语量词辖域时的重要作用，Lu (1984)、Kuno, Takami 和 Wu (1999) 等都有论述。句法规则和语义规则的对应关系有同构(Isomorphic)和同态(Homomorphic)两种。所谓"同构"，就是说句法和语义是一一对应的关系：有一个句法规则就有一个语义规则与它对应；有一个语义规则就有一个句法规则与它对应。同构太过严格，所以自然语言中的句法规则和语义规则的关系应该是同态的。但是仅就辖域问题，汉语的"形"与"义"间确实有极强的一一对应的趋势，句法规则与语义规则间表现出极强的同构特征。两种规则同构的特点能解释 J. Huang (1982:75) 谈到的这样一种现象："英语能容许各种各样的辖域解释，而汉语中却是不歧义的。"不过，在此说的是"趋势"，而不是说句法规则与语义规则完全一一对应。因为在一些结构中，辖域歧义还是存在的。词序在汉语语义解释中地位如此突出，是和汉语是一个缺乏形态变化的语言这个特点相关的。由于缺少时态、语态、性、数、格的词形变化，汉语的词序在表明句法关系和决定语义解释中起到了极其重要的作用。

另一方面，如果只有线性原则在起作用，那么汉语中就根本不可能存在否定和量化的辖域歧义问题。从语言测试结果来看，在一些结构中确实有被试接受逆序解释。产生逆序解释，是因为有下面两个原则在起作用。

语义蕴涵原则 (Semantic Entailment Principle)：

> 一个 SV(O) 结构的简单句 S 含有两个算子 OP_1 和 OP_2。S 有两个可能的解释，它们的逻辑表达式分别是 F_1 和 F_2：
>
> $$F_1: OP_1\ OP_2\varphi(x)$$
> $$F_2: OP_2 OP_1\varphi(x)$$
>
> 如果 $F_1 \rightarrow F_2$，但 $F_2 \nrightarrow F_1$，那么 F_1 是 S 成立的解释。

为什么语义蕴涵原则能发挥作用呢？用图表示 S 的两种解释 F_1 和 F_2 间的关系：

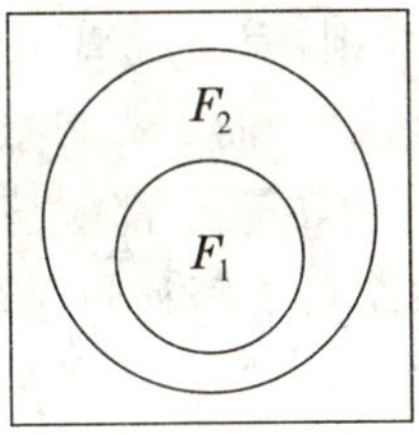

如果语义蕴涵原则生成 F_1，而线性原则生成 F_2。F_2 是可以由 F_1 推导出来的，因为 $F_1 \rightarrow F_2$。另一种情况，如果语义蕴涵原则生成 F_1，而线性原则也生成 F_1，那 $F_1 \rightarrow F_1$。可见，只要 F_1 和 F_2 间存在图中这样的蕴涵关系，线性原则产生的解释都可以从语义蕴涵原则产生的解释中推导出来。

当涉及数词性量词时，控制汉语否定和量化辖域的原则还有：

数字解释原则（Number Reading Principle）：

> 在一个 SV(O) 结构的简单句 S 中，有否定词 NEG 和数词 N_n。N_n 可以解释为 N_x（$N_x \geq N_n$），但将 N_n 解释为 N_y（$N_y = N_n$）是 N_n 最基本的解释。

数词这种取确切解释的趋势不仅表现在否定和量化的辖域问题上，也反映在量化内部的辖域问题上。

3.3.2.2 原则的性质

线性原则决定了算子从句法结构投射到逻辑表达式的投射方式。它确保句法部分产生的一个句法形式在经过语义部分处理后，其中算子的排列次序不会发生改变。换句话说，也就是确保成分结构不会完全与语义结构脱节。在一些自然语言中，线性原则不是在任何情况下都发挥作用的。以英语为例：

(70) Some students didn't solve the problem.
一些 学生 没 解决 问题
辖域判断：不歧义 some>not (Musolino 1998a：7)

(70)的辖域解释符合线性原则。

(71) Every student didn't solve the problem.
每个 学生 没 解决 问题
辖域判断：歧义 every>not not>every (Musolino 1998a：7)

(71)的辖域解释不完全符合线性原则。

(72) The student didn't solve some problems.
学生 没 解决 一些 问题
辖域判断：不歧义 some>not (Musolino 1998a：7)

(72)的辖域解释完全违背线性原则。因此，线性原则是依赖于一个语言特性的原则，它是不能脱离这个语言句法结构影响的语义解释原则。

语义蕴涵原则是一个纯语义的原则，完全脱离句法结构的影响。它对来自句法部分的输入进行评价时，只从意义的角度出发，而不去考量这个语言的词序特点。当涉及否定和量化的辖域时，语义蕴涵原则在任何语言中都应该是起作用的，它是具有普遍性的原则。对于一个句子来说，如果它的两个可能解释间存在语义蕴涵原则所规定的语义关系，线性原则所产生的解释可以从语义蕴涵原则产生的解释中推导出来。因此，语义蕴涵原则是公理(Axiom)，而线性原则是定理(Theorem)。

数字解释原则首先是一个纯语义的原则，它是一个与数词的语义特征有关的原则。一个数词性的量词作为确切数字解释是它最基本的意义，例如：

(73) 有且只有两个老师生病了。→至少有两个老师生病了。

$|[\text{生病}']^{M,g}\cap[\text{老师}']^{M,g}| = 2 \rightarrow |[\text{生病}']^{M,g}\cap[\text{老师}']^{M,g}|\geqslant 2$

但是

(74) 至少有两个老师生病了。↛有且只有两个老师生病了。

$|[\text{生病}']^{M,g}\cap[\text{老师}']^{M,g}|\geqslant 2 \nrightarrow |[\text{生病}']^{M,g}\cap[\text{老师}']^{M,g}| = 2$

同时，数字解释原则也是一个处于语义和语用交界的原则。在日常的语言交流中，根据合作原则的数量准则，说话人应该提供不多不少的信息。当使用一个数字的时候，如果说话人是一个合作的谈话参与者，他说“两个老师”就是说“有且只有两个老师”。数字解释原则是合作原则在辖域解释中的体现。既然与语义和语用都相关，那数字解释原则在所有语言的辖域解释中都应该是发挥作用的。来自英语的证据：

(75) He didn't eat two pieces of pizza.
他 没 吃 两 块 比萨饼
辖域判断：根据 Musolino(1998: 11)对相同结构的归纳，这个句子是歧义的。not>two two>not

3.3.2.3 原则的排序

仅从语义的角度来考察，语义蕴涵原则和数字解释原则是比线性原则更重要的。但是，就汉语来说，线性原则又比语义蕴涵原则和数字解释原则重要，这是汉语句法规则和语义规则在辖域解释中表现出来的同构趋势所决定的。在本书所讨论的结构中，汉语成人使用下面的原则系统来判断否定和量化的辖域：

线性原则>语义蕴涵原则/数字解释原则

线性原则的重要性表明汉语在辖域问题上“形”中有“义”的特点。与句法结构相关的线性原则比独立于句法结构的语义蕴涵原则和数字解释原则重要，这说明汉语成人在进行否定和量化辖域的判断时首先是凭借语序，之后才参考语义。

3.3.2.4 原则的验证

下面验证提出的原则系统对辖域的判断结果是否与测试结果一致：

否定词和全称量词的辖域：

第一种结构：线性顺序上，全称量词在否定词的前面。

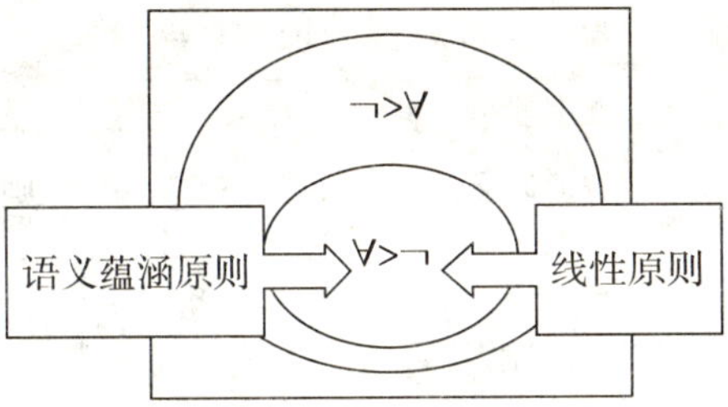

只有∀>¬的解释可能。原则的判断结果与测试结果完全相同：

测试结构	测试句	可能的解释	总计
NP 都不/没 VP。	测试句 34	∀>¬	100%(45/45)
	测试句 3	¬>∀	0%(45/45)
每(+Cl.)N 都不/没 VP。	测试句 1	∀>¬	100%(45/45)
	测试句 9	¬>∀	0%(45/45)
所有的 N 都不/没 VP。	测试句 31	∀>¬	100%(45/45)
	测试句 7	¬>∀	0%(45/45)

第二种结构：线性顺序上，否定词在全称量词的前面。

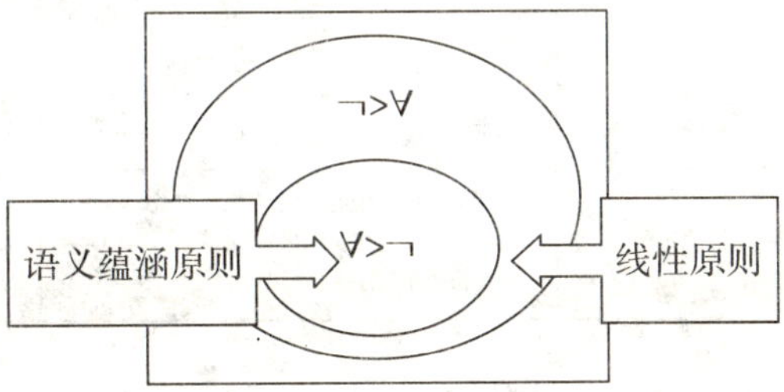

线性原则决定¬>∀的解释是句子非标记性的解释；语义蕴涵原则决定∀>¬的解释是可能的，标记性的解释。原则的判断结果与测试结果完全相同：

测试结构	测试句	可能的解释	总计
NP 不/没都 VP。	测试句 38	¬>∀	100%(45/45)
	测试句 41	∀>¬	35.56%(16/45)
不是每(+Cl.)N 都 VP。	测试句 27	¬>∀	100%(45/45)
	测试句 16	∀>¬	37.78%(17/45)
不是所有的 N 都 VP。	测试句 17	¬>∀	100%(45/45)
	测试句 21	∀>¬	40%(18/45)
NP 不/没 V 所有的 N。	测试句 2	¬>∀	100%(45/45)
	测试句 35	∀>¬	51.11%(23/45)

否定词和"一"的辖域：

第一种结构：线性顺序上，"一"在否定词的前面。

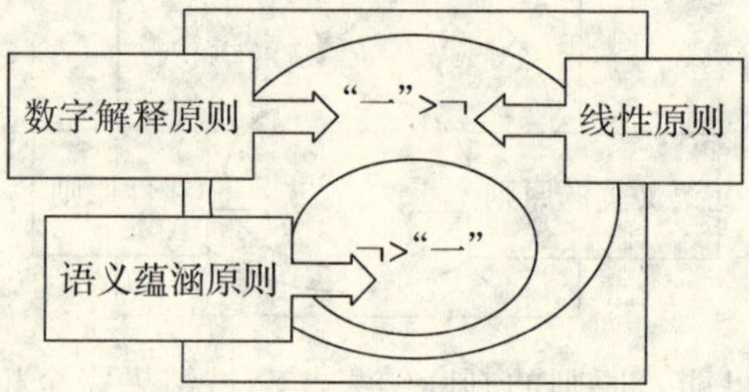

原则的判断结果与测试结果一样："一">¬的解释是句子非标记性的解释；¬>"一"的解释是句子标记性的解释。

测试结构	测试句	可能的解释	总计
一(+Cl.)N 不/没 VP。	测试句 18	"一">¬	100%(45/45)
	测试句 13	¬>"一"	26.67%(12/45)

"有一(+Cl.)N 不/没 VP。"和"有一(+Cl.)N，NP 不/没 V。"两个结构略有不同，因为"有"的使用减少了"¬"逆序取宽域的可能性，句子是基本不歧义的。

测试结构	测试句	可能的解释	总计
有一(+Cl.)N 不/没 VP。	测试句 8	"一">¬	100%(45/45)
	测试句 20	¬>"一"	11.11%(5/45)
有一(+Cl.)N，NP 不/没 V。	测试句 28	"一">¬	100%(45/45)
	测试句 5	¬>"一"	6.67%(3/45)

第二种结构：线性顺序上，否定词在"一"的前面。

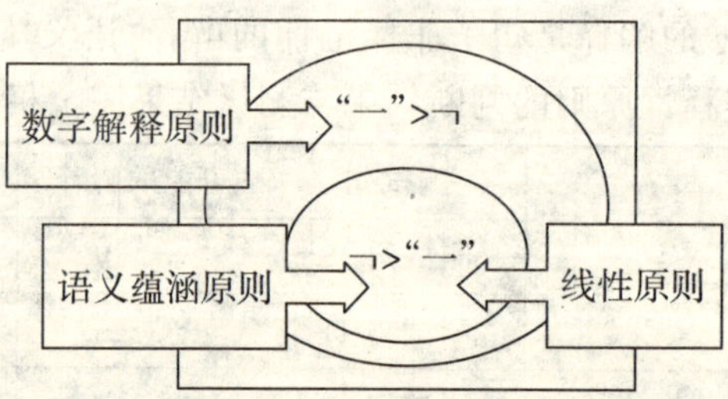

¬>"一"的解释是非标记性的解释，而"一">¬的解释是标记性的解释，这个判断结果与测试结果也是一致的：

测试结构	测试句	可能的解释	总计
NP 不/没 V 一(+Cl.)N。	测试句 25	¬>"一"	84.44%(38/45)
	测试句 4	"一">¬	42.22%(19/45)

否定词和“两”的辖域:

第一种结构:线性顺序上,“两”在否定词的前面。

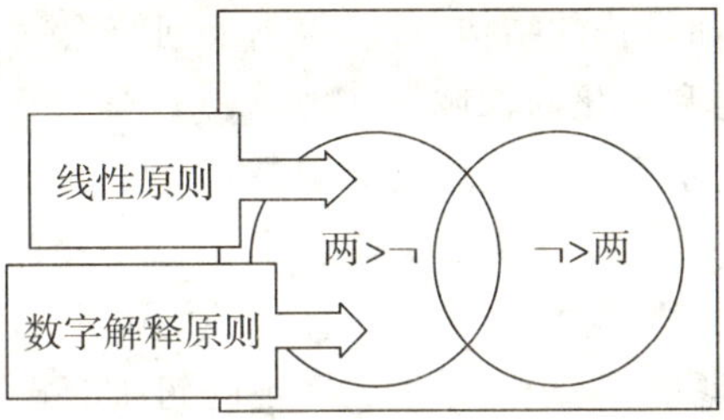

原则系统判定这个句子不歧义,仅有顺序解释成立。测试结果中,有极少的被试接受这个结构的逆序解释,测试句 19、23 和 15,是因为这三个测试句中的逆序解释蕴涵着这个结构的顺序解释。测试句 32 则没有这样的问题,所以根本没有被试接受它。

测试结构	测试句	可能的解释	总计
两(+Cl.)N 不/没 VP。	测试句 37	“两”>¬	100%(45/45)
	测试句 19	¬>“两”	6.67%(3/45)
有两(+Cl.)N 不/没 VP。	测试句 30	“两”>¬	100%(45/45)
	测试句 23	¬>“两”	8.89%(4/45)
有两(+Cl.)N,NP 不/没 V。	测试句 39	“两”>¬	97.78%(44/45)
	测试句 15	¬>“两”	8.89%(4/45)
有两(+Cl.)N,NP 都不/没 V。	测试句 22	“两”>¬	100%(45/45)
	测试句 32	¬>“两”	0%(0/45)

原则上,这个结构是不歧义的。如果逆序解释在有些情况下能被接受的话,那是由于使它成立的情景恰好也是使顺序解释成立的情景。

第二种结构:线性顺序上,否定词在“两”的前面。

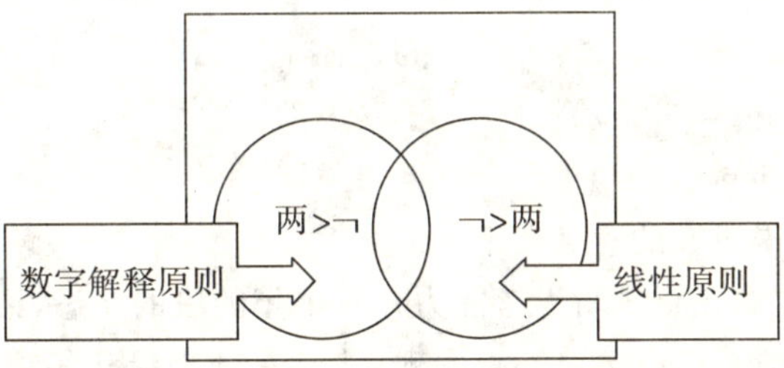

测试结构	测试句	可能的解释	总计
NP 不/没 V 两(+Cl.)N。	测试句 11	¬>“两”	86.67%(39/45)
	测试句 36	“两”>¬	6.67%(3/45)

原则系统的判断结果和测试结果表明:这个结构中顺序解释是非标记性的;逆序解释是可能的,但是是标记性的。

3.3.2.5 小结

就以上所讨论的否定和量化的结构，可以得出下列结论：

第一，汉语中存在否定和量化的辖域歧义现象；

第二，汉语成人决定否定和量化辖域的原则是：

线性原则＞语义蕴涵原则/数字解释原则

线性原则是最重要的原则，它生成句子非标记性的解释。

当涉及否定和辖域问题时，句法部分生成一定的句法形式，句法形式首先要经过这三个语义解释原则(Principles of Semantic Interpretation)的处理，得出可能的语义解释；最后，语义解释再被提交给语用原则部分，语用原则对语义解释进行核查。如果一个句法形式只有一种语义解释，那这个语义解释就可以顺利通过语用部分的验收。如果同一个句法形式有不同的语义解释的话，那么不是所有的语义解释都能成功通过验收。也就是说，由于有语用原则把关，人们在日常交流才不会频繁地受到歧义现象的烦扰。

3.4 习得研究

3.4.1 研究现状

以下分两个方面来回顾一些相关研究：量化辖域的研究与否定和量化辖域的研究。

3.4.1.1 关于量化辖域

儿童习得量化辖域的研究长期以来一直是语言学和心理学的一个重要课题，有大量的文献。针对其他语言的研究有：Inhelder 和 Piaget (1964)、Freeman, Sinha 和 Stedmon (1982)、Philip 和 Aurelio (1991)、Roeper 和 de Villiers (1991)、Takahashi (1991)、Philip (1991, 1992, 1995, 1996)、Brooks 和 Braine (1996)、Drozd 和 van Loosbroek (1999)、Kang (2001)等。立足于汉语的研究主要有 Lee (1986, 1991)、Chien 和 Wexler (1989)、Chien (1994)等。

量化辖域儿童习得研究的意义在于：

第一，它能帮助了解儿童逻辑思考能力在每个年龄段的状态，帮助发现这种能力发展的情况，比如 Inhelder 和 Piaget (1964)发现，儿童在处理量化短语时所遇到的困难是由一些非语言因素造成的。儿童在较晚时期才能理解含全称量词的句子是由于他们尚不具备将一组组的物体分成独立等级的能力("a lack of ability to divide groups of objects into separate classes")。

第二，量化辖域是一个涉及语言内部很多方面的问题。在语言内部，影响量化辖域的因素来自方方面面：词汇的、语义的、句法的和语用的。相关研究不仅能更全面地了解儿童各个语言层面知识的获得情况，而且最终能对语法体系的完善作出贡献。

3.4.1.2 关于否定和量化辖域

3.4.1.2.1 主要研究

否定和量化的习得研究也很丰富：Roeper 和 Matthei(1975)、Boysson－Bardies 和 Bacri(1977)、Drozd 和 Philip (1993)、O' Leary 和 Crain(1994)、Thornton(1995)、Musolino (1998a)、Kramer(2000)、Musolino、Crain 和 Thornton (2000)、Lidz 和 Musolino(2002)等。针对汉语的研究正处于起步阶段，相关文献如 Su (2001,2003)。

否定和量化辖域儿童习得研究的意义在于：

第一，否定和量化辖域研究是量化辖域研究的延伸。上面谈到了否定与量词间的辖域和量词之间的辖域两个课题是有关联而又有差异的，对于这两方面语言知识的儿童习得研究也是一样。在处理否定和量词辖域时，儿童必须先拥有一些关于量词的知识。在这个意义上，否定和量化辖域的研究是建立在量化研究的基础之上的。另一方面，要确定否定和量化的辖域，儿童除了必须获得否定词和量词的相关词汇知识外，同时还必须掌握两者结合在一起所产生的一系列的使用和理解的规则。儿童用来处理否定和量词间辖域解释的机制肯定与他们用来处理量词间辖域解释的机制不一样。从这个意义说，否定和量化辖域的习得研究是量化辖域的习得研究的另一个阶段。

第二，否定和量化的问题也是一个涉及语言内部很多方面的问题，如 Musolino 和 Lidz (2002：9)就曾谈到：对一个含全称量词和否定词的句子进行解释，涉及句法、语义和语用的因素。否定和量化辖域的研究是了解儿童对这些句法、语义和语用知识获得情况的突破口。

3.4.1.2.2 主要假设

3.4.1.2.2.1 线性次序

Musolino、Crain 和 Thornton (2000：14)将他们的实验结果总结成：

同构关系的观察(The Observation of Isomorphism)：

> 与成人不一样，儿童在早期解释否定和量化时，都是参照它们在显性句法上的位置。

他们 (2000：14)在脚注中特别强调：这只是一种"观察(Observation)"，并不是"原则(Principle)"。他们并没说儿童在处理任何量化成分时，都存在这样一个"同构原则"。

3.4.1.2.2.2 成分—控制

Lidz 和 Musolino (?)[①]、Lidz 和 Musolino(2002)提出：儿童在处理否定和量化的辖域时使用的原则和成人一样，都是否定词与量词间的成分—控制关系，而不是它们的线性次序；儿童与成人的差异是儿童不能接受一个表达在读的时候处于句中的一个位置，而在

---

① 是指这篇未发表的文章：Continuity in Linguistic Development：the Scope of Syntax and the Syntax of Scope. (http://www.indiana.edu/～plp/cogsequel.pdf)。

解释的时候却又在另外一个位置。相对成人来说，儿童更要求一个成分的发音位置和解释位置间的一致性。

3.4.1.2.2.3 语义子集原则

Crain(1992,1993)、Crain、Ni 和 Conway (1994)、Crain 和 Philip(1993)提出了一个语言学习的原则，即语义子集原则：

语义子集原则(Semantic Subset Principle)：

> 如果 UG 的语义解释部分给一个句子 S 提供两种解释，A 和 B。相对 B 来说，A 能使 S 在较少的情景中为真，那么在语言发展过程中，儿童先将 A 假设为句子的语义解释。

用图来描写 A 和 B 的关系就是：

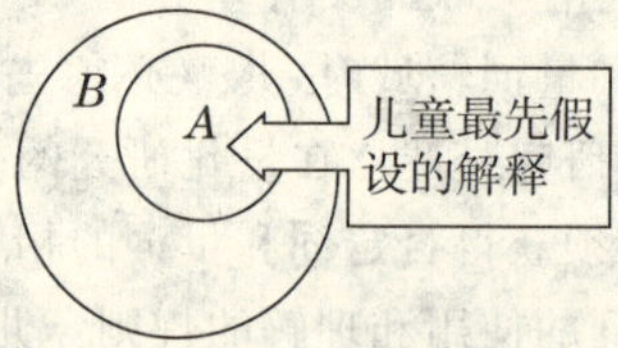

语义子集原则是从可学性(Learnability)的角度提出来的。如果一个儿童一开始就接受母集解释(Superset Reading)B，而在他的母语的成人语法中 B 是不成立的，那就会产生这样一个可学性的困难(Learnability Problem)：儿童的语言输入中缺少反面的证据(Negative Evidence)，而相对于 A，B 又在更多的情景下可以为真，所以没有任何东西能帮助儿童最后放弃 B。为了避免产生这种学习困难，儿童使用的缺省策略就是先假设 A。如果在他的母语的成人语法中，B 是成立的解释，那他可以从语言输入中慢慢习得。

3.4.2 本节的研究

3.4.2.1 研究的意义

如果以上三个假设在汉语儿童对否定和量化习得过程中成立，那在早期儿童身上我们应该能观察到以下两点：

第一，如果同构关系的观察或成分—控制原则成立的话，那汉语儿童对辖域的判断尺度比成人严格，他们不会接受成人语法中标记性的逆序解释。此外，在汉语中，儿童到成人关于否定和量化辖域知识的发展过程应该是变化不大的，因为汉语成人也主要是依据词序来判断辖域，并且词序决定的辖域解释和成分—控制关系决定的辖域解释是一样的。

第二，如果语义子集原则成立的话，那汉语早期儿童首先只会接受子集解释(Subset Reading)，他们对辖域的判断也应比成人严格。如果在一些结构中，儿童最先接受的子集解释恰好是顺序解释的话，那关于这类结构的辖域知识的发展应该变化不大。如果在另一些结构中，子集解释是逆序解释的话，那儿童语法中非标记性的解释就变成成人语法中标记性的解释，语言的发展过程就会有一个非常大的变化。

相反，如果以上三个假设不能解释汉语儿童早期的习得过程，我们观察到的就应该是这样的现象:成人认为不歧义的句子,儿童则认为是歧义的;成人不接受逆序解释,儿童则接受;成人认为是标记性的逆序解释,儿童则认为是非标记性的。如果是这样,汉语儿童早期的判断不可能是由语言输入造成的,只可能源于普遍原则(Universal Principle)。

除了考证现有的三个理论假设外,本研究也力图推进汉语在此课题上的研究深度。现有的汉语否定和量化辖域的习得研究较多考察一定年龄段的儿童与成人在辖域判断上的差异,比如 Su (2001,2003)。这类研究无法回答下面两个问题:

第一,辖域知识的初始状态是怎样的?这类研究将年龄上相差 1 岁、甚至 2 岁多的儿童对辖域的判断放在一起来考察。很多变量掺杂在一起,因此,测试结果无助于更好地了解儿童辖域知识的最初状态。

第二,辖域知识的发展过程是怎样的?这类研究并不把研究重点放在考察相关知识在不同年龄段是如何纵向发展的。

与这类研究不一样,本研究关注以下两类问题:

静态的问题:从 4～5 岁起,到 7～8 岁止,各个年龄段的儿童如何处理一些结构中否定和量化间的辖域。

动态的问题:儿童在最初进行辖域解释时使用的原则是什么?和成人的原则有何差异?关于辖域的知识是如何发展的?对一些基本的结构,哪个年龄段儿童的判断与成人的不再存在显著性差异?

关于语言测试的方法、测试的设计、测试的流程、被试等情况,参见以上相关部分。

3.4.2.2 否定和全称量词

3.4.2.2.1 全称量词的习得

儿童要能处理否定和量化间的辖域,得预先具备量词的知识。根据 Lee (1986, 1991)、Chien 和 Wexler (1989),"所有"、"每"和"都"出现在儿童 03;00;00 之前的语料中;儿童在 03;06;00 已经掌握了这些词语所包含的穷尽 (Exhaustiveness)的意思。在 CY(00;10;05－02;04;31)、SJQ(01;02;06－01;11;29)和 ZTX(00;11;18－02;06;02)的语料中,发现他们第一次使用"都"是在 01;09;00 左右:

*妈妈:都倒了哈?
*妈妈:好玩吗?
*姨: 立起来。
*儿童:立起来。
*姨: 挨个立起。
*儿童:lai4 起。
*姨: 立起来。
*姨: 哎。
*儿童:都立起来。
*研究者:哎呀,说都立起来了。
*儿童:都立起来了。 CY01;08;30

＊妈妈：不要啦？
＊妈妈：ei2。
＊儿童：都 chang2 起来。
＊妈妈：都藏起来，藏起来呀？ SJQ01;09;18

＊妈妈：快。
＊妈妈：排好了都。
＊儿童：排好了都。
＊妈妈：嗯。 ZTX01;08;24

＊妈妈：轮子都没有啦。
＊妈妈：掉啦。
＊儿童：轮子都 xx，掉啦。 ZTX01;09;01

在 SJQ(01;02;06—01;11;29)和 ZTX(00;11;18—02;06;02)的语料中，没有发现他们使用“每”的记录。根据项目结束后对 ZTX 所进行的几次访问记录，他在 02;09;27 在歌唱中使用过一次“每”：

＊妈妈：起来。
＊儿童：不愿做奴隶的人们。
＊儿童：把我们的血肉铸成我们新的长城。
＊儿童：中华民族到了最危险的时候。
＊儿童：每个人都发出最后的吼声。
＊儿童：起来，起来。
＊儿童：我们万众一心。 ZTX02;09;27

在 CY(00;10;05—02;04;31)语料中，发现她使用“每”的两次记录：

＊儿童：小燕子，穿花衣，每年…… CY02;00;28

＊研究者：每个，每个手上套一个。
＊儿童：每 de4 手上套一个呀？ CY02;04;31

第一个“每”出现在吟唱的歌曲中，第二个无法完全排除是对前面成人话语的模仿。

在使用的 CY(00;10;05—02;04;31)、SJQ(01;02;06—01;11;29)和 ZTX(00;11;18—02;06;02)的语料中，没有他们使用“所有”的记录。

根据 CY、SJQ 和 ZTX 的语料，汉语儿童应该是在 03;00;00 左右才从词汇和意义上完全掌握全称量词。

3.4.2.2.2 否定和“都”

3.4.2.2.2.1 NP 都不/没 VP

测试句 34：小乌龟们都不在看书。

$\forall e[\neg 看书'(e) \wedge Ag(e, 龟1') \wedge Ag(e, 龟2') \wedge Ag(e, 龟3')]$

测试句编号	NP 都不/没 VP。	关于量化名词词组与否定辖域的语言测试(一)	关于量化名词词组与否定辖域的语言测试(二)	关于量化名词词组与否定辖域的语言测试(三)	总计
测试句 34（顺序解释）	4～5 岁组	93.33%(14/15)	100%(15/15)	100%(15/15)	97.78%(44/45)
	5～6 岁组	86.67%(13/15)	100%(15/15)	100%(15/15)	95.56%(43/45)
	6～7 岁组	100%(15/15)	100%(15/15)	100%(15/15)	100%(45/45)
	7～8 岁组	93.33%(14/15)	100%(15/15)	100%(15/15)	97.78%(44/45)
	成人组	100%(15/15)	100%(15/15)	100%(15/15)	100%(45/45)

从 4～5 岁起，儿童对这个结构的顺序解释的判断几乎与成人一样。

测试句 3：小蜜蜂们都不在浇花。

$\neg \forall e[浇花'(e) \wedge Ag(e, 蜜蜂1') \wedge Ag(e, 蜜蜂2') \wedge Ag(e, 蜜蜂3')]$

测试句编号	NP 都不/没 VP。	关于量化名词词组与否定辖域的语言测试(一)	关于量化名词词组与否定辖域的语言测试(二)	关于量化名词词组与否定辖域的语言测试(三)	总计
测试句 3（逆序解释）	4～5 岁组	33.33%(5/15)	46.67%(7/15)	20%(3/15)	33.33%(15/45)
	5～6 岁组	20%(3/15)	46.67%(7/15)	0%(0/15)	22.22%(10/45)
	6～7 岁组	0%(0/15)	0%(0/15)	6.67%(1/15)	2.22%(1/45)
	7～8 岁组	0%(0/15)	0%(0/15)	0%(0/15)	0%(0/45)
	成人组	0%(0/15)	0%(0/15)	0%(0/15)	0%(0/45)

测试句 3 的解释是逆序解释。从测试的结果看，5～6 岁的儿童中接受这种解释的有 22.22% (10/45)的人次，与成人的选择存在非常显著的差异($z=3.35$, $p<.01$)。除了 2.22%(1/45)的人次，儿童在 6～7 岁阶段才放弃这种逆序解释，与成人的判断基本一致。

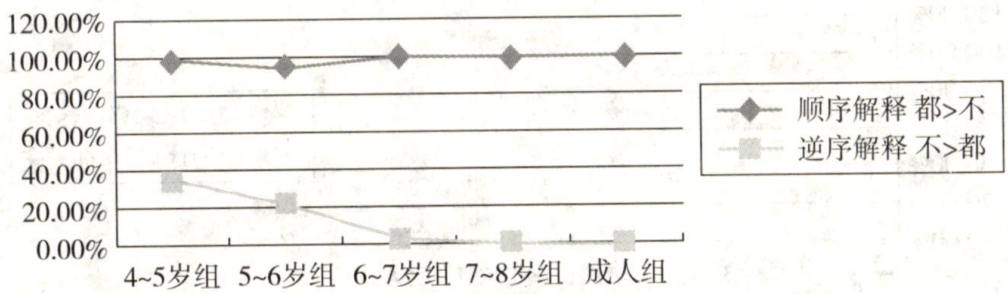

将“NP 都不/没 VP。”中两种解释的结果对比，可以发现两点：

第一，从组间差异来看。顺序解释从 4～5 岁组开始基本无变化；逆序解释则是随着年龄的增长，接受的被试人次逐渐减少，直到 6～7 岁组与成人几乎一样。

第二，从组内差异来看。从 4～5 岁组开始，所有年龄组的被试都认为顺序解释是绝对优于逆序解释的。

3.4.2.2.2.2 NP 不/没都 VP

测试句 38:小兔子们不都在吃胡萝卜。

¬∀e[吃胡萝卜'(e)∧Ag(e,兔 1')∧Ag(e,兔 2')∧Ag(e,兔 3')]

测试句编号	NP 不/没都 VP。	关于量化名词词组与否定辖域的语言测试(一)	关于量化名词词组与否定辖域的语言测试(二)	关于量化名词词组与否定辖域的语言测试(三)	总计
测试句 38(顺序解释)	4~5 岁组	66.67%(10/15)	60%(9/15)	53.33%(8/15)	60%(27/45)
	5~6 岁组	46.67%(7/15)	80%(12/15)	66.67%(10/15)	64.44%(29/45)
	6~7 岁组	66.67%(10/15)	66.67%(10/15)	80%(12/15)	71.11%(32/45)
	7~8 岁组	80%(12/15)	93.33%(14/15)	100%(15/15)	91.11%(41/45)
	成人组	100%(15/15)	100%(15/15)	100%(15/15)	100%(45/45)

测试句 38 是这个结构的顺序解释。6~7 岁儿童对这个解释接受的情况仍和成人有非常显著的差异($z=3.9$,$p<.01$);7~8 岁儿童的判断与成人有所接近,但差异仍然显著($z=2.05$,$p<.05$)。

测试句 41:小鸭子们不都在踢球。

∀e[¬踢球'(e)∧Ag(e,鸭 1')∧Ag(e,鸭 2') ∧Ag(e,鸭 3')]

测试句编号	NP 不/没都 VP。	关于量化名词词组与否定辖域的语言测试(一)	关于量化名词词组与否定辖域的语言测试(二)	关于量化名词词组与否定辖域的语言测试(三)	总计
测试句 41(逆序解释)	4~5 岁组	86.67%(13/15)	100%(15/15)	86.67%(13/15)	91.11%(41/45)
	5~6 岁组	80%(12/15)	93.33%(14/15)	93.33%(14/15)	88.89%(40/45)
	6~7 岁组	80%(12/15)	93.33%(14/15)	100%(15/15)	91.11%(41/45)
	7~8 岁组	66.67%(10/15)	86.67%(13/15)	86.67%(13/15)	80%(36/45)
	成人组	53.33%(8/15)	40%(6/15)	13.33%(2/15)	35.56%(16/45)

测试句 41 是这个结构的逆序解释。直到 7~8 岁,儿童的判断和成人判断还存在非常显著的差异($z=4.27$,$p<.01$)。

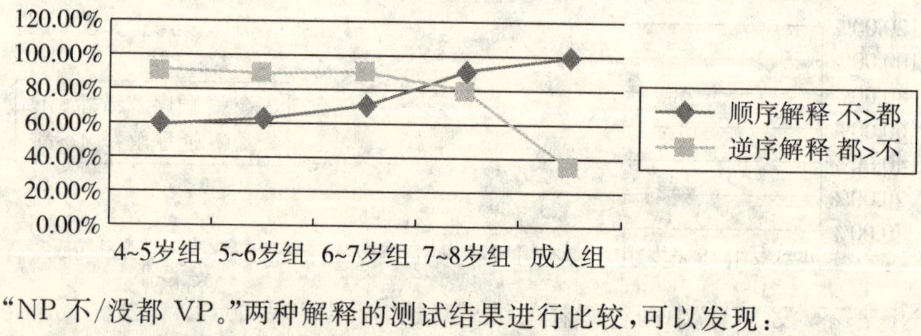

将"NP 不/没都 VP。"两种解释的测试结果进行比较,可以发现:

第一,从组间差异来看。接受顺序解释的人次是从 7~8 组开始才发生比较明显的变化,但 7~8 岁组儿童对顺序解释和逆序解释的判断仍与成人有明显的差异。

第二,从组内差异来看。4~5 岁组、5~6 岁组、6~7 岁组的儿童都认为逆序解释比顺序解释好。到了7～8岁组，儿童才认为顺序解释略优于逆序解释。

3.4.2.2.3 否定和“每”

3.4.2.2.3.1 每(+Cl.)N都不/没VP

测试句1：每个小朋友都不在吃苹果。

∀x[小朋友'(x) →¬吃苹果'(x)]

测试句编号	每(+Cl.)N都不/没VP。	关于量化名词词组与否定辖域的语言测试(一)	关于量化名词词组与否定辖域的语言测试(二)	关于量化名词词组与否定辖域的语言测试(三)	总计
测试句1(顺序解释)	4～5岁组	100%(15/15)	100%(15/15)	100%(15/15)	100%(45/45)
	5～6岁组	100%(15/15)	100%(15/15)	100%(15/15)	100%(45/45)
	6～7岁组	100%(15/15)	100%(15/15)	100%(15/15)	100%(45/45)
	7～8岁组	100%(15/15)	100%(15/15)	100%(15/15)	100%(45/45)
	成人组	100%(15/15)	100%(15/15)	100%(15/15)	100%(45/45)

从4～5岁组起，所有儿童都接受这种解释。

测试句9：每个小丑都不在吹泡泡。

¬∀x[小丑'(x)→吹泡泡'(x)]

测试句编号	每(+Cl.)N都不/没VP。	关于量化名词词组与否定辖域的语言测试(一)	关于量化名词词组与否定辖域的语言测试(二)	关于量化名词词组与否定辖域的语言测试(三)	总计
测试句9(逆序解释)	4～5岁组	26.67%(4/15)	26.67%(4/15)	26.67%(4/15)	26.67%(12/45)
	5～6岁组	13.33%(2/15)	13.33%(2/15)	13.33%(2/15)	13.33%(6/45)
	6～7岁组	0%(0/15)	0%(0/15)	0%(0/15)	0%(0/45)
	7～8岁组	0%(0/15)	0%(0/15)	0%(0/15)	0%(0/45)
	成人组	0%(0/15)	0%(0/15)	0%(0/15)	0%(0/45)

测试句9是这个结构的逆序解释。5～6岁的儿童有13.33%(6/45)的人次接受这种逆序解释，仍与成人的判断有显著的差异(z=2.53，p<.05)。

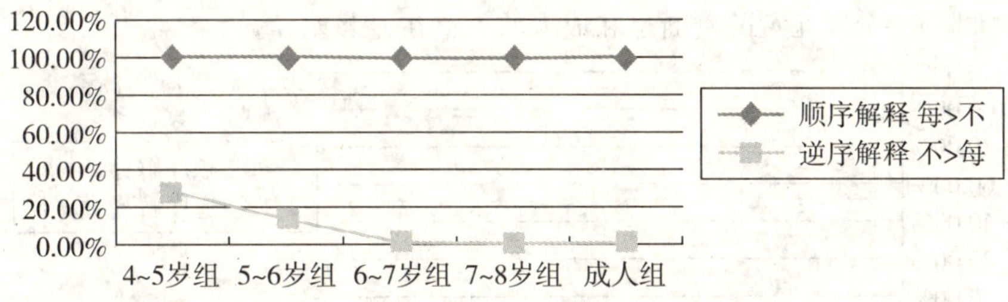

“每(+Cl.)N都不/没VP。”两种解释的测试结果与“NP都不/没VP。”中的两种解释的结果几乎完全一样：

第一，从组间差异来看。顺序解释从4～5组开始就为所有被试接受。逆序解释则是随着年龄的增长，而接受的被试人次逐渐减少，直到6～7岁组与成人一样。

第二，从组内差异来看。从 4～5 岁组开始，所有年龄组的被试都认为顺序解释是绝对优于逆序解释的。

3.4.2.2.3.2 不是每（+Cl.）N 都 VP

测试句 27：不是每个小朋友都穿裙子。

¬∀x［小朋友'(x)→穿裙子'(x)］

测试句编号	不是每（＋Cl.）N 都 VP。	关于量化名词词组与否定辖域的语言测试（一）	关于量化名词词组与否定辖域的语言测试（二）	关于量化名词词组与否定辖域的语言测试（三）	总计
测试句 27（顺序解释）	4～5 岁组	73.33%(11/15)	73.33%(11/15)	53.33%(8/15)	66.67%(30/45)
	5～6 岁组	73.33%(11/15)	93.33%(14/15)	46.67%(7/15)	71.11%(32/45)
	6～7 岁组	86.67%(13/15)	80%(12/15)	86.67%(13/15)	84.44%(38/45)
	7～8 岁组	86.67%(13/15)	100%(15/15)	93.33%(14/15)	93.33%(42/45)
	成人组	100%(15/15)	100%(15/15)	100%(15/15)	100%(45/45)

6～7 岁的儿童的判断仍与成人的判断存在显著性差异（$z=2.76$，$p<.01$），而 7～8 岁组的儿童的判断和成人的已没有显著性差异（$z=1.76$，$p>.05$）。

测试句 16：不是每个小女孩都拿花。

∀x［小女孩'(x)→¬拿花'(x)］

测试句编号	不是每（＋Cl.）N 都 VP。	关于量化名词词组与否定辖域的语言测试（一）	关于量化名词词组与否定辖域的语言测试（二）	关于量化名词词组与否定辖域的语言测试（三）	总计
测试句 16（逆序解释）	4～5 岁组	80%(12/15)	93.33%(14/15)	86.67%(13/15)	86.67%(39/45)
	5～6 岁组	46.67%(7/15)	73.33%(11/15)	80%(12/15)	66.67%(30/45)
	6～7 岁组	46.67%(7/15)	53.33%(8/15)	60%(9/15)	53.33%(24/45)
	7～8 岁组	46.67%(7/15)	60%(9/15)	66.67%(10/15)	57.78%(26/45)
	成人组	46.67%(7/15)	26.67%(4/15)	40%(6/15)	37.78%(17/45)

测试句 16 的解释是这个结构的逆序解释。5～6 岁儿童的判断和成人存在显著差异（$z=2.74$，$p<.01$）。7～8 岁的儿童与成人的判断不存在显著差异（$z=1.9$，$p>.05$），由此也可以推断 6～7 岁儿童的判断也和成人的不存在显著差异。

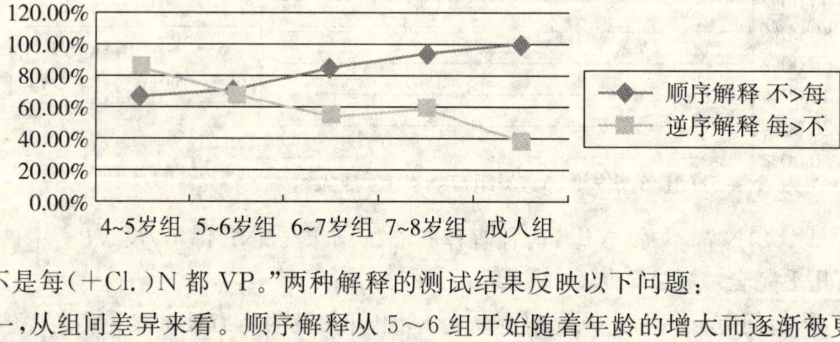

“不是每（+Cl.）N 都 VP。”两种解释的测试结果反映以下问题：

第一，从组间差异来看。顺序解释从 5～6 组开始随着年龄的增大而逐渐被更多的被试接受。逆序解释则经历了一个相反的过程，随着年龄的增大而接受的被试逐渐减少。

第二，从组内差异来看。4～5 岁组儿童认为逆序解释是优于顺序解释的。5～6 岁组儿童认为顺序解释比逆序解释稍好些。到了 6～7 岁组，顺序解释的可接受性才绝对超过逆序解释。

3.4.2.2.4 否定和“所有”

3.4.2.2.4.1 所有的 N 都不/没 VP。

测试句 31：所有的小雪人都没拿气球。

$\forall x$[小雪人'(x)→¬拿气球'(x)]

测试句编号	所有的 N 都不/没 VP。	关于量化名词词组与否定辖域的语言测试(一)	关于量化名词词组与否定辖域的语言测试(二)	关于量化名词词组与否定辖域的语言测试(三)	总计
测试句 31（顺序解释）	4～5 岁组	100%(15/15)	93.33%(14/15)	100%(15/15)	97.78%(44/45)
	5～6 岁组	100%(15/15)	93.33%(14/15)	100%(15/15)	97.78%(44/45)
	6～7 岁组	100%(15/15)	100%(15/15)	100%(15/15)	100%(45/45)
	7～8 岁组	100%(15/15)	100%(15/15)	100%(15/15)	100%(45/45)
	成人组	100%(15/15)	100%(15/15)	100%(15/15)	100%(45/45)

从 4～5 岁组的儿童开始，几乎全部的被试都接受顺序解释。

测试句 7：所有的虫子都没拿篮子。

$\neg\forall x$[虫子'(x)→拿篮子'(x)]

测试句编号	所有的 N 都不/没 VP。	关于量化名词词组与否定辖域的语言测试(一)	关于量化名词词组与否定辖域的语言测试(二)	关于量化名词词组与否定辖域的语言测试(三)	总计
测试句 7（逆序解释）	4～5 岁组	26.67%(4/15)	33.33%(5/15)	40%(6/15)	33.33%(15/45)
	5～6 岁组	13.33%(2/15)	40%(6/15)	20%(3/15)	24.44%(11/45)
	6～7 岁组	0%(0/15)	0%(0/15)	6.67%(1/15)	2.22%(1/45)
	7～8 岁组	0%(0/15)	0%(0/15)	0%(0/15)	0%(0/45)
	成人组	0%(0/15)	0%(0/15)	0%(0/15)	0%(0/45)

5～6 岁儿童的判断与成人的判断有非常显著的差异（$z=3.54$，$p<.01$）。6～7 岁儿童的判断几乎与成人的一致。

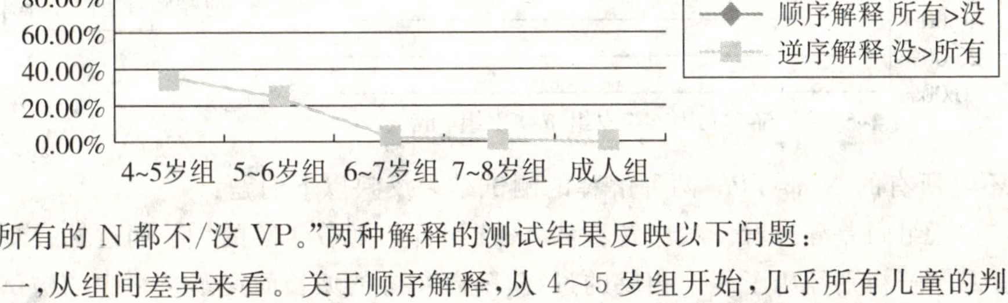

“所有的 N 都不/没 VP。”两种解释的测试结果反映以下问题：

第一，从组间差异来看。关于顺序解释，从 4～5 岁组开始，几乎所有儿童的判断都与成人的判断一致;逆序解释随着年龄的增长而接受的被试人次逐渐减少,直到6~7岁组,儿童与成人的判断几乎一样。

第二,从组内差异来看。从4~5岁组起,顺序解释都是绝对优于逆序解释的。

3.4.2.2.4.2 不是所有的N都VP。

测试句17:不是所有的小羊都在吃叶子。

¬∀x[小羊'(x)→吃叶子'(x)]

测试句编号	不是所有的N都VP。	关于量化名词词组与否定辖域的语言测试(一)	关于量化名词词组与否定辖域的语言测试(二)	关于量化名词词组与否定辖域的语言测试(三)	总计
测试句17(顺序解释)	4~5岁组	80%(12/15)	33.33%(5/15)	60%(9/15)	57.78%(26/45)
	5~6岁组	66.67%(10/15)	86.67%(13/15)	46.67%(7/15)	66.67%(30/45)
	6~7岁组	80%(12/15)	86.67%(13/15)	86.67%(13/15)	84.44%(38/45)
	7~8岁组	86.67%(13/15)	100%(15/15)	93.33%(14/15)	93.33%(42/45)
	成人组	100%(15/15)	100%(15/15)	100%(15/15)	100%(45/45)

6~7岁组的儿童的判断与成人存在显著差异(z=2.76,p<.01)。7~8岁组儿童的判断与成人不存在显著差异(z=1.76,p>.05)。

测试句21:不是所有的小狗都在啃骨头。

∀x[小狗'(x)→¬啃骨头'(x)]

测试句编号	不是所有的N都VP。	关于量化名词词组与否定辖域的语言测试(一)	关于量化名词词组与否定辖域的语言测试(二)	关于量化名词词组与否定辖域的语言测试(三)	总计
测试句21(逆序解释)	4~5岁组	66.67%(10/15)	86.67%(13/15)	93.33%(14/15)	82.22%(37/45)
	5~6岁组	60%(9/15)	66.67%(10/15)	73.33%(11/15)	66.67%(30/45)
	6~7岁组	53.33%(8/15)	46.67%(7/15)	66.67%(10/15)	55.56%(25/45)
	7~8岁组	46.67%(7/15)	46.67%(7/15)	60%(9/15)	51.11%(23/45)
	成人组	53.33%(8/15)	40%(6/15)	26.67%(4/15)	40%(18/45)

6~7组儿童的判断与成人无显著差异(z=1.48,p>.05)。5~6岁组儿童的判断与成人有显著差异(z=2.54,p<.05)。

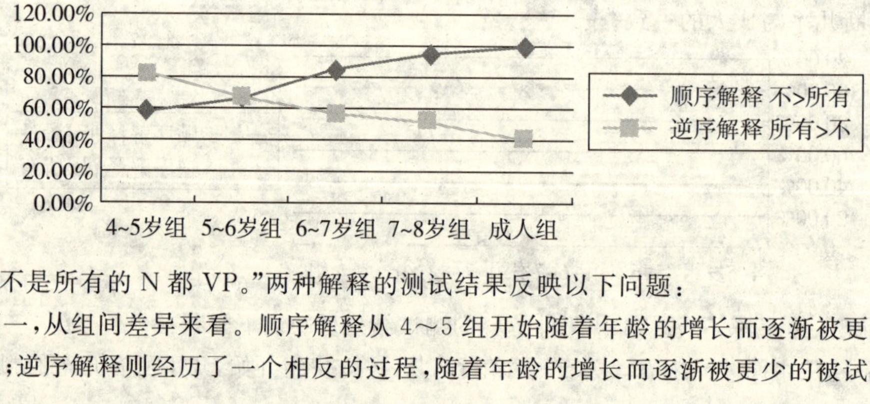

"不是所有的N都VP。"两种解释的测试结果反映以下问题:

第一,从组间差异来看。顺序解释从4~5组开始随着年龄的增长而逐渐被更多的被试接受;逆序解释则经历了一个相反的过程,随着年龄的增长而逐渐被更少的被试接受。

第二，从组内差异来看。对 4～5 岁组的儿童来说，逆序解释是优于顺序解释的。对 5～6 岁组的儿童来说，两种解释的优劣程度完全相等。对 6～7 岁组的儿童来说，顺序解释的可接受性开始超过逆序解释。

3.4.2.2.4.3 NP 不/没 V 所有的 N

测试句 2：大象没背所有的虫子。

$$\neg \forall x[\text{虫子}'(x) \rightarrow \text{背}'(\text{大象}', x)]$$

测试句编号	NP 不/没 V 所有的 N。	关于量化名词词组与否定辖域的语言测试(一)	关于量化名词词组与否定辖域的语言测试(二)	关于量化名词词组与否定辖域的语言测试(三)	总计
测试句 2（顺序解释）	4～5 岁组	86.67%(13/15)	66.67%(10/15)	46.67%(7/15)	66.67%(30/45)
	5～6 岁组	66.67%(10/15)	100%(15/15)	20%(3/15)	62.22%(28/45)
	6～7 岁组	53.33%(8/15)	66.67%(10/15)	20%(3/15)	46.67%(21/45)
	7～8 岁组	73.33%(11/15)	93.33%(14/15)	40%(6/15)	68.89%(31/45)
	成人组	100%(15/15)	100%(15/15)	100%(15/15)	100%(45/45)

6～7 岁组的表现在百分比上出现了下滑，但是 6～7 岁组与 5～6 岁组的判断并不存在显著差异($z=1.48$，$p>.05$)。7～8 岁组儿童的判断仍与成人的存在非常显著的差异($z=4.07$，$p<.01$)。

测试句 35：小狐狸没拿所有的气球。

$$\forall x[\text{气球}'(x) \rightarrow \neg \text{拿}'(\text{小狐狸}', x)]$$

测试句编号	NP 不/没 V 所有的 N。	关于量化名词词组与否定辖域的语言测试(一)	关于量化名词词组与否定辖域的语言测试(二)	关于量化名词词组与否定辖域的语言测试(三)	总计
测试句 35（逆序解释）	4～5 岁组	86.67%(13/15)	86.67%(13/15)	100%(15/15)	91.11%(41/45)
	5～6 岁组	86.67%(13/15)	93.33%(14/15)	100%(15/15)	93.33%(42/45)
	6～7 岁组	100%(15/15)	100%(15/15)	100%(15/15)	100%(45/45)
	7～8 岁组	93.33%(14/15)	93.33%(14/15)	93.33%(14/15)	93.33%(42/45)
	成人组	46.67%(7/15)	66.67%(10/15)	40%(6/15)	51.11%(23/45)

很显然，在这种解释中，7～8 岁组儿童的判断还与成人的存在非常显著的差异($z=4.47$，$p<.01$)。

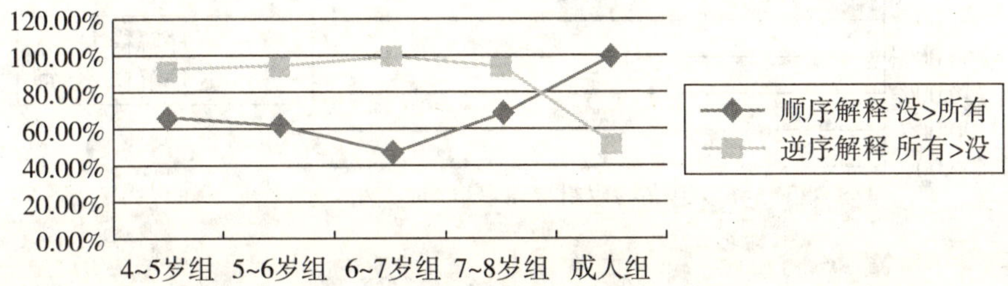

“NP 不/没 V 所有的 N。”两种解释的测试结果反映出：

第一，从组间差异来看。顺序解释的可接受性在 6～7 岁组发生了下滑，但是 6～7 岁组儿童的判断与 5～6 岁组儿童的判断不存在显著差异（z＝1.48，p＞.05）。到了 7～8 岁组，接受顺序解释的儿童有了明显增加，但仍与成人的判断存在明显差异。随着各组儿童年龄增长，接受逆序解释的被试人次却未发生明显变化。

第二，从组内差异来看。7～8 岁组的儿童仍认为该句的逆序解释优于顺序解释，这是与成人的判断完全相反的。

3.4.2.2.5 理论分析

3.4.2.2.5.1 原则的建立

上面讨论了各年龄组儿童如何处理副词性的全称量词“都”和限定词性的全称量词“每”、“所有”分别与否定词“不/没”辖域解释的情况。本节将所涉及的结构按照全称量词和否定词的线性位置分为两类，分别来讨论三个问题：

问题一：“是怎样的？”：4～5 岁起的汉语儿童对否定词和全称量词的辖域判断是怎样的？

问题二：“为什么会这样的？”：4～5 岁起的儿童是运用什么原则来进行辖域判断的？

问题三：“如何发展的？”：关于否定和量化辖域的知识是如何发展的？

然后提出汉语早期儿童处理否定和全称量词辖域的原则系统。

3.4.2.2.5.1.1 “∀…¬”结构

在这类结构中，全称量词在线性顺序上位于否定词的前面。相关结构的测试结果如下：

“NP 都不/没 VP。”的测试结果

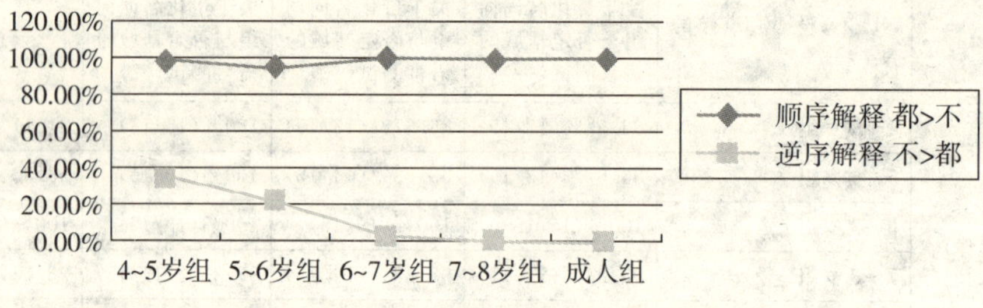

“每（＋Cl.）N 都不/没 VP。”的测试结果

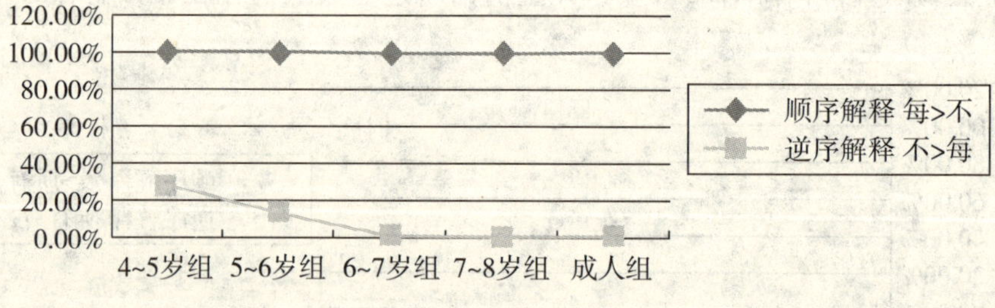

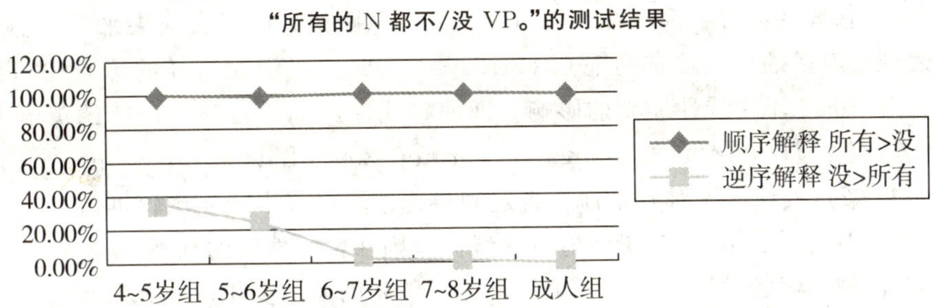

三个测试结构的测试结果几乎完全相同。这说明在辖域解释中，虽然“都”、“每”和“所有”在词汇意义上有些差别，但它们的意义在本质上都是全称量词，大同而小异。这种词汇差异不会影响儿童对辖域的判断，儿童是使用同样的原则来处理这类结构的。

问题一：是怎样的？

这类结构，成人都认为是不歧义的，而部分4～5岁和5～6岁却认为是歧义的。儿童接受的解释组成的集合是成人接受的解释组成的集合的母集。这个发现与Musolino(1998a：142)在英语中的发现不同，汉语儿童对否定和全称量词辖域的判定尺度不是比成人更严格，而是更宽松。

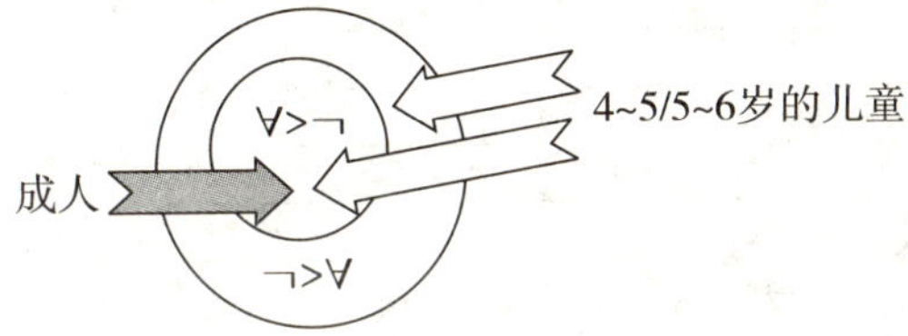

问题二：为什么会这样的？

上文提出，成人在处理否定词和全称量词辖域时使用的原则是：

线性原则＞语义蕴涵原则

在这类结构中，线性原则和语义蕴涵原则都生成∀＞¬的解释。所以，成人认为这类结构是不歧义的。也由于在这类结构中线性原则和语义蕴涵原则生成的解释是一致的，所以看不出儿童在4～5岁阶段是否使用了线性原则。不过，从4～5岁和5～6岁儿童的判断来看，即使线性原则在4～5岁阶段就发挥作用，它在儿童早期原则系统中的作用也肯定远不及它在成人原则系统中的作用，否则早期儿童就不会接受逆序解释了。

问题三：如何发展的？

从测试结果可以看出，代表逆序解释的线在5～6岁组上开始下滑，6～7岁儿童对这类结构的判断和成人的几乎完全一样，他们放弃了逆序解释。这说明在这个年龄段的儿童的原则系统中，线性原则的地位已经与它在成人语法中的地位几乎完全一样了。

在量词辖域习得的研究中，Lee (1991，1996b：321)提出：儿童在6岁开始对量词次序敏感起来，到了7岁才建立辖域解释的线性原则。关于否定和量化的辖域问题，本研究的观点是：

第一，辖域知识的发展过程是一个对线性原则逐步加深认识的量的积累过程。

在语言输入中，句法结构和语义内容都是这样的有序二元组：＜句子，意义＞。假设在汉语的语境中，语言输入中大量的有序二元组的第一元素，即句子，和第二元素，即意义，里的算子在线性位置上都存在一一对应关系。从跨语言的研究成果来看，儿童早在 3 岁时就表现出对目的语词序的敏感(Lee 1996b：305)。沉浸在这样的语料中，很难说 3 岁以后的汉语儿童不受线性原则的影响。即使在线性原则不占核心地位的英语中，根据一些研究报告(如 Musolino、Crain 和 Thornton 2000；Lidz 和 Musolino ?[①]；Lidz 和 Musolino 2002)，线性次序对儿童计算否定和量化辖域也有影响。比较本研究中 4～5 岁和 5～6 岁儿童的测试结果，会清楚地看到线性原则在影响他们的判断。

第二，辖域知识的发展过程是一个线性原则引发的质的变化过程。

当涉及量词内部辖域的问题时，根据 Lee (1991，1996b：321)的研究，儿童在 7 岁时建立线性原则；当涉及否定和量化的问题时，根据本文的研究，发生质变的时间也是在 6～7 岁左右。

3.4.2.2.5.1.2 “¬… ∀”结构

这类结构中，否定词在线性顺序上居于全称量词的前面。下面是相关结构的测试结果：

“不是每(＋Cl.)N 都 VP。”的测试结果

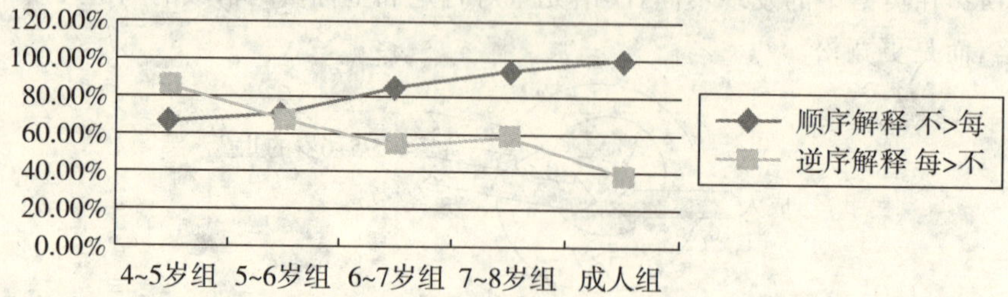

“不是所有的 N 都 VP。”的测试结果

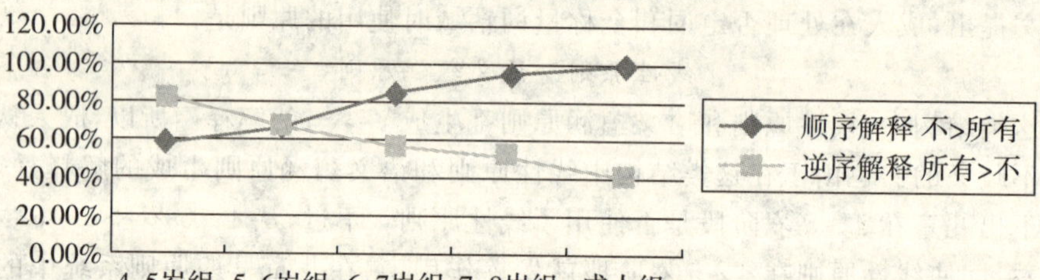

“NP 不/没都 VP。”的测试结果

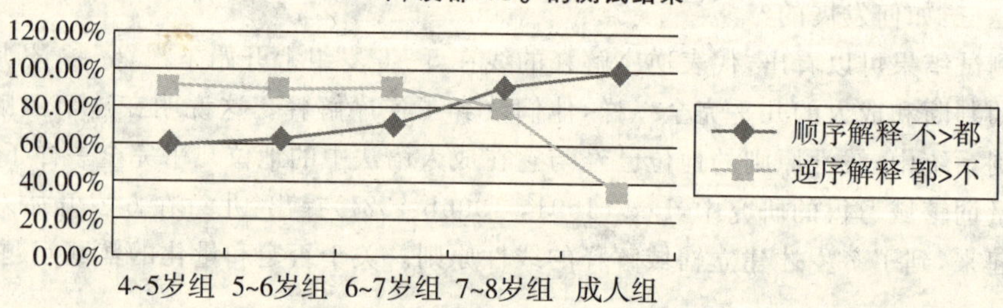

① 是指这篇未发表的文章：Continuity in Linguistic Development：the Scope of Syntax and the Syntax of Scope.(http://www.indiana.edu/～plp/cogsequel.pdf)。

"NP 不/没 V 所有的 N。"的测试结果

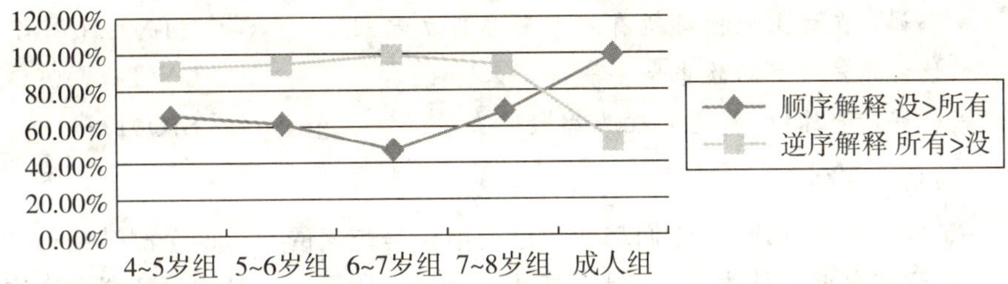

在"不是每(+Cl.)N 都 NP。"和"不是所有的 N 都 VP。"中,顺序解释和逆序解释优劣程度的变化是在 5~6 岁之后。在"NP 不/没都 VP。"和"NP 不/没 V 所有的 N。"中,儿童的表现不如上面两个结构,原因是含"不都/没都"的结构和"所有的 N"在谓语动词后作宾语的结构在早期儿童的语言输入中频率很低,比如在 CY(00;10;05—02;04;31)、SJQ(01;02;06—01;11;29)和 ZTX (00;11;18—02;06;02)的语料中就是这样。"不都"用在陈述句中仅有 3 次:

*姨:刚才是不都喂得饼干了,都是饼干渣。
*姨:喂喂它吧。 CY01;02;06

*妈妈:谁都谁...哎呀?
*妈妈:是不都主动教啊.那不都在教吗? 你看她现在说的……
CY01;01;27

*妈妈:毛毛,你不都拿出来了。 ZTX01;03;17

"不都"用在疑问句中有 14 次,但这种用法与在此的讨论无关。如:

*研究者:不都拿了吗? SJQ01;05;21

相比之下,"都不"却出现了 131 次。

在语言输出方面,3 名儿童没有一次使用"不都",CY 和 ZTX 共使用了 5 次"都不":

*儿童:都不给。 CY02;02;09
*儿童:都不要了。 ZTX01;09;15
*儿童:这,这,这两都不道。 ZTX02;01;26
*儿童:都不能吃了呗。 ZTX02;03;08
*儿童:都不一样。 ZTX02;05;03

在语言输入中,"所有(的)N"出现了 24 次,但只有一次如测试句中那样将"所有(的)N"放在动词后作宾语的情况:

*妈妈:她指着所有的模特儿。 CY01;08;10

在其余的语言输入中,如果"所有(的)N"作受事宾语,它会出现在"把"字句中或者被提升到整句的句首。如:

＊研究者：我让她把所有的玩具都拿下来。　　CY01;09;28

＊妈妈：在楼上他把那所有的车全都给立起来了。　　ZTX01;07;07

＊姨：那里所有的故事她全能讲下来。　　CY02;04;09

＊研究者：你所，所有的枕头都搬过去了吗？　　SJQ01;11;00

问题一：是怎样的？

从4～5岁的儿童到成人，他们都认为这类结构是歧义的。这四个测试结构的结果有相似之处：儿童在早期都认为逆序解释优于顺序解释，所不同的是顺序解释和逆序解释相互间优劣程度发生变化的临界点不同。在“不是每(＋Cl.)N都VP。”和“不是所有的N都VP。”中，都是在5～6岁组；在“NP不/没都VP。”中，是在7～8岁组；在“NP不/没V所有的N。”中，在所测试的年龄组中还没有出现这个交叉点。

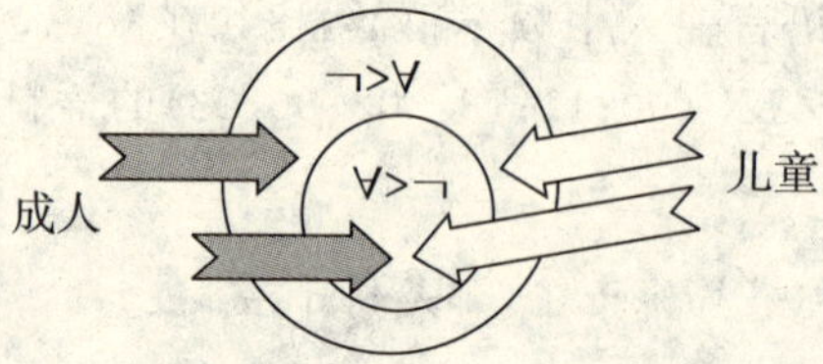

在这四个结构中，成人和儿童中都有接受两种解释的被试。这与上文说的“儿童接受的解释组成的集合是成人接受的解释组成的集合的母集”的结论并不矛盾，因为一个集合也可以是它自己的子集。

问题二：为什么会这样的？

首先，关于语义蕴涵原则。上文已经证明成人处理这类结构的原则是：

线性原则＞语义蕴涵原则

在成人的语法中，线性原则产生的顺序解释是非标记性的，而语义蕴涵原则产生的是标记性的解释。从早期儿童的判断来看，逆序解释，∀＞¬的解释，都有一段时间处于上风，这说明语义蕴涵原则是早期儿童使用的最重要的原则。

其次，关于线性原则。本研究认为4～5岁的汉语儿童在进行辖域解释时，不是完全没有受到线性原则的影响的。上面也已有论证。如果只有语义蕴涵原则起作用的话，第二类结构的图表中的两条线的走向应与第一类中大致一样，因为：

第一类结构：

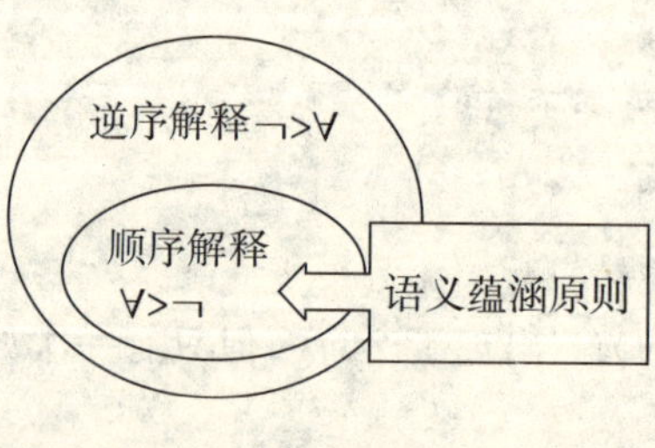

第二类结构：

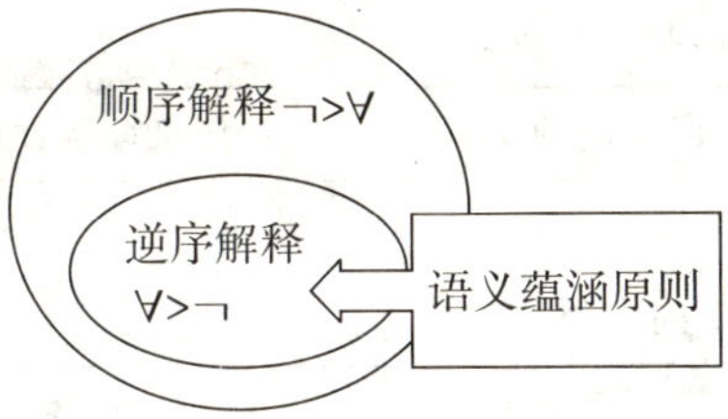

将第一类和第二类结构进行比较后发现，在第二类结构中接受顺序解释的人次明显要比在第一类结构中接受逆序解释的人次要多。这证明从4～5岁开始，汉语儿童就受到了线性原则的影响。不过，相对语义蕴涵原则来说，线性原则在儿童早期的语法中不是最主要的原则。

问题三：如何发展的？

与第一类结构的测试结果反映出来的现象一致，随着儿童解释辖域能力的不断发展，线性原则必定会在某个临界点开始发挥最重要的作用，从而将逆序解释和顺序解释间的“优”和“劣”关系扭转过来。

3.4.2.2.5.2 原则的内容

从汉语4～5岁到7～8岁儿童对否定词和全称量词的判断中，发现三点：

第一，4～5岁儿童会假设两个解释都是成立的，而不是只假设子集解释。

测试结果反映出4～5岁左右的儿童确实偏爱子集解释，这是与语义子集原则的内容相符的。但是，4～5岁左右的儿童选择母集解释的人次也很多，这说明早期汉语儿童对子集解释的偏爱只是一种倾向，而不是像语义子集原则所说的那样绝对。

第二，从4～5岁起，儿童使用的原则和成人的一样，即语义蕴涵原则和线性原则。

第三，原则相同，但是它们在成人和早期儿童语法中排列次序不一样：在成人的语法中，线性原则比语义蕴涵原则重要；在早期儿童的语法中，语义蕴涵原则比线性原则重要。

对于4～5岁儿童来说，他们对目的语的经验是不够的。对于汉语中成分结构和语义解释间的投射方式，他们知之甚少。因此，他们更多地依赖具有普遍性的语义蕴涵原则去进行辖域判断。另一方面，他们对于汉语辖域解释中线性优先的特征还是有一定了解的，所以线性原则也对他们的判断产生一定的影响。

下面看看两个原则是怎样相互配合帮助儿童得到相关结构的辖域解释的。在此借鉴Kuno、Takami和Wu (1999)在处理量词间辖域时所使用的一个概念——“专家体系(Expert System)①”。“专家体系”把语义蕴涵原则和线性原则看做专家体系中的“专家”。由于在儿童所使用的语义解释原则中，语义蕴涵原则最重要，也就是在体系中最有发言权，所以它有资格给合格的语义解释投2票，而线性原则只能投1票。一个含有否定词和全称量词的句子，可能有两种不同的辖域解释。这两种辖域解释相互竞争，看谁能被选中成为句子最后的语义解释。两位专家对上述两类结构投票的结果是：

① 关于相关的理论构想和操作细节可参阅Kuno, Takami和Wu (1999)，在此不赘述。

第一类结构：

汉语 4～5 岁左右儿童的原则系统：

全称量词在否定词前面的结构	语义蕴涵原则	线性原则
否定词＞全称量词(¬＞∀)		
全称量词＞否定词(∀＞¬)	👍👍	👍

汉语成人的原则系统：

全称量词在否定词前面的结构	语义蕴涵原则	线性原则
否定词＞全称量词(¬＞∀)		
全称量词＞否定词(∀＞¬)	👍	👍👍

这就是为什么在第一类结构中几乎所有的 4～5 岁和 5～6 岁的儿童都和成人一样，接受∀＞¬的解释；有少量人次接受逆序的¬＞∀解释，是因为早期儿童会默认两种解释都是可能的。

第二类结构：

汉语 4～5 岁左右儿童的原则系统：

全称量词在否定词后面的结构	语义蕴涵原则	线性原则
否定词＞全称量词(¬＞∀)		👍
全称量词＞否定词(∀＞¬)	👍👍	

汉语成人的原则系统：

全称量词在否定词后面的结构	语义蕴涵原则	线性原则
否定词＞全称量词(¬＞∀)		👍👍
全称量词＞否定词(∀＞¬)	👍	

这解释了为什么儿童早期虽然接受顺序解释，但他们认为∀＞¬的逆序解释要好于顺序解释。

3.4.2.2.5.3 小结

总结关于否定词和全称量词辖域研究的发现：

第一，本研究的调查结果支持连续性假设(Continuity Assumption)(Pinker 1984，1989；Crain，1991)。根据连续性假设，语言学习者和成人都拥有一个由抽象的语言原则和表达所组成的集合，所以用来描写成人语法的抽象方法也可以用来描写儿童的语言。根据本研究的测试结果，在获取辖域知识的过程中，4～5 岁起的汉语儿童需要获得的不是控制辖域解释的原则，而只是成人语法中对这些原则的排序方式。

早期[①]儿童的语法中：

语义蕴涵原则＞线性原则

成人的语法中：

线性原则＞语义蕴涵原则

第二，儿童对汉语中否定和全称量词辖域知识的习得过程，就是对线性原则在汉语中重要性的认识过程，也就是根据语言输入对自己的原则系统内部进行修正的过程。儿童关于目的语的成人语法的认识只是不完全的（Incomplete），而不是不正确的（Inaccurate）。

第三，根据测试结果，汉语儿童在下面的年龄段对否定词和全称量词辖域的判断与成人的没有显著差异：

结构	掌握相关结构的大致年龄段
NP 都不/没 VP。	6～7 岁
每(＋Cl.)N 都不/没 VP。	6～7 岁
所有的 N 都不/没 VP。	6～7 岁
不是每(＋Cl.)N 都 VP。	7～8 岁
不是所有的 N 都 VP。	7～8 岁
NP 不/没都 VP。	(7～8 岁以后)
NP 不/没 V 所有的 N。	(7～8 岁以后)

在处理词序上全称量词先于否定词的结构时，6～7 岁儿童的判断就已经和成人的无显著差异了。原因是：在这类结构中，顺序解释是可以通过语义蕴涵原则和线性原则生成的。在处理否定词先于全称量词的结构时，6～7 岁儿童的判断与成人的仍存在显著差异，这是因为儿童语法中占核心地位的语义蕴涵原则会帮助儿童更多地选择逆序解释，而成人语法中的占主要地位的线性原则指导成人更多地选择顺序解释。儿童在对"NP 不/没都 VP。"和"NP 不/没 V 所有的 N。"两个结构进行判断时表现较差，是由于语言输入和输出频率低，从而导致儿童缺乏足够的机会去验证他们关于这两个结构的假设。

3.4.2.3 否定和"一"

3.4.2.3.1 测试结果

3.4.2.3.1.1 一(＋Cl.)N 不/没 VP

测试句 18：一个小朋友没戴帽子。

$\exists x$［小朋友'(x) ∧ ¬ 戴帽子'(x)］

① 在此的"早期"是指从 4～5 岁这个年龄段起到对辖域的判断与成人还有显著差异的年龄段止。本书中的"早期"都是这个意思。

测试句编号	一（＋Cl.）N 不/没 VP。	关于量化名词词组与否定辖域的语言测试(一)	关于量化名词词组与否定辖域的语言测试(二)	关于量化名词词组与否定辖域的语言测试(三)	总计
测试句 18（顺序解释）	4～5 岁组	100%(15/15)	86.67%(13/15)	86.67%(13/15)	91.11%(41/45)
	5～6 岁组	93.33%(14/15)	93.33%(14/15)	86.67%(13/15)	91.11%(41/45)
	6～7 岁组	100%(15/15)	100%(15/15)	100%(15/15)	100%(45/45)
	7～8 岁组	100%(15/15)	93.33%(14/15)	93.33%(14/15)	95.56%(43/45)
	成人组	100%(15/15)	100%(15/15)	100%(15/15)	100%(45/45)

4～5 岁组和 5～6 岁组的儿童的判断与成人的存在显著性差异(z=2.05，p<.05)。7～8 岁组的儿童的判断与成人的没有显著性差异(z=1.43，p>.05)。

测试句 13：一个小朋友不在睡觉。

$\neg \exists x$ [小朋友'(x) ∧ 睡觉'(x)]

测试句编号	一（＋Cl.）N 不/没 VP。	关于量化名词词组与否定辖域的语言测试(一)	关于量化名词词组与否定辖域的语言测试(二)	关于量化名词词组与否定辖域的语言测试(三)	总计
测试句 13（逆序解释）	4～5 岁组	66.67%(10/15)	80%(12/15)	13.33%(2/15)	53.33%(24/45)
	5～6 岁组	46.67%(7/15)	53.33%(8/15)	6.67%(1/15)	35.56%(16/45)
	6～7 岁组	33.33%(5/15)	40%(6/15)	6.67%(1/15)	26.67%(12/45)
	7～8 岁组	33.33%(5/15)	46.67%(7/15)	13.33%(2/15)	31.11%(14/45)
	成人组	53.33%(8/15)	20%(3/15)	6.67%(1/15)	26.67%(12/45)

只有 4～5 岁儿童的判断与成人有显著差异(z=2.58，p<.05)。其他组儿童的判断与成人的没有显著性差异。

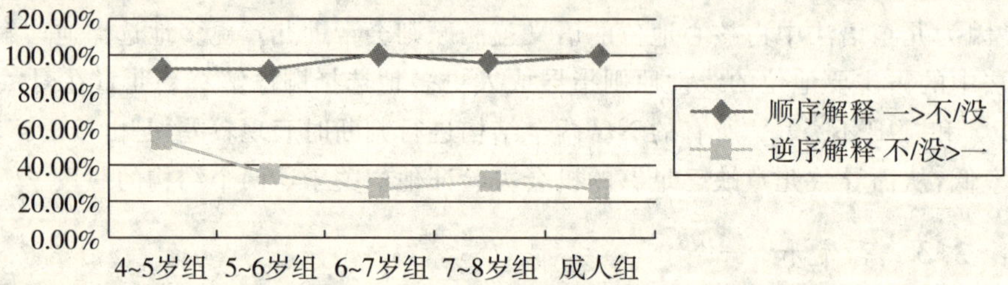

从图表可以看到，儿童在 6～7 岁阶段对这个结构的辖域判断与成人的已经基本一样。

3.4.2.3.1.2 NP 不/没 V 一(＋Cl.)N

Su (2001:131－135, 2003)的研究中有一个英语和汉语的测试句：

(76) Mickey Mouse didn't ride a dog.

(77) 米老鼠没有骑一只狗。

在她的测试中，有说英语的被试：成人 30 人、儿童 18 人(年龄 03;10－06;02，平均年龄 05;00)；说汉语的被试：成人 28 人、儿童 16 人(年龄 04;06－06;03，平均年龄 05;04)。

接受"一"取宽域的统计数据是：

"一"取宽域的解释	成人	儿童
英语	50％ (60/120)	33％(24/72)
汉语	64％ (64/100)	77％ (49/64)

Su (2001:145)使用另外一个测试句来测试否定的宽域：

(78)老虎没有跳过一个栅栏。

否定词取宽域的解释	成人	儿童
汉语	89％ (75/84)	26％ (10/39)

总结 Su (2001)的测试结果：在"NP 不/没 V 一(＋Cl.)N。"中，相对于顺序解释来说，汉语的儿童更易接受逆序解释，也就是"一"取宽域的解释。

本研究的测试句和测试结果如下：

测试句 25：老奶奶没抱一个小朋友。

$\neg \exists x$[小朋友'(x) ∧抱'(老奶奶', x)]

测试句编号	NP 不/没 V 一(＋Cl.)N。	关于量化名词词组与否定辖域的语言测试(一)	关于量化名词词组与否定辖域的语言测试(二)	关于量化名词词组与否定辖域的语言测试(三)	总计
测试句 25(顺序解释)	4～5 岁组	100％(15/15)	73.33％(11/15)	100％(15/15)	91.11％(41/45)
	5～6 岁组	86.67％(13/15)	80％ (12/15)	73.33％(11/15)	80％(36/45)
	6～7 岁组	86.67％(13/15)	80％(12/15)	86.67％(13/15)	84.44％(38/45)
	7～8 岁组	93.33％(14/15)	93.33％(14/15)	93.33％(14/15)	93.33％(42/45)
	成人组	86.67％(13/15)	73.33％(11/15)	93.33％(14/15)	84.44％(38/45)

所有年龄组的儿童与成人的判断都不存在显著差异，如 7～8 岁组和成人组的统计检验结果是 z＝1.34，p＞.05。

测试句 4：小朋友没拿一个苹果。

$\exists x$[苹果'(x)∧¬拿'(小朋友', x)]

测试句编号	NP 不/没 V 一(＋Cl.)N。	关于量化名词词组与否定辖域的语言测试(一)	关于量化名词词组与否定辖域的语言测试(二)	关于量化名词词组与否定辖域的语言测试(三)	总计
测试句 4(逆序解释)	4～5 岁组	80％(12/15)	60％(9/15)	80％(12/15)	73.33％(33/45)
	5～6 岁组	60％(9/15)	73.33％(11/15)	60％(9/15)	64.44％(29/45)
	6～7 岁组	40％(6/15)	40％(6/15)	53.33％(8/15)	44.44％(20/45)
	7～8 岁组	53.33％(8/15)	40％(6/15)	20％(3/15)	37.78％(17/45)
	成人组	53.33％(8/15)	26.67％(4/15)	46.67％(7/15)	42.22％(19/45)

5～6 岁组的儿童与成人的判断仍存在显著差异(z＝2.11，p＜.05)。6～7 岁组的儿

童与成人的判断没有显著差异(z=0.21，p＞.05)。7～8岁儿童的判断与成人的没有显著差异(z=0.43，p＞.05)。

本研究的测试结果和Su(2001)的测试结果有不同和相同之处。不同之处：从本研究的测试结果中，相对于顺序解释来说，看不出儿童偏爱逆序的“一”取宽域解释的趋势。相反，从4～5岁组起，被试始终认可顺序解释优于逆序解释。相同之处：只考察各个年龄组对逆序解释的接受情况，确实发现儿童偏爱“一”取宽域的解释，特别是4～5岁和5～6岁的儿童。较成人来说，4～5岁和5～6岁的儿童更易将“一”作确切的数字来解释。

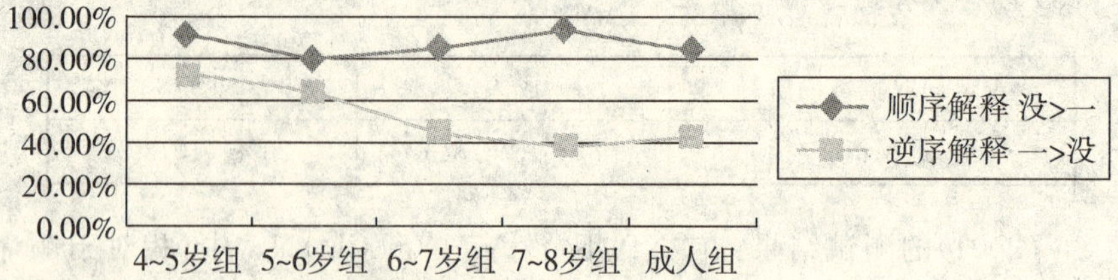

3.4.2.3.1.3 有一(+Cl.)N 不/没 VP

测试句8：有一个小男孩没戴眼镜。

∃x[小男孩'(x)∧¬戴眼镜'(x)]

测试句编号	有一(+Cl.)N不/没VP。	关于量化名词词组与否定辖域的语言测试(一)	关于量化名词词组与否定辖域的语言测试(二)	关于量化名词词组与否定辖域的语言测试(三)	总计
测试句8 (顺序解释)	4～5岁组	100%(15/15)	93.33%(14/15)	100%15(/15)	97.78%(44/45)
	5～6岁组	100%(15/15)	100%(15/15)	93.33%(14/15)	97.78%(44/45)
	6～7岁组	100%(15/15)	100%(15/15)	100%(15/15)	100%(45/45)
	7～8岁组	100%(15/15)	100%(15/15)	100%(15/15)	100%(45/45)
	成人组	100%(15/15)	100%(15/15)	100%(15/15)	100%(45/45)

各年龄组儿童的判断与成人的几乎一样。

测试句20：有一个阿姨没拿包。

¬∃x[阿姨'(x)∧拿包'(x)]

测试句编号	有一(+Cl.)N不/没VP。	关于量化名词词组与否定辖域的语言测试(一)	关于量化名词词组与否定辖域的语言测试(二)	关于量化名词词组与否定辖域的语言测试(三)	总计
测试句20 (逆序解释)	4～5岁组	53.33%(8/15)	53.33%(8/15)	13.33%(2/15)	40%(18/45)
	5～6岁组	13.33%(2/15)	33.33%(5/15)	0%(0/15)	15.56%(7/45)
	6～7岁组	6.67%(1/15)	13.33%(2/15)	0%(0/15)	6.67%(3/45)
	7～8岁组	6.67%(1/15)	6.67%(1/15)	0%(0/15)	4.44%(2/45)
	成人组	13.33%(2/15)	6.67%(1/15)	13.33%(2/15)	11.11%(5/45)

4～5岁组儿童的判断与成人的有非常显著的差异(z=3.14，p＜.01)。其余各组儿童的判断和成人的没有显著性差异。

将“有一(＋Cl.)N 不/没 VP。”和“一(＋Cl.)N 不/没 VP。”的测试结果进行比较，发现当“有”加入后，儿童更易将“有一(＋Cl.)”解释为确定的“有且只有一个”。这样一来，逆序解释成立的可能性就会随之降低。4～5 岁儿童判断上的变化，已经能反映出他们对这个结构上的差异已经很敏感了。

“有一(＋Cl.)N 不/没 VP。”的测试结果

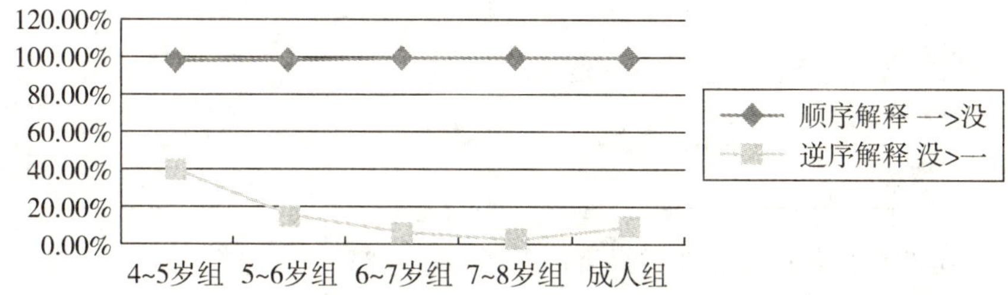

“一(＋Cl.)N 不/没 VP。”的测试结果

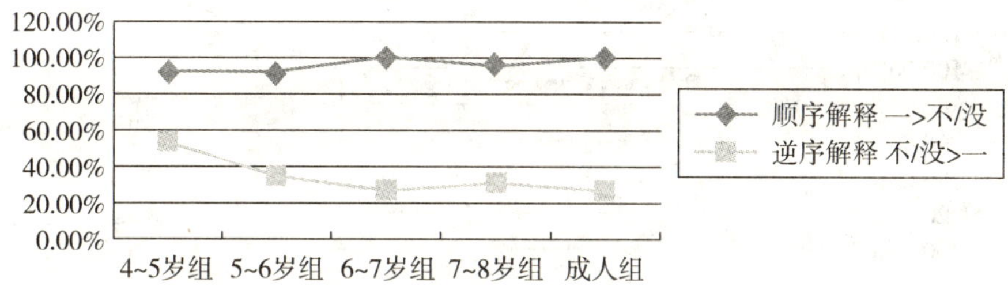

3.4.2.3.1.4 没有一(＋Cl.)N VP

测试句 12：没有一只小鸭子在看电视。

测试句编号	没有一(＋Cl.)N VP。	关于量化名词词组与否定辖域的语言测试(一)	关于量化名词词组与否定辖域的语言测试(二)	关于量化名词词组与否定辖域的语言测试(三)	总计
测试句 12	4～5 岁组	80%(12/15)	80%(12/15)	66.67%(10/15)	75.56%(34/45)
	5～6 岁组	93.33%(14/15)	100%(15/15)	86.67%(13/15)	93.33%(42/45)
	6～7 岁组	100%(15/15)	93.33%(14/15)	86.67%(13/15)	93.33%(42/45)
	7～8 岁组	86.67%(13/15)	100%(15/15)	93.33%(14/15)	93.33%(42/45)
	成人组	100%(15/15)	100%(15/15)	100%(15/15)	100%(45/45)

4～5 岁组儿童的判断与成人的有非常显著的差异($z=3.54$，$p<.01$)。其余各组儿童的判断与成人的没有显著性差异($z=1.76$，$p>.05$)。

测试句 33：没有一只小青蛙在喝水。

测试句编号	没有一(+Cl.)N VP。	关于量化名词词组与否定辖域的语言测试(一)	关于量化名词词组与否定辖域的语言测试(二)	关于量化名词词组与否定辖域的语言测试(三)	总计
测试句 33	4～5 岁组	66.67%(10/15)	46.67%(7/15)	73.33%(11/15)	62.22%(28/45)
	5～6 岁组	26.67%(4/15)	26.67%(4/15)	40%(6/15)	31.11%(14/45)
	6～7 岁组	26.67%(4/15)	26.67%(4/15)	33.33%(5/15)	28.89%(13/45)
	7～8 岁组	20%(3/15)	20%(3/15)	26.67%(4/15)	22.22%(10/45)
	成人组	0%(0/15)	0%(0/15)	0%(0/15)	0%(0/45)

7～8 岁组儿童仍与成人有非常显著的差异($z=3.35$，$p<.01$)。

在成人测试部分，这个结构是根本不歧义的，只有一种解释。但是，各组儿童的判断却与成人的有很大差别。

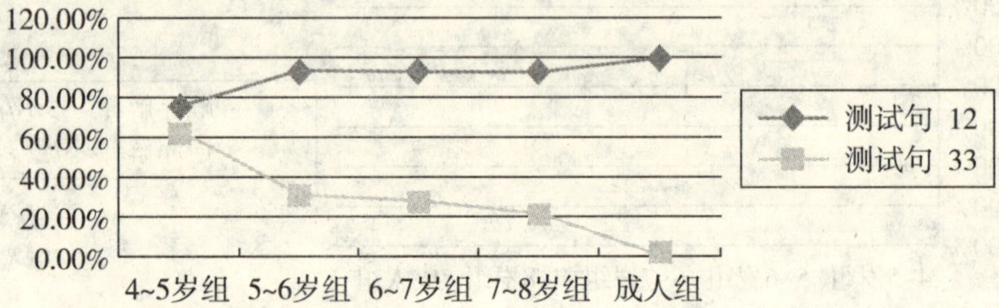

测试句 12：没有一只小鸭子在看电视。

测试句 33：没有一只小青蛙在喝水。

对成人来说，“没有一只”的意思是“一只都没有”；而对于早期不少儿童来说，“没有一只”的意思也可以是“一只没…”。

3.4.2.3.1.5 有一(+Cl.)N，NP 不/没 V

测试句 28：有一个气球，小狐狸没拿。

$$\exists x[气球'(x)\wedge\neg 拿'(小狐狸', x)]$$

测试句编号	有一(+Cl.)N，NP 不/没 V。	关于量化名词词组与否定辖域的语言测试(一)	关于量化名词词组与否定辖域的语言测试(二)	关于量化名词词组与否定辖域的语言测试(三)	总计
测试句 28(顺序解释)	4～5 岁组	93.33%(14/15)	93.33%(14/15)	93.33%(14/15)	93.33%(42/45)
	5～6 岁组	100%(15/15)	100%(15/15)	100%(15/15)	100%(45/45)
	6～7 岁组	100%(15/15)	100%(15/15)	100%(15/15)	100%(45/45)
	7～8 岁组	100%(15/15)	100%(15/15)	100%(15/15)	100%(45/45)
	成人组	100%(15/15)	100%(15/15)	100%(15/15)	100%(45/45)

各个年龄组的判断基本相同，4～5 岁组的儿童的判断与成人的已没有显著性差异（z =1.76，p＞.05）。

测试句 5：有一个桶，小熊没拿。

¬∃x［桶'（x）∧拿'（小熊'，x）］

测试句编号	有一（＋Cl.）N，NP 不/没 V。	关于量化名词词组与否定辖域的语言测试（一）	关于量化名词词组与否定辖域的语言测试（二）	关于量化名词词组与否定辖域的语言测试（三）	总计
测试句 5（逆序解释）	4～5 岁组	73.33%（11/15）	40%（6/15）	20%（3/15）	44.44%（20/45）
	5～6 岁组	13.33%（2/15）	46.67%（7/15）	13.33%（2/15）	24.44%（11/45）
	6～7 岁组	6.67%（1/15）	13.33%（2/15）	0%（0/15）	6.67%（3/45）
	7～8 岁组	0%（0/15）	26.67%（4/15）	0%（0/15）	8.89%（4/45）
	成人组	6.67%（1/15）	6.67%（1/15）	6.67%（1/15）	6.67%（3/45）

5～6 岁组儿童的判断仍与成人的存在显著性差异（z=2.33，p＜.05）。

将“有一（＋Cl.）N，NP 不/没 V。”和“有一（＋Cl.）N 不/没 VP。”的测试结果进行比较：

“有一（＋Cl.）N，NP 不/没 V。”的测试结果

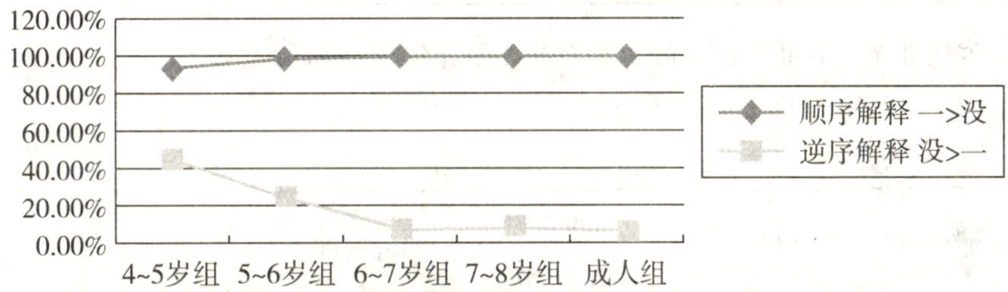

“有一（＋Cl.）N 不/没 VP。”的测试结果

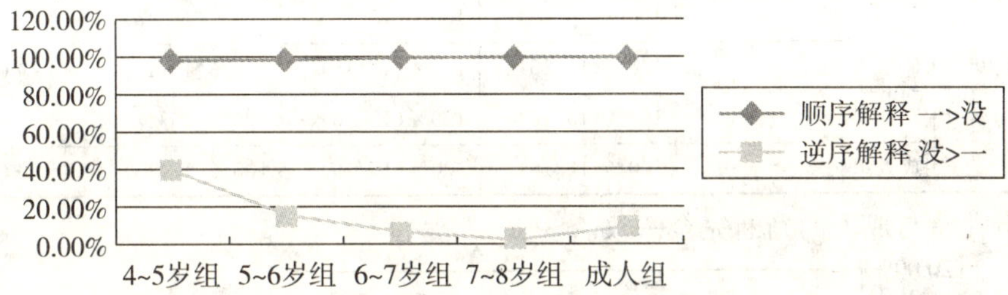

与对成人的测试结果进行讨论时的发现一样：“有一（＋Cl.）N”在句中属于什么句法成分、有什么样的题元角色，都与否定和量化的辖域解释无关。

再将“有一（＋Cl.）N，NP 不/没 V。”的测试结果与“NP 不/没 V 一（＋Cl.）N。”的测试结果进行比较，除了再次证明句法关系和题元角色是无关的因素，也清楚地说明语序在否定和量化两种算子演算过程中的重要性。

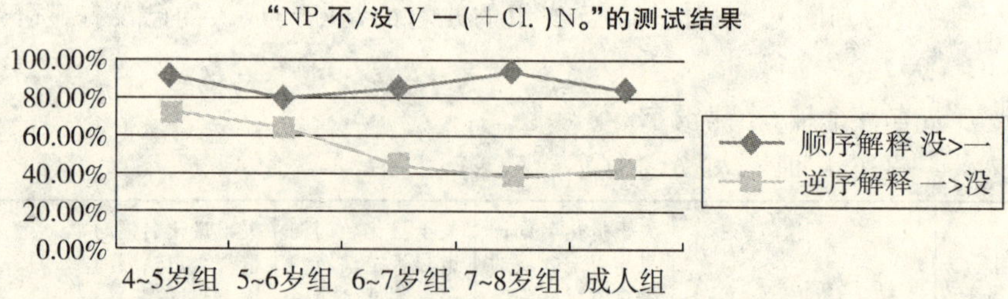

3.4.2.3.1.6 NP 一(+Cl.)N 都不/没 V

测试句 6:小猪一块西瓜都没拿。

测试句编号	NP 一(+Cl.)N 都不/没 V。	关于量化名词词组与否定辖域的语言测试(一)	关于量化名词词组与否定辖域的语言测试(二)	关于量化名词词组与否定辖域的语言测试(三)	总计
测试句 6	4~5 岁组	26.67%(4/15)	20%(3/15)	20%(3/15)	22.22%(10/45)
	5~6 岁组	0%(0/15)	20%(3/15)	6.67%(1/15)	8.89%(4/45)
	6~7 岁组	0%(0/15)	0%(0/15)	0%(0/15)	0%(0/45)
	7~8 岁组	0%(0/15)	0%(0/15)	0%(0/15)	0%(0/45)
	成人组	0%(0/15)	0%(0/15)	0%(0/15)	0%(0/45)

5~6 岁组儿童的判断与成人的仍有显著性差异($z=2.05$, $p<.05$)。

测试句 40:大象一只虫子都没背。

测试句编号	NP 一(+Cl.)N 都不/没 V。	关于量化名词词组与否定辖域的语言测试(一)	关于量化名词词组与否定辖域的语言测试(二)	关于量化名词词组与否定辖域的语言测试(三)	总计
测试句 40	4~5 岁组	100%(15/15)	100%(15/15)	100%(15/15)	100%(45/45)
	5~6 岁组	100%(15/15)	100%(15/15)	100%(15/15)	100%(45/45)
	6~7 岁组	100%(15/15)	100%(15/15)	100%(15/15)	100%(45/45)
	7~8 岁组	100%(15/15)	100%(15/15)	100%(15/15)	100%(45/45)
	成人组	100%(15/15)	100%(15/15)	100%(15/15)	100%(45/45)

所有儿童与成人的判断完全一致。

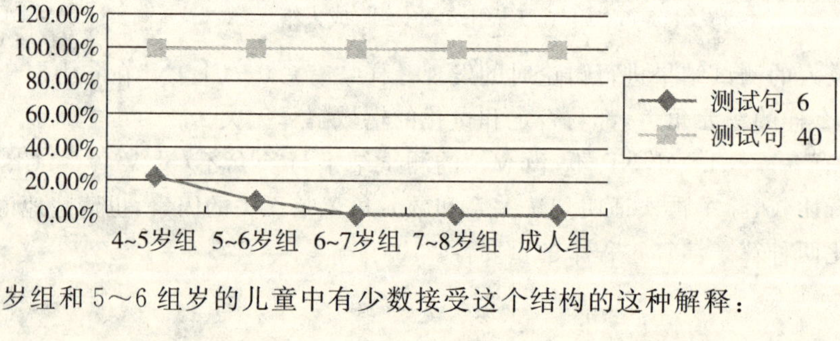

4~5 岁组和 5~6 组岁的儿童中有少数接受这个结构的这种解释:

测试句 6：小猪一块西瓜都没拿。

显然，他们认为测试句 6 的意思等同于“有一块西瓜，小猪没拿”。

3.4.2.3.1.7 不是一（+Cl.）N VP

测试句 10：不是一只小老鼠在睡觉。

测试句编号	不是一（+Cl.）N VP。	关于量化名词词组与否定辖域的语言测试（一）	关于量化名词词组与否定辖域的语言测试（二）	关于量化名词词组与否定辖域的语言测试（三）	总计
测试句 10（语义否定的顺序解释）	4～5 岁组	66.67%（10/15）	66.67%（10/15）	46.67%（7/15）	60%（27/45）
	5～6 岁组	60%（9/15）	60%（9/15）	26.67%（4/15）	48.89%（22/45）
	6～7 岁组	33.33%（5/15）	46.67%（7/15）	40%（6/15）	40%（18/45）
	7～8 岁组	33.33%（5/15）	46.67%（7/15）	46.67%（7/15）	42.22%（19/45）
	成人组	33.33%（5/15）	20%（3/15）	46.67%（7/15）	33.33%（15/45）

测试句 10 是这个结构语义否定的顺序解释。4～5 岁组儿童的判断与成人的有显著性差异（$z=2.54$，$p<.05$）；5～6 岁组儿童的判断与成人的差异不显著（$z=1.5$，$p>.05$）。

测试句 24：不是一只小海豚在游泳。

测试句编号	不是一（+Cl.）N VP。	关于量化名词词组与否定辖域的语言测试（一）	关于量化名词词组与否定辖域的语言测试（二）	关于量化名词词组与否定辖域的语言测试（三）	总计
测试句 24（语义否定的逆序解释；语用否定的解释）	4～5 岁组	73.33%（11/15）	60%（9/15）	66.67%（10/15）	66.67%（30/45）
	5～6 岁组	60%（9/15）	60%（9/15）	60%（9/15）	60%（27/45）
	6～7 岁组	53.33%（8/15）	93.33%（14/15）	80%（12/15）	75.56%（34/45）
	7～8 岁组	86.67%（13/15）	86.67%（13/15）	93.33%（14/15）	88.89%（40/45）
	成人组	100%（15/15）	86.67%（13/15）	100%（15/15）	95.56%（43/45）

测试句 24 是这个结构的语义否定的逆序解释，也是这个结构的语用否定的解释。6～7岁组儿童的判断仍与成人的有显著差异（$z=2.7$，$p<.01$）。7～8 岁组的儿童的判断与成人的已没有显著性差异（$z=1.18$，$p>.05$）。

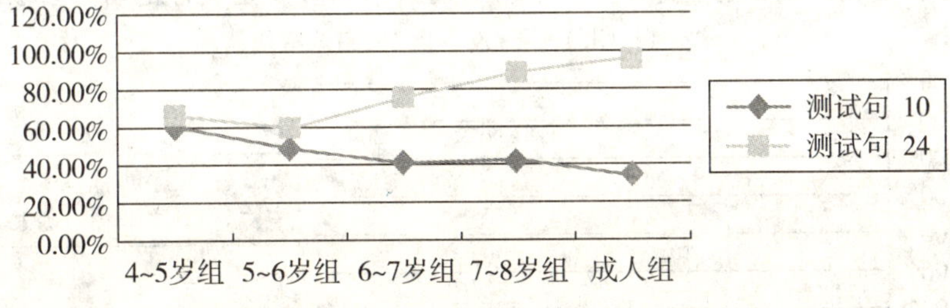

要得到测试句 10 的解释，只需把算子按照它们在成分结构上的线性位置投射到语义

解释中就可以了，所以5～6岁儿童的判断与成人的就已经无显著差异了。相比之下，理解测试句24的解释就要难得多。它要求被试明白这是对句子叙述方式进行否定，而不是对句子表达的命题真值进行否定。要理解它，被试就要有能力将这句话扩展为："不是一只小海豚在游泳，是两只（小海豚在游泳）。"由于这种复杂性，儿童在6～7岁时的判断仍与成人有显著差异。

3.4.2.3.2 理论分析

下面先建立汉语4～5岁左右的儿童对否定和"一"间辖域进行判断的原则系统，之后再用测试结果来验证原则系统。

3.4.2.3.2.1 原则的建立

当涉及否定和量词"一"时，儿童是否也与成人的一样，也使用语义蕴涵原则、线性原则和数字解释原则呢？本研究认为这个问题的答案是肯定的。以下逐一证明：

为什么说儿童在处理否定和"一"的辖域时使用了语义蕴涵原则？回答这个问题必须使用下文会讨论的一个测试结构，"两（+Cl.）N不/没VP。"，并将它与"一（+Cl.）N不/没VP。"进行比较：

一（+Cl.）N不/没VP。

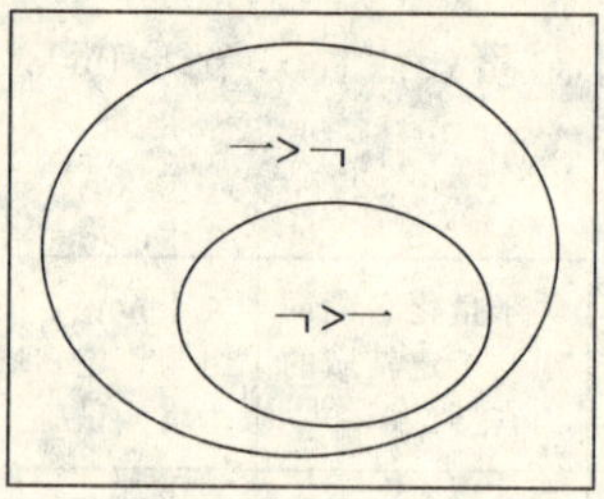

两（+Cl.）N不/没VP。

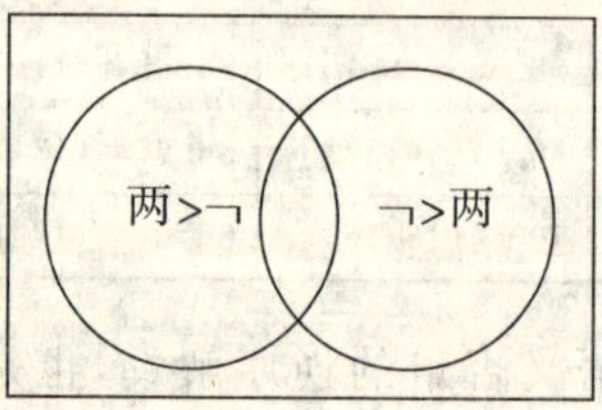

如果在处理否定和"一"的辖域时儿童不使用语义蕴涵原则，那"一"和"两"在线性顺序上都处在否定词的前面，儿童对两个结构的判断结果应该是一样的，但是测试结果是：

"一（+Cl.）N不/没VP。"的测试结果

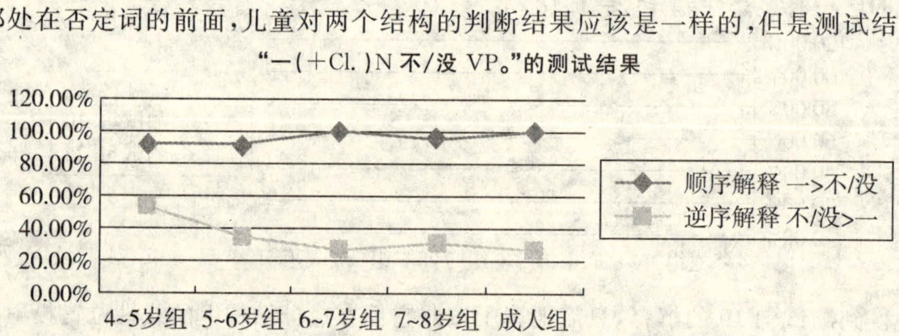

“两(+Cl.)N 不/没 VP。”的测试结果

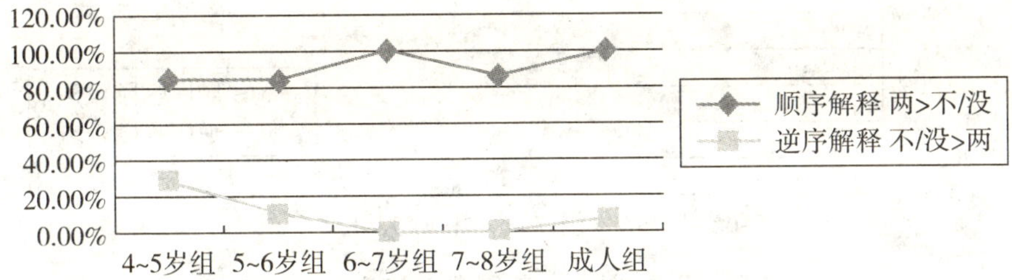

无论是在儿童组还是在成人组，接受逆序“不/没>一”解释的人次都要明显多于接受“不/没>两”解释的。这说明：无论是成人还是儿童在处理否定和“一”的辖域时，都使用了语义蕴涵原则。在此，只是以一个例子来论证。下面关于“一”和“两”结构的对比讨论都能证明，儿童在处理否定和“一”的辖域时确实使用了语义蕴涵原则。

为什么说儿童在处理否定和“一”辖域时使用了线性原则？还是通过对比两个结构的测试结果来论证：

一(+Cl.)N 不/没 VP。

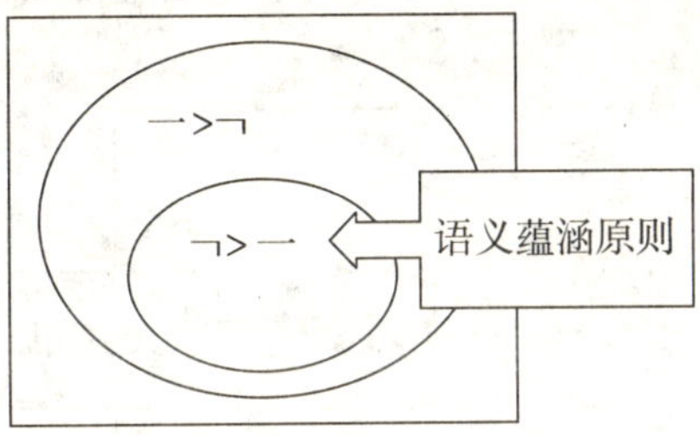

NP 不/没 V 一(+Cl.)N。

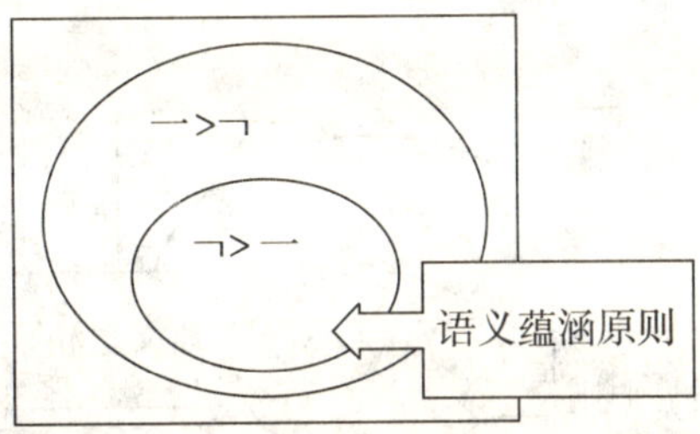

如果儿童在对这两个结构进行判断时只使用了语义蕴涵原则，那否定词与“一”在线性上的排列次序是不会影响儿童的判断的。由此，可预测，在两个结构中，接受“¬>一”解释的人次绝对要比接受“一>¬”解释的多。测试结果是：

“一(+Cl.)N 不/没 VP。”的测试结果

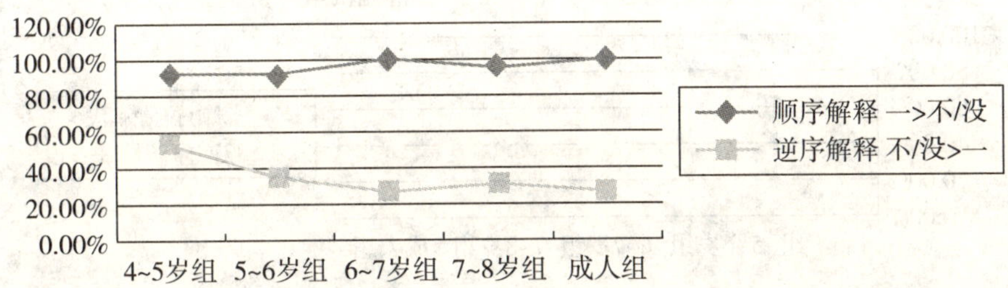

"NP 不/没 V 一(+Cl.)N。"的测试结果

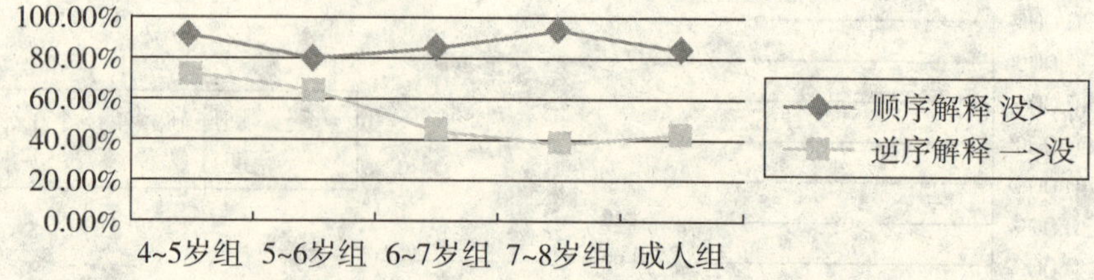

在"一(+Cl.)N 不/没 VP。"结构中,儿童和成人都认为"¬>一"的解释要比"一>¬"的解释差。相反,在"NP 不/没 V 一(+Cl.)N。"结构中,从儿童到成人都一致认为"¬>一"的解释要比"一>¬"的解释好。如果儿童不使用线性原则,就绝对不会出现这样的结果。

为什么说儿童在处理否定和"一"的辖域时使用了数字解释原则?到目前为止,已经证明了儿童在处理否定和全称量化时使用了语义蕴涵原则和线性原则,在处理否定和"一"时也使用了语义蕴涵原则和线性原则。那假设儿童根本不使用数字解释原则,我们就使用语义蕴涵原则和线性原则来预测儿童会怎样处理下面两个结构的辖域解释:

NP 不/没一(+Cl.)N。

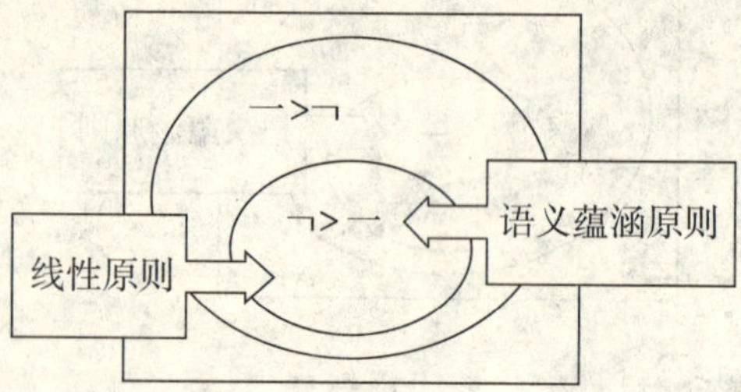

所有的 N 都不/没 VP。

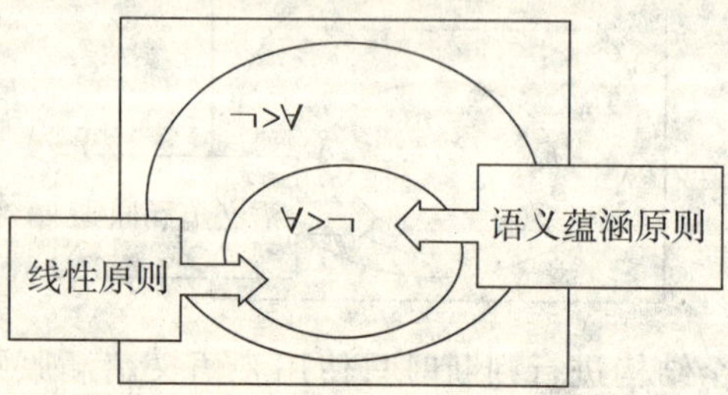

如果数字解释原则不发挥作用的话,那在两个结构中的逆序解释,"一>¬"的解释和"¬>∀"的解释,的可接受性应该是相当的。测试结果反映出来的却不是这样:

"NP 不/没 V 一(+Cl.)N。"的测试结果

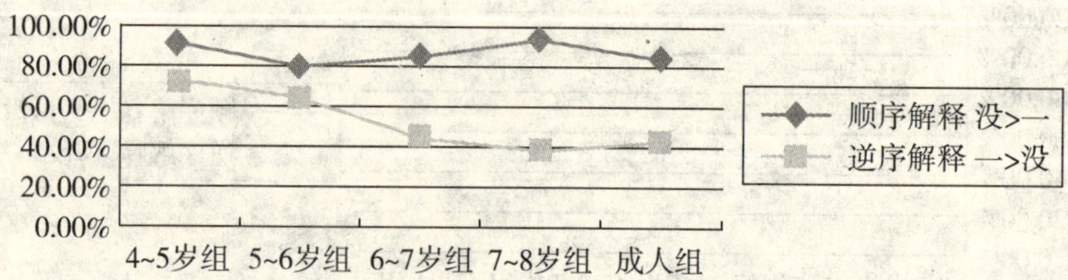

"所有的 N 都不/没 VP。"的测试结果

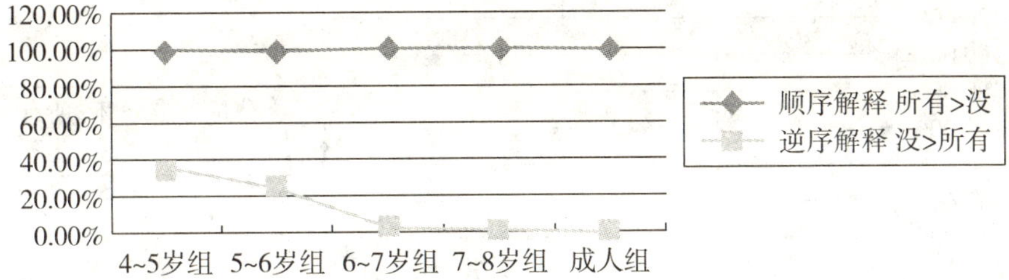

无论是在成人组还是在儿童组,看到的情况是:接受"一>¬"解释的人次要远多于接受"¬>∀"解释的人次。

Bloom (2000:221)曾谈到早期儿童有将数词与它表达的确切数字联系起来的明显趋势。汉语中"一(+Cl.)"结构等同于英语的不定冠词 *a/an*,又等同于英语中的数词 *one*。Su (2001,2003)曾就汉语中的"一(+Cl.)N"与英语中的不定名词和数词做过对比研究。她发现,汉语儿童将不定名词当做数词来看待(a number reading for indefinites),而英语儿童只接受不定名词取窄域的解读。在对汉语 04;06—06;03 (平均年龄 05;04)儿童进行的测试中,Su (2001:131—135, 2003)观察到,在处理"NP 不/没 V 一(+Cl.)N。"结构时,较小儿童确实将"一"作确切数字解。本研究的研究也有同样的发现。

小结以上讨论:在处理否定和"一"的辖域时,汉语儿童使用的原则系统和成人是完全一样的,都是语义蕴涵原则、线性原则和数字解释原则。在儿童早期的语法系统中,这三个原则是如何进行排序的呢?分三步来讨论:

第一,从上面关于否定和全称量词的讨论中,我们已经知道语义蕴涵原则和线性原则在成人语法和儿童早期语法中的排列次序:

成人的语法中:

线性原则>语义蕴涵原则

儿童早期的语法中:

语义蕴涵原则>线性原则

这点从下面结构的测试结果中可以得到印证:

"不是每(+Cl.)N 都 VP。"的测试结果

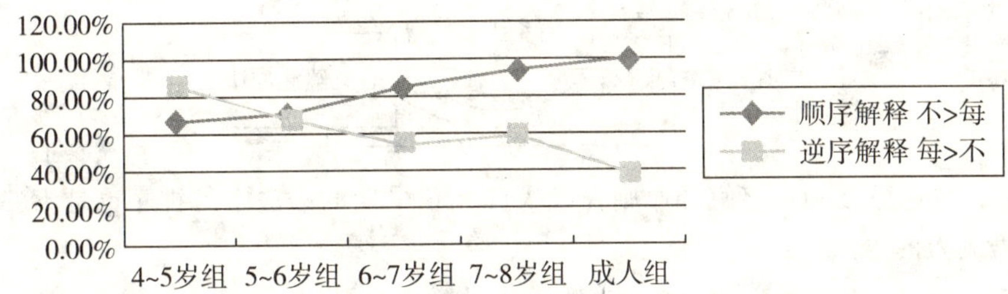

"不是所有的 N 都 VP。"的测试结果

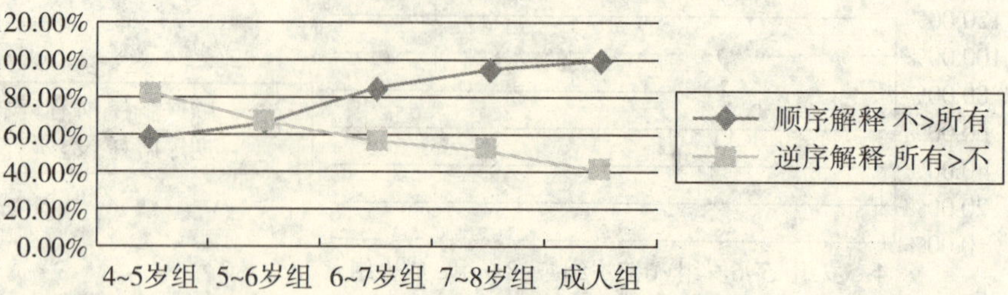

"NP 不/没都 VP。"的测试结果

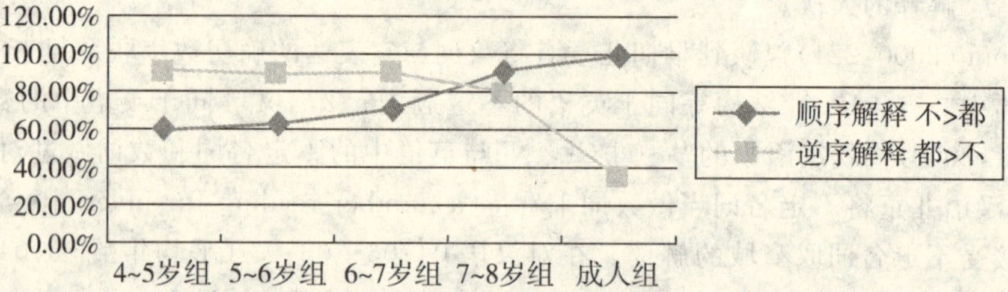

"NP 不/没 V 所有的 N。"的测试结果

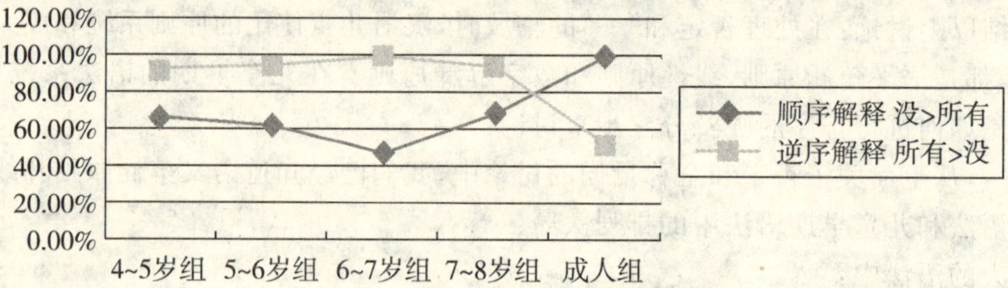

在这些结构中，成人都认为线性原则产生的顺序解释是句子非标记性的解释；儿童在早期都有一段时期认为由语义蕴涵原则生成的逆序解释优于线性原则生成的顺序解释。

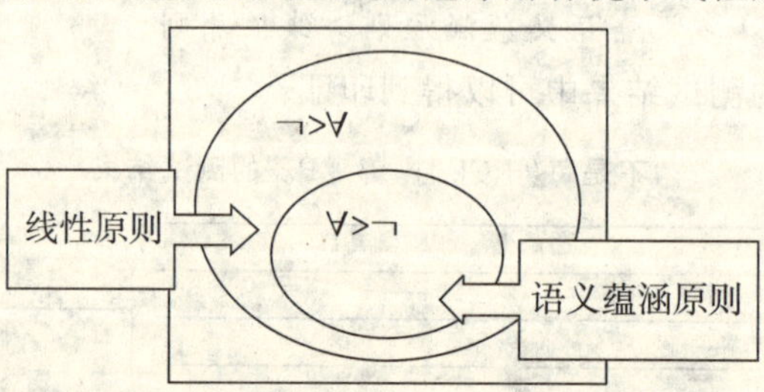

第二，线性原则和数字解释原则在成人和儿童早期的语法中的排序也是不一样的：汉语成人的语法中：

线性原则＞数字解释原则

儿童早期的语法中：

数字解释原则＞线性原则

可以从下文将要讨论的含"两"的结构中获取证据：

"NP 不/没 V 两(+Cl.)N。"的测试结果

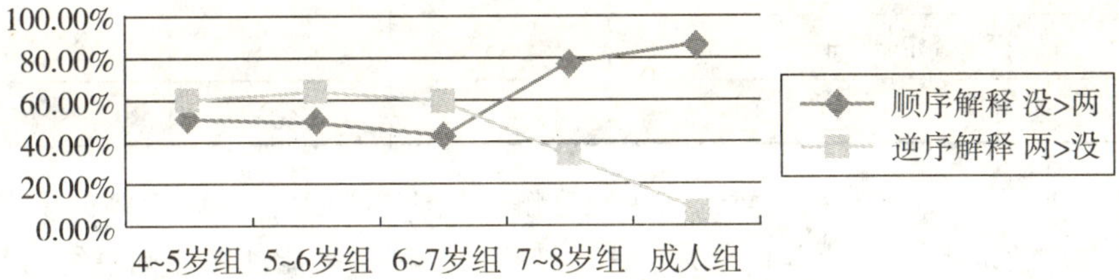

4～5 岁组、5～6 岁组和 6～7 岁组的儿童都认为数字解释原则生成的"两＞没"的解释比线性原则生成的"没＞两"的解释要好。线性原则在 7～8 岁儿童的语法中才开始发挥主要的作用。在成人的语法中，线性原则的影响是绝对大于数字解释原则的。3.4.2.4.1.2 也将提到 Su (2003)就同样结构对成人和儿童(平均年龄 04;10;00)进行的测试。其测试结果与本研究是一致的：和成人比，儿童更易接受"两＞没(有)"的解释。

到此为止，我们已经知道在儿童早期语法中，下列原则是这样排序的：

儿童早期的语法中：

语义蕴涵原则＞线性原则

儿童早期的语法中：

数字解释原则＞线性原则

第三，数字解释原则和语义蕴涵原则重要性的差别很难量化，因为没有一个含否定和量词结构的辖域计算中只涉及这两个原则而不牵涉其他的原则，我们无法通过它们的直接较量来知道它们影响力的大小区别。

当涉及否定和"一"的辖域问题时，三个原则按重要性的排序是：

汉语成人的语法中：

线性原则＞语义蕴涵原则/数字解释原则

儿童早期的语法中：

语义蕴涵原则/数字解释原则＞线性原则

3.4.2.3.2.2 原则的验证

除了"没有一(+Cl.)N VP。"、"NP 一(+Cl.)N 都不/没 V。"和"不是一(+Cl.)N VP。"外，将上面讨论的结构分为两类，看看儿童早期的原则系统是如何操作的。在此的"专家体系"涉及 3 个"专家"，重要的原则可以投 2 票，次要的原则可以投 1 票。

第一类结构：

在线性顺序上，"一"在否定词前面的结构。

4～5 岁左右儿童的语法系统判断的结果：

"一"在否定词前面的结构	数字解释原则	语义蕴涵原则	线性原则
"一"＞否定词(∃＞¬)	👍👍		👍
否定词＞"一"(¬＞∃)		👍👍	

汉语成人的语法系统判断的结果：

“一”在否定词前面的结构	数字解释原则	语义蕴涵原则	线性原则
“一”＞否定词（∃＞¬）	👍		👍👍
否定词＞“一”（¬＞∃）		👍	

在第一类结构中，成人和儿童都认为顺序解释优于逆序解释；4～5 岁左右的儿童接受逆序解释的比成人要多。本研究关于这个结构的测试结果能证明原则系统的判断是正确的：

“一（＋Cl.）N 不/没 VP。”的测试结果

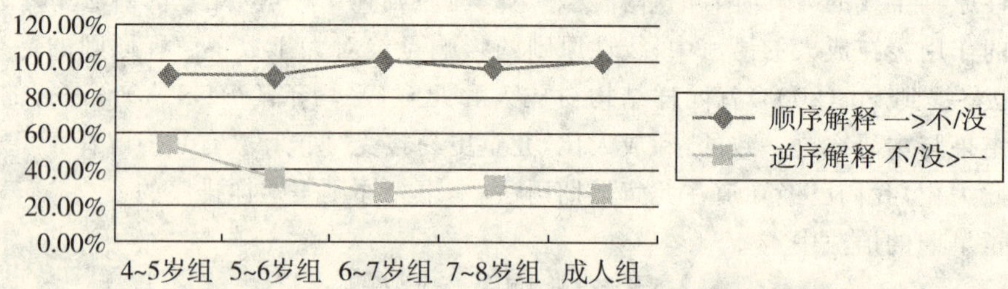

“有一（＋Cl.）N 不/没 VP。”的测试结果

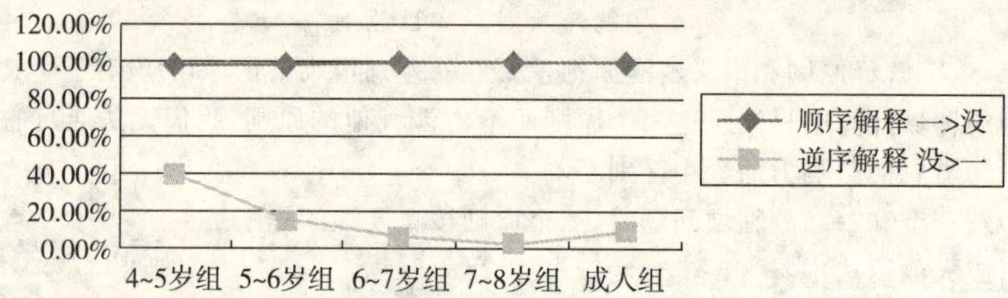

“有一（＋Cl.）N，NP 不/没 V。”的测试结果

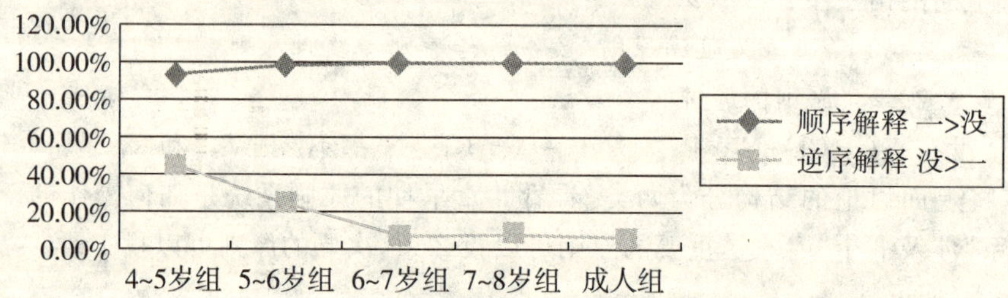

在“有一（＋Cl.）N 不/没 VP。”和“有一（＋Cl.）N，NP 不/没 V。”中，否定词取宽域的可能性要比在“一（＋Cl.）N 不/没 VP。”中的可能性小，原因是“有”的使用增加了“一”作“有且只有一个”解释的可能性，否定逆序取宽域的机会也就随之减少了。“有一（＋Cl.）N 不/没 VP。”和“有一（＋Cl.）N，NP 不/没 V。”两个结构的测试结果极为相似，证明了无论是成人还是儿童，在进行否定和量化的辖域解释时，量化名词在句中的句法范畴和题元角色都不是他们考量的因素。

以上测试结果的图还反映出以下重要信息：

第一，本研究的测试结果反映出儿童对子集解释的偏爱，但不支持 Crain（1992，

1993)、Crain、Ni 和 Conway (1994)等提出的语义子集原则。汉语早期儿童接受的解释组成的集合还是成人接受的解释组成的集合的母集。

第二,关于否定和“一”辖域解释知识的发展过程是一个对线性原则重要性的认识过程。随着年龄的增长,越来越多的被试拒绝接受逆序解释。在这过程中,儿童和成人使用的原则系统是一样的,儿童需要习得的只是成人对三个相关原则的排列次序。

第二类结构:

在线性顺序上,“一”在否定词后面的结构。

4~5 岁左右儿童的语法系统判断的结果:

“一”在否定词后面的结构	数字解释原则	语义蕴涵原则	线性原则
“一”>否定词(∃>¬)	👍👍		
否定词>“一”(¬>∃)		👍👍	👍

汉语成人的语法系统判断的结果:

“一”在否定词后面的结构	数字解释原则	语义蕴涵原则	线性原则
“一”>否定词(∃>¬)	👍		
否定词>“一”(¬>∃)		👍	👍👍

大致来说,成人和儿童都认为否定词>“一”的顺序解释要比“一”>否定词的逆序解释好。只不过早期儿童认为两种解释的优劣差别没有成人认为的那样明显。原则系统的判断结果和测试结果一致:

“NP 不/没 V 一(+Cl.)N。”的测试结果

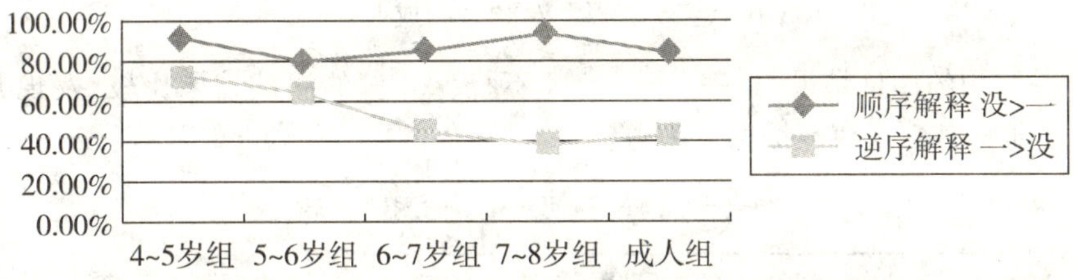

第二类结构反映出的儿童语言能力的发展过程为我们提供了以下重要信息:

第一,本研究的测试结果还是不支持 Crain (1992,1993)、Crain、Ni 和 Conway (1994)等提出的语义子集原则。

第二,关于否定和“一”辖域解释知识的发展过程是一个对线性原则重要性的认识过程。儿童和成人使用的原则系统是一样的,儿童需要习得的只是成人对三个相关原则的排列次序。

3.4.2.3.2.3 其他结构

除了以上两类 SV(O)结构外,本研究还测试了以下特殊结构:

没有一(+Cl.)N VP。

“没有一(+Cl.)N VP。”和“NP 不/没 V 一(+Cl.)N。”两个结构有“同”有“异”。相同之处:在线性顺序上否定词都位于“一(+Cl.)N”的前面;不同之处:处理“没有一(+

Cl.)N VP。"结构不能按照处理"NP 不/没 V 一(+Cl.)N。"的方法来处理,因为"没有一(+Cl.)"的意思是"一个也没有;完全没有"。

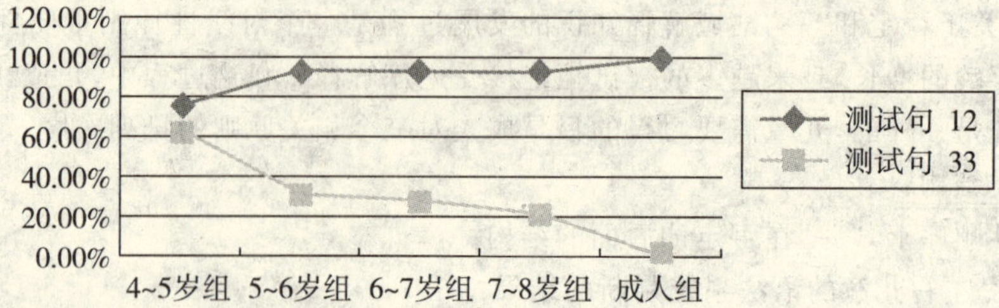

从"没有一(+Cl.)N VP。"的测试结果来看,儿童到了 7～8 岁时对测试句 33 的判断还与成人的存在显著差异。与成人不同,不少儿童在早期并不将"没有一(+Cl.)"处理成意思上等同于¬∃的语块。他们大致是,也不完全是用处理"NP 不/没 V 一(+Cl.)N。"的原则来处理"没有一(+Cl.)N VP。"。说"不完全是",是因为即使 4～5 岁儿童对这两个结构的判断也不是完全一致的,他们已经意识到这两个结构的差异了。这点也说明儿童在整个语言获得过程中是一个主动的、富有创造性的参与者。

NP 一(+Cl.)N 都不/没 V。

"NP.一(+Cl.)N 都不/没 V。"的测试结果

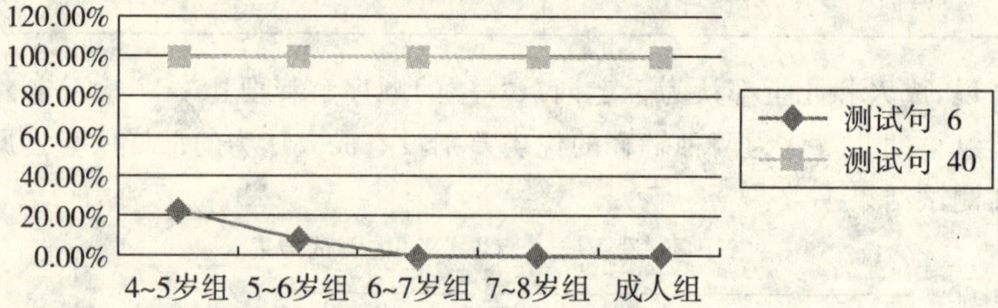

将这一结构的测试结果与"一(+Cl.)N 不/没 VP。"的测试结果比较,发现儿童从 4～5 岁起就能觉察到这两种结构上的差异。

"一(+Cl.)N 不/没 VP。"的测试结果

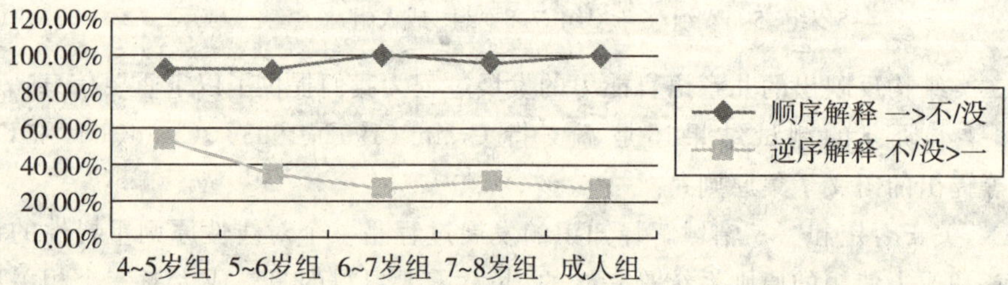

不是 一(+Cl.)N VP。

关于"不是一(+Cl.)N VP。"结构中的语用否定,6～7 岁儿童的判断仍与成人的有显著差异。

"不是一(+Cl.)N VP。"的测试结果

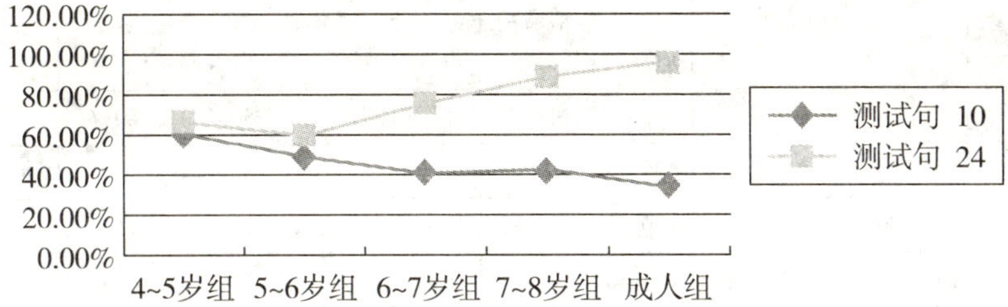

测试句 10 是句子的语义否定的顺序解释;测试句 24 是这个结构的语义否定的逆序解释,也是这个结构的语用否定的解释。将 4~5 岁和 5~6 岁两个年龄组对"NP 不/没 V 一(+Cl.)N。"和"不是一(+Cl.)N VP。"两个结构的测试结果制成下图[①]。从中可以看出两个年龄组的儿童已经意识到两个结构的差异,这从他们对两个结构中顺序解释的判断可以看出。但是,相当数量的儿童还是基本按照处理"NP 不/没 V 一(+Cl.)N。"中语义否定的方法来处理"不是一(+Cl.)N VP。"结构。

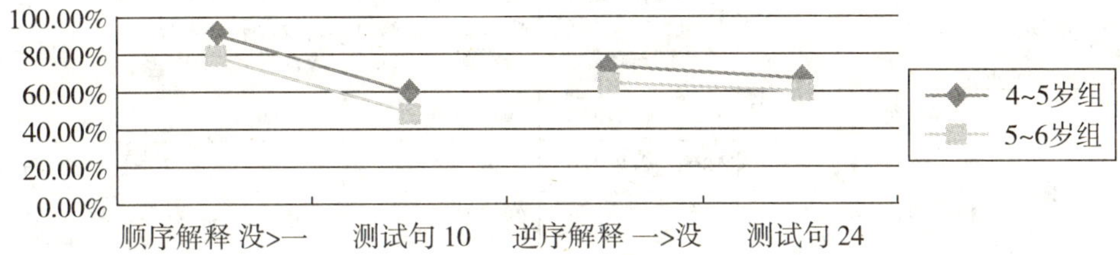

3.4.2.3.2.4 小结

本文所讨论的含否定词和"一"的结构和儿童的习得情况:

结构	掌握相关结构的大致年龄段
一(+Cl.)N 不/没 VP。	6~7 岁
有一(+Cl.)N 不/没 VP。	5~6 岁
有一(+Cl.)N,NP 不/没 VP。	6~7 岁
NP 不/没 V 一(+Cl.)N。	6~7 岁
没有一(+Cl.)N VP。	(7~8 岁以后)
NP 一(+Cl.)N 都不/没 V。	6~7 岁
不是 一(+Cl.)N VP。	7~8 岁

3.4.2.4 否定和"两"

3.4.2.4.1 测试结果

3.4.2.4.1.1 两(+Cl.)N 不/没 VP。

测试句 37:两只小熊没拿桶。

① 图中没有表测试句号码的是"NP 不/没 V 一(+Cl.)N。"结构的测试结果。

测试句编号	两（＋Cl.）N 不/没 VP。	关于量化名词词组与否定辖域的语言测试(一)	关于量化名词词组与否定辖域的语言测试(二)	关于量化名词词组与否定辖域的语言测试(三)	总计
测试句 37 （顺序解释）	4～5 岁组	93.33%(14/15)	80%(12/15)	80%(12/15)	84.44%(38/45)
	5～6 岁组	80%(12/15)	93.33%(14/15)	80%(12/15)	84.44%(38/45)
	6～7 岁组	100%(15/15)	100%(15/15)	100%(15/15)	100%(45/45)
	7～8 岁组	80%(12/15)	80%(12/15)	100%(15/15)	86.67%(39/45)
	成人组	100%(15/15)	100%(15/15)	100%(15/15)	100%(45/45)

4～5 岁组和 5～6 岁组儿童的判断与成人的有非常显著的差异(z＝2.76，p＜.01)。7～8 岁组儿童的判断好像是发展过程中的一种反复，他们的判断也与成人有显著差异(z＝2.53，p＜.05)。

测试句 19：两个小朋友不在玩玩具。

测试句编号	两（＋Cl.）N 不/没 VP。	关于量化名词词组与否定辖域的语言测试(一)	关于量化名词词组与否定辖域的语言测试(二)	关于量化名词词组与否定辖域的语言测试(三)	总计
测试句 19 （逆序解释）	4～5 岁组	26.67%(4/15)	20%(3/15)	40%(6/15)	28.89%(13/45)
	5～6 岁组	13.33%(2/15)	20%(3/15)	0%(0/15)	11.11%(5/45)
	6～7 岁组	0%(0/15)	0%(0/15)	0%(0/15)	0%(0/45)
	7～8 岁组	0%(0/15)	0%(0/15)	0%(0/15)	0%(0/45)
	成人组	13.33%(2/15)	6.67%(1/15)	0%(0/15)	6.67%(3/45)

只有 4～5 岁组儿童的判断与成人的有显著差异(z＝2.76，p＜.01)。

将“两(＋Cl.)N 不/没 VP。”和“一(＋Cl.)N 不/没 VP。”的测试结果进行比较：

“两(＋Cl.)N 不/没 VP。”的测试结果

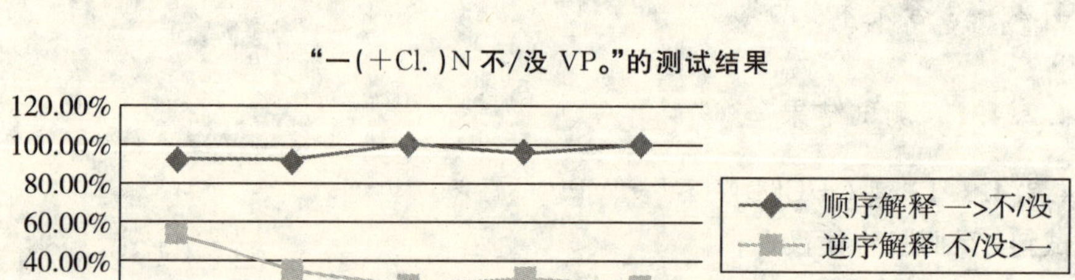

“一(＋Cl.)N 不/没 VP。”的测试结果

在"一(+Cl.)N 不/没 VP。"中，接受逆序"不/没>一"解释的儿童和成人都比接受"两(+Cl.)N 不/没 VP。"中逆序"不/没>两"的多。前面提到影响儿童和成人对"一(+Cl.)N 不/没 VP。"进行辖域解释的原则都是：语义蕴涵原则、线性原则和数字解释原则。在"两(+Cl.)N 不/没 VP。"中，语义蕴涵原则是无效的，因为在"两(+Cl.)N 不/没 VP。"中，起作用的只有线性原则和数字解释原则。但是，这两个原则都不能解释为什么在 4～5 岁儿童中有 28.89%(13/45)的人次接受逆序"不/没>两"的解释。这种现象也是上文谈到过的母集现象：早期的儿童对两个算子间的两种不同辖域解释都采取了接受的态度，他们接受的解释组成的集合是成人接受的解释组成的集合的母集。

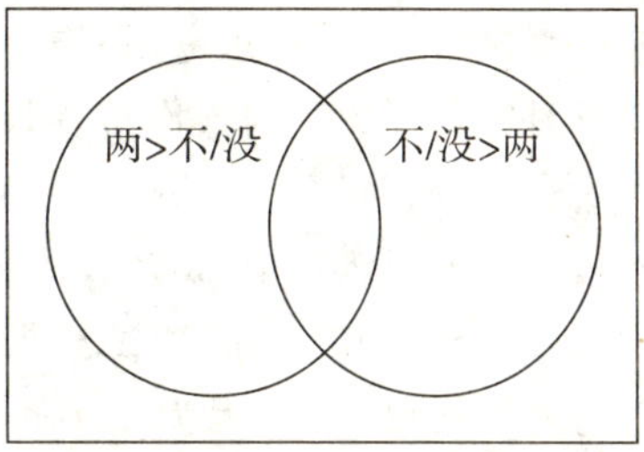

3.4.2.4.1.2 NP 不/没 V 两(+Cl.)N

测试句 11：小朋友没拿两个苹果。

测试句编号	NP 不/没 V 两(+Cl.)N。	关于量化名词词组与否定辖域的语言测试(一)	关于量化名词词组与否定辖域的语言测试(二)	关于量化名词词组与否定辖域的语言测试(三)	总计
测试句 11(顺序解释)	4～5 岁组	66.67%(10/15)	66.67%(10/15)	20%(3/15)	51.11%(23/45)
	5～6 岁组	46.67%(7/15)	80%(12/15)	20%(3/15)	48.89%(22/45)
	6～7 岁组	46.67%(7/15)	53.33%(8/15)	26.67%(4/15)	42.22%(19/45)
	7～8 岁组	66.67%(10/15)	93.33%(14/15)	73.33%(11/15)	77.78%(35/45)
	成人组	86.67%(13/15)	86.67%(13/15)	86.67%(13/15)	86.67%(39/45)

4～5 岁、5～6 岁和 6～7 岁儿童的判断与成人的有显著差异($p<.05$)，7～8 岁儿童的判断与成人的没有显著差异($z=1.1$，$p>.05$)。

测试句 36：小丑没拿两朵花。

测试句编号	NP 不/没 V 两(+Cl.)N。	关于量化名词词组与否定辖域的语言测试(一)	关于量化名词词组与否定辖域的语言测试(二)	关于量化名词词组与否定辖域的语言测试(三)	总计
测试句 36(逆序解释)	4～5 岁组	60%(9/15)	73.33%(11/15)	46.67%(7/15)	60%(27/45)
	5～6 岁组	60%(9/15)	66.67%(10/15)	66.67%(10/15)	64.44%(29/45)
	6～7 岁组	53.33%(8/15)	66.67%(10/15)	60%(9/15)	60%(27/45)
	7～8 岁组	40%(6/15)	40%(6/15)	20%(3/15)	33.33%(15/45)
	成人组	6.67%(1/15)	6.67%(1/15)	6.67%(1/15)	6.67%(3/45)

4～5 岁、5～6 岁、6～7 岁和 7～8 岁各组儿童的判断与成人都有显著性差异($p<.05$)。

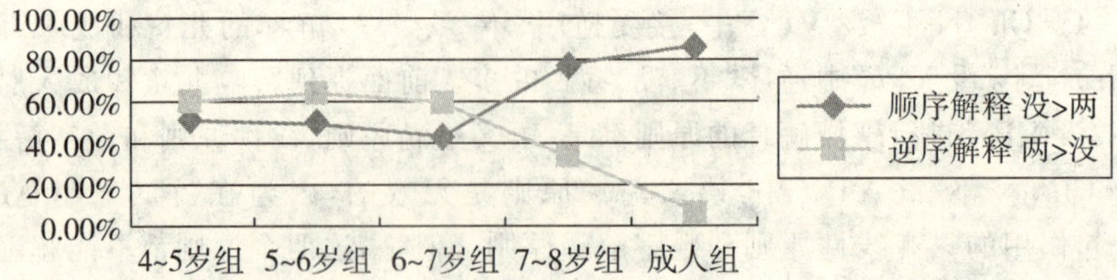

Su (2003)也进行过相同句式的测试。她的测试句是：

(79)小狗没有抓到两只兔子。

在对“没有＞两”的解释进行测试中。25 名儿童(平均年龄 04;10;00)中有 35%(26/75)的人次接受;40 名成人中有 72%(86/120)的人次接受。成人的判断与儿童的判断有显著差异(p＜.05)。在对“两＞没有”的解释进行测试中,19 名儿童(平均年龄 05;01;00)中有 63%(36/57)的人次接受;29 名成人中有 38%(33/87)的人次接受。成人的判断也与儿童的判断存在显著差异(p＜.05)。从 Su 的测试结果来看,成人比儿童更偏爱“没(有)＞两”的解释,这和本研究的测试结果一致,因为图中表示“没＞两”解释的线处于上升的趋势;和成人比,儿童更易接受“两＞没(有)”的解释,这也与本研究的测试结果一致,因为表示“两＞没”解释的线处于下降的趋势。

在这个结构中,线性原则决定“没＞两”的解释。从 Su(2003)的和本研究的测试结果都可以看出,线性原则在帮助早期儿童进行判断时是起作用的,但不是最重要的作用,因为本文的测试结果中顺序解释在 7～8 岁前一直处于劣势。数字解释原则生成的“两＞没”的解释在 7～8 岁前一直处于优势,这说明 7～8 岁之前的儿童判断否定词和“两”的辖域时主要是受这个原则的影响。7～8 岁是线性原则“击败”数字解释原则的转折点,是在这个结构中儿童意识到线性原则才是主导汉语辖域解释的关键点。

3.4.2.4.1.3 有两(＋Cl.)N 不/没 VP

测试句 30:有两个小男孩没戴眼镜。

测试句编号	有两(＋Cl.)N 不/没 VP。	关于量化名词词组与否定辖域的语言测试(一)	关于量化名词词组与否定辖域的语言测试(二)	关于量化名词词组与否定辖域的语言测试(三)	总计
测试句 30 (顺序解释)	4～5 岁组	100%(15/15)	86.67%(13/15)	93.33%(14/15)	93.33%(42/45)
	5～6 岁组	86.67%(13/15)	93.33%(14/15)	100%(15/15)	93.33%(42/45)
	6～7 岁组	100%(15/15)	93.33%(14/15)	100%(15/15)	97.78%(44/45)
	7～8 岁组	86.67%(13/15)	86.67%(13/15)	100%(15/15)	91.11%(41/45)
	成人组	100%(15/15)	100%(15/15)	100%(15/15)	100%(45/45)

4～5 岁组和 5～6 岁组儿童与成人的判断不存在显著差异(z=1.76, p＞.05)。7～8 岁组儿童的表现好像是发展过程中的反复,他们的判断与成人有显著性差异(z=2.05, p＜.05),但与 6～7 岁组儿童无显著性差异(z=1.38, p＞.05)。

测试句 23:有两个阿姨没拿包。

测试句编号	有两（＋Cl.）N 不/没 VP。	关于量化名词词组与否定辖域的语言测试（一）	关于量化名词词组与否定辖域的语言测试（二）	关于量化名词词组与否定辖域的语言测试（三）	总计
测试句 23（逆序解释）	4～5 岁组	26.67%(4/15)	13.33%(2/15)	33.33%(5/15)	24.44%(11/45)
	5～6 岁组	13.33%(2/15)	6.67%(1/15)	0%(0/15)	6.67%(3/45)
	6～7 岁组	6.67%(1/15)	0%(0/15)	0%(0/15)	2.22%(1/45)
	7～8 岁组	0%(0/15)	0%(0/15)	0%(0/15)	0%(0/45)
	成人组	6.67%(1/15)	13.33%(2/15)	6.67%(1/15)	8.89%(4/45)

7～8 岁组儿童与成人的判断有显著性差异($z=2.05$，$p<.05$)，与 6～7 岁组无显著性差异($z=1$，$p>.05$)。6～7 岁组和 5～6 岁组的儿童与成人的判断没有显著性差异($p>.05$)。4～5 岁组儿童的判断与成人有显著差异($z=1.98$，$p<.05$)。

将"有两(＋Cl.)N 不/没 VP。"和"两(＋Cl.)N 不/没 VP。"两个结构的测试结果进行比较，发现"有"能使"两"更易取宽域，这点在讨论否定和"一"的问题时已经谈到。

"有两(＋Cl.)N 不/没 VP。"的测试结果

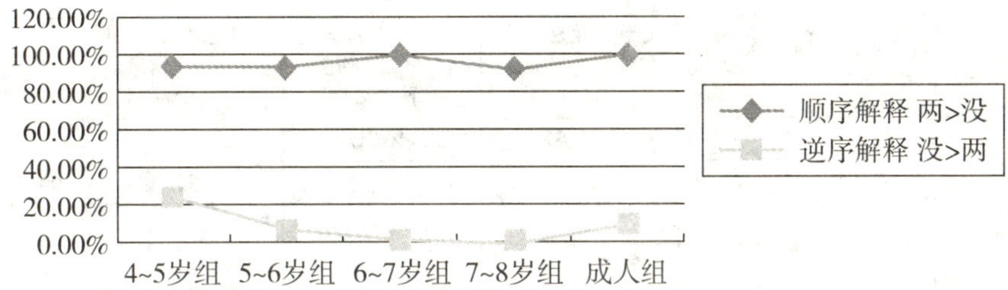

"两(＋Cl.)N 不/没 VP。"的测试结果

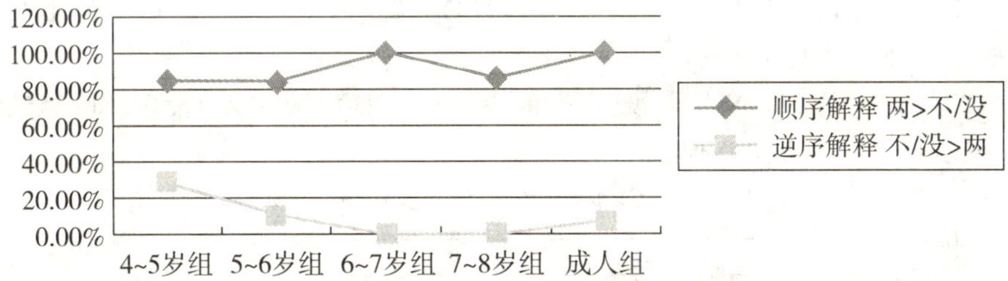

上面曾将"一(＋Cl.)N 不/没 VP。"和"两(＋Cl.)N 不/没 VP。"两个结构的测试结果进行过比较，发现接受"不/没＞一"解释的儿童和成人比接受"不/没＞两"的多。现将"有一(＋Cl.)N 不/没 VP。"和"有两(＋Cl.)N 不/没 VP。"的测试结果再进行比较，发现这两个结构的测试结果很相似：

"有一(＋Cl.)N 不/没 VP。"的测试结果

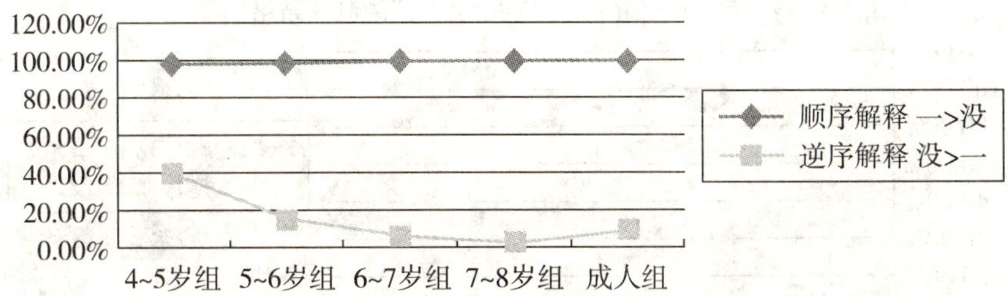

原因是:“有”增强了“一”和“两”取宽域的可能性,加强了线性原则的影响力;“有”的影响同时也在“有一(+Cl.)N 不/没 VP。”中减弱了语义蕴涵原则的影响力。

3.4.2.4.1.4 有两(+Cl.)N,NP 不/没 V

测试句 39:有两本书,小女孩没拿。

测试句编号	有两(+Cl.)N,NP 不/没 V。	关于量化名词词组与否定辖域的语言测试(一)	关于量化名词词组与否定辖域的语言测试(二)	关于量化名词词组与否定辖域的语言测试(三)	总计
测试句 39(顺序解释)	4~5 岁组	80%(12/15)	86.67%(13/15)	100%(15/15)	88.89%(40/45)
	5~6 岁组	100%(15/15)	100%(15/15)	100%(15/15)	100%(45/45)
	6~7 岁组	93.33%(14/15)	100%(15/15)	93.33%(14/15)	95.56%(43/45)
	7~8 岁组	86.67%(13/15)	93.33%(14/15)	93.33%(14/15)	91.11%(41/45)
	成人组	100%(15/15)	93.33%(14/15)	100%(15/15)	97.78%(44/45)

4~5 岁组儿童的判断与成人没有显著差异($z=1.69$, $p>.05$)。

测试句 15:有两个车,小熊没推。

测试句编号	有两(+Cl.)N,NP 不/没 V。	关于量化名词词组与否定辖域的语言测试(一)	关于量化名词词组与否定辖域的语言测试(二)	关于量化名词词组与否定辖域的语言测试(三)	总计
测试句 15(逆序解释)	4~5 岁组	40%(6/15)	26.67%(4/15)	33.33%(5/15)	33.33%(15/45)
	5~6 岁组	13.33%(2/15)	46.67%(7/15)	0%(0/15)	20%(9/45)
	6~7 岁组	0%(0/15)	6.67%(1/15)	6.67%(1/15)	4.44%(2/45)
	7~8 岁组	0%(0/15)	0%(0/15)	0%(0/15)	0%(0/45)
	成人组	6.67%(1/15)	13.33%(2/15)	6.67%(1/15)	8.89%(4/45)

4~5 岁组儿童的判断与成人的有显著差异($z=2.84$, $p<.01$)。5~6 岁组儿童和成人的判断不存在显著差异($z=1.5$, $p>.05$)。

先将“有两(+Cl.)N,NP 不/没 V。”和“有一(+Cl.)N,NP 不/没 V。”的测试结果进行比较,发现两者结果非常相似:

“有两(+Cl.)N,NP 不/没 V。”的测试结果

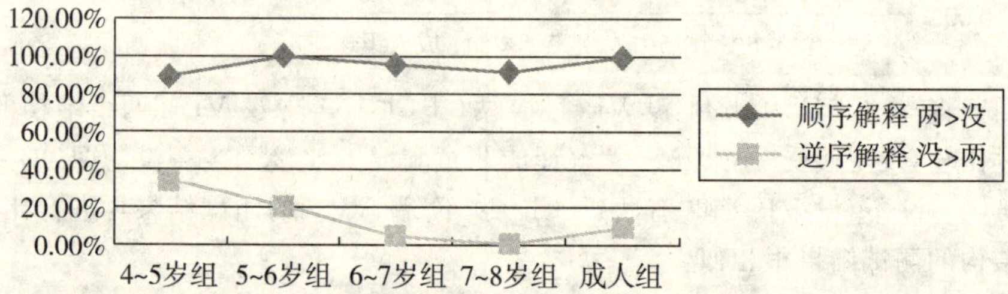

“有一(+Cl.)N,NP 不/没 V。”的测试结果

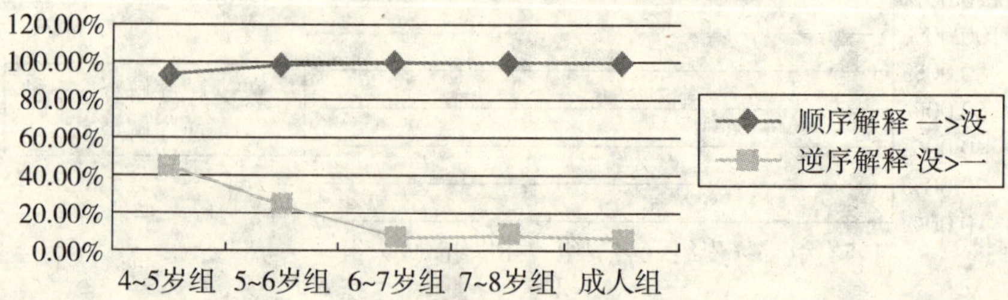

原因和在"有一(+Cl.)N 不/没 VP。"和"有两(+Cl.)N 不/没 VP。"两个结构中一样,"有"增强了"一"和"两"取宽域的可能性,加强了线性原则的影响力;同时,"有"的影响也在"有一(+Cl.)N,NP 不/没 VP。"中削弱了语义蕴涵原则的影响力。

再将"有两(+Cl.)N,NP 不/没 V。"的测试结果与"有两(+Cl.)N 不/没 VP。"的进行比较,仍然会发现量化名词的句法关系和题元角色不影响否定词和"两"的辖域解释:

"有两(+Cl.)N 不/没 VP。"的测试结果

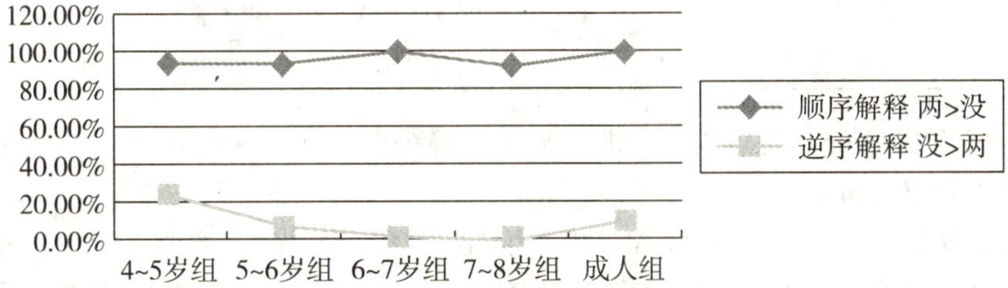

最后将"有两(+Cl.)N,NP 不/没 V。"的测试结果与"NP 不/没 V 两(+Cl.)N。"的进行比较:

"NP 不/没 V 两(+Cl.)N。"的测试结果

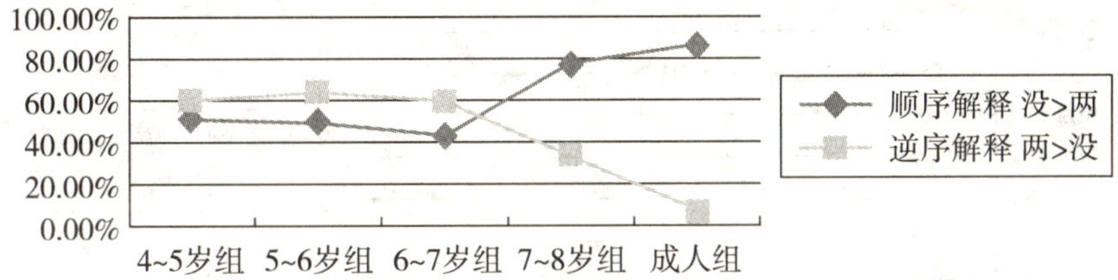

除了说明句法关系和题元角色与否定和量化的辖域分配无关外,又一次体现出线性原则在指导汉语儿童和成人进行辖域判断时所发挥的巨大影响力。

3.4.2.4.1.5 有两(+Cl.)N,NP 都不/没 V。

测试句 22:有两个篮子,阿姨都没拿。

测试句编号	有两(+Cl.)N,NP 都不/没 V。	关于量化名词词组与否定辖域的语言测试(一)	关于量化名词词组与否定辖域的语言测试(二)	关于量化名词词组与否定辖域的语言测试(三)	总计
测试句 22(顺序解释)	4~5 岁组	100%(15/15)	100%(15/15)	100%(15/15)	100%(45/45)
	5~6 岁组	93.33%(14/15)	100%(15/15)	100%(15/15)	97.78%(44/45)
	6~7 岁组	100%(15/15)	100%(15/15)	100%(15/15)	100%(45/45)
	7~8 岁组	100%(15/15)	100%(15/15)	100%(15/15)	100%(45/45)
	成人组	100%(15/15)	100%(15/15)	100%(15/15)	100%(45/45)

各年龄组被试的判断不存在显著差异。

测试句 32:有两个苹果,小朋友都没拿。

测试句编号	有两(+Cl.)N,NP 都不/没 V。	关于量化名词词组与否定辖域的语言测试(一)	关于量化名词词组与否定辖域的语言测试(二)	关于量化名词词组与否定辖域的语言测试(三)	总计
测试句 32 (逆序解释)	4~5 岁组	26.67%(4/15)	13.33%(2/15)	20%(3/15)	20%(9/45)
	5~6 岁组	6.67%(1/15)	13.33%(2/15)	6.67%(1/15)	8.89%(4/45)
	6~7 岁组	0%(0/15)	0%(0/15)	0%(0/15)	0%(0/45)
	7~8 岁组	0%(0/15)	0%(0/15)	0%(0/15)	0%(0/45)
	成人组	0%(0/15)	0%(0/15)	0%(0/15)	0%(0/45)

4~5 岁组儿童的判断与成人有非常显著差异(z=3.16, p<.01),5~6 岁组也与成人的判断有显著差异(z=2.05, p<.05)。

“有两(+Cl.)N,NP 都不/没 V。”中有了“都”,所涉及的事件参与者组成的集合中就只有两个成员。在本研究关于“有两(+Cl.)N,NP 不/没 V。”的测试中,涉及的事件参与者有四个,这样使它比“有两(+Cl.)N,NP 都不/没 V。”处理起来要难多了,所以在“有两(+Cl.)N,NP 不/没 V。”中儿童的判断和成人的差异略微明显些:

“有两(+Cl.)N,NP 都不/没 V。”的测试结果

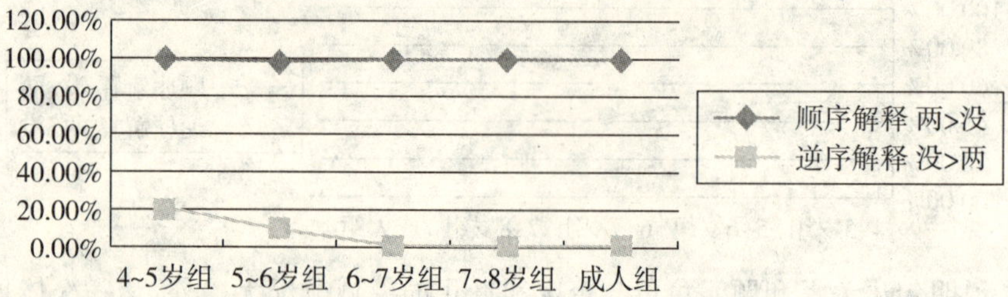

“有两(+Cl.)N,NP 不/没 V。”的测试结果

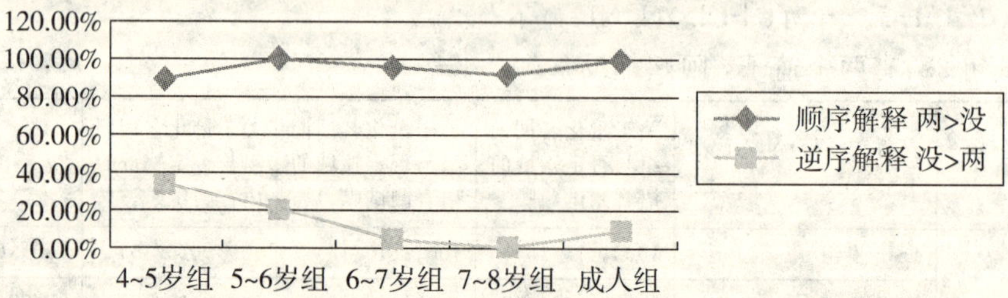

尽管如此,儿童在处理两个结构时所使用的原则是一样的,因为测试结果总的来说差别不大。

3.4.2.4.1.6 不是两(+Cl.)N VP

测试句 26:不是两个小朋友在睡觉。

测试句编号	不是两(+Cl.)N VP。	关于量化名词词组与否定辖域的语言测试(一)	关于量化名词词组与否定辖域的语言测试(二)	关于量化名词词组与否定辖域的语言测试(三)	总计
测试句 26(语义否定的顺序解释)	4~5 岁组	46.67%(7/15)	53.33%(8/15)	73.33%(11/15)	57.78%(26/45)
	5~6 岁组	46.67%(7/15)	33.33%(5/15)	53.33%(8/15)	44.44%(20/45)
	6~7 岁组	73.33%(11/15)	53.33%(8/15)	73.33%(11/15)	66.67%(30/45)
	7~8 岁组	73.33%(11/15)	93.33%(14/15)	100%(15/15)	88.89%(40/45)
	成人组	100%(15/15)	100%(15/15)	100%(15/15)	100%(45/45)

7~8 岁组儿童的判断仍与成人有显著差异($z=2.3$，$p<.05$)。

测试句 14:不是两只小老鼠在种树。

测试句编号	不是两(+Cl.)N VP。	关于量化名词词组与否定辖域的语言测试(一)	关于量化名词词组与否定辖域的语言测试(二)	关于量化名词词组与否定辖域的语言测试(三)	总计
测试句 14(语义否定的逆序解释)	4~5 岁组	46.67%(7/15)	60%(9/15)	46.67%(7/15)	51.11%(23/45)
	5~6 岁组	26.67%(4/15)	33.33%(5/15)	60%(9/15)	40%(18/45)
	6~7 岁组	13.33%(2/15)	33.33%(5/15)	40%(6/15)	28.89%(13/45)
	7~8 岁组	6.67%(1/15)	20%(3/15)	20%(3/15)	15.56%(7/45)
	成人组	6.67%(1/15)	0%(0/15)	6.67%(1/15)	4.44%(2/45)

测试句 14 的解释是这个结构的语义否定的逆序解释。6~7 岁儿童的判断与成人的有显著差异($z=3.11$，$p<.01$)。7~8 岁组儿童与成人的判断不存在显著性差异($z=1.76$，$p>.05$)。

测试句 29:不是两只小海豚在玩球。

测试句编号	不是两(+Cl.)N VP。	关于量化名词词组与否定辖域的语言测试(一)	关于量化名词词组与否定辖域的语言测试(二)	关于量化名词词组与否定辖域的语言测试(三)	总计
测试句 29(语用否定)	4~5 岁组	53.33%(8/15)	46.67% (7/15)	46.67%(7/15)	48.89%(22/45)
	5~6 岁组	46.67%(7/15)	46.67%(7/15)	33.33%(5/15)	42.22%(19/45)
	6~7 岁组	73.33%(11/15)	46.67%(7/15)	53.33%(8/15)	57.78%(26/45)
	7~8 岁组	73.33%(11/15)	86.67%(13/15)	80%(12/15)	80%(36/45)
	成人组	100%(15/15)	100%(15/15)	100%(15/15)	100%(45/45)

7~8 岁组儿童的判断仍与成人的有非常显著的差异($z=3.16$，$p<.01$)。

将“不是两(+Cl.)N VP。”和“不是一(+Cl.)N VP。”两个结构的测试结果进行比较,发现两者的结果有相似之处:

“不是两(+Cl.)N VP。”的测试结果

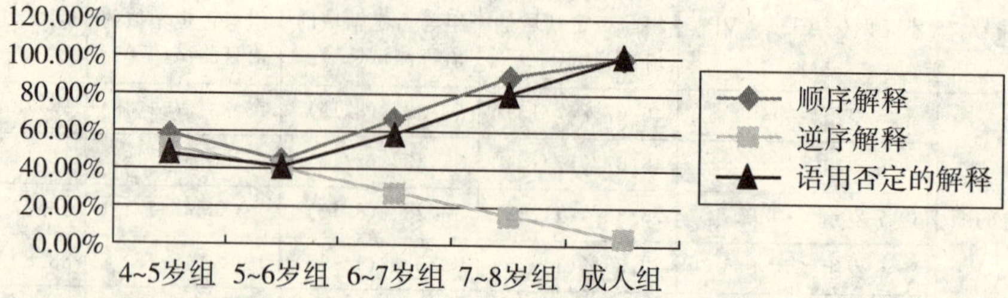

“不是一(+Cl.)N VP。”的测试结果

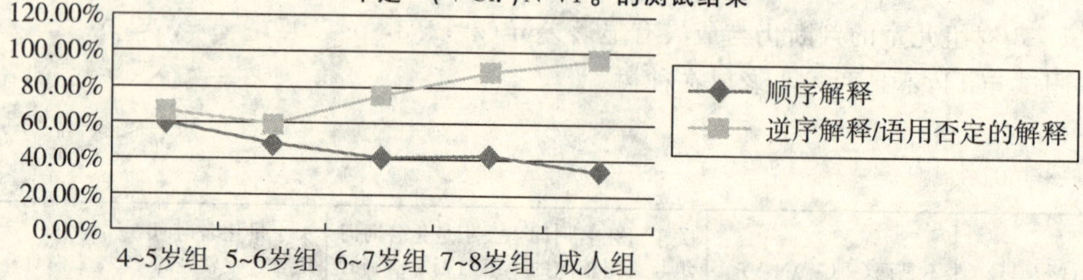

在这两个结构中,根据线性原则,应该是“不＞两/一”;根据数字解释原则,应该是“两/一＞不”。4～5岁和5～6岁的儿童的判断正是他们采用了这两个原则的结果。自6～7岁年龄组起,两种解释的地位开始发生了明显变化。这是因为儿童已经意识到这种否定结构的特殊性:否定的不是真值,而是叙述的方式,是语用否定。“不是两(+Cl.)N VP。”中的逆序解释逐渐被放弃,是因为儿童已经开始意识到它与语用否定是不一样的,不像在“不是一(+Cl.)N VP。”中逆序解释与语用否定的解释恰好一样。在两个结构中,语用否定的解释最终都成为了非标记性的解释。

3.4.2.4.2 理论分析

从原则的建立和原则的验证两个方面来总结测试中的发现。

3.4.2.4.2.1 原则的建立

“一”和否定辖域部分的讨论已经证明了儿童在处理否定词和数词性量词的辖域时使用的原则是:数字解释原则和线性原则。在此,还可以简单运用含“两”的结构再次证明这一点:

<u>线性原则:</u>

两(+Cl.)N 不/没 VP。　　　　NP 不/没 V 两(+Cl.)N。

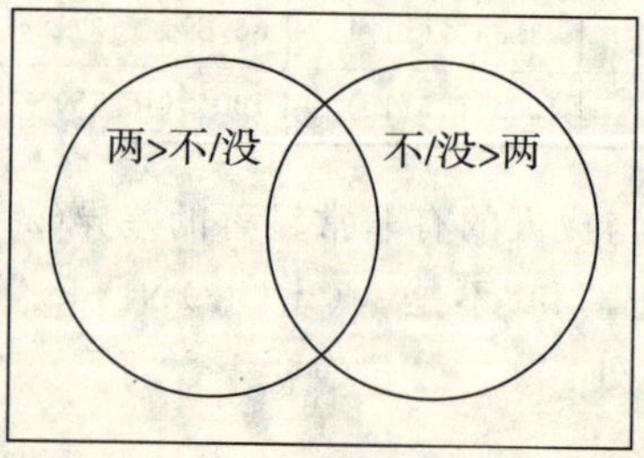

这两个结构的唯一区别是“两”和否定词彼此间的线性位置。如果线性原则不起作

用，儿童早期对两个结构的辖域判断应该是大致一样的，他们会认为两种解释都是可能的，而且在优劣程度上是相等的。测试结果表明：即使是 4～5 岁和 5～6 岁的儿童也认为两个结构的辖域解释的优劣程度不一样：

“两(＋Cl.)N 不/没 VP。”的测试结果

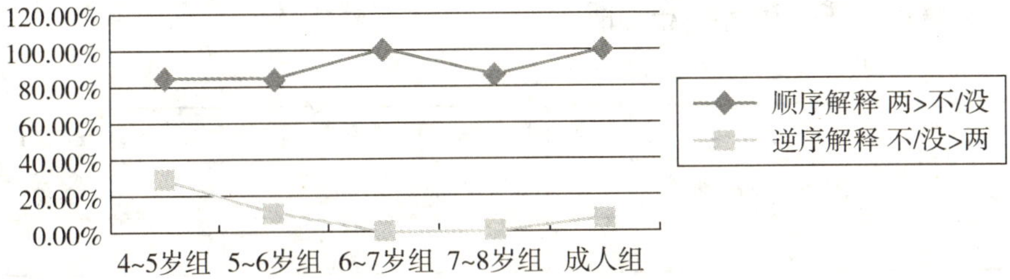

“NP 不/没 V 两(＋Cl.)N。”的测试结果

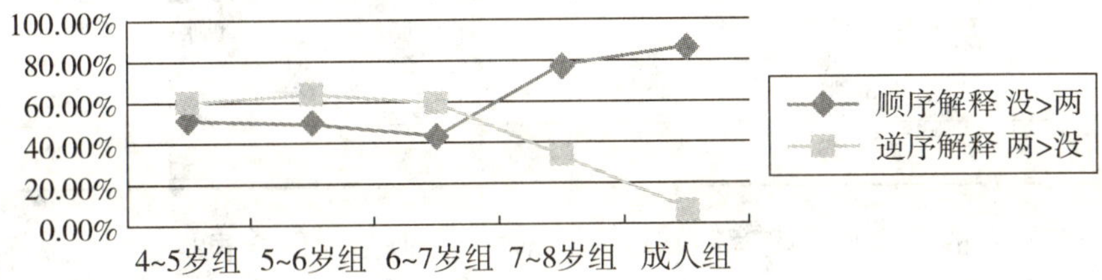

这证明线性原则在发挥作用。

数字解释原则：

假设只有线性原则发挥作用，那看看儿童会怎样处理下面结构的辖域：

NP 不/没 V 两(＋Cl.)N。

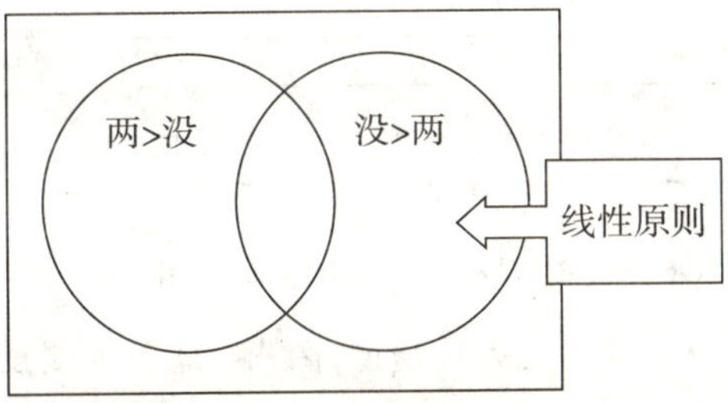

儿童首先会假设这两种解释都是成立的，而且从一开始就会认为“没＞两”的解释绝对优于“两＞没”的解释。测试结果表明，4～5 岁、5～6 岁和 6～7 岁各组儿童对这两种解释的优劣判断正好与我们的推测相反。这说明不仅数字解释原则在起作用，而且它的作用大于线性原则。

以上讨论证明，在处理否定词和“两”等数词性量词辖域时：

汉语成人的语法中：

线性原则＞数字解释原则

儿童早期的语法中：

数字解释原则＞线性原则

3. 4. 2. 4. 2. 2 原则的验证

将讨论过的除了语用否定，即“不是两(+Cl.)N VP。”，以外的其他结构分为两类来考察这两个原则是怎样运作以帮助被试得出辖域解释的。

第一类结构：

在线性顺序上，“两”先于否定词的结构。

4～5 岁左右儿童的语法系统判断的结果：

“两”在否定词前面的结构	数字解释原则	语义蕴涵原则	线性原则
“两”＞否定词			
否定词＞“两”			

汉语成人的语法系统判断的结果：

“两”在否定词前面的结构	数字解释原则	语义蕴涵原则	线性原则
“两”＞否定词			
否定词＞“两”			

4～5 岁左右的儿童会假设两种辖域解释都成立，但是他们会根据自己的原则系统把“两＞否定词”的解释确定为句子最好的解释。与早期儿童不同，汉语成人会根据自己的原则系统完全排除“否定词＞两”的逆序解释。

“有两(+Cl.)N，NP 都不/没 V。”的测试结果

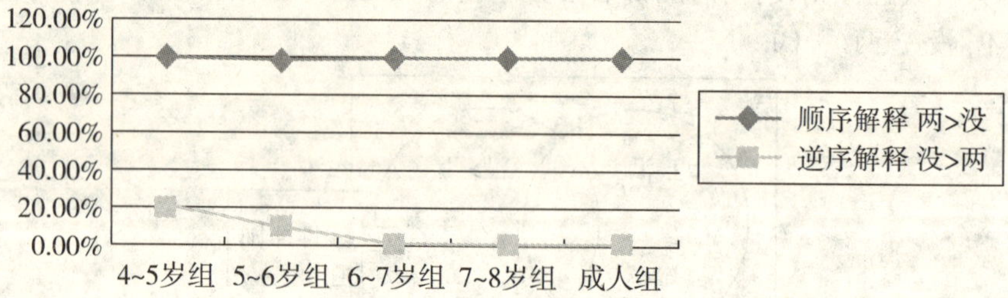

在下面三个结构中，极少数的成人接受逆序解释是因为测试句的逆序解释恰巧蕴涵顺序解释，这在成人部分已经讨论过了。

“两(+Cl.)N 不/没 VP。”的测试结果

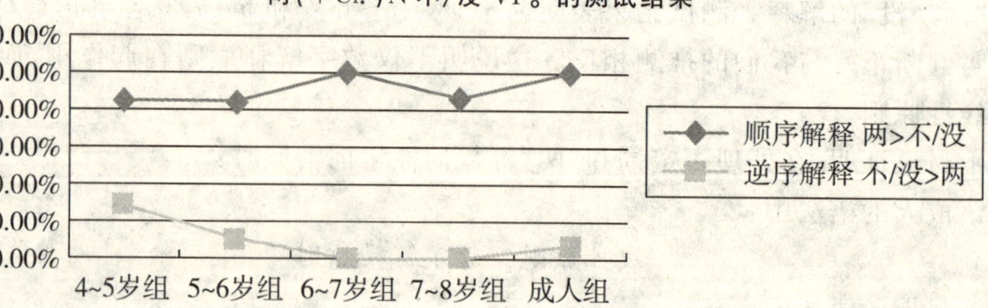

"有两(+Cl.)N 不/没 VP。"的测试结果

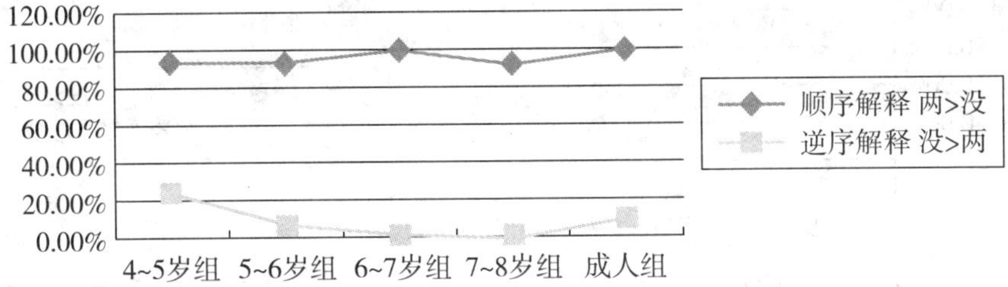

"有两(+Cl.)N,NP 不/没 V。"的测试结果

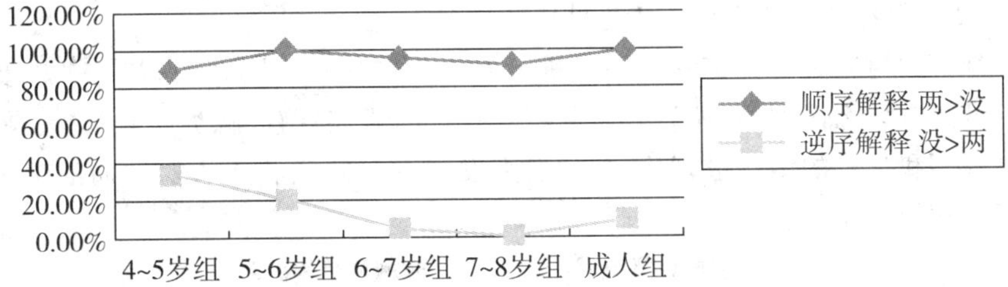

以上四个结构的测试结果再次表明：

第一，早期儿童会同时假设两个可能的辖域解释，他们接受的解释组成的集合是成人接受的解释组成的集合的母集。

第二，关于否定和量化辖域知识的发展过程是把线性原则的地位由次要原则变为核心原则的过程。

第二类结构：

在线性顺序上，否定词先于"两"的结构。

4～5 岁左右儿童的语法系统判断的结果：

"两"在否定词后面的结构	数字解释原则	语义蕴涵原则	线性原则
"两"＞否定词	👍👍		
否定词＞"两"			👍

汉语成人的语法系统判断的结果：

"两"在否定词后面的结构	数字解释原则	语义蕴涵原则	线性原则
"两"＞否定词	👍		
否定词＞"两"			👍👍

早期儿童对两种可能解释的优劣程度的判断与成人是完全相反的，测试结果证明了这一点：

“NP 不/没 V 两(+Cl.)N。”的测试结果

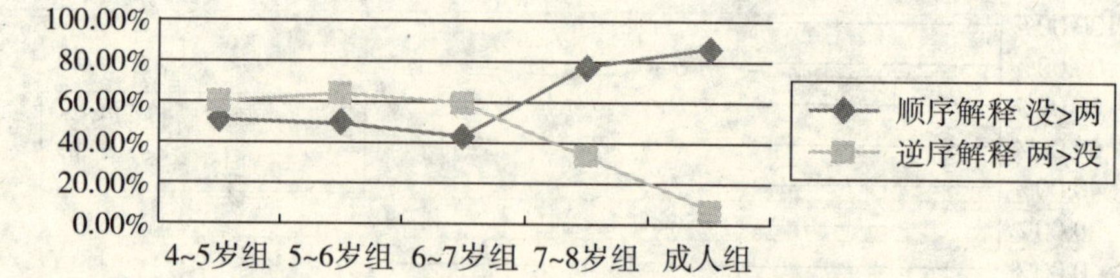

到了 7～8 岁，儿童已经意识到在汉语否定和数词辖域解释中起最关键作用的原则应该是线性原则，所以数字解释原则的影响开始减小。

3. 4. 2. 4. 2. 3 “一”与“两”的对比

对于“两”的讨论是为了将它与“一”进行对比。与“一”不同，“两”与“三”以及其他的数词是不可能有什么区别的，所以对它与否定辖域的研究具有“触类旁通”的效果。

对含“两”和“一”的结构进行比较，本研究发现有时儿童和成人对它们的辖域分配情况是大概一致的。比如：

“两(+Cl.)N 不/没 VP”的测试结果

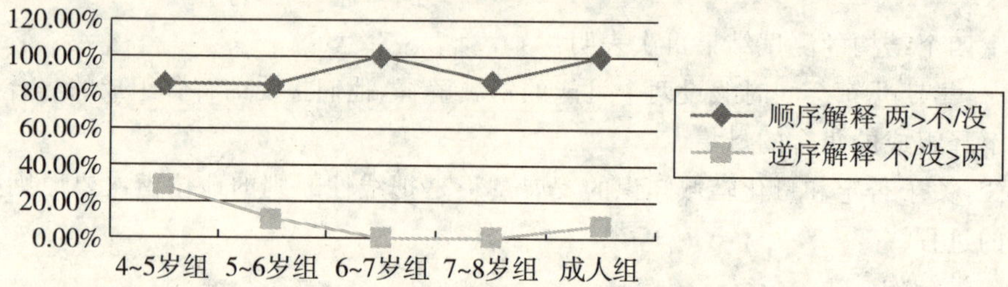

“一(+Cl.)N 不/没 VP”的测试结果

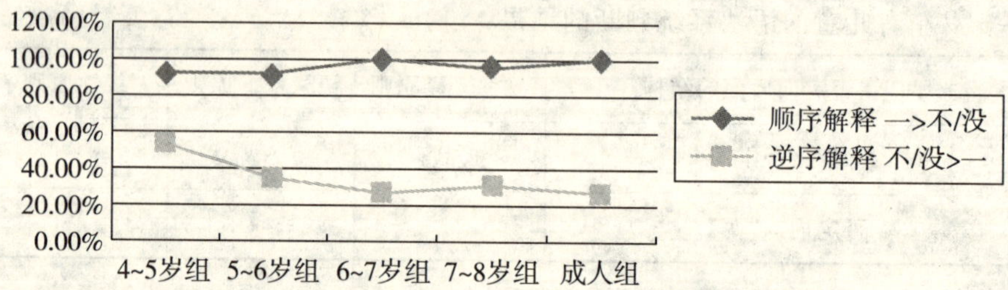

4～5 岁左右儿童的语法系统判断的结果：

“两”在否定词前面的结构	数字解释原则	语义蕴涵原则	线性原则
“两”＞否定词	👍👍		👍
否定词＞“两”			

“一”在否定词前面的结构	数字解释原则	语义蕴涵原则	线性原则
“一”＞否定词(∃＞¬)	👍👍		👍
否定词＞“一”(¬＞∃)		👍👍	

汉语成人的语法系统判断的结果：

“两”在否定词前面的结构	数字解释原则	语义蕴涵原则	线性原则
“两”＞否定词	👍		👍👍
否定词＞“两”			

“一”在否定词前面的结构	数字解释原则	语义蕴涵原则	线性原则
“一”＞否定词(∃＞¬)	👍		👍👍
否定词＞“一”(¬＞∃)		👍	

唯一的差别是：较多的 4～5 岁左右的儿童会接受“一(＋Cl.)N 不/没 VP。”中逆序的“否定词＞一”的解释。

但有时儿童和成人对含“两”和“一”结构的辖域分配情况的判断有很大不同。比如：

“NP 不/没 V 两(＋Cl.)N。”的测试结果

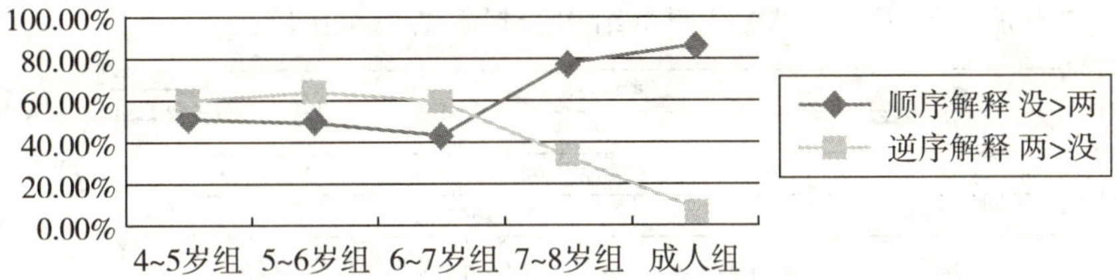

“NP 不/没 V 一(＋Cl.)N。”的测试结果

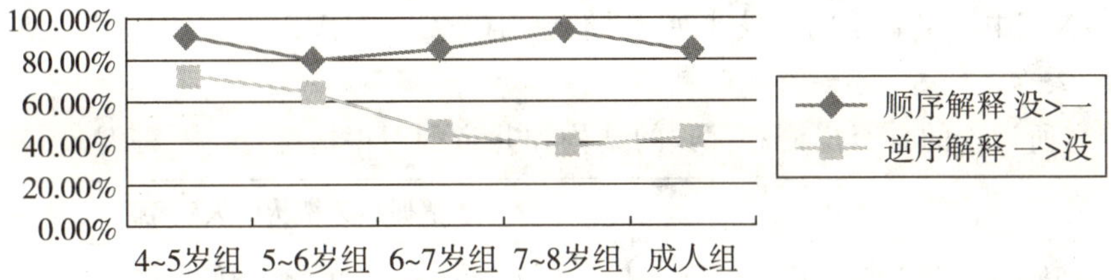

4～5 岁左右儿童的语法系统判断的结果：

“两”在否定词后面的结构	数字解释原则	语义蕴涵原则	线性原则
“两”＞否定词	👍👍		
否定词＞“两”			👍

“一”在否定词后面的结构	数字解释原则	语义蕴涵原则	线性原则
“一”＞否定词(∃＞¬)	👍👍		
否定词＞“一”(¬＞∃)		👍👍	👍

汉语成人的语法系统判断的结果：

“两”在否定词后面的结构	数字解释原则	语义蕴涵原则	线性原则
“两”＞否定词	👍		
否定词＞“两”			👍👍

“一”在否定词后面的结构	数字解释原则	语义蕴涵原则	线性原则
“一”＞否定词（∃＞¬）	👍		
否定词＞“一”（¬＞∃）		👍	👍👍

在“NP 不/没 V 一（＋Cl.）N。”中，早期儿童和成人都认为顺序解释要优于逆序解释；而在“NP 不/没 V 两（＋Cl.）N。”中，早期儿童和成人对顺序解释和逆序解释间优劣判断正好相反。产生这两种不同情况的原因是：成人和儿童是用不同的原则系统来处理含“两”和“一”的结构的。

关于语用否定的问题。还是将 4～5 岁和 5～6 岁两个年龄组对“NP 不/没 V 两（＋Cl.）N。”和“不是两（＋Cl.）N VP。”两个结构的判断结果作比较：

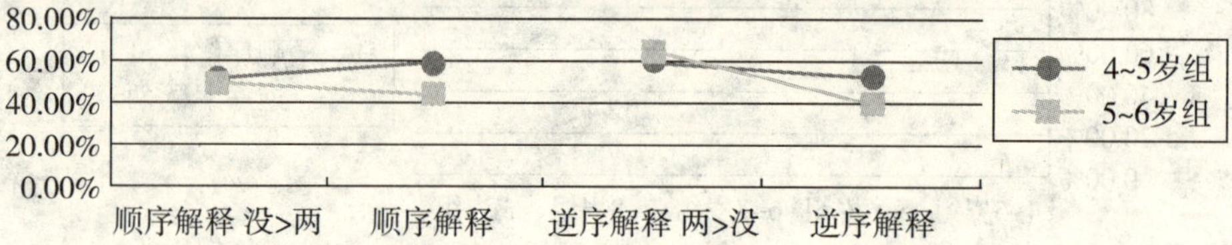

与讨论含“一”的语用否定结构时的发现一样：早期儿童基本是用处理“NP 不/没 V 两（＋Cl.）N。”中语义否定的方法来处理“不是两（＋Cl.）N VP。”结构的。

3. 4. 2. 4. 2. 5 小结

本研究所讨论的含否定词和“两”的结构和儿童的习得情况：

结构	掌握相关结构的大致年龄段
两（＋Cl.）N 不/没 VP。	6～7 岁
有两（＋Cl.）N 不/没 VP。	6～7 岁
有两（＋Cl.）N，NP 不/没 VP。	6～7 岁
有两（＋Cl.）N，NP 都不/没 VP。	6～7 岁
NP 不/没 V 两（＋Cl.）N。	（7～8 岁以后）
不是两（＋Cl.）N VP。	（7～8 岁以后）

3.4.2.5 初始状态的假设

关于否定词的习得情况，可参见 2.4.2.2。

关于全称量词的习得情况，Lee (1986, 1991)、Chien 和 Wexler (1989)报告：“所有”、“每”和“都”出现在儿童 03;00;00 之前的语料中。根据 CY(00;10;05－02;04;31)、SJQ(01;02;06－01;11;29)和 ZTX(00;11;18－02;06;02)的语料，儿童完全在语音和语义上

获得这三个全称量词应是在 03;00;00 左右。

关于数词的习得情况,根据所使用语料,SJQ 和 ZTX 是在 01;02;00 左右第一次使用"一",CY 则稍后。[①]

在汉语儿童的语言中,全称量词的出现晚于数词。基于语料,可以推测:儿童开始会处理否定词和全称量词辖域的时间最早也不会早于 3~4 岁。本研究所测试的年龄组是从 4~5 岁开始的,与 3~4 岁非常接近。因此,在此主要运用含否定词与全称量词的结构来讨论关于儿童语言初始状态的一些逻辑上可能的假设。

假设有一个含有否定词和全称量词的句子,S。S 有两种可能的解释:R_1 和 R_2。

假设一:汉语儿童最初只会假设 R_1 或 R_2 成立。

首先,从逻辑上来说,既然自然语言中存在否定词和全称量词间的歧义,比如下面两个句子:

(80) 汉语:小狐狸没拿所有的气球。

(81) 英语:Every horse didn't jump over the fence.(Musolino 1998a: 91)
每匹马都没跳过栅栏。

两种辖域解释必定都是普遍语法所许可的。如果普遍语法在儿童出生时已经深植于他们的大脑中,那就没有理由认为儿童从一开始只先假设其中的一种解释成立。

其次,从实证上来说,Lee (1991)关于汉语量化辖域的研究和本书的研究都发现汉语成人觉得不歧义的句子在早期的儿童看来却是歧义的。本书提出:

母集现象 (Phenomenon of Superset):

否定词和量词同时出现在一个 SV(O)结构的简单句中,汉语儿童在早期对该句的解释组成的集合是成人对该句的解释组成的集合的母集。

母集现象在上面多处已讨论过。

---

① *研究者:真好!
*姥姥:你说"二"。
*儿童:一。
*姥姥:二。 SJQ01;02;20

*妈妈:你几岁啊?
*妈妈:嗯。
*儿童:xi。
说明:尽量发"一"的音。
*研究者:一岁。 ZTX01;02;03

*妈妈:是不是?
*儿童:摆一摆。
*姨:啊。
*姨:摆一摆。 CY 01;04;00

Crain 和 Thornton (1998:117－118)谈到:一个句子的母集解释和子集解释都是普遍语法所允许的,这两种解释对儿童来说就是两个选择(Interpretative Options)。为了避免可学性的问题,这两种解释必须在语言获得机制中进行排序(Ordered),而指导儿童排序的原则就是语义子集原则(Crain 1992,1993; Crain、Ni 和 Conway 1994; Crain 和 Philip1993)。儿童会在它的指导下,首先假设子集解释是成立的。

如果 4～5 岁和 5～6 岁的汉语儿童采用语义子集原则这个学习策略的话,他们在对"所有的 N 都不/没 VP。"进行辖域判断时只会接受语义子集原则生成的顺序解释。4～5 岁和 5～6 岁的儿童是根本不可能接受逆序解释的。首先,这违反了语义子集原则。其次,他们不可能从语言输入中得到这种汉语成人不接受的逆序解释。但测试结果却不是这样:

"所有的 N 都不/没 VP。"的测试结果

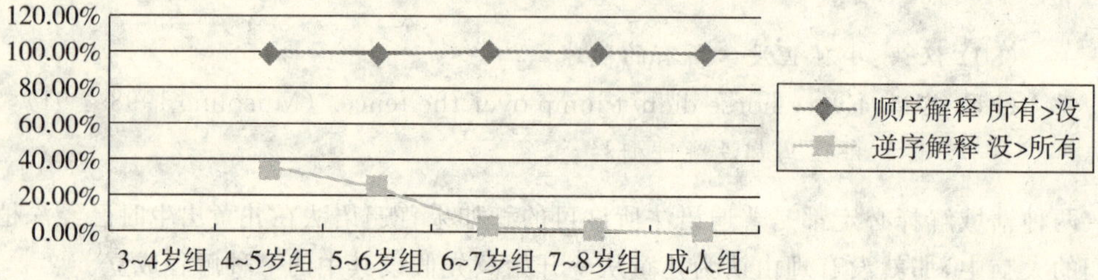

那还有一个可能就是语义子集原则影响的是 3～4 岁的儿童。虽然我们没有进行 3～4 岁儿童的语言测试,但是从测试结果的整体情况可以推断,逆序解释的可接受性在 3～4 岁儿童身上不大可能为零。如果 3～4 岁的儿童根本不接受逆序解释,就很难解释清楚为什么随着语言经验的增多,4～5 岁的儿童反而接受了在汉语成人输入中不可能存在的逆序解释。

讨论否定词在线性顺序上处在全称量词前的结构。如果汉语早期儿童首先只会假设"不是所有的 N 都 VP。"结构中的子集解释,也就是逆序解释的话,那为什么 4～5 岁组的儿童有超过一半的人次(57.78%,26/45)接受顺序解释。逆序解释确实是优于顺序解释,但差别并不大。

"不是所有的 N 都 VP。"的测试结果

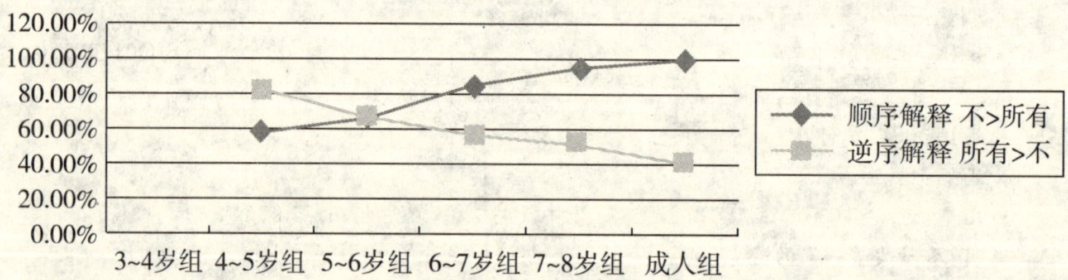

当然也可以说语义子集原则影响的是 3～4 岁的儿童。如果是这样的话,顺序解释的可接受性从 3～4 岁比较低的状态发展到 4～5 岁(57.78%,26/45)比较高的水平,这个现象就只能这样解释了:在这一期间,语言输入刺激加大,线性原则的重要性迅速突现。果真如此吗?本研究持保留意见。

除了本研究的测试结果与语义子集原则有出入外，Sano(2003)所进行的关于日语量词习得的测试结果也不支持语义子集原则。关于语义子集原则的问题，下面还会有讨论。

假设二：汉语儿童最初会假设 R_1 和 R_2 都是成立的，而且它们的优劣程度相等。

这个对语言初始状态的假设和优选理论(Optimality Theory)框架下进行习得研究的 Tesar 和 Smolensky (1993，1996)的观点有相同之处。如果这个假设成立，那对两种解释进行筛选的方法就得靠儿童从语言经验中获得。这样的话，试想一个在线性原则发挥核心作用的汉语语境中成长的 4～5 岁儿童怎么会认为"不是所有的 N 都 VP。"结构和下面也含全称量词的两个结构中的逆序解释要好于顺序解释呢？如果这种假设成立的话，就很难解释一些结构的测试结果。

"NP 不/没都 VP。"的测试结果

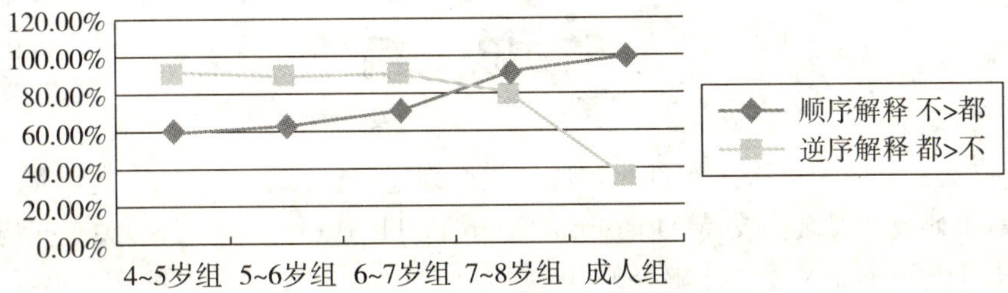

"NP 不/没 V 所有的 N。"的测试结果

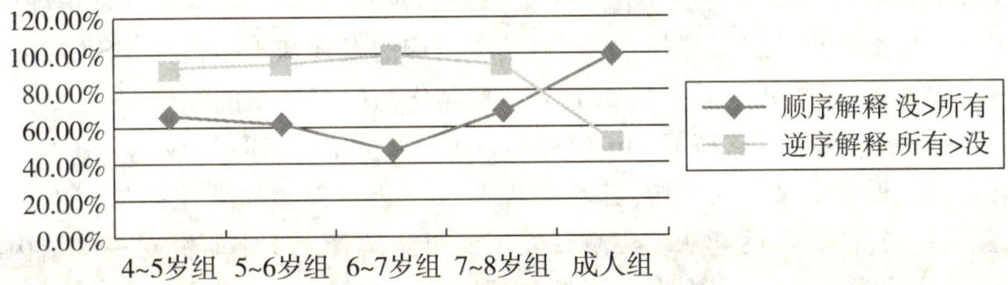

假设三：汉语儿童最初会假设 R_1 和 R_2 都是成立的，而且它们的优劣程度不相等。

这种假设与语义子集原则在两点上是相同的：首先，普遍语法会允许一个含两个算子的句子有两个可能的解释；其次，这两个解释在语言获得机制中会被排序。这种假设与语义子集不同的是：早期儿童不会先假设只有哪一个解释成立，他们只会按自己内部有序的原则系统评定出哪一个最好。在语言发展的过程中，他们会根据语言输入对原则系统中的原则进行重新排序，直到原则的排序与成人语法中的一样。在这过程中，他们就会慢慢放弃不符合成人语法的解释。

在所有的测试结果中，观察到这样一个现象：在判定否定和量化的辖域时，汉语 4～5 岁左右的儿童首先会假定 R_1 和 R_2 成立，因为这个假设是普遍语法所许可的。这之后，他们会根据自己的原则系统对 R_1 和 R_2 的优劣程度进行评定。由于他们对汉语句法结构和语义结构的投射规则还不太了解，他们会主要依赖于纯语义的原则，即语义蕴涵原则来作判断。语义蕴涵原则在早期儿童语法中占主要的地位，从语义的角度说，是因为线性原则生成的解释可以从语义蕴涵原则生成的解释中推导出来；从可学性的角度来说，是因为将子集解释确定为非标记性的解释就能在习得过程中避免 Crain、Ni 和 Conway (1994)等所谈到的语义子集问题(Semantic Subset Problems)。在语言的发展过程中,儿童会不断地从语言输入中认知汉语句法结构和语义结构间的投射主要是以线性的方式进行的,于是他们会对自己的原则系统中原则的排序进行调整。调整的最终结果是线性原则在语法系统中的地位凸显出来,成为系统中的核心原则。同时,作为普遍原则的语义蕴涵原则的影响并未完全消失,它在一些结构中仍会生成逆序解释。线性原则取代语义蕴涵原则主导地位的过程,也就是设置参数的过程。不过,参数设定了,普遍原则还会在成人语法中起一定的作用。

在判断否定词和量词的辖域时,汉语早期儿童更多地是从语义,而不是语序,去考量;而汉语成人则更多地依赖语序。

3.5 总 结

关于已有的儿童习得否定和量化辖域的三个理论假设:

第一,本研究的发现不支持 Musolino、Crain 和 Thornton (2000:14)关于同构关系的观察,汉语儿童早期是接受逆序解释的。

第二,本研究的发现不支持 Lidz 和 Musolino (?)、Lidz 和 Musolino(2002)提出的儿童在处理否定和量化辖域时使用成分—控制原则的观点。如果这个观点是正确的话,汉语儿童在早期根本不可能接受逆序解释,但是本研究的发现却不是这样。Su (2003)也曾在语言测试中发现,汉语儿童并不总将成分—控制作为解释辖域的原则。

第三,本研究的发现不支持 Crain (1992,1993)、Crain、Ni 和 Conway (1994) 提出的语义子集原则。根据语义子集原则,儿童最先假设子集解释。如果他的母语中允许母集解释,他会凭借语言输入,逐渐从子集解释发展到母集解释。从本研究对一些结构测试的结果来看,汉语儿童在 4～5 岁左右除了接受顺序的子集解释外,还接受逆序的母集解释,而这种逆序的解释是成人语法所不允许的。

根据测试结果和理论分析,针对所讨论的结构,本文就汉语中否定词和量词间辖域解释的问题得出下列结论:

第一,汉语中,成人语法和儿童语法具有连续性。在解决否定和量化辖域问题时,汉语儿童(4～5 岁到 7～8 岁)和成人使用的是同一套原则系统,所不同的仅在于线性原则在系统内部的地位和作用不一样。

第二,就掌握的语料来看,语言的习得过程就是儿童将系统中的原则按照成人语法重新排序的过程。儿童语言知识中缺少的不是成人的原则系统,而是成人对原则的排列次序。

否定词和全称量词的辖域

儿童早期的原则系统:语义蕴涵原则＞线性原则

成人的原则系统:线性原则＞语义蕴涵原则

否定词和"一"的辖域

儿童早期的原则系统：语义蕴涵原则/数字解释原则＞线性原则

成人的原则系统：线性原则＞语义蕴涵原则/数字解释原则

否定词和数词的辖域

儿童早期的原则系统：数字解释原则＞线性原则

成人的原则系统：线性原则＞数字解释原则

第三，与量词辖域习得研究中的发现一样，关于否定和量化辖域知识的发展过程在汉语儿童身上体现为对线性原则在汉语算子计算中决定地位的认识过程。根据绝大多数结构的测试结果，本研究认为汉语儿童是在6～7岁左右基本建立了以线性原则为核心的原则系统。

第四，汉语早期儿童对辖域判断的尺度比成人宽松，本研究提出了对母集现象的观察。这种现象产生的原因是因为线性原则在汉语中的显著重要性导致成人在很多情况下放弃了逆序解释。从这点来说，如要研究自然语言中否定和量化辖域知识的最初状态，汉语应该是一个比较理想的语言。因为如果在一些情况下汉语早期儿童接受顺序解释和逆序解释，而逆序解释在成人语法中根本就是不可能的，那儿童对逆序解释的判断就不可能来自语言输入，只可能是先天机制生成的产物。相对地，如果在另一种语言的成人语法中，一类结构的顺序解释和逆序解释在成人语法中都是可接受的，只是在语用中有优劣之分；如果早期儿童只接受比较好的那个解释，或者两个都接受，这都很难说是他们使用普遍原则得出的判断，因为无法清除语言输入带来的影响。

第五、汉语儿童在6～7岁对所讨论的大多数结构的辖域判断已经与成人的基本一样。

<table>
<tr><th colspan="2">结构</th><th>掌握相关结构的大致年龄段</th></tr>
<tr><td rowspan="7">全称量词</td><td>NP都不/没VP。</td><td>6～7岁</td></tr>
<tr><td>每(＋Cl.)N都不/没VP。</td><td>6～7岁</td></tr>
<tr><td>所有的N都不/没VP。</td><td>6～7岁</td></tr>
<tr><td>不是每(＋Cl.)N都VP。</td><td>7～8岁</td></tr>
<tr><td>不是所有的N都VP。</td><td>7～8岁</td></tr>
<tr><td>NP不/没都VP。</td><td>(7～8岁以后)</td></tr>
<tr><td>NP不/没V所有的N。</td><td>(7～8岁以后)</td></tr>
<tr><td rowspan="7">"一"</td><td>一(＋Cl.)N不/没VP。</td><td>6～7岁</td></tr>
<tr><td>有一(＋Cl.)N不/没VP。</td><td>5～6岁</td></tr>
<tr><td>有一(＋Cl.)N，NP不/没VP。</td><td>6～7岁</td></tr>
<tr><td>NP不/没V一(＋Cl.)N。</td><td>6～7岁</td></tr>
<tr><td>没有一(＋Cl.)N VP。</td><td>(7～8岁以后)</td></tr>
<tr><td>NP一(＋Cl.)N都不/没V。</td><td>6～7岁</td></tr>
<tr><td>不是 一(＋Cl.)N VP。</td><td>7～8岁</td></tr>
</table>

续上表

“两”	两(+Cl.)N不/没VP。	6～7岁
	有两(+Cl.)N不/没VP。	6～7岁
	有两(+Cl.)N,NP不/没VP。	6～7岁
	有两(+Cl.)N,NP都不/没VP。	6～7岁
	NP不/没V两(+Cl.)N。	(7～8岁以后)
	不是两(+Cl.)N VP。	(7～8岁以后)

结合Lee(1991, 1996b: 321)关于儿童在6岁开始对量词次序敏感起来,到了7岁才建立辖域解释的线性原则的观察,有理由说:在6～7岁左右,汉语儿童关于辖域的知识已经比较成熟了。

第六,汉语儿童对语义否定知识的获得早于语用否定:他们从6～7岁开始逐渐意识到语义否定和语用否定的区别;但是到了7～8岁,他们关于语用否定的知识还不全面。早期儿童在处理语义否定和语用否定的辖域解释时,基本还是采用处理语义否定的原则。

第七,对于7～8岁的儿童来说,处理“没有一(+Cl.)N VP。”结构的辖域解释还是一个难点,因为他们还没有意识到“没有一(+Cl.)N”在成人语法中是一个语块。在处理含表“甚至”的“都”的“NP一(+Cl.)N都不/没V。”结构时,6～7岁儿童的判断已经与成人的一致了。

第4章 否定和情态

4.1 理论研究

4.1.1 情态算子

谈否定算子和情态算子的辖域问题之前，先简单回顾关于情态词的研究状况。

国外不少研究主要围绕情态词的定义和分类两个问题来进行：

关于情态词的定义，有歧义和多义两种观点。持歧义观点的学者认为，有些情态词在语音形式上相同，而在意义上却是歧义的，比如可以有认知性(Epistemic)[①]、根源性[②](Root)等意义(Palmer 1979；Coates1983)。另一些学者(Kratzer 1977，1981；Perkins 1983；Groefsema 1995；Papafragou 1997，1998)从统一语义学(Unitary Semantics)的角度出发认为情态词没有歧义，只是在语用中才分成认知性和根源性两种。

关于情态词的分类问题，也存在多种观点。有主张"二分法"的，将情态词分为认知性和道义性两类，比如 Lyons (1977)、Frawley (1992)、Traugott 和 Dasher (2002)等；有将情态词分为认知性和根源性两类，比如 Coates (1983)。有主张"三分法"的，将情态词分为认知性的、道义性的和动态性的(Dynamic)[③]，比如 Palmer(1990)。还有支持"四分法"的，将情态词按认知性和道义性、必然性和可能性进行四分，比如 Butler (2001，2003)。总之，分类方法林林总总，不再一一列举。

分类是建立在定义之上的，而分类的目的则是为了使研究更系统化。对情态词进行

① 以下是 von Wright (1951:1—2)对四种情态的归纳，可以帮助了解相关概念：

i. 逻辑情态是和真值有关(The alethic modes or modes of truth)；

ii. 认知情态是和说话人所了解的东西有关(The epistemic or modes of modality)；

iii. 道义情态是和责任有关(The deontic modes or modes of obligation)；

iv. 存在情态是和存在有关(The existential modes or modes of existing)。

② 两者的区别是："认知性的情态词修饰的是整个句子，它和句子的真值相关；根源性的情态词将主语和一个活动联系起来，它和允许、责任和能力相关。"(Cook 1978:6)"认知性的情态意义涉及到说话人对情态补语部分所表达的命题的真实性的承诺程度"(Papafragou 1997:1)。"根源性的情态词"是一些学者用来统称所有非认知性的情态词的术语。

③ 根据 von Wright (1951:28)，动态性的情态是与人的能力(Ability)、气质(Disposition)有关。根据 Palmer (1990:9—10)，它也和人的意愿(Volition)有关。

分类后，就可以进一步研究它们的句法表现，如 Picallo (1990)、McDowell (1987)、Brennan(1997)等所进行的研究工作。对句法表现的形式化描写，是为了解释它们不同的语义现象，如 Cormack 和 Smith (2002)所进行的研究。

对国外相关研究的讨论和学习无疑会促进汉语情态词研究的深入。情态词的研究，不是一个简单的词汇问题，它会帮助我们发现很多句法和语义问题，比如 Lin 和 Tang (1995) 就曾从认知性和根源性两种角度来考察汉语的情态词与主语的语义关系，以及对主语的选择与限制。在此领域，汉语的研究有待深化，不少语法书只局限于罗列情态词的义项和用法。这种研究方法缺乏系统性，并且将情态词问题简化成了一个词汇问题。

对情态词的定义和分类非常重要，但不是本书的研究重心。本书只定义将要使用的四个术语：

认知性的情态词：表达说话人对命题真假进行判断的情态词。

根源性的情态词：除认知性的情态词外，表达责任、许可、能力、意愿等的情态词。

道义性的情态词：表达责任和许可的情态词。

动态性的情态词：表达能力和意愿的情态词。

根源性的情态词是对非认知性情态词的统称，因此道义性的情态词组成的集合与动态性的情态词组成的集合分别是根源性的情态词组成的集合的子集。本书主要关注的是认知逻辑和道义逻辑中的必然性算子和可能性算子分别与否定算子的辖域问题。下面是用来表达这些情态算子的符号：

分类		算子
认识逻辑	必然性	□
	可能性	◇
道义逻辑	必然性	O
	可能性	P

必然性算子和可能性算子间的转换是通过否定算子来实现的，例如：

$$\neg\Diamond p^{①}\leftrightarrow\Box\neg p$$

$$\neg\Box p\leftrightarrow\Diamond\neg p$$

$$\neg\Diamond\neg p\leftrightarrow\Box p$$

$$\neg\Box\neg p\leftrightarrow\Diamond p$$

情态算子和否定算子在演算时，情态意义的变化首先是与情态算子表达的情态强度有关(Strength of Modality)。必然性算子的情态强度强，可能性算子的情态强度弱，与处在同一线性位置的否定算子的演算结果自然就不一样。所以，否定和情态的辖域问题关系到两个方面：在逻辑内部，与情态层级有关；在逻辑外部，与自然语言的表达系统有关。

---

① 小写的 p 代表命题。

下面先从内部的情态层级说起。

4.1.2 情态层级

在可能逻辑中谈情态层级，是说表达“可能性”和“必然性”的情态词可以根据所表达的“可能性”的大小构成一个语义层级（Semantic Scale）。以汉语中的“必定/一定”和“可能”、“必须”和“可以”来说：

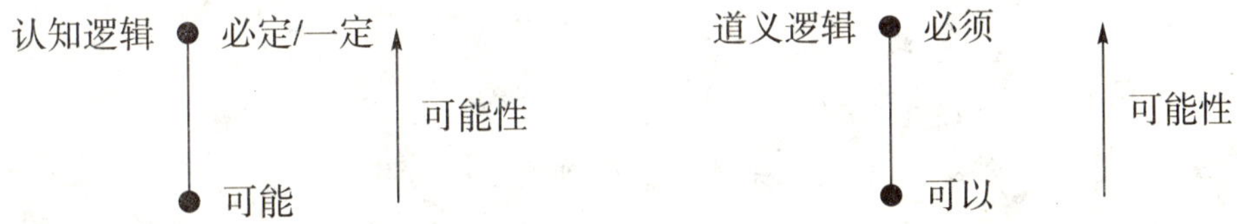

层级是有方向性的，自下而上表达的“可能性”越来越大。“必定/一定”和“必须”分别是在“可能”和“可以”之上，就可以说“必定/一定”和“必须”的语义强度或者情态强度分别大于“可能”和“可以”。

在两个极点间，可以根据其他情态词表达的语义强度来确定它们的位置。拿“应该”来说，它的位置在哪儿呢？

吕叔湘（1996（1980）：550－551）给“应该”下的定义是：

应该 a. 估计情况必然如此。
b. 情理上必须如此。

根据这个定义，“应该”等于认知逻辑中的“必定/一定”和道义逻辑中的“必须”，那它就是处在层级顶端的必然性算子。但是，方立和范莉（2005）就“应该”与“一定”、“应该”与“必须”所做的语言调查的结果却反映出，“应该”并不等于“一定”，也不等于“必须”，“应该”不是必然性算子[具体的调查结果可参见方立和范莉（2005）]。如果“应该”表达的不是“必然性”，那它在情态层级上的位置在哪儿呢？它和“可能”、“可以”的关系又是怎样的呢？

方立和范莉（2005）的研究引出一个有意思的课题：汉语中情态层级的问题。不弄清情态层级是无法进行否定和情态的辖域研究的。所以，本书在方立和范莉（2005）研究的基础之上，针对“应该”及其他情态词的语义强度问题对儿童和成人进行了语言测试。关于测试设计等详细信息见 4.1.3.2。在此使用的是关于情态词与否定辖域的语言测试（二）中得到的成人组的测试结果。被试是 15 名北京林业大学外语系英语专业的学生。测试的方法是通过大屏幕看故事，之后根据故事内容回答录音机播放的测试问题，并将答案写在测试卷上。答案是被试根据自己的理解自由写的，不是客观选择形式。本书主要测试下列情态词间的语义差异：

认知性的情态层级	"一定"和"应该"
	"应该"和"可能"
	"一定"和"可能"
道义性的情态层级	"必须"和"应该"
	"应该"和"可以"
	"必须"和"可以"

关于"一定"和"应该"：

测试目的：

"一定"和"应该"在表达认知逻辑上的可能性时的差别。

测试故事(二)11[①]：

（有三个小动物：小青蛙、小熊和小狗。）

小青蛙：我家有好多玩具。你们去我家玩吧。

小熊：我一定去。

小狗：我应该去。

测试问题：

如果只有一个小动物去了小青蛙家，你猜它是谁？

结果和发现：

如果"应该"等于"一定"的话，被试是无法进行选择的，他们会给出"不知道"等答案[②]。其次，如果"应该"在语义强度上强于"一定"的话，答案应该是"小狗"。测试结果表明以上两种假设都不成立，100%(15/15)的被试都选择了"小熊"。测试结果表明："一定"在情态强度上强于"应该"。如果"一定"表达的是认知逻辑上的100%可能的话，"应该"表达的可能性是小于100%的。下面将要汇报的在儿童组获得的测试结果也同样表明"一定"在表达认知逻辑上的可能性时是强于"应该"的。

关于"应该"和"可能"：

测试目的：

"应该"和"可能"在表达认知逻辑上的可能性时的差别。

测试故事(二)12：

小猴：你们会踢球吗？

小兔：我想我应该会。

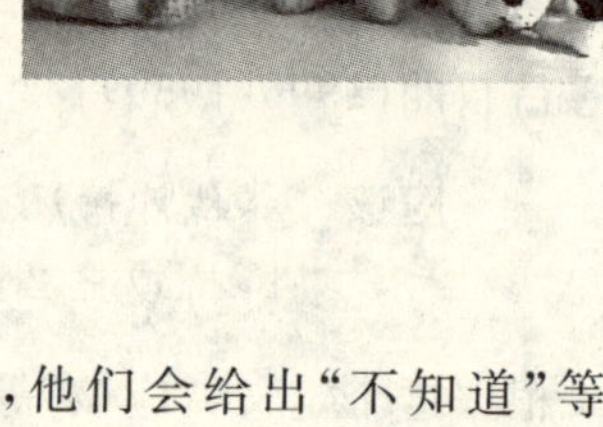

① 文中使用测试卷中对测试故事的编号。括号后（一）表示是在关于情态词与否定辖域的语言测试（一）中；（二）表示是在关于情态词与否定辖域的语言测试（二）中。

② 测试指令中没有要求被试必须选择一个相关的小动物。

小熊：我想我可能会。

测试问题：

如果只有一个小动物会踢球，你猜它是谁？

结果和发现：

成人组100%(15/15)的人次选择了“小兔子”，表明“应该”在表达认知逻辑上的可能性时是强于“可能”的。

关于“一定”和“可能”：

测试目的：

“一定”和“可能”在表达认知逻辑上的可能性时的差别。

测试故事(二)16：

(画外音：谁去公园？)

小狗：我一定去。

小熊：我可能去。

测试问题：

如果只有一个小动物去公园，你猜它是谁？

结果和发现：

100% (15/15)的被试都选择了“小狗”，表明在表达认知逻辑上的可能性时，“一定”是强于“可能”的。

关于“必须”和“应该”：

测试目的：

“必须”和“应该”在表达道义上的可能性时的差别。

测试故事(二)13：

(画外音：小青蛙要选一个动物和他去比赛。)

(指着小熊。)

小青蛙：小熊，你应该去。

(指着小兔子。)

小青蛙：小兔子，你必须去。

测试问题：

如果小青蛙只选了一个小动物，你猜它是谁？

结果和发现：

如果“应该”等同于“必须”的话，被试是无法进行选择的。100%(15/15)的被试选择了“小兔子”，说明“应该”在表达的道义逻辑上的可能性时弱于“必须”。

关于“应该”和“可以”：

测试目的：

“应该”和“可以”在表达道义上的可能性时的差别。

测试故事(二)14：

青蛙老师：小兔子生病了，她在医院。你们谁去看她？

(小熊和小狗齐声说：“我去，我去。”)

青蛙老师：小熊，你应该去。

(停顿)

青蛙老师：小狗，你可以去。

测试问题：

如果青蛙老师只选了一个小动物去看小兔子，你猜它是谁？

结果和发现：

100％ (15/15)的被试选择了“小熊”，说明“应该”在表达道义上的可能性时强于“可以”。

<u>关于“必须”和“可以”：</u>

测试目的：

“必须”和“可以”在表达道义上的可能性时的差别。

测试故事(二)15：

小猴：我们玩玩具吧。

小熊：那谁去拿玩具呢？

小猴：我选一个小动物去拿玩具。

(指着小兔子。)

小猴：小兔子，你可以去。

(停顿)

(指着小熊)

小猴：小熊，你必须去。

测试问题：

如果小猴只选一个小动物去拿玩具，你猜它是谁？

结果和发现：

100％ (15/15)的被试选择了“小熊”，说明在表达道义上的可能性时，“必须”一定是强于“可以”的。

总结测试中的发现，得到下面汉语中部分情态词的语义层级：

认知逻辑中：

道义逻辑中：

4.1.3 辖域研究

4.1.3.1 现状和意义

当否定和情态两种算子碰撞在一起时，就会产生辖域问题。同一句法结构，如果在两种算子间可以进行不同的辖域分配的时候，就会产生歧义。关于否定和情态辖域的研究也就围绕着这两个问题展开：

第一，在一种自然语言中，是否有辖域歧义现象？

第二，决定辖域解释的因素是什么？

以英语来说，大量研究表明英语中存在否定和情态的辖域歧义现象。因此，很多研究就试图从不同的角度去寻找影响这种辖域解释的因素。比如：

词汇因素 ：

以 Drubig (2001)的研究为例。Drubig (2001:5)发现，在英语中不论 must 和 should 是认知性的还是道义性的，它们的辖域都大于否定。may 就不一样了，当它是认知性的时候，它取宽域；当它是道义性的时候，则取窄域，如：

(1)John　may　not　be at home.

　约翰　可能/可以　不　在家

　a. 情态算子>否定算子：

　　◇¬[be-at-home'(John)]"约翰可能不在家"。

　b. 否定算子>情态算子：

　　¬P[be-at-home'(John)]"约翰不可以呆在家里"。

语义因素：

有些学者认为情态词所表达的意义影响它们的辖域。比如 Cinque (1999:81)就制定

了一个语义层级。沿着它,居左边的情态词比居右边的更易取宽域:

> 认知性的(Epistemic)＞逻辑上的必然性(Alethic necessity)＞逻辑上的可能性(Alethic possibility)＞意愿(Volition)＞道义上的必然性(Deontic necessity)＞动态的/道义上的可能性(dynamic/denotic possibility)

相关的研究还有 Butler (2003)。

关于汉语否定词和情态词辖域的问题,已有的研究已观察到了一些重要的语言现象。关于情态词的不同否定式问题,有丸尾诚(1997)关于"不应该"和"应该不"的讨论。关于情态词的双重否定式和肯定式关系的问题,有吕叔湘(1982(1942),1996(1980))、丁声树等(1961)、张谊生(2000)等。但是,目前的研究还存在一些不足之处:

第一,多是对个别语言现象的总结性描写,缺乏系统性。

第二,不少研究只是对语言现象进行了描写,缺乏理论上的解释。比如丸尾诚(1997:73)说:"一般说来'不应该'和'应该不'的意思上的差别很微小。"丁声树等(1961:201)提到"'不该不尊重'是说'该尊重'"。张谊生(2000:77)也说"不该不去=该去"。像这样的一些文献只是指出"是什么",而没讲明"为什么是这样"。为什么"不应该"等于"应该不"?为什么"不该不"等于"该"?

否定和情态辖域的问题是与语言逻辑相关的问题,是个跨越"否定"和"情态"两个表达系统的问题。同时,从影响两种算子辖域的因素来看,它又是个涉及词汇、语义和句法等多个语法层次的问题。由于现有研究尚有不足,对否定和情态辖域进行理论性的探讨更显得重要。

4.1.3.2 研究方法

本书将在真值条件语言学、模型理论语义学和可能世界语义学的框架下,结合语言测试的结果,对否定和情态的辖域问题进行研究。以下介绍语言测试的相关情况:

<u>测试方法:</u>

语言测试采用两种方式:让被试看完故事后,回答测试问题或对测试句进行正误判断。

<u>测试内容:</u>

分为两个部分:

第一部分:关于情态词与否定辖域的语言测试(一)

<u>测试目的:</u>

☞ 关于情态词的否定式。

汉语中,有些情态词有两种否定式,如"不可以去"和"可以不去";而有的情态词在陈述句中只能有一种否定形式,如"不肯去"。"他肯不去?"是反问句。通过这部分来考察被试在所给的语境下是如何对情态词进行否定的。测试采用看故事后回答问题的方式,如:

测试故事(一)11:

(有三只小熊。)

小熊1：好大的苹果啊。

小熊1：我们吃苹果吧。

小熊2：好啊，好啊。

小熊2：要洗手。

小熊2：我洗手。

小熊3：我也洗手。

小熊1：我先吃了。

小熊2：你不洗手吗？

小熊1：不洗，不洗。

测试问题：小熊应该洗手吗？

另外，为了防止产生学习效应，使用了一些和测试目的无关的故事来进行控制，如：

测试故事(一)32：

小熊：我要去看电影了。

小兔子：带我去吧，带我去吧。

测试问题：小兔子想去看电影吗？

☞ **关于情态词不同否定式的差异。**

如上面所说，汉语中有些情态词有两种不同的否定式。通过这个部分的测试，考察同一个词的不同否定式在意义上的异同。测试的方式是请被试先看故事，然后对测试句的正误进行判断，如：

测试故事(一)36：

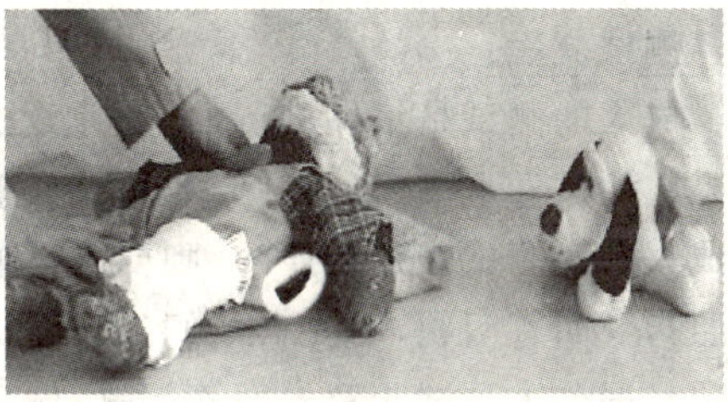

小狗：小青蛙，小青蛙。

小青蛙：谁呀？

小狗：是我，小狗。

小狗：我们去跑步吧。

小青蛙：哎哟，我不能跑步了。

小青蛙：我的腿受伤了。

小狗：哎呀，你的腿。

小狗：那你好好休息吧，我走了。

小青蛙：再见。

测试句：小青蛙可能不去跑步了。

第二部分：关于情态词与否定辖域的语言测试(二)

测试目的：

☞ **关于情态词的双重否定式。**

通过测试，考察被试对情态词双重否定式的理解。测试的方法是请被试看故事，并根据故事内容对测试句进行正误判断。如：

测试故事(二)4:

小兔子:我生病了。

小熊:吃药吧,吃药吧。

(把药给小兔子)

小熊:妈妈说生病了要吃药。

小兔子:好吧。

测试句:小兔子不可以不吃药。

☞ **关于情态词表达的语义强度。**

通过测试,考察不同的情态词在语义强度上的差异。测试方法是请被试先看故事,然后根据故事回答问题。如:

测试故事(二)17:

天线宝宝:啊,小熊和小兔子今天都穿了裙子。是什么颜色的呢?

天线宝宝:是红色的吗?我最喜欢红色了。

天线宝宝:让我来猜一猜。

天线宝宝:小熊的裙子不一定不是红色的。

(停顿)

天线宝宝:小兔子的裙子不应该不是红色的。

测试问题:如果只有一个小动物的裙子是红色的,你猜它是谁?

测试流程:

成人的测试是集体进行的,而儿童的测试是主试和被试以"一对一"的形式进行的;成人是在测试卷上书面作答,而儿童是口头回答。在关于不同否定式差异的测试部分中,如果成人判断测试句是错误的,则要求他们将正确的句子写出来;其余的部分,只要求成人按照指令回答问题,不要求他们对自己的答案进行说明。在对儿童进行的测试中,所有测试项目都要求被试儿童先回答问题,然后再对自己的回答进行简短的说明,以确保他们的答案是自己语言能力和理解水平的反映。

在对成人的测试中,关于情态词与否定辖域的语言测试(一)、关于情态词与否定辖域的语言测试(二)是在不同的时间进行的,测试地点是在北京林业大学。在对儿童的测试中,先进行关于情态词与否定辖域的语言测试(一),其中有一个预备项目;之后再进行关于情态词与否定辖域的语言测试(二)。两个部分的测试至少间隔一天。

主试和被试信息,见3.2.4和3.2.5。

4.1.3.3 否定式[①]

在汉语中,含有情态词和一个否定词的结构有两种:"不+情态词+VP"和"情态词+

① 如没有特别说明,本文说的"否定式"特指只含有一个否定词的句法形式,区别于"双重否定式"。

不＋VP”。下面就“应该”、“可能”和“可以”来讨论不同否定式中的辖域问题。

4.1.3.3.1 “应该”的否定式

4.1.3.3.1.1 句法形式

在关于情态层级的讨论中，已经得出结论：吕叔湘(1996(1980)：550－551)关于“应该”的定义是不精确的。方立和范莉(2005)重新定义“应该”：

应该 a. 在估计上非常接近于必然如此。

b. 在情理上非常接近于必须如此。

本研究将表达义项 *a* 的“应该”定为“应该$_1$”，它表达认知逻辑[①](Epistemic Logic)上的“极大可能性”；表达义项 *b* 的“应该”定为“应该$_2$”，它表达道义逻辑(Deontic Logic)上的“极大可能性”。

是不是“应该$_1$”和“应该$_2$”都有“不应该 VP”和“应该不 VP”两种否定式呢？下面是本研究的测试项目和测试结果：

测试故事：

应该$_1$

测试故事(一)7：

小兔子：小青蛙呢？

小熊：我看见小青蛙了。

小熊：小青蛙说他去公园。

测试问题：小青蛙应该不应该在家？

测试故事(一)25：

小狗：桶里有只小动物。

小兔子：小狗，你猜我是谁？

小狗：不知道。

---

① 方立和范莉(2005)将“应该”处理为可能逻辑 (Alethic Logic)的算子，但同时也明确指出：“由于我们总是根据自己的认知能力判断一个句子说的是真还是假，所以所谓‘逻辑上的可能世界’也应该受到自身认知能力的限制，也就是说，这些可能世界相对于我们的现实世界应当是可及的。”实际上，文中的“应该”也就是一个认知性算子。如果强调相关的命题是与说话人的知识和所相信的东西有关的话，可以把“应该”定为认知逻辑(Epistemic Logic)的算子。本文采用这种做法。“应该”两种用法的区别在于：

一个圆的直径应该通过圆的中心。	可能逻辑算子
(从他的谈吐来看，)他应该是个老师。	认知逻辑算子

同样道理，“可能”也可以是可能逻辑算子和认知逻辑算子，例如：

平行线不可能相交。	可能逻辑算子
(从他的谈吐来看，)他可能是个老师。	认知逻辑算子

把“应该”定为不同的算子，只是分析的侧重点不同，而逻辑算子的运算规则是完全一样的。

小兔子:我的耳朵长长的。

小兔子:耳朵长长的。

测试问题:桶里的小动物应该不应该是小熊?

应该$_2$

测试故事(一)1:

(画外音:小熊吃香蕉,把皮扔在地上了。)

小熊:真好吃啊。

小青蛙:你不乖,地都脏了。

测试问题:小熊应该不应该把皮扔在地上?

测试故事(一)18:

(两只小兔子在看书,小熊在唱歌。)

小熊:啊啊啊啊啊。

小兔子1:小熊,你别唱歌了。

小熊:啊。

小兔子1:我们在看书。

测试问题:小熊应该不应该唱歌?

测试结果:

在对"NP应该不应该VP?"问句作否定的回答时,无论"应该"在测试故事中是认知逻辑上的"应该$_1$"还是道义逻辑上的"应该$_2$",100%(30/30)的被试的回答都是"不应该"。这也反映了丸尾诚(1997:73)曾提到的"应该"两种否定形式在使用频率上的差异("一般说来'不应该'和'应该不'的意思上的差别很微小,可是在语用方面多用'不应该'这个形式。")。

4.1.3.3.1.2 语义内容

下面的测试故事考察:"应该"的两个否定式在意义上是否有差别。测试采用根据故事判断测试句正误的方式。"应该$_1$"和"应该$_2$"分别有两个相关的测试故事,相应的测试句分别以"不应该VP"和"应该不VP"两种形式出现。

测试故事:

应该$_1$

测试故事(一)38:

(有两个苹果,一个胡萝卜)

(闻第一个苹果)

小兔子:不喜欢。

(闻第二个苹果)

小兔子:不喜欢。

小兔子:啊,胡萝卜。(非常高兴)

测试句：小兔子应该不喜欢苹果。

测试故事(一)44：

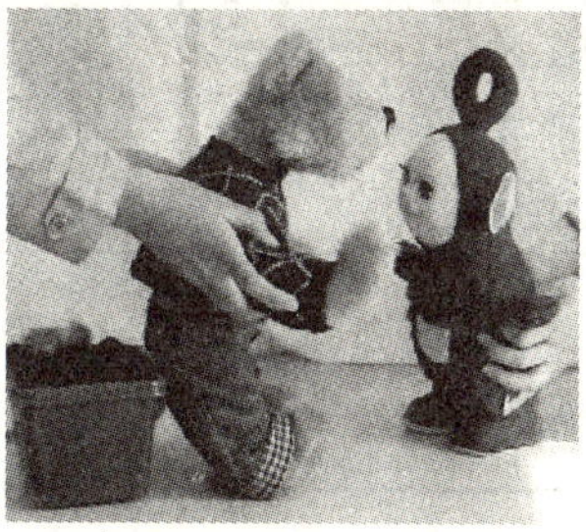

小熊：我要给天线宝宝买衣服。
(停顿)
小熊：这是蓝色的衣服。
小熊：真好看。
小熊：我就买这件。
(把衣服放进篮子里推走了)
小熊：天线宝宝，天线宝宝。
天线宝宝：来啦来啦来啦。
天线宝宝：什么事啊？
小熊：我给你买了件衣服。
小熊：你猜是什么颜色的？
(停顿)
天线宝宝：我最不喜欢蓝色了。

测试句：天线宝宝不应该喜欢这件蓝色的衣服。

应该$_2$

测试故事(一)34：

小熊：不好玩。
小熊：我踩你，我踩你，我踩你。
(踩地上的玩具)
小青蛙：小熊，你不乖。
小青蛙：你要爱护玩具。

测试句：小熊应该不踩玩具。

测试故事(一)40：

(画外音：上课的时候，小动物们都在看书，可小熊在睡觉。)
(青蛙老师拍小熊)

青蛙老师：小熊，别睡觉了。
小熊：啊？
青蛙老师：上课的时候别睡觉。

测试句：小熊不应该睡觉。

以“应该$_1$”的测试故事为例，两个测试故事的核心内容是一样的，只是具体情节不同。所以，如果测试句中两个否定形式表达的意义是不一样的，被试只可能判定其中的一个测试句是正确的(Y)，决不可能认为两个都是正确的。

测试结果：

	测试故事编号	RC	WRH	LXL	JWY	ZYC	LYN	LBY	LL1	LL2	LHR	ZLJ	CJ	LFH	ZJ	WSY
应该$_1$	38 小兔子应该不喜欢苹果。	Y	Y	Y	Y	Y	Y	Y	Y	Y	N	Y	Y	Y	Y	Y
	44 天线宝宝不应该喜欢这件蓝色的衣服。	Y	Y	Y	Y	Y	Y	N(肯定不)	N(应该不)	Y	Y	Y	Y	Y	N(应该不)	Y
应该$_2$	34 小熊应该不踩玩具。	Y	Y	Y	Y	Y	Y	Y	Y	Y	Y	Y	Y	Y	Y	Y
	40 小熊不应该睡觉。	Y	Y	Y	Y	Y	Y	Y	Y	Y	Y	Y	Y	Y	Y	Y

注：*Y* 表示"这个句子说的是对的。"；*N* 表示"这个句子说的是错的。"

在测试故事 38 的结果中，有一个被试，即 LHR，判定测试句是错的，但是他没有根据要求修改这句话。因此，对他作出这个判断的原因，我们无法了解。除此以外，所有的被试都接受测试句中"应该$_1$不 VP"的结构。

测试故事 44 的结果中，LBY 判定测试句有误，他觉得"不应该$_1$ VP"在语义强度上不充分，他使用了"肯定不 VP"的结构。LL1 和 ZJ 将"不应该$_1$ VP"改成了"应该$_1$不 VP"。其余 12 个被试都接受"不应该$_1$ VP"的结构。

总结故事 38、44、34 和 40 的测试结果：关于"应该$_1$"，有 93.33%(14/15)的被试接受"应该$_1$不 VP"，有 80%(12/15)的接受"不应该$_1$ VP"。关于"应该$_2$"，100%(15/15)的被试接受"应该$_2$不 VP"，也有 100%(15/15)的接受"不应该$_2$ VP"。结合方立和范莉(2005)所做的语言调查结果，可以得出结论："不应该 VP"和"应该不 VP"在意义上是一样的。如果两种否定形式有什么使用频率高低的问题，从测试结果来看，就是对少数被试来说，"应该$_1$不 VP"比"不应该$_1$ VP"更好些。

讨论到此，只能回答两个问题："应该"可以进入两种否定式；两种否定式表达的意思相等。对于一个理论性的研究来说，这是不够的，还必须运用形式化的手段来解释为什么两个否定式相等。方立和范莉(2005) 已经做了这样的工作。举例说明：

(2)天线宝宝不"应该$_1$"喜欢蓝色的衣服。

真值条件：[¬ 应该$_1$[1][天线宝宝喜欢蓝色的衣服]]^{M,w_j} =1 当且仅当极少数认知上的可能世界 $w_i \in W$ 能使得[天线宝宝喜欢蓝色的衣服]^{M,w_i} =1。

(3)天线宝宝"应该$_1$"不喜欢蓝色的衣服。

真值条件：[应该$_1$ ¬[天线宝宝喜欢蓝色的衣服]]^{M,w_j} =1 当且仅当绝大多数认知上的可能世界 $w_i \in W$ 能使得[¬[天线宝宝喜欢蓝色的衣服]]^{M,w_i} =1，当且仅当绝大多数认知上的可能世界 $w_i \in W$ 能使得[天线宝宝喜欢蓝色的衣服]^{M,w_i} =0。

---

① 在传统的可能世界逻辑中，没有一个表达"极大可能性"的算子，在此就用"应该"作为算子来代表它自己。

“极少数认知上的可能世界能使得[天线宝宝喜欢蓝色的衣服]为真”和“绝大多数认知上的可能世界能使得[天线宝宝喜欢蓝色的衣服]为假”互相蕴涵，因此(2)和(3)的真值条件是一样的，也就是说，“不应该$_1$VP”在语义上等于“应该$_1$不 VP”。

(4)小熊不“应该$_2$”把皮扔在地上。

真值条件：$[\neg$应该$_2$[小熊把皮扔在地上]$]^{M,w_j}=1$ 当且仅当极少数道义上的可能世界 $w_i \in W$ 能使得[小熊把皮扔在地上]$^{M,w_i}=1$。

(5)小熊“应该$_2$”不把皮扔在地上。

真值条件：[应该$_2$ $\neg$[小熊把皮扔在地上]$]^{M,w_j}=1$ 当且仅当绝大多数道义上的可能世界 $w_i \in W$ 能使得$[\neg$[小熊把皮扔在地上]$]^{M,w_i}=1$，当且仅当绝大多数道义上的可能世界 $w_i \in W$ 能使得[小熊把皮扔在地上]$^{M,w_i}=0$。

“极少数道义上的可能世界能使得[小熊把皮扔在地上]为真”与“绝大多数道义上的可能世界能使得[小熊把皮扔在地上]为假”相互蕴涵，所以这两个句子的真值条件也是一样的，也就是“不应该$_2$VP”在语义上等于“应该$_2$不 VP”。

吕叔湘(1982(1942)：260)讨论过“‘不该去’否定‘该去’，不仅是‘可不去’，实即是‘该不去’”。又根据吕叔湘(1996(1980)：185)，“该”等于“应该”。那么在此对于“不应该VP”和“应该不 VP”的形式化分析也清楚地解释了为什么“不该去”等于“该不去”。

从上面两个否定式真值条件的推导过程，可以看出这两个复合命题的运算步骤。从逻辑上说，当一个复合命题中出现否定算子和“应该”时，有两种可能的辖域解释：第一种解释中否定词否定的是情态词“应该”，否定算子的辖域大于“应该”；第二种解释中否定词否定的是原子命题，“应该”的辖域大于否定算子。

$\neg$应该 → $\neg$应该 p
↻
$\neg$应该 → 应该$\neg$p
↻

由于“应该”的意义，计算方式的不同不会引起意义的差别。汉语成人会遵循线性原则来计算含“不应该 VP”和“应该不 VP”的复合命题：

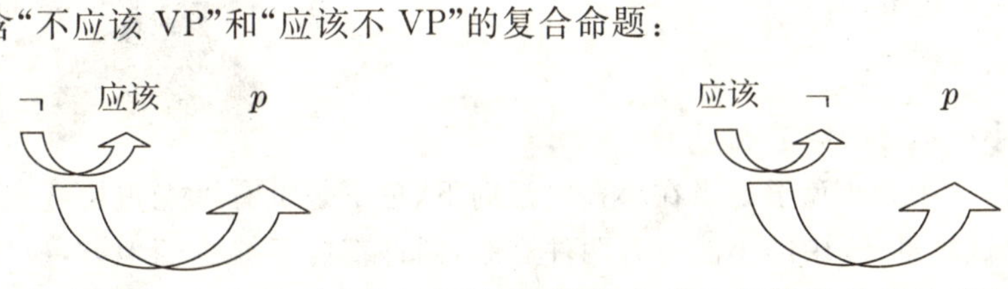

在这两个复合命题中，否定算子和“应该”的辖域是由自己的线性位置决定的，是居于它们后面的部分：

小结以上的讨论：

第一，“应该$_1$”和“应该$_2$”都可以进入两种否定式，即“不应该 VP”和“应该不 VP”。

第二，否定算子和“应该”在一个命题中出现时，逻辑上该命题有两种不同的辖域解释，即：“¬＞应该”的解释和“应该＞¬”的解释。由于“应该”语义上的特征，使得两种辖域解释相互蕴涵，所以不存在否定算子和应该的辖域歧义问题，它们的辖域是由线性位置决定的。如果有细微的使用频率上的差异，那属于语用问题。

4.1.3.3.2 “可能”的否定式

4.1.3.3.2.1 句法形式

“可能”有“不可能 VP”和“可能不 VP”两种否定式。以下考察两个否定形式的差异：

测试故事（一）39：

小猴：小兔子，我们去公园吧。

小兔子：好啊好啊。

（停顿）

小兔子：可我还有好多衣服没洗。

小猴：我帮你洗吧。

小猴：洗完衣服，天没黑，我们一起去公园。

小兔子：好吧。

小兔子：洗呀洗呀。

（小猴和小兔子一边洗衣服，一边唱歌。）

测试句：小兔子不可能去公园了。

测试故事（一）43：

（小熊要去幼儿园，要选一件衣服。）

小熊：穿这件①有点冷。

小熊：穿毛衣，有点热。

小熊：穿哪件呢？

测试句：小熊不可能穿毛衣。

测试故事 39 中的小兔子如果在小猴的帮助下，也不是没有可能很快洗完衣服，然后去公园的。测试故事 43 中的小熊只有两件衣服，两件都有不如意的地方，所以它也不是没有可能穿毛衣的。因此，测试故事 39 和测试故事 43 的内容都是说相关事件是有可能发生，也有可能不发生。测试句中的否定式是“不可能”，如果被试认为测试句是错误的，并且认为事件是可能或不一定发生的，那就说明要表达对可能性的不完全否定是不能采用“不可能”这个形式的。测试结果如下：

① 指衬衣。

测试故事编号	RC	WRH	LXL	JWY	ZYC	LYN	LBY	LL1	LL2	LHR	ZLJ	CJ	LFH	ZJ	WSY
39 小兔子不可能去公园了。	N(可能去)	N(可能去)	N(可能去)	N(可能去)	N(可能)	N(有可能去)	N(可能去)	N(可能去)	N(洗完可以去)	N(可能)	N(可能)	N(可能去)	N(可能去)	N(可能去)	N(可能去)
43 小熊不可能穿毛衣。	N(可能)	Y	N(可能)	N(可能不)	N(有可能穿毛衣)	N(可能不)	N(可能不穿毛衣)	N(有可能)	N(不一定)	N(不一定)	N(可能不穿)	Y	N(不一定)	N(可能)	Y

有 90%(27/30)的人次认为测试句是错误的。从他们的回答可以看出:如果表达对可能性的不完全否定时,是不能用"不可能"的。有 10%(3/30)的被试在故事 43 中接受测试句。由于没有他们对答案的说明,无法得知他们作出肯定判断的原因。但是从他们对测试故事 39 中的测试句所做的判断来看,在同样情况下他们并不是都接受"不可能"这个形式的。对测试故事 39 和测试故事 43 进行判断时,被试是凭借他们不同的认知能力。因此,WRH、CJ 和 WSY 只是对测试故事 43 中事件发生的可能性的估计和绝大多数被试不一样。在测试故事 43 中,有 13.33%(4/30)的人次将"不可能 VP"更正为"可能不 VP",这也说明两个否定形式是不一样的。换个角度来考察:

测试故事(一)36:

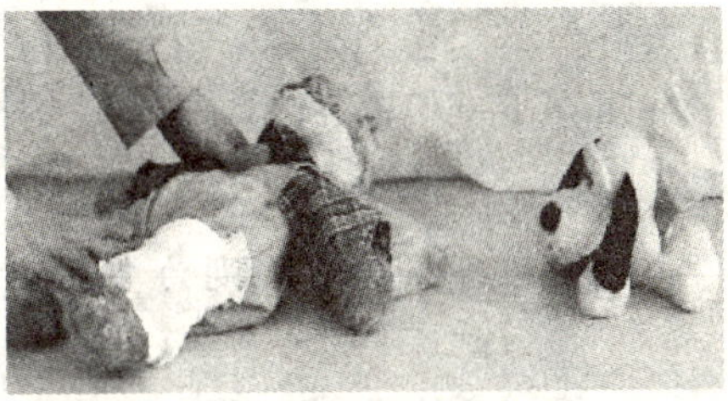

小狗:小青蛙,小青蛙。

小青蛙:谁呀?

小狗:是我,小狗。

小狗:我们去跑步吧。

小青蛙:哎哟,我不能跑步了。

小青蛙:我的腿受伤了。

小狗:哎呀,你的腿。

小狗:那你好好休息吧,我走了。

小青蛙:再见。

测试句:小青蛙可能不去跑步了。

测试故事(一)41:

小青蛙:天线宝宝,我们去游泳吧。

天线宝宝:我不会游泳,我不去了。

小青蛙:那我走了。

测试句:天线宝宝可能不去游泳了。

测试故事编号	RC	WRH	LXL	JWY	ZYC	LYN	LBY	LL1	LL2	LHR	ZLJ	CJ	LFH	ZJ	WSY
36 小青蛙可能不去跑步了。	N(不可能)	Y	N(不可能去)	N(不可能去)	N(不可能)	N(肯定不去)	N(一定不去)	N(不可能去)	Y	N(肯定去不了)	Y	N(一定不去)	N(肯定不去)	N(不可能去)	N(不可能)
41 天线宝宝可能不去游泳了。	N(不可能)	Y	Y	N(不可能去)	N(不可能)	Y	N(一定不去)	N(不可能去)	Y	N(肯定不去)	N(肯定不去)	N(不应该会去)	Y	N(不可能去)	N(不会去)

按一般的理解,测试故事 36 中的小青蛙是不会去跑步了,因为它已经伤得那么重;测试故事 41 中的天线宝宝也不会去游泳,因为它不会游。但是,不同的人对事件发生的

可能性的判断会有所不同。拿故事 41 来说，如果不完全根据故事的内容，很可能认为天线宝宝最后改变了主意，去游泳了。

在测试故事 36 和 41 中，有 73.33%(22/30)的人次作出了否定的判断；有 26.67%(8/30)的人次作出了肯定的判断。从 LXL、LYN、ZLJ 和 LFH 的答案来看，他们并不是认为在同样的情景下只能用“可能不 VP”。他们接受测试故事 41 的测试句，只是他们对其中事件发生的可能性的判断与大多数被试有差异。在所有被试中，只有 WRH 和 LL2 连续两次给出肯定的判断。从绝大多数被试给出的答案看，他们将测试句中的“可能不 VP”都更正为“不可能 VP”、“一定不 VP”或“肯定不 VP”。

通过测试，本研究发现：“不可能 VP”和“可能不 VP”两种否定形式在意义上是不同的。凭借语义的直觉，可以这样来对它们进行了辨析：“不可能 VP”表示绝对没有发生某一事件的可能性，是完全的否定；“可能不 VP”只表示一种倾向于否定的推测，但并不能完全排除发生某一事件的可能性，是一种留有余地的否定。下面运用形式语义学的手段将两种否定式在语义上的区别明晰化。

4.1.3.3.2.2 语义内容

否定算子$\neg$和可能性算子$\Diamond$在线性上的不同排序会生成不同的复合命题：

$\neg\Diamond p$

真值条件：这个命题为真当且仅当所有认知上的可能世界都使得 p 为假。

$\Diamond\neg p$

真值条件：这个命题为真当且仅当至少有一个认知上的可能世界使得$\neg p$ 为真，当且仅当至少有一个认知上的可能世界使得 p 为假。

这两个复合命题间存在蕴涵的关系：

$$\neg\Diamond p \rightarrow \Diamond\neg p$$

既然两个命题间有这样的蕴涵关系，那本书提出的语义蕴涵原则在判断否定词和“可能”的辖域时也应该是有效的。除此之外，在讨论否定和量化部分，以及“应该”否定式时，都已发现线性原则是汉语成人处理辖域问题时使用的最核心的原则。假定线性原则和语义蕴涵原则共同决定“可能”的两种否定式的辖域解释，那么，

“不可能 VP”	线性原则	语义蕴涵原则
$\neg>\Diamond$	👍👍	👍
$\Diamond>\neg$		

“可能不 VP”	线性原则	语义蕴涵原则
$\neg>\Diamond$		👍
$\Diamond>\neg$	👍👍	

根据这个假定的原则系统的判断，“不可能 VP”是不歧义的，只有否定取宽域的解释；而“可能不 VP”有两种辖域解释，其中$\Diamond>\neg$的解释是非标记性的，而$\neg>\Diamond$的解释

是标记性的。

下面验证这个原则系统的判断结果：

首先，含有“不可能VP”的命题 p 只有一种辖域解释，即 $\neg\Diamond p$。$\neg\Diamond p$ 与 $\Diamond p$ 在意义上是相矛盾的：

$\Diamond p$

真值条件：这个命题为真当且仅当至少有一个认知上的可能世界使得 p 为真。

下面的句子不能说：

(6) *我不可能帮你，也可能帮你。

原因是：日常语言交流是在谈话双方所拥有的共同知识的基础上进行的(Common Ground/Mutual Knowledge)。是否能说一个句子，要依赖上文。说完的一个句子又会对共同知识进行更新，从而影响下文[①]。当说“我不可能帮你”时，说话人已经将能使“我帮你。”为真的可能世界全部从上文中清除掉，剩下的都是使“我不帮你。”为真的可能世界。因此，“(我)也可能帮你。”这后半段话与上文完全矛盾，是绝对不可能说的。“不可能VP”是对使命题为真的可能世界的全部否定：

$\neg\exists w[AT(w,\phi)]$[②]

真值条件：不存在任何一个可能世界，在其中命题 ϕ 为真；在所有的可能世界中，命题 ϕ 都为假。

再考察下面的句子：

(7) 我可能不帮你，也可能帮你。

这个句子能说就证明“可能不VP”与“可能VP”在语义真值上不是对立的。“可能不VP”是对使命题为真的可能世界的不完全否定：

$\exists w\neg[AT(w,\phi)]$

真值条件：至少有一个可能世界，在其中命题 ϕ 为假。

含有“不可能VP”的命题与含有“可能不VP”的命题之间的蕴涵关系也可以这样来表示：

$$\neg\exists w[AT(w,\phi)]\rightarrow\exists w\neg[AT(w,\phi)]$$

含“可能不VP”的命题也可由语义蕴涵原则生成标记性解释：$\neg>\Diamond$ 的解释。原因很简单：在所有的可能世界中 ϕ 都为假时，我们可以说：“ϕ 不可能为真。”，也可以有保留地说“ϕ 可能不为真。”。相反，只在一些可能世界中 ϕ 为假，而在另一些可能世界中 ϕ 为真时，我们却绝对不能说“ϕ 不可能为真。”。

---

① 这就是动态语义学理论，如文档语义学(File Change Semantics)和话语表现理论(Discourse Representation Theory)，的核心思想。

② 其中，w代表可能世界；AT表示“在…中”。

以上讨论表明，量词和情态词其实是"同质而不同类"的算子，比如可能性算子实质上就是作用于可能世界集的存在量词。在汉语中，剔除控制否定和量化辖域计算的原则系统中与量词的词汇特征相关的原则，即数字解释原则，就可以得到控制否定和情态辖域计算的原则系统。

在测试故事 43 中，虽然有 3 人次接受测试句。但是综合考察测试故事 39 和 43 的结果后，可以发现：没有一个被试认为在对使命题为真的可能世界进行部分否定时，可以使用"不可能 VP"。与测试故事 39 和 43 相比，有更多的被试接受测试故事 36 和 41 中的测试句，这也正表明"可能不 VP"中的否定不是一个绝对的、关系到"是与非"问题的否定。即使被试认为测试故事中的事件在所有的可能世界中都不为真，他们也可以使用"可能不 VP"，这表明"可能不 VP"是可以有¬＞◇的解释的。不清楚 WRH 和 LL2 接受测试故事 36 和 41 中测试句的原因。从其他被试的答案来看，他们都认为"可能不 VP"是与"不可能 VP"、"一定不 VP"、"肯定不 VP"不一样的，这表明"可能不 VP"中¬＞◇的解释是标记性的。

标记性的解释是语义解释原则所确定的，它不一定能通过语用原则的检验。在表达相关事件在所有的可能世界中都不为真时，说话人用"不可能 VP"而不用"可能不 VP"。这有两个方面的原因：

第一，合作原则。

在语言交流中，当说话人根据自己的认知能力确定在所有的可能世界中"他来。"这个命题都为假时，他可以有保留地说：

(8)他可能不来了。

或者，根据合作原则(Grice 1975(1967))中数量准则和方式准则(Manner Maxim)[①]，说话人会说：

(9)他不可能来了。

第二，线性原则。

否定算子与可能性算子按辖域的大小在逻辑表达式中的排列顺序只有两种可能：¬◇和◇¬。在英语中，否定词只能处在 can 之类情态词的后面。因此，否定算子和情态算子的发音位置和诠释位置间不总是存在一一对应的关系，例如：

(10) He might have not read the note. (他可能没有看到这张便条。)

↓　　　↓

◇　　¬[He had read the note]

(11) Parallel lines can't meet. (平行线不可能相交。)

↘↙

¬◇ [Parallel lines meet]

---

① 数量准则：(根据当前交谈的目的)按需要提供信息；不要提供过量的信息。
方式准则：避免含糊其辞；避免歧义；说话应简洁。

与英语不同，汉语中的否定词可以放在情态词的前面和后面。当要表达“在所有的可能世界中，ϕ 都为假。”时，在意义上，汉语提供了一个确切的表达方式，即“不可能 VP”。在“不可能 *VP*”中，“不”和“可能”的位置与它们在逻辑表达式中的位置正好形成非常整齐的匹配关系：

$$
\begin{array}{cc}
\neg & \Diamond \\
\downarrow & \downarrow \\
\text{不} & \text{可能}
\end{array}
$$

在线性特点显著的汉语中，在形式上，“不可能 *VP*”非常方便说话人自己和听话人进行辖域计算。从意义和形式两个方面来说，在无特殊原因的情况下，说话人没有道理要舍“不可能 *VP*”而用“可能不 *VP*”。

通过汉英对比，可以发现：与英语中的“形”不一样，至少在辖域问题上，汉语的“形”包孕着“义”。

小结：

第一，汉语否定和情态的辖域问题与否定和量化的辖域问题紧密相关。

第二，汉语成人判断否定词和“可能”的辖域时使用了线性原则和语义蕴涵原则。在“可能不 *VP*”中，线性原则生成非标记性的解释，语义蕴涵原则生成逻辑上可能的、标记性的解释。

4.1.3.3.3 “可以”的否定式

本书的研究涉及“可以”以下的两个义项：

可以 a. 表示可能、能够；
b. 表示许可。

a 义项的定义为“可以$_1$”；*b* 义项的定义为“可以$_2$”。在本书中，“可以$_2$”是道义逻辑的可能性算子 *P*。

4.1.3.3.3.1 句法形式

先通过测试来考察“可以”的否定形式。

可以$_1$：

测试故事(一)5：

(画外音：小熊推一只兔子。)
(有三个动物：小熊，小兔子 1 和小兔子 2。)
(小熊推小兔子 1。)
小熊：没问题。
小兔子 2：那我也来吧。
(坐到小兔子 1 的车上。)
小熊：哎哟，哎哟，哎哟。

小熊：推不动。

测试问题：小熊可以推两只小兔子吗？

测试故事(一)23：

小青蛙：我腿疼。

小熊：你站起来。

(小青蛙站起来。)

小熊：走。

(小青蛙摔倒。)

小青蛙：哎哟。

测试问题：小青蛙可以走吗？

可以$_2$：

测试故事(一)12：

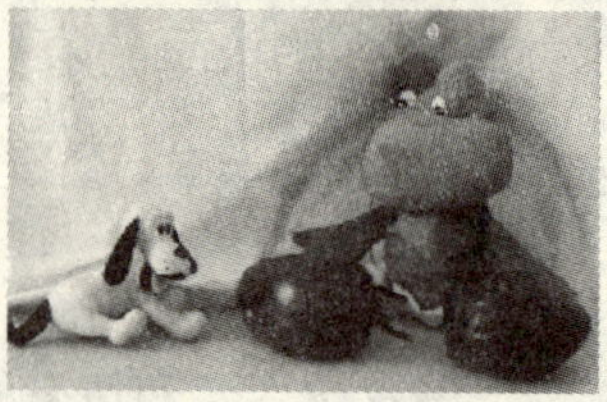

小狗：青蛙老师，我能出去玩吗？

小青蛙：不行，你现在要学习。

测试问题：小狗可以出去玩吗？

测试故事(一)28：

小狗：老师，今天我不想跑步了。

小狗：我想睡觉。

小猴：不行，你去跑步。

测试问题：小狗可以睡觉吗？

测试故事编号		RC	WRH	LXL	JWY	ZYC	LYN	LBY	LL1	LL2	LHR	ZLJ	CJ	LFH	ZJ	WSY
可以$_1$	5 小熊可以推两只小兔子吗？	不可以	不可以	不可以	不可以	不能	不可以	不可以	不可以	不可以	不可以	不可以	不可以	不可以	不可以	不能
	23 小青蛙可以走吗？	不可以	不可以	不可以	不可以	不可以	不可以	不可以	不可以	不可以	不可以	不可以	不可以	不可以	不可以	不可以
可以$_2$	12 小狗可以出去玩吗？	不可以	不可以	不可以	不可以	不可以	不可以	不可以	不可以	不可以	不可以	不可以	不可以	不可以	不可以	不可以
	28 小狗可以睡觉吗？	不可以	不可以	不可以	不可以	不可以	不可以	不可以	不可以	不可以	不可以	不可以	不可以	不可以	不可以	不可以

吕叔湘(1996 (1980)：302)曾提到：表示可能的“可以”，即此处的“可以$_1$”，的否定式通常说“不能”，不说“不可以”。他的例子是：

(12)我明天有事，不能来了。(吕叔湘 1996(1980)：302)

但本书的测试结果却表明：除了 6.67%(2/30)的人次对“可以$_1$”进行否定时，使用“不能”外，其余的都用“不可以$_1$ VP”。显然，“不可以$_1$ VP”至少在应答时是可以使用的。

100%(30/30)的人次都用“不可以$_2$VP”这样一个否定式。“可以$_2$”还有一个否定式，即“可以$_2$不 VP”。“不可以$_2$VP”和 “可以$_2$不 VP”是否相同？

测试故事(一)37：

(有三个小动物：小猴，小熊和小兔子。)

小熊：老师好。

小猴：谁去跑步啊？

小熊：我去。

(对着小兔子。)

小猴：小兔子，你去吗？

小兔子：我不去。

小兔子：我要看书。

小猴：小熊，我们走吧。

小熊：好。

测试句：小兔子不可以去跑步。

测试故事(一)45：

小猴：小朋友们，我们出去玩吧。

小狗：好啊好啊。

小熊：老师，我不想出去玩。我想看书。

小猴：那好吧。

小猴：你看书吧。

小猴：小狗，我们走。

测试句：小熊不可以出去玩。

测试故事(一)42：

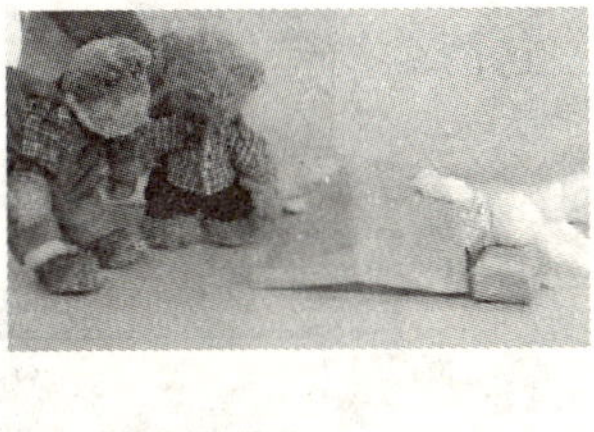

小熊：小兔子还在睡觉呢。

小青蛙：嘘。

小青蛙：小声点。

小青蛙：今天是星期天，让她睡吧。

小青蛙：我们走吧。

测试句：小兔子不可以起床。

以测试故事 37 和 45 为例。猴子老师让测试故事 37 中的小兔子去跑步，猴子老师同样让测试故事 45 中的小熊出去玩，但是它们想留在教室里看书，老师同意了。“可以$_2$”的意思是“准许/允许”，如果“不可以$_2$VP”和“可以$_2$不 VP”是一样的话，那么，被试就会接受这两个故事中相应的测试句，因为要表达 “被允许不去跑步/被允许不出去玩。”的意思既可以用“不可以$_2$VP”，也可以用“可以$_2$不 VP”。测试的结果如下：

测试故事编号		RC	WRH	LXL	JWY	ZYC	LYN	LBY	LL1	LL2	LHR	ZLJ	CJ	LFH	ZJ	WSY
可以$_2$	37 小兔子不可以去跑步。	N(可以不)	N(不想去)	N(可以不去跑步)	Y	N(可以不去)	N(不想去跑步)	N(可以不去)	N(不想去)	N(不去跑)	N(不想去)	Y	N(不想去)	N(可以去)	N(不想去)	N(不愿去)
	45 小熊不可以出去玩。	N(可以不)	N(不可能)	N(可以不出去)	Y	N(可以不)	N(可能不出去玩)	N(可以不)	N(不想出去)	N	N(不想出去玩)	N(不想)	N(不想)	N(可以，只不过想看书)	N(不想)	N(可以，但不去)
	42 小兔子不可以起床。	N(可以不)	N(可以不)	N(可以不起床)	N(可以不起床)	N(可以不)	N(可以不起床)	N(可以不)	N(可以不起床)	Y	N(可以不起)	N(没有起床)	N(应该不会起)	Y	N(还没起床)	N(可以，但不起)

在测试结果中，只有11.11%(5/45)的人次认为测试句是对的，88.89%(40/45)的人次认为测试句是错的。在5人次的Y判断中，有两次Y的判断出现在同一个被试(JWY)身上，其余的都出现在不同的被试身上。可见，答Y的被试并不总是认为“不可以$_2$VP”就等同于“可以$_2$不VP”。另外，有37.78%(17/45)的人次直接用“可以不VP”来更正测试句。测试结果说明：“可以$_2$”可进入两种否定结构；“不可以$_2$VP”根本不等同于“可以$_2$不VP”。

4.1.3.3.3.2 语义内容

否定算子¬和可能性算子P可以有两种不同的线性排序，由此产生两个不同的复合命题：

$\neg P\mathrm{p}$

真值条件：这个命题为真当且仅当所有道义上的(包括司法上的)可能世界都使得p为假。

$P\neg \mathrm{p}$

真值条件：这个命题为真当且仅当至少有一个道义上的(包括司法上的)的可能世界使得¬p为真，当且仅当至少有一个道义上的(包括司法上的)可能世界使得p为假。

这两个复合命题间存在蕴涵关系：

$$\neg P\mathrm{p} \rightarrow P\neg \mathrm{p}$$

所以，决定¬和◇之间辖域的原则系统也适用于¬和P：

“不可以$_2$VP”	线性原则	语义蕴涵原则
$\neg > P$		
P>¬		

“可以有$_2$VP”	线性原则	语义蕴涵原则
$\neg > P$		
P>¬		

原则系统判定：“不可以$_2$VP”只有$\neg > P$的解释；除了有P>¬的解释外，“可以$_2$不

VP”还可以有标记性的$\neg > P$的解释。

用例子来验证原则系统的判断结果：

(13)小李不可以$_2$出去。

真值条件：$[\neg P[小李出去]]^{M,w_j}=1$ 当且仅当所有道义上的（包括司法上的）可能世界 $w_i \in W$ 使得$[小李出去]^{M,w_i}=0$。

(14)小李可以$_2$不出去。

真值条件：$[P\neg[小李出去]]^{M,w_j}=1$ 当且仅当至少有一个道义上的（包括司法上的）可能世界 $w_i \in W$ 使得$[\neg[小李出去]]^{M,w_i}=1$，当且仅当至少有一个道义上的（包括司法上的）可能世界 $w_i \in W$ 使得 $[小李出去]^{M,w_i}=0$。

从两个命题的真值可以看出：当所有道义上的（包括司法上的）可能世界 $w_i \in W$ 能使得$[小李出去]^{M,w_i}=0$ 时，也还是可以说“小李可以$_2$不出去。”的。“可以$_2$不 VP”中$\neg > P$的解释是在逻辑上可能的，但是标记性的。它的标记性是由汉语句法规则和语义规则之间同构的特点所决定的，它不一定能通过语用原则的检验。在语言交流中，这种标记性的解释是与合作原则(Grice 1975(1967))中数量准则和方式准则相抵触的。如果说话人不是由于特殊原因或特别目的，他是不会使用“可以$_2$不 VP”来表达“不可以$_2$VP”的。

4.1.3.3.4 小结

本书通过形式化描写“应该”、“可能”和“可以”的否定式以说明：

第一，在汉语语法中，控制否定和情态辖域的原则系统与控制否定和量化辖域的原则系统是相通的。在成人语法中，否定算子和情态算子辖域运算的决定性原则是线性原则，这是汉语句法规则和语义规则之间同构的趋势所决定的。当涉及“可能不 VP”和“可以$_2$不 VP”的辖域时，成人语法中的语义蕴涵原则会生成一个逻辑上可能的、标记性的逆序解释。

第二，汉语中其他情态词否定式的现象也可以用同样的形式化手段来获得解释。例如，吕叔湘(1982 (1942):258)提到的“‘不可粗心’等于‘必须不粗心’……‘不必细说’等于‘可以不细说’”，是因为

不可 VP		必须不 VP
$\neg Pp$	$\leftrightarrow$	$O\neg p$
不必 VP		可以不 VP
$\neg Op$	$\leftrightarrow$	$P\neg p$

如果一个情态词有两种不同的否定式，也可以利用可能世界逻辑的手段将它们之间的异同进行清晰的描写，而无须局限于只是凭借直觉来概括相关的语义现象。

4.1.3.4 双重否定

王力(1954)、吕叔湘(1982 (1942))、丁声树等(1961) 都对双重否定的意义和语气进

行过描述。相关的研究还有符达维(1986)、郎桂青(1989)等。

关于双重否定表达的意义,马建忠(1983(1898－1900):331)早就讨论过"無不":"盖'無不'两字,皆弗辞也。连用相消,同乎正意"。吕叔湘(1985:247)中的描述更加细致,他提到,"双重否定决不是像数学上负乘负得正那样互相抵消","双重否定或加强肯定,口气更坚决……但更多地是减弱肯定,口气比较缓和……更重要的是有些场合大大改变了原来的单纯肯定的意义"。

以上的研究多是对语言现象的总结性描写,没有提供理论上的解释。本书从以下三个方面来讨论双重否定式给情态词的语义强度带来的变化:

第一,双重否定和"必然性";

第二,双重否定和"可能性";

第三,双重否定和"极大可能性"。

4.1.3.4.1 双重否定和"必然性"

在汉语中,要表达认知上的必然性,可以用"必定"和"一定";表达道义上的必然性,可以用"必须"。"必定"和"必须"都不能用在"不必定"和"不必须"的否定式中,而"一定"则可以,因此以"一定"为例:

(15)小李不一定来。

$\neg\Box$[小李来]

根据逻辑算子相互转换的普遍规则,可以得到:

(16)$\neg\Box$[小李来] $\leftrightarrow$ $\Diamond\neg$[小李来]

如果是双重否定式的话,

(17) 小李不一定不来。

$\neg\Box\neg$[小李来]

再根据普遍规则得到:

(18)$\neg\Box\neg$[小李来] $\leftrightarrow$ $\Diamond\neg\neg$[小李来]$\leftrightarrow\Diamond$[小李来]

真值条件是:[$\neg\Box\neg$[小李来]]$^{M,w_j}=1$ 当且仅当至少有一个认知上的可能世界 $w_i\in W$ 使得[小李来]]$^{M,w_i}=1$。

"$\Diamond$"词汇化后可以是"可能",所以得到:

(19)小李不一定不来。$\neq$ 小李一定来。＝小李可能来。

"一定"表达的是100%的可能性,它的语气自然要强于"可能"。在"一定"的双重否定式中,为什么会出现吕叔湘(1985)所说的"双重否定……但更多地是减弱肯定,口气比较缓和……"的现象,以上的推导结果已经清楚地表明了。

De Hann (2004)说:在自然语言中,有用弱的情态词加双重否定表达强的情态词的情况,但却没有任何语言用强的情态词加双重否定构成弱的情态词的情况。按他的观点,也就是说逻辑中$\neg\Diamond\neg p=\Box p$ 和$\neg\Box\neg p=\Diamond p$ 这两种双重否定的格式都有,但是在自然语言中只有前者，没有后者。汉语的语料显然表明：$\neg\Box\neg p=\Diamond p$ 格式在汉语中是存在的，这是 De Hann (2004)观点的一个反证。

4.1.3.4.2 双重否定和“可能性”

在汉语中，认知上的可能性可以用“可能”来表达，它的否定式是：

(20)小张不可能知道这件事。

$\neg\Diamond$[小张知道这件事]

根据普遍规则：

(21)$\neg\Diamond$[小张知道这件事]$\leftrightarrow\Box\neg$[小张知道这件事]

小张不可能知道这件事。$\leftrightarrow$小张一定不知道这件事。

所以

(22)$\neg\Diamond\neg$[小张知道这件事]$\leftrightarrow\Box\neg\neg$[小张知道这件事]$\leftrightarrow\Box$[小张知道这件事]

小张不可能不知道这件事。$\leftrightarrow$小张一定知道这件事。

考察表达道义上的可能性的“可以”：

(23)小李不可以去。

$\neg P$[小李去]

根据普遍规则，得到：

(24)$\neg P$[小李去]$\leftrightarrow O\neg$[小李去]

那么

(25)$\neg P\neg$[小李去]$\leftrightarrow O\neg\neg$[小李去]$\leftrightarrow O$[小李去]

也就是

(26) 小李不可以不去。$\leftrightarrow$小李必须去。

“必然性”和“可能性”之间的语义关系是：

$$\Box p\rightarrow\Diamond p \text{ 或 } Op\rightarrow Pp$$

因为

如果$\Box p=1$或$Op=1$，也就是$\forall w$（在 w 中，$p=1$）

如果$\Diamond p=1$或$Pp=1$，也就是$\exists w$（在 w 中，$p=1$）

这就是为什么必然性算子在语义强度上强于可能性算子的原因。当可能性算子进入双重否定时，就会出现徐杰和李英哲(1993:85)所描述的那种语言现象：“它们的‘否定’功能在双重否定中相互抵消了，但它们的‘强调’功能并没有抵消，反倒加强了(一个变成了两个)。”不过，就可能性算子的双重否定式来说，产生意义加强的原因不是什么“强调”功能加强的问题,而是否定算子和可能性算子进行演算的结果。本部分的讨论足以解释发生在“不可能不 VP”和“不可以不 VP”上那种“双重否定或加强肯定,口气更坚决……”(吕叔湘 1985)的现象。

4.1.3.4.3　双重否定和“极大可能性”

方立和范莉(2005)提出“应该”所表达的是一种逻辑上的“极大可能性”。对“应该”的重新定义澄清了两方面的问题:

第一,“应该$_1$”不等于“一定”,所以适用“一定”的演算规则不适用于“应该$_1$”。

测试故事(二)17:

天线宝宝:啊,小熊和小兔子今天都穿了裙子。是什么颜色的呢?

天线宝宝:是红色的吗?我最喜欢红色了。

天线宝宝:让我来猜一猜。

天线宝宝:小熊的裙子不一定不是红色的。

(停顿。)

天线宝宝:小兔子的裙子不应该不是红色的。

测试问题:

如果只有一个小动物的裙子是红色的,你猜它是谁?

如果“不一定不是红色的”等于“不应该不是红色的”,被试是无法进行选择的。测试中,100%(15/15)的人次都选择了裙子“不应该不是红色”的小兔子。测试结果显示:“不应该$_1$不 VP”不等于“不一定不 VP”,而是在意义上强于“不一定不 VP”。从上文可以知道,“不一定不 VP”等于“可能 VP”,那么“不应该$_1$不 VP”也必然是强于“可能 VP”的。

第二,“应该$_1$”不等于“可能”,“应该$_2$”不等于“可以$_2$”,所以适用“可能”和“可以$_2$”的演算规则不适用于“应该”。

下面的测试项目考察“不应该$_1$不 VP”和“不可能不 VP”,“不应该$_2$不 VP”和“不可以$_2$不 VP”的差异:

测试故事(二)19:

天线宝宝:后面有小动物。是谁呢?让我猜一猜。

天线宝宝:小猴子不可能不在后面。

天线宝宝:小兔子不应该不在后面。

测试问题:

如果只有一个小动物在后面,你猜它是谁?

测试故事(二)18:

小兔子:哎哟哎哟,推不动。

天线宝宝:我选一个小动物帮助小兔子。

(对着小猴。)

天线宝宝：小猴，你不可以不帮小兔子。

(对着小熊。)

天线宝宝：小熊，你不应该不帮小兔子。

测试问题：

如果天线宝宝只选一个小动物帮助小兔子，你猜它是谁？

在测试故事 19 中，有 93.33%(14/15)的人次选择了“不可能不在后面”的小猴，说明“不可能不 VP”表达的可能性强于“不应该$_1$不 VP”。在测试故事 18 中，有 86.67%(13/15)的人次选择了“不可以不帮小兔子”的小猴，说明“不可以$_2$不 VP”表达的语气强于“不应该$_2$不 VP”。

测试结果证明了“应该”计算方式的特殊性：

第一，在意义上，“应该$_1$”不等于“一定”和“可能”，“应该$_2$”不等于“必须”和“可以”，所以“应该”双重否定式的计算规则不同于普通的必然性算子和可能性算子；

第二，在意义上，“不应该$_1$不 VP”不等于“不一定不 VP”和“不可能不 VP”，“不应该$_2$不 VP”也不等于“不可以$_2$不 VP”，相应的计算规则自然也就不一样。

下面的图示能更清楚地解释“不应该$_1$不 VP”、“不一定不 VP”与“不可能不 VP”是不一样的。设有一个可能世界集，U。U 用圆圈表示，那么

(27) 小宋一定在家。　　小宋不一定在家。　　小宋不一定不在家。

“小宋不一定不在家。”是说“小宋可能在家。”。

(28) 小宋可能在家。　　小宋不可能在家。　　小宋不可能不在家。

“小宋不可能不在家。”是说“小宋一定在家。”。

(29)小宋应该在家。　　小宋应该不在家。　　小宋不应该不在家。

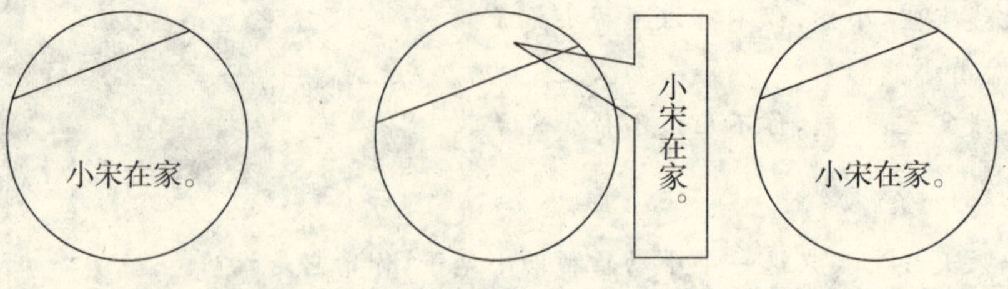

“小宋不应该不在家。”是说“小宋应该在家。”。

(30)天线宝宝不应该$_1$不喜欢蓝色的衣服。

真值条件：$[\neg$应该$_1\neg$[天线宝宝喜欢蓝色的衣服]$]^{M,w_j}=1$ 当且仅当极少数认知上的可能世界 $w_i\in W$ 使得$[\neg$[天线宝宝喜欢蓝色的衣服]$]^{M,w_i}=1$，当且仅当极少数认知上的可能世界 $w_i\in W$ 使得[天线宝宝喜欢蓝色的衣服]$^{M,w_i}=0$，当且仅当绝大多数认知上的可能世界 $w_i\in W$ 使得[天线宝宝喜欢蓝色的衣服]$^{M,w_i}=1$。

由此得到：

(31)天线宝宝不应该$_1$不喜欢蓝色的衣服。＝ 天线宝宝应该$_1$喜欢蓝色的衣服。

以此类推：

(32)公民不应该$_2$不依法纳税。

真值条件：$[\neg$应该$_2\neg$[公民依法纳税]$]^{M,w_j}=1$ 当且仅当极少数道义上的可能世界 $w_i\in W$ 使得$[\neg$[公民依法纳税]$]^{M,w_i}=1$，当且仅当极少数道义上的可能世界 $w_i\in W$ 使得[公民依法纳税]$^{M,w_i}=0$，当且仅当绝大多数道义上的可能世界 $w_i\in W$ 使得[公民依法纳税]$^{M,w_i}=1$。

由此也可得到：

(33)公民不应该$_2$不依法纳税。＝ 公民应该$_2$依法纳税。

根据吕叔湘(1996(1980)：185)，“该”等于“应该”，那自然可以从上面的推导得到“不该不＝该”。整个形式化的过程比较清楚地解释了吕叔湘(1982(1942)：260)对“不该不”的分析：“但‘不该不’不是‘可’，仍是‘该’……这是因为情理所宜，有一无二，否定甲的必要即同时肯定非甲的必要，没有可甲可非甲之中立余地。‘不该去’否定‘该去’，不仅是‘可不去’，实即‘该不去’。所以‘不该不’仍等于‘该’。”

4.1.3.4.4　小结

上面的讨论表明，汉语成人语法中决定双重否定和情态辖域的原则仅有线性原则。总结上文讨论的必然性情态算子、可能性情态算子分别与否定算子的演算规则：

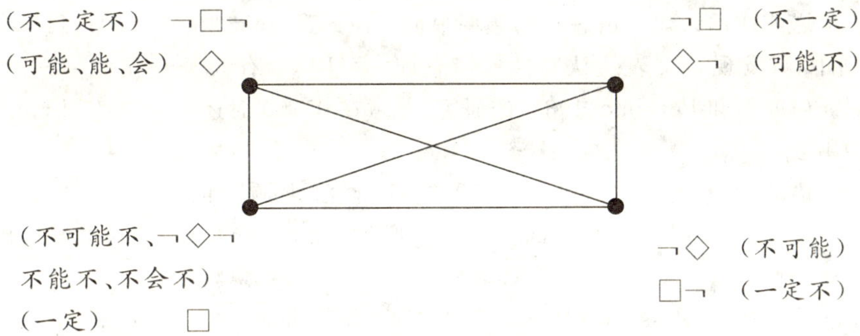

“应该”的演算规则与这两种算子的演算规则不同。

汉语的情态词进入双重否定式后，语义强度上会有以下三种变化：

第一，否定加否定弱于肯定，如“不一定不 VP”；

第二，否定加否定强于肯定，如“不可能不 VP”；

第三，否定加否定等于肯定，如“不应该不 VP”。

虽然文中只讨论了几个常用的情态词，但按照同样的思路，适当地对逻辑算子进行扩充就可以描写其他的情态词，比如“敢”，它是动态逻辑中的可能性算子。可能性进入双重否定式后，就表达必然性，所以“不敢不 VP”的意思不是“敢”，而是“必须”；“敢”表达的是主观上有勇气和胆量去做某事，而“不敢不 VP”就有客观上要求必须去做某事之意了。

运用可能世界逻辑可以形式化地描写情态词的双重否定式，从而可以解释：为什么有时“盖‘無不’两字，皆弗辞也。连用相消，同乎正意”，而有时又“双重否定决不是像数学上负乘负得正那样互相抵消”；也可以解释：为什么双重否定有时能加强语气，有时减弱肯定，而有时又对原来的意义没有产生任何影响。由此证明，形式化的描写手段有助于澄清以往对一些相关的语言现象不精确的定义和不准确的描写。

4.2 习得研究

4.2.1 情态词的习得

4.2.1.1 现状和意义

情态词的儿童习得问题是关系到儿童语言发展和心智发展的问题，也是许多学者的关注点。关于儿童情态词汇的发展，跨语言的文献非常丰富。

关于英语情态词的习得情况：根据 Wells (1979)、Shatz 和 Wilcox (1991)的研究，英语儿童最先使用 can 和 will (01;10－02;06) 来表达能力/准允和意愿。Shepherd (1982)、Gee 和 Savasir (1985)发现儿童是逐渐将 will 的意思从表达意愿扩展到表达推测(prediction)，用来表达在自己控制之外的，或属于遥远未来的事件。Kuczaj (1977)报告，在儿童语言中，should、must 和 had better 的根源性用法要比认知性用法出现得早；

儿童在 4 岁之前使用认知性情态词的频率很低。Pea 等(1982)在儿童(01;11—03;04)的 1766 句话中,只发现 7 个表达认知性的情态词,而且其中有 5 个是在 02;08 才出现的。根据 Wells (1985)和 Perkins (1983)的研究,儿童在 05;00 时还不能熟练用 must 来表达确定性的用法。

关于德语的研究:根据 Stephany (1993)的研究,根源性的 wollen (要)和 können (能)是儿童最先获得的情态词;müssen(必定/必须)和 sollen (应该)的根源性用法也早于它们的认知性用法。

关于法语的研究:Bassano (1996) 发现在说法语的儿童(02;00—04;00)中,根源性的情态词要比认知性的出现得早,而且前者的使用频率远高于后者。他发现法语儿童第一次自主地使用认知性的情态表达是在 02;03。从 02;03 到 04;00,儿童逐步掌握认知性情态词的用法。在这过程中,儿童在 02;08 后关于情态词的知识有了明显的增长。

关于韩语的研究:Choi(1995)对年龄在 01;08—03;00/04;00 间的 3 名韩语儿童作了定期抽样调查,发现他们很少使用认知性的情态助动词。成人语言系统中的 5 个认知性情态助动词,只有表达推测的 - na pwa 在 02;08—03;00 的儿童语料中出现较多。而与之相对照的是,在 03;00 左右,儿童几乎已经掌握了整个表达根源性情态意义的系统。

关于汉语的研究:根据 Guo (1994),在汉语儿童的语言发展过程中,表达意愿和能力的情态词最先出现,然后是道义性的情态词,认知性的情态词出现较晚。Guo (1995)利用 3 名 3 岁儿童、3 名 5 岁儿童和 3 名 7 岁儿童每个年龄组 5 个小时的录像数据讨论了儿童对"能"的获得情况,发现"能"的各义项在儿童语言中出现的顺序是"能力→许可→认知性用法"。

以上研究均反映出:在儿童语言发展过程中,与根源性的情态词相比,认知性的情态词出现时间晚,而且在语言发展早期使用频率低。

相对其他语言的习得研究来说,关于汉语的研究存在以下不足:

第一,从语料的充实性说,缺乏长期跟踪所得的自然语料的支持;

第二,从考察的情态词来说,缺乏多样性,不足于反映汉语儿童关于情态词知识系统的雏形;

第三,从研究对象来说,没有充分关注 03;00 以前儿童语言发展情况,因此无法完整勾勒出儿童早期相关语言知识和认知能力发展的脉络。

第四,从习得研究和语言理论建设间相互促进的角度来说,关于汉语的习得研究不仅从"量"上而且从"质"上都缺乏对当前语言理论中新发展的回应和吸收。

思考现存的不足,本书将首先从长期跟踪所获的语料出发,发掘普通话儿童约在 02;05 之前对主要情态动词知识的习得情况和发展特点,然后从认知语义学的角度展开讨论。

4.2.1.2 本节的研究

4.2.1.2.1 语料选择

本研究采用了 CY(00;10;05—02;04;31)、SJQ(01;02;06—01;11;29)和 ZTX(00;11;18—02;06;02)语料中 143 转写记录。在筛选时,遵循下列原则:

①不讨论发音不清晰,而且转写和核查人员都无法辨别内容的词语。

(34) * 研究者:唉,拿着。

* 儿童: xxx 摆楼房。

(儿童说“再”或“会”。) CY01;09;28

②不讨论语音形式相同,但不是情态词用法的词语。

(35) * 姥姥:哎骑车啦。

* 姥姥:你学会了没有?

* 儿童: 学会了。 ZTX01;10;27

③不讨论无法判断情态词确切用法的情况:

(36) * 研究者:对有很多小天使。

* 研究者:他是怎么了他是不是睡着了?

* 儿童: en。

* 研究者:o1 他睡着了他在笑吗?

* 儿童:他会 xxx SJQ01;10;09

④不讨论儿童在歌谣和诗歌中使用情态词的情况。

(37) * 儿童: 一二三四五七。

* 儿童: 七像钢笔能写字。

* 妈妈: 七像钢笔能写字啊? ZTX01;10;20

⑤考察情态词出现在肯定句、否定句和疑问句中的所有情况。

(38) * 研究者:没听懂。

* 研究者:你说什么?

* 儿童:我能进,能进这个窗吗? CY02;04;31

⑥计算对关键词语的重复使用情况时,按照下例的方式。

(39) * 儿童:啊,啊。

* 研究者:给我看看。

* 儿童: 啊呀,它能能,它能站着吧?

* 姥姥:能站着吗? CY02;01;10

在此处,计“能”有 2 次重复。

4.2.1.2.2 语料分析

本书考察的情态动词包括:会、能、敢、可能、可以、应该。其中有些情态动词可有多种用法。于是,首先搜寻这些情态动词在语料中使用的所有情况,而后再参考成人语法对这些情态词的用法根据意义进行分类。分类的情况见下表:

早期儿童语言中情态词的语义分类

情态动词	语义概念	例句	分类
会	表能力	SJQ01;05;28 ＊妈妈:你那天看到的鸽子怎么了? ＊儿童:会飞。 ＊妈妈:飞啊…	动态性(根源性)
	表估计	ZTX01;10;20 ＊研究者:你不听妈妈话呀? ＊研究者:你明天就变成小老头儿了。 ＊儿童:不会变成小老头儿。	认知性
能	表能力	CY02;00;28 ＊姥姥:能不能搬动? ＊儿童:能。 ＊姥姥:这是房子,这是房子。	动态性(根源性)
	表客观条件许可	ZTX02;03;08 ＊爸爸:你怎么把那馒头扔到那里头去了? ＊爸爸:啊? ＊儿童:都不能吃了呗。 ＊爸爸:不能吃了就扔了? ZTX02;06;02 ＊研究者:面包车啊。 ＊研究者:里面能坐几个人啊? ＊儿童:卡车里能坐五个人。	动态性(根源性)
	表准允	ZTX02;04;15 ＊爸爸:你问妈妈答应不? ＊儿童:能吗?	道义性(根源性)
	表估计	ZTX02;01;26 ＊爸爸:修不好了! ＊爸爸:我们看看小的能修吗? ＊儿童:能不能? ＊爸爸:也不能。	认知性
敢	表有胆量	CY02;01;10 ＊姥姥:来,站着磅磅秤。 ＊儿童:我敢上。 ＊姥姥:上来吧。	动态性(根源性)
可能	表估计	ZTX02;03;08 ＊FAT:八四九到青塔。 ＊FAT:好远。 ＊儿童:我可能八四九到… ＊儿童:嗯。	认知性

续上表

可以	表能力	CY02;01;10 ＊儿童:好了。 ＊研究者:可以站吗? ＊儿童:可以站。 (儿童站起来。) ＊姥姥:可以站。	动态性(根源性)
	表准允	SJQ01;11;08 ＊研究者:阿姨可以穿你的拖鞋吗? ＊儿童:不可以。	道义性(根源性)
	表客观条件许可	CY02;01;10 ＊研究者:这有轮子吗,这个凳子? ＊研究者:有轮子吗? ＊儿童:这个凳子有这个,有这个可以推。 ＊研究者:不可以推啊。	动态性(根源性)
应该	表情理	ZTX02;02;09 ＊妈妈:应该,应不应该学习? ＊儿童:应该学习。	道义性(根源性)
	表估计	ZTX02;02;09 ＊妈妈:那为什么啊? ＊儿童:嗯:[思考]。 ＊儿童:应该是的。大舅舅是个胖子。	认知性

上表含普通话的儿童在02;05左右之前表达的所有情态动词和情态意义。下面考察这些情态词始现的时间:

早期儿童语言中情态词的始现时间

情态动词	语义概念	分类	CY	SJQ	ZTX
会	表能力	动态性(根源性)	CY01;04;00	SJQ01;04;14	ZTX01;07;12
	表估计	认知性		SJQ01;09;04	ZTX01;10;20
能	表能力	动态性(根源性)	CY01;08;16	SJQ01;10;15	ZTX01;07;00
	表客观条件许可	动态性(根源性)	CY01;04;00	SJQ01;08;13	ZTX01;03;17
	表准允	道义性(根源性)	CY01;10;18	SJQ01;09;04	ZTX01;11;03
	表估计	认知性	CY02;00;13		ZTX02;03;22
敢	表有胆量	动态性(根源性)	CY02;01;10	SJQ01;11;08	
可能	表估计	认知性		SJQ01;10;02	ZTX02;03;08
可以	表能力	动态性(根源性)	CY02;01;10	SJQ01;11;00	
	表准允	道义性(根源性)	CY01;11;09	SJQ01;08;21	ZTX01;08;11
	表客观条件许可	动态性(根源性)	CY02;01;10	SJQ01;11;29	
应该	表情理	道义性(根源性)			ZTX01;09;01
	表估计	认知性			ZTX02;02;09

详细的语料见"附录十一"。将表达不同意义的情态词按在每个儿童语料中始现的时间排序:

情态动词在CY语料中出现的先后次序：

会（表能力）CY01;04;00/能（表客观条件许可）CY01;04;00→能（表能力）CY01;08;16→能（表准允）CY01;10;18→可以（表准允）CY01;11;09→能（表估计）CY02;00;13→敢（表有胆量）CY02;01;10/可以（表能力）CY02;01;10/可以（表客观条件许可）CY02;01;10→会（表估计）/可能（表估计）/ 应该（表情理）/应该（表估计）

情态动词在SJQ语料中出现的先后次序：

会（表能力）SJQ01;04;14→能（表客观条件许可）SJQ01;08;13→可以（表准允）SJQ01;08;21→会（表估计）SJQ01;09;04/能（表准允）SJQ01;09;04→可能（表估计）SJQ01;10;02→能（表能力）SJQ01;10;15→可以（表能力）SJQ01;11;00→敢（表有胆量）SJQ01;11;08→可以（表客观条件许可）SJQ01;11;29→能（表估计）/应该（表情理）/应该（表估计）

情态动词在ZTX语料中出现的先后次序：

能（表客观条件许可）ZTX01;03;17→能（表能力）ZTX01;07;00→会（表能力）ZTX01;07;12→可以（表准允）ZTX01;08;11→应该（表情理）ZTX01;09;01→会（表估计）ZTX01;10;20→能（表准允）ZTX01;11;03→应该（表估计）ZTX02;02;09→可能（表估计）ZTX02;03;08→能（表估计）ZTX02;03;22→敢（表有胆量）/可以（表能力）/可以（表客观条件许可）

对语料进行整理，可得到以下观察结果：

第一，从情态动词作为一类词始现的时间来说，它们在普通话的儿童语言出现的时间是在01;04左右。

第二，从个体情态词的始现顺序来说，“会”和“能”是儿童最早获得的两个词，“敢”、“可能”和“应该”是较晚获得的词。成人语言中的情态词并没有全部在所掌握的02;05左右的儿童语料中出现，例如表意愿的“肯”。

第三，从语义发展的角度来看，普通话的儿童对不同情态意义获得的时间不同：首先是表“客观条件许可”和“能力”的，而后是表“准允”的，最后是表“可能性”的。

第四，从情态词内部类别来看，首先是在01;04左右出现动态性的情态词（表“客观条件许可”和“能力”），而后是在01;08左右出现道义性的情态词（表“准允”），最后是在01;09之后才出现认知性的情态词（表估计）。

第五，从音节的角度来考察，单音节的情态词比双音节的要早出现。

由于形态相同的情态动词可以表达不同的情态意义，因此可以从同一形式不同意义的角度来考察儿童早期的习得情况。

同一情态词的不同意义的习得次序

儿童	"会"	"能"	"可以"	"应该"
CY	动态性(表能力)→认知性(表估计)	动态性(表客观条件许可)→动态性(表能力)→道义性(表准允)→认知性(表估计)	道义性(表准允)→动态性(表能力)/动态性(表客观条件许可)	?
SJQ	动态性(表能力)→认知性(表估计)	动态性(表客观条件许可)→道义性(表准允)→动态性(表能力)→认知性(表估计)	道义性(表准允)→动态性(表能力)→动态性(表客观条件许可)	?
ZTX	动态性(表能力)→认知性(表估计)	动态性(表客观条件许可)→动态性(表能力)→道义性(表准允)→认知性(表估计)	道义性(表准允)→? 动态性(表能力)? 动态性(表客观条件许可)	道义性(表情理)→认知性(表估计)

注:"?"表明该情态词或情态意义在所使用的儿童语料中没有出现,所以无法确定其习得情况。

上表又可帮我们得到以下观察结果:

第六,在一个情态词可表根源性和认知性情态意义情况下,儿童对根源性情态意义的获得早于认知性的情态意义;

第七,在一个情态词可表动态性和道义性的情态意义的情况下,哪一种意义最先被儿童获得,因词而异。在"能"的各个情态意义的习得过程中,动态性的早于道义性的,表客观条件许可的用法最先出现;而涉及"可以"时,道义性的早于动态性的,表准允的用法最先出现。

从词汇在早期语料中的出现频率来分析。

同一情态词的不同意义的使用次数

情态动词	语义概念	分类	CY的语料	SJQ的语料	ZTX的语料	总次数
会	表能力	动态性(根源性)	40	33	97	170
	表估计	认知性	0	3	8	11
能	表能力	动态性(根源性)	20	9	50	79
	表客观条件许可	动态性(根源性)	12	3	67	82
	表准允	道义性(根源性)	6	3	18	27
	表估计	认知性	1	0	2	3
敢	表有胆量	动态性(根源性)	1	1	0	2
可能	表估计	认知性	0	3	2	5
可以	表能力	动态性(根源性)	1	1	0	2
	表准允	道义性(根源性)	2	15	25	42
	表客观条件许可	动态性(根源性)	3	1	0	4
应该	表情理	道义性(根源性)	0	0	3	3
	表估计	认知性	0	0	2	2

第八，习得顺序优先的词是在早期儿童语言中使用频率最高的。从各个词的使用频率来看，“能”（共 191 次）和“会”（共 181 次）最高，“可以”（共 48 次）其次，“敢”、“可能”和“应该”很低。

第九，习得顺序优先的意义也是儿童在早期使用语言表达最多的。就多义情态动词的各个意义的获得情况，“会”在个体和总体两个角度来看，都几乎是用来表达“能力”。“能”的用法从个体上说，CY 和 SJQ 对它的使用与 ZTX 有些差异；但从整体上说，“能”绝大多数都被用于表达“客观条件许可”和“能力”，而极少用于表达估计。“可以”的用法从个体上说，SJQ 和 ZTX 对它的使用与 CY 有些差异，但 CY 的使用次数太少，不能够说明问题。从整体上看，表“准允”是最核心的用法。“应该”只是在 ZTX 的语料中出现，所以不足以说明两个义项在儿童早期语言中的使用情况。

不同类别情态词的使用次数

情态词的种类	词语	意义	使用的总次数	合计次数及所占比例
动态性（根源性）的情态词	会	表能力	170	
	能	表能力	79	
		表客观条件许可	82	
	敢	表有胆量	2	
	可以	表能力	2	
		表客观条件许可	4	
				78.47%(339/432)
道义性（根源性）的情态词	能	表准允	27	
	可以	表准允	42	
	应该	表情理	3	
				16.67%(72/432)
认知性（根源性）的情态词	会	表估计	11	
	能	表估计	3	
	可能	表估计	5	
	应该	表估计	2	
				4.86%(21/432)

第十，无论从多义词的不同情态意义的习得情况来看，还是从不同情态意义在已出现的语料中的总体分布情况来考察，儿童早期最主要是使用动态性的情态词，道义性的情态词占少量比率，认知性的情态词则较少使用。

4.2.1.2.3 理论讨论

从认知的角度阐释情态词的使用是将对情态的讨论从语言内部拓展到语言外部，其研究成果不仅能加深对情态词的性质的理解，更能指引我们去了解语言和思维间的联系。

在认知语义学的框架下，Talmy (2000)利用力互动(Force Dynamics)的理论主要解释了道义情态。Sweetser (1990)沿用了该理论中力(Force)和障碍(Barrier)两个核心概念来分析情态，并将研究的对象扩展到认知情态，探讨了道义情态和认知情态间的关系。下面的例子取自 Sweetser (1990:61)，从中可了解她的理论思想：

(40) May

(a) John may go. John 可以离开。

"John is not barred by (my or some other's) authority from going."

"(我与其他人)没有权利阻碍 John 离开。"

(b) John may be there. John 也许在那儿。

"I am not barred by my premises from the conclusion that he is there."

"我的假定没能阻碍我得到'John 在那儿。'的结论。"

(41) Must

(a) You must come home by ten. (Mom said so.)

你必须十点之前回家。(母亲说。)

"The direct force (of Mom's authority) compels you to come home."

"(母亲权威的)直接力量强迫你回家。"

(b) You must have been home last night.

昨晚，你肯定在家。

"The available (direct) evidence compels me to the conclusion that you were home."

"现有的(直接的)证据迫使我得出结论，'你在家。'"。

以上分析表明，may 和 must 的道义性和认知性的用法是相联系的，所不同的只是道义性情态是与真实世界(Real World)有关，而认知性情态是与推理世界(Reasoning World)有关。以 may 来说，它道义性的用法表达的是社会物质领域(Sociophysical domain)的可能性，即"准允"；它认知性的用法表达的是心智世界(Mental domain)的可能性，即"也许"。相同的词可以在不同的可能世界中表达相似的意义，这在 Sweetser (1990:49)看来是由于我们常将外部的社会物质领域的词汇用于内部的的情感和心理领域(Emotional and psychological domain)，也就是是由于一个隐喻系统(System of metaphors)的存在。从历时的角度，这个在物质世界和心智世界进行隐喻投射的系统也影响了语言中词义的变化。Sweetser (1990:50)提到了一个来自词源学研究的证据：英语中情态词的意义是由非情态词的意义首先扩展到道义性的情态意义，最后再发展到认知性的情态意义(见 Ehrman 1966，Shepherd 1981)。从共时的角度，这个隐喻系统的作用显形为多义词的存在和物质世界词汇的抽象用法。认知性的情态意义是根源性的情态意义进行隐喻投射到推理世界的结果，前者是后者的延伸 (Sweetser 1990:56)。

本研究以及许多跨语言的儿童习得研究所得到的结果都在不同程度上、从语言使用者语言发展的角度为 Sweetser (1990)的理论分析提供了证据。在儿童习得情态意义时,不同语言中存在着一个共同的习得顺序,即根源性的情态意义的习得是早于认知性的。这样的习得顺序能存在,是由于情态词的习得与各语言特有词汇的形态和语音特点有关,但更是由儿童认知能力的发展水平所决定的。在情态的习得上,认知能力发展的共性决定语言能力发展的共性。最初,儿童只能驾驭能直接感知到的真实世界,而根源性的情态是与真实世界相联系的。只有到达一定的心智水平,他们才能从认知上进入推理世界,才能利用自身在真实世界所把握的知识来推导在非真实世界中的可能性和必然性。也就是在这个时候,儿童才有可能将根源性意义通过隐喻投射到认知性意义。认知性情态词在儿童语言中的出现,是我们能从语言上捕获到的儿童认知能力发展的表现[①]。

4.2.2 情态层级的习得

4.2.2.1 测试内容

本节考察了认知性和道义性的情态层级的习得情况。对这两种情态层级的测试是通过情态词的肯定式和双重否定式来完成的。语言测试涉及的层级关系包括:

层级的属性	肯定式	双重否定式
认知性的情态层级	“一定”和“应该”	“不可能不 VP”和“不应该不 VP”
	“应该”和“可能”	“不应该不 VP”和“不一定不 VP”
	“一定”和“可能”	
道义性的情态层级	“必须”和“应该”	“不可以不 VP”和“不应该不 VP”
	“应该”和“可以”	
	“必须”和“可以”	

测试故事的格式如下:

测试目的:

“一定”和“应该”在表达认知逻辑上的“可能性”时的差别。

测试故事(二)11:

(有三个小动物:小青蛙、小熊和小狗。)

小青蛙:我家有好多玩具。你们去我家玩吧。

小熊:我一定去。

① 至于心智发展和语言发展间,谁以谁为前提,这是一个重要而复杂的研究课题。在此无法进行详尽的讨论,相关研究可见 Bloom (1999),Tomasello,Strosberg 和 Akhtar (1996),Papafragou (2001)等。

小狗：我应该去。

测试问题：

如果只有一个小动物去了小青蛙家，你猜它是谁？

预备项目和测试故事详见“附录十”。

4.2.2.2 统计方法

在统计时，只有答案具备下面两个条件，我们才能确保被试儿童能区别故事中涉及的两个情态词在语义强度上的差异，并且能根据故事提供的情节来进行判断：

第一，选择的答案与所有或绝大多数被试成人一致；

第二，在对答案进行说明时，要么能重复测试故事中的情态词，要么能使用同义词或近乎同义的词。

以测试故事(二)16 为例。成人组 100%(15/15)的人次选择“小狗”，表明“一定”表达确定的语气，在语义强度上要强于“可能”。根据成人的判断和以上两个判定儿童回答的标准，我们认为以下 6～7 岁组的儿童都是把握了“一定”和“可能”的层级关系的：

(42) YTM：小狗。小狗说我一定去。(以重复的方式来解释答案)
YTX：小狗。小狗说它肯定去。(以使用同义词来解释答案)
XRX：小狗。它说它必须去。(以近乎同义的词来解释答案)

XRX 答案中的“必须”和故事中的“一定”的核心意义都是表达必然性，只不过“必须”表达的是道义逻辑上的必然，而“一定”表达的是认知逻辑上的必然。

在极少数情况下，不很确定儿童是否掌握了相关的测试内容，我们就选择给予他的回答作否定的判断。如在测试故事(二)17 中，5～6 岁组的 CYF 和 WXF 在解释时，都用了“不可能不是红色的。”。

(43) CYF：小兔子。不可能不是红色的。
WXF：小兔子。它肯定是穿红裙子。天线宝宝说它不可能不是红色的裙子。

我们不清楚他们是不是将“不应该不 VP”等同于“不可能不 VP”了，所以对他们是否掌握了“不一定不 VP”和“不应该不 VP”作出了否定的判断。

在判断儿童答案时，我们的评价标准是比较保守的。有些儿童掌握了相关情态词在语义层级上的区别，但是由于短期记忆的原因，无法完全重复故事中的情态词。反过来，如果不采取严格的标准，有时就很难作出决定，比如说 4～5 岁组的儿童对测试故事(二)19 的回答：

测试故事(二)19：

天线宝宝：后面有小动物。是谁呢？让我猜一猜。

天线宝宝：小猴子不可能不在后面。

天线宝宝：小兔子不应该不在后面。

测试问题：

如果只有一个小动物在后面，你猜它是谁？

(44) HH：小猴。它第一个指。

CSQ：小猴。因为它在里面。

WBC：小猴。它太大了。

WLQ：小兔子。小兔子喜欢捉迷藏。

ZXY：小兔子。里面像小兔子的样子。

JPJ：小兔子。听见了叫声。

ZYH：小兔子。小兔子穿着红裙子，它脱了，就得藏在后面。

权衡利弊，为了确保测试结果的可信度，决定采取以上两个标准。

4.2.2.3 语料分析

本部分从认知性和道义性两个方面分析和讨论肯定式中情态层级的问题。关于双重否定式中情态层级的问题将在 4.2.4.2 详尽讨论。

4.2.2.3.1 认知性的情态层级

4.2.2.3.1.1 “一定”和“应该”

测试故事(二)11：

(有三个小动物：小青蛙、小熊和小狗。)

小青蛙：我家有好多玩具。你们去我家玩吧。

小熊：我一定去。

小狗：我应该去。

测试问题：

如果只有一个小动物去了小青蛙家，你猜它是谁？

测试结果：

成人组 100%(15/15)的人次选择了小熊，因为“一定”比“应该”语气强。

在 4～5 岁组，有 4 人真正运用听到的语言信息来进行判断，并且能用“一定/得/要”来解释，他们是 JYH、WSY、LRQ 和 ZSY。

	故事编号	被试代号	答案	说　明
4～5岁组	11	HH	小熊	(它第一个说。)
		LCL	两个人都去	
		CSQ	小熊	(它应该去。)
		WBC	小熊	(它说去。)
		WLQ	小熊	(小熊就喜欢上人家家。)
		TZY	小熊	(只有一个人去没意思。)
		ZXY	小熊	(小青蛙先跟它说。)
		JPJ	小熊	(它说…,不记得了。)
		JYH	小熊	(小熊说了:我要去青蛙家里玩。小狗说:我应该去。)
		WSY	小熊	(小熊它说一定去。)
		LYC	小狗	(他的屋子没那么大。)
		LRQ	小熊	(它一定去。)
		ETY	小熊	(小熊可能去。)
		ZYH	小狗	(小熊它一定去,小狗说它应该去。)
		ZSY	小熊	(小熊说:我得去。)

在5～6岁阶段,有11人选择"小熊",并且能用"一定/肯定"来解释,他们是FJH、FYP、CZ、SL、SYQ、YZQ、LZQ、WYY、DWX、ZYH和WYF。

	故事编号	被试代号	答案	说　明
5～6岁组	11	FJH	小熊	(它说它一定去。)
		FYP	小熊	(它说它一定去。)
		CYF	小熊	
		CZ	小熊	(它都说一定去了。)
		GQC	小熊	(它说去。)
		SL	小熊	(小熊说一定去。)
		SYQ	小熊	(它说一定去。)
		YZQ	小熊	(它说我一定去。)
		ZWB	小狗	(它说它应该去。)
		LZQ	小熊	(它说一定去。)
		WXF	小熊	(它可能去。)
		WYY	小熊	(它一定去。)
		DWX	小熊	(它肯定去。)
		ZYH	小熊	(它一定去。)
		WYF	小熊	(它说它一定去。)

6～7岁组中,有11人选择了"小熊",并且能用"一定/肯定"来回答,他们是ZY、XJL、DYX、LX、YTM、YTX、YS、GJ、NLL、XRX和WT。另外,从SWB和CWD的回答中,也可以推断出他们也应该是意识到了"一定"和"应该"的区别的,他们在回答时将"小熊一定去"简化成"小熊去"①。6～7岁组的WJY和5～6岁组的ZWB的回答有相同之处,他们都认为"应该"的可能性要大于"一定"。

① 在最后统计掌握该项目语言知识的被试时,没有把他们统计在内。

	故事编号	被试代号	答案	说　明
6～7岁组	11	SWB	小熊	（小熊说它去。小狗说它应该去。）
		ZY	小熊	（它说它一定去。）
		CWD	小熊	（小熊说我去；小狗说我应该去。）
		XJL	小熊	（它说我一定去。）
		SCY	小熊	（它说去了。）
		DYX	小熊	（它说一定去。）
		LX	小熊	（它说我肯定去。）
		YTM	小熊	（小熊说一定会去。）
		YTX	小熊	（小熊说："我肯定去。"）
		YS	小熊	（一定去。）
		GJ	小熊	（小熊说它一定去。）
		NLL	小熊	（它说一定要去。）
		WJY	小狗	（应该。）
		XRX	小熊	（它说它一定去。）
		WT	小熊	（它说："我一定去"。）

7～8岁组中，除了YY还是认为"应该"在语气上要强于"一定"外，其余的被试都能很清楚地用"一定/肯定"来回答为什么他们选择了"小熊"。这一时期的儿童有较好的分析能力，所以他们的回答能帮助我们更多地了解他们的语言知识。WZY和YZZ的回答已经清楚地反映了这一时期儿童关于"一定"和"应该"的知识。

	故事编号	被试代号	答案	说　明
7～8岁组	11	DZY	小熊	（它说它一定去；小狗说它应该去。）
		LY	小熊	（它一定。）
		HS	小熊	（它说它一定去。）
		HB	小熊	（它说："我一定去。"）
		JZW	小熊	（它说我一定会去。）
		ZSX	小熊	（小熊说它一定去。）
		DY	小熊	（小熊说一定去。）
		CN	小熊	（它说一定去。）
		LL	小熊	（它说我一定要去。小狗说我应该要去。）
		YY	小狗	（它说应该去。）
		WQF	小熊	（小熊说我一定去。）
		WZY	小熊	（小熊说了"一定"，就是它不能不去。）
		YZZ	小熊	（小狗说我应该，不是肯定去；小熊说我肯定去。）
		ZJY	小熊	（它说它一定去。）
		HJ	小熊	（它说它一定去。）

关于"一定"和"应该"，各组儿童的测试结果表明：

第一，正如成人的测试结果所反映的，"一定"在表达可能性上是100%的可能，而"应该"只是非常接近"一定"，但并不等于"一定"。

第二，关于"一定"和"应该"的差别，4～5岁阶段，已经有部分儿童意识到了这种差别；5～6岁阶段，儿童对于它们在意义上的差别就更加了解；7～8岁阶段，除了极少数儿童外，几乎所有的儿童已经能很好地区别“一定”和“应该”。

4.2.2.3.1.2 “应该”和“可能”

测试故事(二)12：

小猴：你们会踢球吗？

小兔子：我想我应该会。

小熊：我想我可能会。

测试问题：

如果只有一个小动物会踢球，你猜它是谁？

测试结果：

成人组100%(15/15)的人次选择“小兔子”，表明“应该”在可能性上要强于“可能”。

在4～5岁组，有11人次选择“小兔子”，但真正运用听到的语言信息来进行判断的只有2人，他们是WSY和LRQ。

	故事编号	被试代号	答案	说　明
4～5岁组	12	HH	小兔子	(它第一个说。)
		LCL	小兔子	
		CSQ	小兔子	(它是先踢球。)
		WBC	小熊	(它说会。)
		WLQ	小熊	(小熊就是爱玩玩具。)
		TZY	小兔子	(一个人踢没意思。)
		ZXY	小熊	(小熊说会踢球。)
		JPJ	小兔子	(小兔子会跳。)
		JYH	小兔子	(小兔子和小熊都想踢球。)
		WSY	小兔子	(它说应该会。)
		LYC	小兔子	(他的腿是分开的。)
		LRQ	小兔子	(它应该会。)
		ETY	小兔子	(它先说。)
		ZYH	小兔子	(它说它自己会。)
		ZSY	小熊	

5～6岁组中，有11个被试选择了“小兔子”，并能运用“应该”来回答，他们是FJH、FYP、CYF、CZ、SL、SYQ、LZQ、WYY、DWX、ZYH和WYF。从SL和DWX的回答中，可以看出在5～6岁阶段，已经有儿童意识到“应该”表达的可能性要强于“可能”，并且意识到“可能”表达了一种不确定性。

	故事编号	被试代号	答案	说　明
5～6岁组	12	FJH	小兔子	(它说它应该。)
		FYP	小兔子	(它说应该会。)
		CYF	小兔子	(它应该会踢球。)
		CZ	小兔子	(它都说应该会。)
		GQC	小兔子	(它会。)
		SL	小兔子	(小兔说应该会。小熊说可能会,小熊就可能不会了。)
		SYQ	小兔子	(它说应该会。)
		YZQ	小兔子	(小兔会跳。)
		ZWB	小熊	(它说它可能去。)
		LZQ	小兔子	(小兔是应该会,小熊是可能会。)
		WXF	小兔子	(它可能会踢球。)
		WYY	小兔子	(应该会。)
		DWX	小兔子	(小兔子说应该会,小熊可能,也不可能。)
		ZYH	小兔子	(它说应该会踢球。)
		WYF	小兔子	(它说它应该会。)

在6～7岁组,有10个被试选择了"小兔子",并能运用"应该"来回答,他们是ZY、XJL、LX、YTM、YTX、YS、GJ、NLL、WJY、WT。

	故事编号	被试代号	答案	说　明
6～7岁组	12	SWB	小熊	(它说它可能去。)
		ZY	小兔子	(它说应该会踢球。)
		CWD	小兔子	(小兔说我会踢球。)
		XJL	小兔子	(它说我应该会。)
		SCY	小熊	
		DYX	小熊	(它可能会。)
		LX	小兔子	(它说:"我应该会踢球。")
		YTM	小兔子	(小兔说我应该会。)
		YTX	小兔子	(它说:"我应该会踢球。")
		YS	小兔子	(它应该会。)
		GJ	小兔子	(小兔应该会。)
		NLL	小兔子	(它说应该会。)
		WJY	小兔子	(它应该会。)
		XRX	小兔子	(它说它会。)
		WT	小兔子	(它说它应该会。)

在7～8岁组,有11个被试选择了"小兔子",并能运用"应该"来回答,他们是DZY、LY、HS、HB、ZSX、DY、CN、WQF、WZY、YZZ和ZJY。WQF和WZY不仅已经意识到了"应该"和"可能"在意义上的差别,而且他们还能用语言较好地来表述这种差别。同时,我们发现7～8岁阶段仍然有儿童对"应该"和"可能"的可能性差别的判断与成人的不同,比如在JZW、LL、YY和HJ看来,"可能"表达的可能性要大于"应该"。

	故事编号	被试代号	答案	说　明
7～8岁组	12	DZY	小兔子	（它说应该会；小熊说可能会。“可能”是没踢过。）
		LY	小兔子	（应该会。）
		HS	小兔子	（它说它应该会。）
		HB	小兔子	（它说应该会。）
		JZW	小熊	（它说我可能会。）
		ZSX	小兔子	（小兔说它应该去。）
		DY	小兔子	（它说应该会，小熊说可能会。）
		CN	小兔子	（它说应该去。）
		LL	小熊	（它是可能会。小兔子没练过踢球。）
		YY	小熊	（小熊说它可能会。）
		WQF	小兔子	（它说它应该会。“应该”比“可能”可能性要大一些。）
		WZY	小兔子	（它说应该。“应该”比“可能”确定一点。）
		YZZ	小兔子	（小兔说我应该会。）
		ZJY	小兔子	（它说它应该会踢球。）
		HJ	小熊	（它说它可能会。）

测试结果反映出：

第一，在成人语法中，“应该”在表达认知逻辑的可能性上是要强于“可能”的。

第二，关于“应该”和“可能”的差异，极少数4～5岁儿童已经部分意识到了；5～6岁儿童的回答表明：在这个年龄段，部分儿童已经能区别了这两个词在意义上的差异。但到7～8岁阶段，还是有少数儿童不能正确区别这两个词。

4.2.2.3.1.3 “一定”和“可能”

测试故事（二）16：

（画外音：谁去公园？）
小狗：我一定去。
小熊：我可能去。

测试问题：

如果只有一个小动物去公园，你猜它是谁？

测试结果：

成人组100%（15/15）的人次选择“小狗”，表明“一定”表达的是确定的语气，在语义强度上必定要强于“可能”。

在4～5岁组，有3人选择了“小狗”，并且能用“一定”回答，他们是WBC、JYH和LRQ；还有1人，WSY，在回答时将认知性的“一定”换成了根源性的“必须”。

	故事编号	被试代号	答案	说明
4～5岁组	16	HH	小狗	（它跑得快。）
		LCL	小狗	
		CSQ	小狗	（它可以去。）
		WBC	小狗	（它说一定去。）
		WLQ	小熊	（小熊就是爱出去。）
		TZY	小狗	（好多人去就不行了。）
		ZXY	小熊	（小熊听话。）
		JPJ	小狗	（只有一个，没有很多个。）
		JYH	小狗	（我听见小狗说：我一定去。）
		WSY	小狗	（它说它必须去。）
		LYC	小熊	（一次都没去过。）
		LRQ	小狗	（一定去。）
		ETY	小狗	（先说。）
		ZYH	小狗	（小狗跑得快。）
		ZSY	小熊	（小熊说必须去。）

5～6岁组中，有13人选择了“小狗”，并且能用“一定”回答，他们是FJH、FYP、CYF、CZ、SL、SYQ、YZQ、ZWB、LZQ、WYY、DWX、ZYH和WYF。

	故事编号	被试代号	答案	说明
5～6岁组	16	FJH	小狗	（它说它一定去。）
		FYP	小狗	（它说一定去。）
		CYF	小狗	（一定去。）
		CZ	小狗	（它都说一定去了。）
		GQC	小狗	（可能去的那个肯定不对。）
		SL	小狗	（小狗它说一定去。）
		SYQ	小狗	（它说“我一定去”。）
		YZQ	小狗	（它一定去。）
		ZWB	小狗	（它一定去。）
		LZQ	小狗	（它一定去。）
		WXF	小狗	（小狗同意它自己去。）
		WYY	小狗	（小狗一定去。）
		DWX	小狗	（小狗一定去。）
		ZYH	小狗	（它一定去。）
		WYF	小狗	（它一定去。已经答应不会再改。）

6～7岁组，有11人选了小狗，并且能用“一定/肯定/必须”来回答，他们是ZY、SCY、DYX、YTM、YTX、YS、GJ、NLL、WJY、XRX、WT。

	故事编号	被试代号	答案	说　明
6～7岁组	16	SWB	小狗	（它说应该去。）
		ZY	小狗	（它一定去。）
		CWD	小狗	（小狗说“我去公园。”）
		XJL	小狗	（它说你更应该去。）
		SCY	小狗	（它说一定去。）
		DYX	小狗	（一定去。）
		LX	小狗	（小狗说它应该去。）
		YTM	小狗	（小狗说我一定去。）
		YTX	小狗	（小狗说它肯定去。）
		YS	小狗	（一定去。）
		GJ	小狗	（一定去。）
		NLL	小狗	（它说一定去。）
		WJY	小狗	（它一定去。）
		XRX	小狗	（它说它必须去。）
		WT	小狗	（它说：“我必须去。”）

两个词的差异对7～8岁组的儿童已经不是难题，有15人选择了小狗，并且能用“一定”来回答。其中，WQF和YZZ能够清楚地表达出“一定”和“可能”在意义上的差别。

	故事编号	被试代号	答案	说　明
7～8岁组	16	DZY	小狗	（小狗说一定去；小熊说可能去。）
		LY	小狗	（它一定去。）
		HS	小狗	（它说它一定去。）
		HB	小狗	（它说：“我一定去。”）
		JZW	小狗	（它一定去。）
		ZSX	小狗	（小狗说它一定得去。）
		DY	小狗	（它说一定去。）
		CN	小狗	（它说一定去。）
		LL	小狗	（它一定去。）
		YY	小狗	（小狗说它一定去。）
		WQF	小狗	（小狗说它一定去。“可能去”就是有时间就去，没时间就不去了。）
		WZY	小狗	（它是“一定”。）
		YZZ	小狗	（“一定去”就是“肯定去”；“可能去”就是“没准去，没准不去”。）
		ZJY	小狗	（它说小狗一定去。）
		HJ	小狗	（它说了小狗一定去，小熊说了可能去。）

4.2.2.3.1.4　研究发现

小结测试结果：

第一，成人认为“一定”在表达可能性上是绝对强于“可能”的。

第二，关于“一定”和“可能”的差别，在4～5岁阶段，已经有部分儿童意识到了这种差别；到5～6岁阶段，绝大多数儿童在辨别它们意义差别时已基本不成问题了。

肯定式中认知性情态层级的测试情况

组别	"一定"强于"应该"(测试故事11)		"应该"强于"可能"(测试故事12)		"一定"强于"可能"(测试故事16)	
	人数	所占比例	人数	所占比例	人数	所占比例
4～5岁组	4	26.67%	2	13.33%	4	26.67%
5～6岁组	11	73.33%	11	73.33%	13	86.67%
6～7岁组	11	73.33%	10	66.67%	11	73.33%
7～8岁组	14	93.33%	11	73.33%	15	100%
成人组	15	100%	15	100%	15	100%

从测试的结果来看，

第一，在4～5岁组，已经有少数儿童开始意识到认知性情态词在表达可能性时的差异；在5～6岁组，绝大多数儿童已经基本掌握了"一定"、"应该"和"可能"的语义强度的差异。

第二，对于儿童来说，"应该"与"可能"间的差异不如"一定"与"应该"、"一定"与"可能"间的差异显著。在对"应该"和"可能"间层级差异的进行判断时，7～8岁的儿童仍然与成人存在显著差异($z=2.15, p<.05$)。相对照的是，对"一定"和"可能"进行判断，7～8岁的儿童与成人的判断已经完全一样；对"一定"和"应该"进行判断，7～8岁的儿童与成人也不存在显著性差异($z=1.02, p>.05$)。

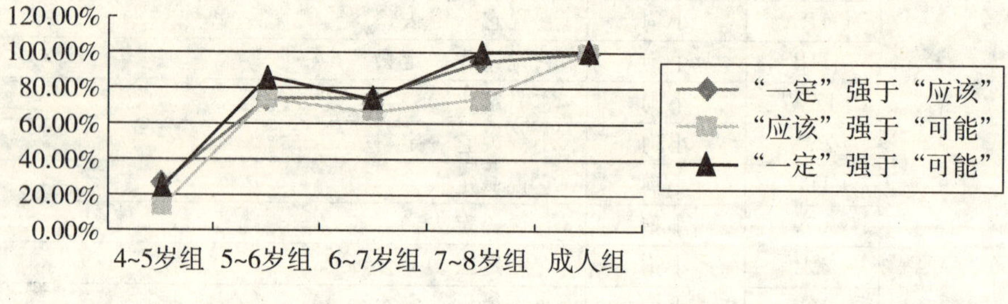

产生这种差别的原因是"应该"和"可能"是"极大可能性"和"可能性"间的程度区别；"一定"与"应该"、"一定"和"可能"是"必然性"和"可能性"间的质的区别。

4.2.2.3.2 道义性的情态层级

4.2.2.3.2.1 "必须"和"应该"

测试故事(二)13：

(画外音：小青蛙要选一个动物和他去比赛。)

(指着小熊。)

小青蛙：小熊，你应该去。

(指着小兔子。)

小青蛙：小兔子，你必须去。

测试问题：

如果小青蛙只选了一个小动物，你猜它是谁？

测试结果：

100％(15/15)的成人被试都选择了“必须去”的小兔子，说明在表达道义上的可能性时，“必须”是强于“应该”的。

在4～5岁组，有3个被试选择了“小兔子”，并且能用“必须”来解释自己的答案，他们是WBC、LRQ和ZSY。

	故事编号	被试代号	答案	说　明
4～5岁组	13	HH	小兔子	(小青蛙指着它了。)
		LCL	小熊	(小青蛙说的。)
		CSQ	小熊	(它先去。)
		WBC	小兔子	(它说必须去。)
		WLQ	小熊	(就是爱去别人家。)
		TZY	小熊	(小熊会胜利。)
		ZXY	小兔子	(小青蛙先叫的兔子。)
		JPJ	小熊	(小青蛙对它说应该去。)
		JYH	小兔子	(因为它后说小兔子了。)
		WSY	小兔子	(它说应该去。)
		LYC	小熊	(一次都没去过。)
		LRQ	小兔子	(它必须去。)
		ETY	小兔子	(它最后说。)
		ZYH	小熊	(小兔子踢过了。)
		ZSY	小兔子	(小兔子说必须去。)

在5～6岁组，有13个被试选了“小兔子”，并且能用“必须”来解释自己的答案，他们是FJH、FYP、CYF、CZ、SL、SYQ、YZQ、LZQ、WXF、WYY、DWX、ZYH和WYF。

	故事编号	被试代号	答案	说　明
5～6岁组	13	FJH	小兔子	(它必须去。)
		FYP	小兔子	(必须去。)
		CYF	小兔子	(青蛙说必须去。)
		CZ	小兔子	(它都说必须去。)
		GQC	小熊	
		SL	小兔子	(小青蛙说它必须去。)
		SYQ	小兔子	(它说小兔子必须去。)
		YZQ	小兔子	(它说它必须去。)
		ZWB	小熊	(它应该去。)
		LZQ	小兔子	(它是必须去。)
		WXF	小兔子	(它说必须去。)
		WYY	小兔子	(必须去。)
		DWX	小兔子	(小青蛙说小兔子必须去。)
		ZYH	小兔子	(它说必须去。)
		WYF	小兔子	(它说它必须去。)

在6～7岁组，有12个被试选择了“小兔子”，并且能用“必须/一定要”来解释自己的答案，他们是SWB、ZY、CWD、DYX、LX、YTM、YTX、YS、GJ、NLL、XRX和WT。

	故事编号	被试代号	答案	说　明
6～7岁组	13	SWB	小兔子	（小青蛙说它必须去。）
		ZY	小兔子	（“你一定要去”小青蛙说的。）
		CWD	小兔子	（小兔子必须去。）
		XJL	小兔子	（它说我应该去。）
		SCY	小兔子	（它跑得快。）
		DYX	小兔子	（它必须。）
		LX	小兔子	（小兔子必须去。）
		YTM	小兔子	（小青蛙让小兔子一定要去。）
		YTX	小兔子	（小青蛙说小兔子必须去。）
		YS	小兔子	（小兔子必须去。）
		GJ	小兔子	（小兔子一定/必须去。）
		NLL	小兔子	（它说一定要去。）
		WJY	小熊	（它应该去。）
		XRX	小兔子	（它说它必须去。）
		WT	小兔子	（小青蛙说：“小兔子，你必须去。”）

在7～8岁组，所有的被试选择了“小兔子”，并且能用“必须”来解释自己的答案。WZY的分析表明，在这个年龄段的儿童对于“必须VP”的认识是“不能不VP”。

	故事编号	被试代号	答案	说　明
7～8岁组	13	DZY	小兔子	（小青蛙说小兔子必须去，小熊应该去。）
		LY	小兔子	（“必须”它说。）
		HS	小兔子	（小青蛙说它必须去。）
		HB	小兔子	（小青蛙说小兔子必须去。）
		JZW	小兔子	（小兔子必须得去。）
		ZSX	小兔子	（小青蛙说小兔子必须去。）
		DY	小兔子	（小兔子必须去。）
		CN	小兔子	（它说必须去。）
		LL	小兔子	（它说必须去的。）
		YY	小兔子	（小青蛙说小兔子必须去。）
		WQF	小兔子	（小兔子必须去。）
		WZY	小兔子	（它说必须，就是小兔子不能不去。）
		YZZ	小兔子	（它说小兔子必须去，小熊说应该去。）
		ZJY	小兔子	（小青蛙说小兔子你必须跟我去比赛。）
		HJ	小兔子	（它说了小白兔必须去。）

小结：

第一，成人认为“必须”在表达可能性上是强于“应该”的。

第二，关于“必须”和“应该”的差别，在4～5岁阶段，已经有少数儿童意识到了；到5～6岁阶段，绝大多数儿童对它们在意义上差别的判断已经和成人一样。

4.2.2.3.2.2 “应该”和“可以”

测试故事(二)14：

青蛙老师：小兔子生病了，她在医院。你们谁去看她？

(小熊和小狗齐声说：“我去，我去。”)

青蛙老师：小熊，你应该去。

(停顿。)

青蛙老师：小狗，你可以去。

测试问题：

如果青蛙老师只选了一个小动物去看小兔子，你猜它是谁？

测试结果：

所有的成人100%(15/15)地选择了“应该去”的小熊，这个结果表明“应该”在表达确定性上要强于“可以”。

在4～5岁组，只有WSY选择了“小熊”，并且能用“应该”来进行解释。

	故事编号	被试代号	答案	说　明
4～5岁组	14	HH	小熊	(小熊快，小狗还在路上。)
		LCL	小狗	
		CSQ	小狗	(它可以去。)
		WBC	小熊	(老师叫它去。)
		WLQ	小熊	(小熊就是喜欢去。)
		TZY	小狗	
		ZXY	小熊	(小熊是小兔子的好朋友。)
		JPJ	小狗	(老师说它可以去。)
		JYH	小狗	(大青蛙给小狗说：小狗你能去。)
		WSY	小熊	(它应该去。)
		LYC	小狗	(一次也没看过小兔子。)
		LRQ	小狗	(老师让它去。)
		ETY	小狗	(可以去就去。)
		ZYH	小狗	(青蛙老师说小狗应该去。)
		ZSY	小狗	(小狗可以去。)

在5～6岁组，有10人选择了“小熊”，并且能用“应该”来进行解释，他们是FJH、FYP、CYF、CZ、SYQ、ZWB、LZQ、WYY、ZYH和WYF。

	故事编号	被试代号	答案	说　明
5～6岁组	14	FJH	小熊	(它应该去。)
		FYP	小熊	(它应该去。)
		CYF	小熊	(小熊应该去。)
		CZ	小熊	(青蛙老师都说它应该去了。)
		GQC	小狗	(它可以去。)
		SL	小狗	(它说可以去。)
		SYQ	小熊	(它说你应该去。)
		YZQ	小熊	(老师说它必须去。)
		ZWB	小熊	(它应该去。)
		LZQ	小熊	(它应该去。)
		WXF	小狗	(它可以去。)
		WYY	小熊	(应该去。)
		DWX	小熊	
		ZYH	小熊	(它说的是应该去。)
		WYF	小熊	(它说它应该去。它(小狗)可以也是不可以。)

在6～7岁组，有9人选择了“小熊”，并且能用“应该”来进行解释，他们是SWB、ZY、XJL、DYX、LX、YTM、YTX、XRX和WT。还有1个被试，即NLL，他是掌握了相关知识的，因为他能将“可以去”分析成“想去就去，不想去就不去”。

	故事编号	被试代号	答案	说　明
6～7岁组	14	SWB	小熊	(老师说它应该去。)
		ZY	小熊	(它应该去。)
		CWD	小熊	(老师说小熊去，老师说小狗你应该去。)
		XJL	小熊	(它说你应该去。)
		SCY	小熊	
		DYX	小熊	(它应该去。)
		LX	小熊	(青蛙老师说：“你应该去。”)
		YTM	小熊	(青蛙老师说小熊应该去。)
		YTX	小熊	(青蛙说小熊应该去。)
		YS	小狗	(它可以去。)
		GJ	小狗	(它可以去。)
		NLL	小熊	(小狗可以去，就是想去就去，不想去就不去的意思。)
		WJY	小狗	(它可以。)
		XRX	小熊	(它说它应该去。)
		WT	小熊	(它说：“小熊，你应该去。”)

在7～8岁组，有11人选择了“小熊”，并且能用“应该”来进行解释，他们是DZY、LY、HS、ZSX、CN、LL、YY、WQF、YZZ、ZJY和HJ。7～8岁组DY和WZY的答案再次让我们回到在一些4～5岁组儿童(如CSQ)和5～6岁组儿童(如GQC、SL)身上所观察到的一个现象：在他们看来，“可以”表达的可能性是强于“应该”的。

	故事编号	被试代号	答案	说　明
7～8岁组	14	DZY	小熊	(老师说小熊应该去,小狗可能去。)
		LY	小熊	(它是应该去。"可以去"是"可以去","可以不去"也可以。)
		HS	小熊	(老师说它应该去。)
		HB	小熊	(老师说小熊你去。)
		JZW	小狗	(青蛙老师说:"小狗你可以去。")
		ZSX	小熊	(老师说小熊应该去。)
		DY	小狗	(它对小狗说:"可以去"。"可以"的可能性比较大。)
		CN	小熊	(它说应该去。)
		LL	小熊	(它说应该去。)
		YY	小熊	(青蛙老师说小熊应该去。)
		WQF	小熊	(青蛙老师说小熊你应该去。)
		WZY	小狗	(小狗说的是"可以"去,就是它去。"应该"是"没准不去"。)
		YZZ	小熊	(小熊应该去。)
		ZJY	小熊	(青蛙老师说小熊你应该去。)
		HJ	小熊	(它说了小熊应该去,小狗可以去。)

小结:

第一,成人认为"应该"在表达道义逻辑的可能性上是强于"可以"的。

第二,关于"必须"和"应该"的差别,在4～5岁阶段,已经有少数儿童意识到了这种差别;到5～6岁阶段,绝大多数儿童对它们在意义上差别的判断已经和成人一样。

4.2.2.3.2.3 "必须"和"可以"

测试故事(二)15:

> 小猴:我们玩玩具吧。
> 小熊:那谁去拿玩具呢?
> 小猴:我选一个小动物去拿玩具。
> (指着小兔子。)
> 小猴:小兔子,你可以去。
> (停顿。)
> (指着小熊。)
> 小猴:小熊,你必须去。

测试问题:

> 如果小猴只选一个小动物去拿玩具,你猜它是谁?

测试结果:

所有的成人(100%(15/15))都选择了"必须去"的小熊,因为"必须"表达的是道义逻辑中的"必然性","可以"表达的是"可能性"。

4～5岁的儿童中,已经有5人选择了"小熊",而且能用"必须"来说明理由,他们是WBC、TZY、WSY、LRQ和ZSY。特别值得一提的是TZY的答案,在他看来,"必须VP"就是"不去就说你"。

	故事编号	被试代号	答案	说　明
4～5岁组	15	HH	小熊	（指着它。）
		LCL	小兔子	
		CSQ	小兔子	（小猴说小兔子可以去。）
		WBC	小熊	（小熊必须去。）
		WLQ	小熊	（小熊就是喜欢去。）
		TZY	小熊	（必须去，不去就说你。）
		ZXY	小兔子	（小猴先叫小兔子。）
		JPJ	小兔子	（因为小猴说它可以去。）
		JYH	小兔子	（小兔子应该去。）
		WSY	小熊	（它必须去。）
		LYC	小兔子	（一次都没玩过玩具。）
		LRQ	小熊	（它必须去。）
		ETY	小兔子	（可以去。）
		ZYH	小兔子	（小兔子乖。）
		ZSY	小熊	（小熊说必须去。）

5～6 岁的儿童中，已经有 11 人选择了“小熊”，而且能用“必须”来说明理，他们是 FJH、FYP、CZ、SL、SYQ、YZQ、ZWB、LZQ、DWX、ZYH 和 WYF。

	故事编号	被试代号	答案	说　明
5～6岁组	15	FJH	小熊	（它必须。）
		FYP	小熊	（它必须去。）
		CYF	小兔子	（必须去。）
		CZ	小熊	（它都必须去了。）
		GQC	小兔子	（它可以去。）
		SL	小熊	（小猴说它是必须去。）
		SYQ	小熊	（小猴说小熊必须去。）
		YZQ	小熊	（小猴说小熊必须去。）
		ZWB	小熊	（它必须去。）
		LZQ	小熊	（它必须去。）
		WXF	小兔子	（猴子让它去的。）
		WYY	小熊	（应该去。）
		DWX	小熊	（必须去。）
		ZYH	小熊	（小熊是必须去。）
		WYF	小熊	（它必须去。）

在 6～7 岁的儿童组中，有 12 人选择了“小熊”，而且能用“必须”来说明理由，他们是 SWB、ZY、SCY、DYX、YTM、YTX、YS、GJ、NLL、WJY、XRX 和 WT。

	故事编号	被试代号	答案	说 明
6～7岁组	15	SWB	小熊	(它说小熊必须去。)
		ZY	小熊	(它必须去。)
		CWD	小兔子	(小猴说小兔子你去吧,它说小熊你应该去。)
		XJL	小熊	(它说你可以去,你更应该去。)
		SCY	小熊	(它说必须去。)
		DYX	小熊	(它说必须去。)
		LX	小兔子	(小猴说小兔子你应该去。)
		YTM	小熊	(小猴让小熊必须去。)
		YTX	小熊	(小猴说小熊必须去。)
		YS	小熊	(必须去。)
		GJ	小熊	(小熊是必须去。)
		NLL	小熊	(它说必须去。)
		WJY	小熊	(它必须去。)
		XRX	小熊	(它说它必须去。)
		WT	小熊	(小猴说:"小熊,你必须去。")

在7～8岁的儿童中,所有的儿童都选择了"小熊",而且能用"必须/一定"来说明理由。从WQF和YZZ的答案中,我们可以清楚地了解儿童在这一阶段关于"必须"和"可以"的知识:"必须"是强调情理上的必要;"可以"是留有余地,听话人可以随自己的意愿来作出最后的选择。

	故事编号	被试代号	答案	说 明
7～8岁组	15	DZY	小熊	(小猴说小兔可以去;小熊必须去。)
		LY	小熊	(小熊必须去。)
		HS	小熊	(小猴说小熊必须去。)
		HB	小熊	(小猴说小熊:"你必须去。")
		JZW	小熊	(小猴说它必须得去。)
		ZSX	小熊	(小熊必须去。)
		DY	小熊	(它对小熊说:"必须去"。)
		CN	小熊	(小猴说:"小熊你必须去。")
		LL	小熊	(它说必须去的。)
		YY	小熊	(小猴说小熊必须去。)
		WQF	小熊	(小猴对小熊说:"你必须去。";对小狗说:"你可以去。"就是小狗想去就去,不想去就不去。)
		WZY	小熊	(它是必须去。)
		YZZ	小熊	(小熊必须去,小兔你想去就去。)
		ZJY	小熊	(小猴说小熊你必须去。)
		HJ	小熊	(它说小兔子可以去,小熊必须去。)

小结:

第一,成人认为"必须"在表达可能性上是绝对强于"可以"的。

第二,关于"必须"和"可以"的差别,在4～5岁阶段,已经有少数儿童意识到了这种差别;到5～6岁阶段,绝大多数儿童对它们在意义上差别的判断已经和成人一样。

4.2.2.3.2.4 研究发现

关于道义性层级的测试结果和发现如下：

组别	“必须”强于“应该”（测试故事 13）		“应该”强于“可以”（测试故事 14）		“必须”强于“可以”（测试故事 15）	
	人数	所占比例	人数	所占比例	人数	所占比例
4～5 岁组	3	20%	1	6.67%	5	33.33%
5～6 岁组	13	86.67%	10	66.67%	11	73.33%
6～7 岁组	12	80%	10	66.67%	12	80%
7～8 岁组	15	100%	11	73.33%	15	100%
成人组	15	100%	15	100%	15	100%

第一，4～5 岁时，少数儿童开始意识到道义性情态词的层级关系。到 5～6 岁，大部分儿童已经掌握了“必须”、“应该”和“可以”之间在意义上的区别。

第二，7～8 岁的儿童对“必须”与“应该”，“必须”与“可以”的判断与成人已经一样，而对“应该”与“可以”的判断与成人的存在显著性差异（$z=2.15, p<.05$），这个现象和它产生的原因与认知性情态层级测试中发现的一样。

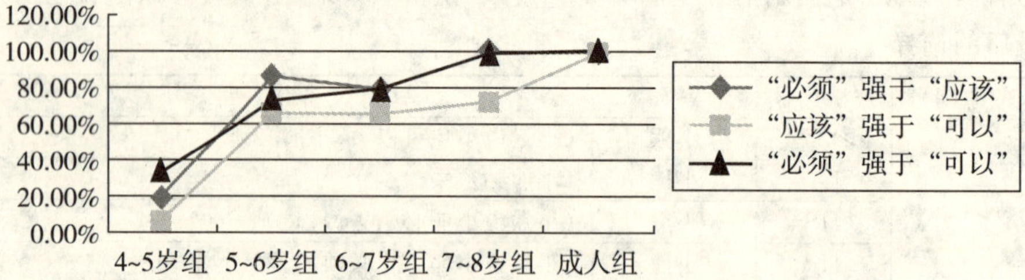

4.2.2.3.3 理论讨论

测试结果反映出，在 4～5 岁阶段，已经有少数儿童开始意识到情态词在表达认知上和道义上的可能性的差异；5～6 岁和 6～7 岁阶段，是这方面的知识飞速发展的阶段；到了 7～8 岁阶段，儿童这方面的知识已经比较成熟，并且能用语言较好地说明情态词在语义强度上的区别。例如部分儿童对测试故事（二）11 和 12 中问题的回答：

(45) 测试故事（二）11

7～8 岁组：

WZY：小熊。小熊说了“一定”，就是它不能不去。

YZZ：小熊。小狗说我应该，不是肯定去；小熊说我肯定去。

(46) 测试故事（二）12

7～8 岁组：

WQF：小兔子。它说它应该会。“应该”比“可能”可能性要大一些。

WZY：小兔子。它说应该。“应该”比“可能”确定一点。

情态词意义的差别越大，这种差别就越早被儿童掌握。这与 Hirst 和 Weil (1982)的发现是一致的。认知上的"一定"与"应该"、"一定"与"可能"，道义上的"必须"与"应该"、"必须"与"可以"间的差异对儿童来说比较明显，因为它们间的区别是本质上的"必然性"和"可能性"的差异。相对地，"应该"与"可能"、"应该"与"可以"间的差别是程度上的"极大可能性"和"可能性"的差异，所以早期儿童的掌握情况就稍差些。

情态词的认知性和非认知性属性的差异不会影响儿童对情态层级的习得。虽然长期跟踪所获得的语料表明儿童在获得这两种不同的情态词时有先后次序，但测试结果却并没有反映出儿童掌握道义性情态层级的情况明显比掌握认知性情态层级的情况好。将相关情态词的测试结果进行对比：

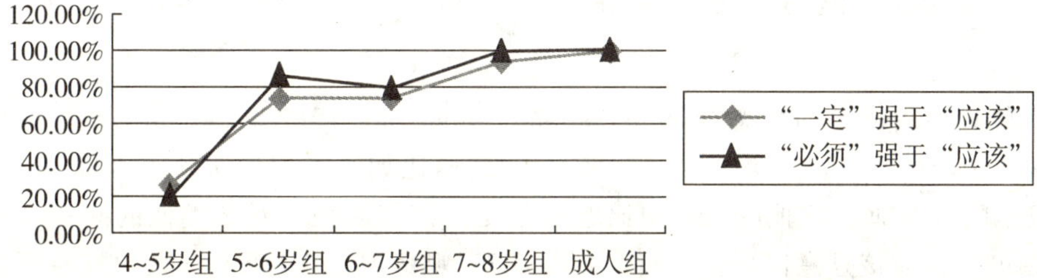

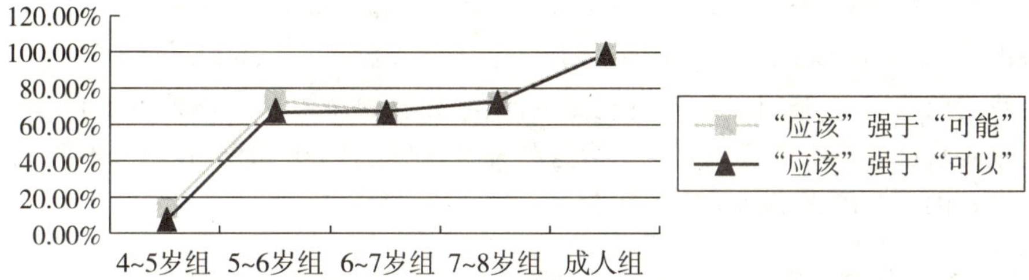

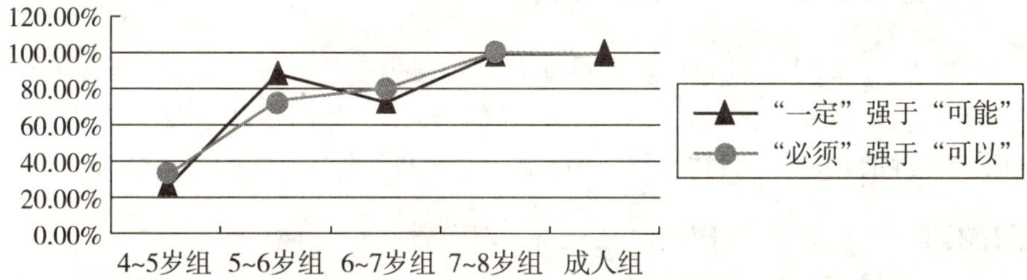

一方面，本研究的测试结果不支持这样的观点：道义性的情态意义比认知性的情态意义容易习得，所以相对于认知性的情态层级，儿童更易掌握道义性的情态层级。我们的测试结果证明，儿童一旦从词汇和语义的角度掌握了这些词语，就不会在情态层级的判断上再受到概念复杂性的困扰。

另一方面，本研究的测试结果也不支持 Hirst 和 Weil (1982)的发现。

Hirst 和 Weil (1982)的测试结果反映出，儿童掌握认知性情态词语义强度的时间要早于道义性情态词语义强度的时间。他们(1982:666)认为这是由于道义性的情态要牵涉到一些复杂的社会力量(Social dynamics)，而认知性的情态只是简单的猜测游戏。与他们的发现不同，从本研究的测试结果来看，儿童对两种情态层级掌握的情况相似，即汉语儿童在5～6岁已经表现出对情态意义差别的极大敏感，7～8岁时这方面的知识已经基本成熟。

我们的发现与Hirst和Weil (1982)的不同，原因是两项研究在测试方法上存在差异：在Hirst和Weil (1982)进行道义性层级的测试中，有两个老师分别给儿童下指令，而后看儿童如何反映。其中一个老师先说：

(47) 老师A："You X go to the green(red) room.""你X去绿色(红色)的房间里"。

而后，另一个老师说：

(48) 老师B："You Y go to the red (green) room.""你Y去红色(绿色)的房间里"。

*X*和*Y*会用成对的情态词，must/should、must/ may和should/may来替换。这样的测试方法会产生一些非语言的问题来干扰被试，比如一个被试听从了老师*A*的指令，可能仅是因为老师*A*在他的心目中比老师*B*更具有权威性。对于类似的问题，Hirst和Weil (1982)也应该是意识到的，他们(1982:666)观察到"……两个对立的权威所带来的复杂的社会力量将孩子们弄糊涂了……"("…,there was the complicated social dynamics involved in two contradictory authority figures to confuse the children….")。

在我们的测试中，通过动物来讲述测试内容，并且强调被试要根据故事情节来判断，要求儿童对自己的答案进行说明。采取这些策略，使得Hirst和Weil (1982)测试中所牵涉的非语言的干扰因素得到了有效控制。

4.2.3 情态词否定式的习得

Shatz和Wilcox (1991:331)发现早期儿童习得情态词的速度很快，但含情态词的句子在结构上变化却很慢。在CY、SJQ和ZTX的语料中，我们也观察到了类似的现象。

下面主要讨论儿童早期对"应该"、"可能"和"可以"的否定式的习得情况。

4.2.3.1 "不应该VP"和"应该不VP"

虽然"不应该VP"和"应该不VP"两个否定式在语义上是相等的，但是从CY(00;10;05—02;04;31)、SJQ(01;02;06—01;11;29)和ZTX (00;11;18—02;06;02) 的语料来看，成人使用"不应该(VP)"的频率要略高于"应该不VP"。

儿童	"不应该"的输入		"应该不"的输入	
	次数	例子	次数	例子
CY	4	＊妈妈：哦，咱们不应该让她吃呵。 CY01;11;23	0	
SJQ	1	＊妈妈：它都知道错了，不应该...。 SJQ01;05;00	0	
ZTX	5	＊爸爸：你现在不应该会玩这个。 ZTX01;01;26	1	＊爸爸：应该不会…… ZTX01;01;26

在语言输出方面，没有发现CY和SJQ使用“应该”的情况；ZTX使用了5次“应该”，没有发现他将“应该”用在否定式中的情况。

以下通过语言测试的方法考察4～8岁儿童对“应该”否定式的掌握情况：

应该$_1$

测试故事(一)7：

> 小兔子：小青蛙呢？
>
> 小熊：我看见小青蛙了。
>
> 小熊：小青蛙说他去公园。

测试问题：小青蛙应该不应该在家？

测试故事(一)25：

> 小狗：桶里有只小动物。
>
> 小兔子：小狗，你猜我是谁？
>
> 小狗：不知道。
>
> 小兔子：我的耳朵长长的。
>
> 小兔子：耳朵长长的。

测试问题：桶里的小动物应该不应该是小熊？

测试结果：

	被试代号	测试故事 7	测试故事 25
4～5岁组	HH	不应该	不应该
	LCL	应该不在	不是/应该不是
	CSQ	应该(公园没水。)	不应该(没出来，看不见。)
	WBC	应该吧(公园里有坏人。)	不应该(不是长的，应该是短的。)
	WLQ	应该(外面冷。)	不是/不应该是/应该是小兔子
	TZY	应该（公园要买票，家里有玩具。)	应该(小熊的耳朵是短的。)
	ZXY	应该(家里没人。)	不应该(是小兔子，好像。)
	JPJ	不应该(家里太闷了。)	不应该
	JYH	不应该(他要去幼儿园。)	不应该
	WSY	应该(好朋友找他。)	不应该
	LYC	不应该	应该(藏的是小熊，耳朵长长的。)
	LRQ	不应该	不是
	ETY	不应该(他应该在家。出去的时候，得大人陪着出去。)	不应该
	ZYH	应该	不应该
	ZSY	应该(他不能出去玩。)	不应该

续上表

5～6岁组	FJH	应该	不应该
	FYP	应该（因为小伙伴找它玩。）	不应该
	CYF	应该（小兔需要找小青蛙。）	不应该
	CZ	不应该（未明原因。）	不应该
	GQC	不应该（它还得上幼儿园。）	不应该
	SL	应该（在家可以，出去特别冷。）	不应该
	SYQ	应该	不应该
	YZQ	应该（要不然要丢了。）	不应该
	ZWB	应该	不应该
	LZQ	不应该（它总得出去吧。）	不应该
	WXF	应该（不应该自己出去。）	不应该
	WYY	应该	不应该
	DWX	应该	不应该
	ZYH	应该（家里太热了。）	不应该
	WYF	应该（和小朋友一起玩。）	不应该
6～7岁组	SWB	应该（它不在家，有急事找它，找不着。）	不应该
	ZY	不应该（小青蛙去公园了。）	不应该
	CWD	不应该（小青蛙去公园了。）	不应该
	XJL	不应该（小青蛙去公园了。）	不应该
	SCY	不应该（小青蛙去公园了。）	不应该
	DYX	不应该（小青蛙去公园了。）	不应该
	LX	不应该（它去公园了。）	不应该
	YTM	不应该（它去公园了。）	不应该
	YTX	不应该（这是它的活动时间。）	不应该
	YS	不应该（它去公园了。）	不应该
	GJ	不应该（它去动物园了。）	不应该
	NLL	不应该（去动物园了。）	不应该
	WJY	不在	不应该
	XRX	不应该（它出去了。）	不应该
	WT	不应该（它去公园了。）	不应该

续上表

7～8岁组	DZY	不应该(它已经去公园了。)	不应该
	LY	不应该(它去公园了。)	不应该
	HS	应该(因为小兔在找它。)	不应该
	HB	不应该	不应该
	JZW	不应该(它去公园了。)	不应该
	ZSX	不应该(小青蛙去公园了。)	不应该
	DY	应该不在(去公园了。)	不应该
	CN	不应该	不应该
	LL	不应该	不应该
	YY	不应该	不应该
	WQF	不应该(它出去玩了。)	不应该
	WZY	不应该(去公园了。)	不应该
	YZZ	不应该(它都去公园了。)	不应该
	ZJY	不应该(它去公园了。)	不应该
	HJ	不应该(小青蛙去公园了。)	不应该

根据上文论述,"不应该 VP"和"应该不 VP"在语义值上是相等的。在成人组测试中,无论"应该"在测试故事中是认知逻辑上的"应该$_1$"还是道义逻辑上的"应该$_2$",100%的成人被试的答案都是"不应该 VP"。

儿童组的结果可以从两个方面来讨论。一方面,关于"应该$_1$"的否定式。在测试故事7中,"应该$_1$不 VP"出现2人次:4～5岁组的 LCL 和7～8岁组的 DY。在测试故事25中,除了4～5岁组的 LCL 外,凡是使用"应该$_1$"的否定式的被试都用了"不应该$_1$VP"。

另一方面,关于"应该"的理解。从测试结果可以看出:4～5岁和6～7岁组中有不少儿童被试将测试故事7中的"应该"理解为"应该$_2$"。到了6～7岁和7～8岁组还各有一人这样理解,他们分别是:SWB 和 HS。这说明儿童在早期,只要情景可能,他们倾向于将情态词理解为它的非认知性用法,因为非认知性情态词的获得先于认知性的情态词。

应该$_2$

测试故事(一)1:

(画外音:小熊吃香蕉,把皮扔在地上了。)

小熊:真好吃啊。

小青蛙:你不乖,地都脏了。

测试问题:

小熊应该不应该把皮扔在地上?

测试故事(一)18:

（两只小兔子在看书，小熊在唱歌。）

小熊：啊啊啊啊啊。

小兔子1：小熊，你别唱歌了。

小熊：啊。

小兔子1：我们在看书。

测试问题：

小熊应该不应该唱歌？

测试结果：

	故事编号	HH	LCL	CSQ	WBC	WLQ	TZY	ZXY	JPJ	JYH	WSY	LYC	LRQ	ETY	ZYH	ZSY
4～5岁组	1	不应该	不能	不应该	不能/不应该	不应该	不可以	不应该	不应该	不应该	不应该	不应该	不应该	不应该	不应该	不应该
	18	不应该	不行/应该不	不应该	不应该	不能/不应该	不应该	不应该	不应该	不应该	不应该	应该(喜欢唱)	应该	不应该	不应该	不应该
		FJH	FYP	CYF	CZ	GQC	SL	SYQ	YZQ	ZWB	LZQ	WXF	WYY	DWX	ZYH	WYF
5～6岁组	1	不应该	不应该	不应该	不应该	不应该	不应该	不应该	不应该	不应该	不应该	不应该	不应该	不应该	不应该	不应该
	18	不应该	不应该	不应该	不应该	不应该	不应该	不应该	不应该	不应该	不应该	不能	不应该	不应该	不应该	不应该
		SWB	ZY	CWD	XJL	SCY	DYX	LX	YTM	YTX	YS	GJ	NLL	WJY	XRX	WT
6～7岁组	1	不应该	不应该	不应该	不应该	不应该	不应该	不应该	不应该	不应该	不应该	不应该	不应该	不应该	不应该	不应该
	18	不应该	不应该	不应该	不应该	不应该	不应该	不应该	不应该	不应该	不应该	不应该	不应该	不应该	不应该	不应该
		DZY	LY	HS	HB	JZW	ZSX	DY	CN	LL	YY	WQF	WZY	YZZ	ZJY	HJ
7～8岁组	1	不应该	不应该	不应该	不应该	不应该	不应该	不应该	不应该	不应该	不应该	不应该	不应该	不应该	不应该	不应该
	18	不应该	不应该	不应该	不应该	不应该	不应该	不应该	不应该	不应该	不应该	不应该	不应该	不应该	不应该	不应该

6～7岁组和7～8岁组的被试使用的都是“不应该$_2$”这种否定形式。4～5岁组和6～7岁组有少数被试使用了“应该$_2$”的肯定式，有少数使用“不能/不可以”来回答。所有被试中，只有4～5岁组的LCL用了“应该$_2$不VP”。在关于“应该$_1$”的测试中，LCL使用的也是“应该$_1$不VP”。

从测试故事7、25、1和18，可以发现：

第一，当回答用“应该”的提问时，除了极少数被试，各个年龄段的儿童如对“应该”进行否定时都使用“不应该 VP”的形式，它对早期儿童来说是一个非标记性的否定形式。

第二，在否定和量化部分，本书已经提出儿童早期首先会假设两个算子的计算是双向的。在以上测试中，发现 LCL（4～5 岁组）使用了 3 次“应该不 VP”，同时使用了“不行/不能”；DY（7～8 岁组）使用了 1 次“应该不 VP”，3 次“不应该 VP”。如果线性原则对他们没有影响，他们是不会去调换否定词与被否定成分之间的线性次序的。他们对否定词位置的调整清楚地表明：4～5 岁起的汉语儿童在对否定词和情态词进行计算时已经受到了线性原则的影响。

再以下面的测试来考察儿童对两种否定式的语义的习得情况：

应该$_1$

测试故事（一）38：

（有两个苹果，一个胡萝卜。）
（闻第一个苹果。）
小兔子：不喜欢。
（闻第二个苹果。）
小兔子：不喜欢。
小兔子：啊，胡萝卜。（非常高兴。）

测试句：小兔子应该不喜欢苹果。

测试故事（一）44：

小熊：我要给天线宝宝买衣服。
（停顿。）
小熊：这是蓝色的衣服。
小熊：真好看。
小熊：我就买这件。
（把衣服放进篮子里推走了。）
小熊：天线宝宝，天线宝宝。
天线宝宝：来啦来啦来啦。
天线宝宝：什么事啊？
小熊：我给你买了件衣服。
小熊：你猜是什么颜色的？
（停顿。）
天线宝宝：我最不喜欢蓝色了。

测试句：天线宝宝不应该喜欢这件蓝色的衣服。

应该$_2$

测试故事（一）34：

小熊：不好玩。

小熊：我踩你，我踩你，我踩你。

（踩地上的玩具。）

小青蛙：小熊，你不乖。

小青蛙：你要爱护玩具。

测试句：小熊应该不踩玩具。

测试故事（一）40：

（画外音：上课的时候，小动物们都在看书，可小熊在睡觉。）

（青蛙老师拍小熊。）

青蛙老师：小熊，别睡觉了。

小熊：啊？

青蛙老师：上课的时候别睡觉。

测试句：小熊不应该睡觉。

测试结果：

下面是对测试结果的统计，而被试者的回答详见“附录十二”的相关部分。

测试组	认为测试故事 38 中的测试句是正确的比率和人数	认为测试故事 44 中的测试句是正确的比率和人数	认为测试故事 34 中的测试句是正确的比率和人数	认为测试故事 40 中的测试句是正确的比率和人数
4～5 岁组	100%(15/15)	100%(15/15)	93.33%(14/15)	93.33%(14/15)
5～6 岁组	100%(15/15)	93.33%(14/15)	86.67%(13/15)	100%(15/15)
6～7 岁组	100%(15/15)	100%(15/15)	100%(15/15)	100%(15/15)
7～8 岁组	100%(15/15)	100%(15/15)	100%(15/15)	100%(15/15)
成人组	93.33%(14/15)	80%(12/15)	100%(15/15)	100%(15/15)

在成人组，93.33%(14/15)的被试接受测试故事 38 中的“应该$_1$不 VP”，80%(12/15)的接受测试故事 44 中的“不应该$_1$VP”；100%(15/15)的被试接受测试故事 34 中的“应该$_2$不 VP”，也有 100%(15/15)的接受测试故事 40 中的“不应该$_2$VP”。对汉语成人来说，两个“应该”都有两个否定形式，它们在语义上是相等的。

在儿童组，共有 100%(60/60)的被试接受“应该$_1$不 VP”，共有 98.33%(59/60)的被试接受“不应该$_1$VP”；共有 95%(57/60)的被试接受“应该$_2$不 VP”，共有 98.33% (59/60)的被试接受“不应该$_2$VP”。那些不接受测试句的儿童中，4～5 岁组的 CSQ、ZYH 和 5～6 岁组的 WYF 不是在对测试句进行判断，而是在对故事中小动物的行为进行判断。5～6 岁的 YZQ 和 LZQ 认为应该使用“不应该$_2$VP”，而不是“应该$_2$不 VP”，但他们同时接受“不应该$_1$VP”和“应该$_1$不 VP”，所以他们的判断与语言输入有关。YZQ 和 LZQ 的回答也表明他们受到线性原则的影响，否则他们根本不需要将测试句中的“应该$_2$不 VP”修改成“不应该$_2$VP”，因为既然两个方向的计算都可以，“应该$_2$不 VP”逆序的辖域解释就等于“不应该$_2$VP”顺序的辖域解释。他们进行的修改除了表明他们受到了词序的影响，同时也表明他们没有意识到“应该”和“不”之间两种方向的运算结果的意义在成人的语法中是一样的。

从逻辑上说，否定算子和“应该”间的演算方向可以是双向的。早期儿童首先会假设两种计算方向都是可能的，理由是：自然语言中存在否定算子和情态算子间的辖域歧义。以英语为例：

(49)顺序解释：Must＞否定

The registrar mustn't have got my letter.

“教务长肯定没得我的信。”[①]

(50)逆序解释：否定＞can

The children can't do that in here.

“孩子们不可能在这儿做那件事。” Butler (2003)

评定两种可能的解释时，4～5 岁起的汉语儿童倾向于运用线性原则。在处理否定算子和“应该”时，成人和早期儿童的区别在于：成人直接使用线性原则，儿童倾向于使用线性原则。观察不到早期儿童对否定算子和“应该”的辖域判断结果与成人的有什么差异，是因为两个算子的顺序解释和逆序解释在语义上恰好是相等的。如果说早期儿童一开始就拥有以线性原则为核心的原则系统的话，就无法解释本文测试中发现早期儿童将“可能不 VP”逆序解释成“不可能 VP”的现象，也无法解释 Lee(1986)发现早期儿童将“可以不 VP”逆序理解成“不可以 VP”的现象。关于线性原则核心地位的知识，不是汉语儿童一开始就拥有的，它核心地位的确立是一个设置参数的过程。

这个部分的测试结果反映 4～5 岁起的儿童已经受到了线性原则的影响。对于这一点，上文已有零星的讨论。下面再从五个方面来证明：

第一，在汉语儿童对否定结构的习得部分，已经发现 CY、SJQ 和 ZTX 在 01;07;00—01;09;00 期间开始使用动词后的否定，他们已经表现出对否定词和被否定成分间词序的敏感。此外，一些英语的研究(如 Bellugi 1967)也报告这样一个现象：早期儿童会将否定词直接放在名词短语、动词短语等前。这些都说明：对于早期儿童来说，虽然两种计算方向都是可能的，但是将否定词直接放在被否定部分前以进行线性计算的做法是最直接、最容易的。

第二，在否定和量化辖域的习得部分，本文已证明了线性原则在早期儿童的语法系统中发挥的作用。量词算子和情态算子是“同质不同类”的算子。上文已证明，成人语法中决定否定和情态辖域、否定和量化辖域的原则系统是相通的。在两类算子与否定算子的计算中，线性原则在汉语早期儿童的语法系统中也应该是发挥作用的。

第三，上文也讨论过，测试故事 34 的测试句是：“小熊应该不踩玩具。”，5～6 岁组的 YZQ 和 LZQ 认为这个测试句是错误的，他们把“应该$_2$不 VP”更正成了“不应该$_2$ VP”。如果他们不使用线性原则，“应该$_2$不 VP”也可以逆向计算得到“不应该$_2$ VP”。他们进行了修改，说明他们在计算“应该$_2$不 VP”和“不应该$_2$ VP”的辖域时使用的计算方向是从左至右，遵循线性序列的。由于是单一的、从左至右的方向，便会产生这样的结果：“应该$_2$不 VP”中，“应该$_2$”的辖域大于“不”；而在“不应该$_2$ VP”中，“不”的辖域大于“应该$_2$”。根据他们的知识，既然两个结构中两个算子的辖域不同，一般情况下两个结构的意义也就不同，但是恰巧“应

① 在此的中文翻译只是义译。

该$_2$”的两个否定式在汉语中的意思是一样的。YZQ 和 LZQ 还没有获得这方面的知识，可能是在他们的语言输入中成人只使用“不应该$_2$ VP”的形式。在测试故事 38 和 44 中，YZQ 和 LZQ 接受了“应该$_1$”的两个否定式，不表明他们没有使用线性原则。他们的判断是由于语言输入中成人可以用“不应该$_1$ VP”和“应该$_1$不 VP”来表达相同的意思。

第四，在下文关于“可以$_2$”否定式的测试故事 37 和 45 的结果中，也可以看到早期儿童对线性原则的使用(参见 4.2.3.3)。

第五，早期儿童在计算否定和情态辖域时使用线性原则的证据还可以从下文关于双重否定式习得的讨论中获得。在此简单以“不应该不 VP”双重否定式的获得情况为例进行说明。根据测试结果(参见 4.2.4.1.1)，4～5 岁、5～6 岁、6～7 岁和 7～8 岁的儿童中都有将“不应该不 VP”理解成“不应该 VP”的情况。成人对含有“不应该不 VP”的复合命题的计算步骤是：

$$\underset{①}{\neg}\text{应该}\underset{②}{\neg}p$$

①这个命题为真，当且仅当极少数的可能世界能使得¬p 为真；

②当且仅当极少数的可能世界能使得 p 为假。

早期儿童将“不应该不 VP”理解成“不应该 VP”显然是由于他们根据线性原则，从左至右对算子进行计算，而在此过程中他们尚不具备能力将第二步演算完成。

小结：

第一，当涉及“不”和“应该”的辖域问题时，汉语儿童早期首先会假设顺序和逆序的解释方向都是可能的，测试结果表明他们倾向于选择顺序解释。

第二，线性原则在汉语儿童语法中主导地位的确立是他们在普遍原则制约下设定语言参数的过程，他们不是一开始就使用以线性原则为核心的原则系统的。

4.2.3.2 “不可能 VP”和“可能不 VP”

根据所掌握的语料，“不可能(XP)[①]”和“可能不 XP”在儿童 02;05;00 之前的语言输入和输出中的频率都很低，这和“可能”是一个只有认知性用法的情态词有关。

儿童	“可能”的输入		“不可能”的输入		“可能不”的输入	
	次数	例子	次数	例子	次数	例子
CY	101	*妈妈：没有，她可能就是，小孩可能都这样吧。 CY00;11;04	2	*妈妈：她不可能…… CY01;11;17	5	*研究者：可能不想看书了。 CY01;08;10
SJQ	32	*妈妈：她耳朵可能痒。 SJQ01;05;00	1	*妈妈：是不可能是汽车的声音呀？ SJQ01;08;13	1	*妈妈：可能是冰箱响也可能不是冰箱响。 SJQ01;08;13
ZTX	32	*妈妈：我们可能得七点多钟再吃。 ZTX01;03;03	3	*爸爸：不可能。 ZTX01;11;10	1	*研究者：那可能不好吃。 ZTX01;10;13

① XP 表示任何类的短语。

在语言输出方面：

儿童	"可能"的输出		"不可能"的输出	"可能不"的输出
	次数	例子	次数	次数
CY	0		0	0
SJQ	3	*妈妈:有可能是妹妹也有可能是弟弟。 *妈妈:不确定。 *儿童:有可能,有可能哥哥。 *妈妈:还有可能呢? *妈妈:还有可能是姐姐。 *儿童:可能姐姐。 *妈妈:好了。 SJQ01;10;02	0	0
ZTX	2	*爸爸:八四九到青塔。 *爸爸:好远。 *儿童:我可能八四九到…… *儿童:嗯。 *爸爸:到哪儿啊? *儿童:到西直门吧。 *爸爸:什么? *奶奶:什么门? *儿童:我可能八四九,到西直门。 ZTX02;03;08	0	0

表中,SJQ 和 ZTX 使用了 5 次"可能"。其中,SJQ 的三次使用都出现在同一段对话中;ZTX 的两次使用也是同样的情况。没有发现 SJQ 和 ZTX 使用"可能"的否定式的记录。

早期的输入和输出频率都很低,那 4～5 岁的儿童是怎样对"可能"进行否定的呢？测试故事 9 和 27 将帮助我们得到这个问题的答案(被试的回答见"附录十二"中的相关部分)。测试结果表明:4～5 岁的儿童是掌握了"可能"及其否定式的;在对能使命题为真的认知上的可能世界进行否定时,他们会使用"不可能 VP"或者"可能不 VP"。

既然 4～5 岁的儿童从形式上已经掌握了两个否定式,那么,下面考察 4～8 岁的儿童是否从意义上也掌握了这两个否定式。

测试故事(一)39：

小猴:小兔子,我们去公园吧。

小兔子:好啊好啊。

(停顿。)

小兔子:可我还有好多衣服没洗。

小猴:我帮你洗吧。

小猴:洗完衣服,天没黑,我们一起去公园。

小兔子:好吧。

小兔子:洗呀洗呀。

(小猴和小兔子一边洗衣服,一边唱歌。)

测试句:小兔子不可能去公园了。

测试故事(一)43：

(小熊要去幼儿园,要选一件衣服。)

小熊:穿这件有点冷。

小熊:穿毛衣,有点热。

小熊:穿哪件呢?

测试句:小熊不可能穿毛衣。

(被试的详细回答见附录十二)。从正误判断情况来看各组的测试结果,可以发现7~8岁儿童对事件发生的可能性的评估能力和成人一样,而较小的儿童对可能性的判断能力与成人是有明显差异的。

年龄组	测试句是正确的。	测试句是错误的。
4~5 岁组	80%(24/30)	20%(6/30)
5~6 岁组	63.33%(19/30)	36.67%(11/30)
6~7 岁组	53.33%(16/30)	46.67%(14/30)
7~8 岁组	10%(3/30)	90%(27/30)
成人组	10%(3/30)	90%(27/30)

有儿童认为测试句是正确的,但又明确表示事件可能会发生。如在测试故事 43 中,4~5岁组的 ETY 和 5~6 岁组的 WYY 认为测试句是正确的,但是他们对答案进行说明时又明确表明"小熊"是会穿毛衣的。有两类儿童是掌握了"不可能 VP"的意思的:一类认为测试句是正确的,因为事件不可能发生;另一类认为测试句是错误的,因为事件有可能发生。后一类儿童的观点与成人是一致的。这两类儿童的分布情况统计如下:

年龄组	答案与说明一致	被试代号
4~5 岁组	73.33%(22/30)	HH (2 次)、LCL、CSQ(2 次)、WBC、WLQ(2 次)、TZY(2 次)、ZXY(2 次)、JPJ、JYH、WSY、LYC、LRQ(2 次)、ETY、ZYH、ZSY(2 次)
5~6 岁组	83.33%(25/30)	FJH (2 次)、FYP(2 次)、CYF、CZ(2 次)、GQC(2 次)、SL(2 次)、SYQ(2 次)、YZQ(2 次)、ZWB(2 次)、LZQ(2 次)、WXF(2 次)、DWX(2 次)、ZYH(2 次)
6~7 岁组	90%(27/30)	SWB (2 次)、ZY、CWD (2 次)、XJL (2 次)、SCY (2 次)、DYX (2 次)、LX (2 次)、YTM、YTX (2 次)、YS (2 次)、GJ、NLL (2 次)、WJY (2 次)、XRX (2 次)、WT (2 次)
7~8 岁组	90%(27/30)	DZY(2 次)、LY(2 次)、HS(2 次)、HB、JZW(2 次)、ZSX(2 次)、CN(2 次)、LL(2 次)、YY(2 次)、WQF(2 次)、WZY(2 次)、YZZ(2 次)、ZJY(2 次)、HJ(2 次)

测试故事(一)36:

小狗:小青蛙,小青蛙。

小青蛙:谁呀?

小狗:是我,小狗。

小狗:我们去跑步吧。

小青蛙:哎哟,我不能跑步了。

小青蛙:我的腿受伤了。

小狗：哎呀，你的腿。

小狗：那你好好休息吧，我走了。

小青蛙：再见。

测试句：小青蛙可能不去跑步了。

测试故事(一)41：

小青蛙：天线宝宝，我们去游泳吧。

天线宝宝：我不会游泳，我不去了。

小青蛙：那我走了。

测试句：天线宝宝可能不去游泳了。

测试结果：

(关于各组被试的判断记录见“附录十二”)。从正误判断情况来看各组的测试结果，可以发现儿童对“可能不VP”结构的判断与成人的差异非常明显。

年龄组	测试句是正确的。	测试句是错误的。
4～5岁组	100%(30/30)	0%(0/30)
5～6岁组	96.67%(29/30)	3.33%(1/30)
6～7岁组	66.67%(20/30)	33.33%(10/30)
7～8岁组	66.67%(20/30)	33.33%(10/30)
成人组	26.67%(8/30)	73.33%(22/30)

在这两个测试故事里，较多的儿童没有能对自己的回答进行说明。在提供说明的儿童中，有两类儿童是将“可能不VP”逆序解释成“不可能VP”：

第一类儿童①认为测试句是正确的，但又明确表示事件是一定不会发生的，或者将“可能不去”分析成“不去”的：

测试故事36	测试故事41
4～5岁组　WBC 5～6岁组　WXF 6～7岁组　LX、YTX、XRX 7～8岁组　LY、JZW、ZSX、LL、ZJY	4～5岁组　HH 5～6岁组　GQC、YZQ、LZQ 6～7岁组　ZY、YTX 7～8岁组　HS、JZW、LL、ZJY

第二类儿童认为测试句是错误的，但又认为事件是不一定会发生的。他是在测试故事41中7～8岁组的CN。

比较关于“不可能VP”和“可能不VP”的测试结果，可以发现儿童对“可能不VP”的理解要弱于“不可能VP”，比如到了7～8岁组，儿童对含有“不可能VP”的测试句的判断

① 注意：不能这样理解表中的信息：儿童年龄越大对测试结构的判断也越差。低年龄组的儿童有些不能就自己的答案进行说明。即使有些能对自己的回答进行简单说明，我们也很难确定他们是不是将“可能不VP”完全等同于“不可能VP”。高年龄组的儿童有很强的表述能力，所以从他们的说明中，我们可以比较确切地判断他们是怎样理解“可能不VP”的。

已经和成人完全一样，但是他们中还是有人将“可能不去”直接理解为“不去”。为什么会出现这样的情况？以下讨论两种可能的假设：

假设一：结构差异。

如果从语言内部来寻找原因，儿童对“可能不 VP”的处理困难是因为在汉语陈述句中，几乎所有情态词都能出现在“不＋情态词＋VP”中，但很多不能出现在“情态词＋不＋VP”中，比如“不会做”、“＊会不做”。如果一个情态词有两种否定式，“不＋情态词＋VP”是非标记性的，而“情态词＋不＋VP”是标记性的。儿童获得“可能不 VP”的困难是由于结构差异所造成的。

讨论：

结构差异应该是一个影响习得过程的因素。从结构的使用频率来说，儿童相对熟悉“不可能 VP”的结构，因为几乎所有类似的情态词都可以这样构成否定式，如在 SJQ 和 ZTX 的语料中发现，他们先使用“不可以 VP”，而不是“可以不 VP”。

但是，仅基于结构的原因，是很难解释 7～8 岁儿童在处理“可能不 VP”结构时为什么仍与成人存在很大不同。阴影部分是将“可能不 VP”等于“不可能 VP”的被试：

	被试代号	测试故事 36	测试故事 41
7～8岁组	DZY	N(小青蛙的腿受伤了，它肯定不会去跑步了。)	N(天线宝宝不会游泳，它肯定不会去。)
	LY	Y(“可能不去跑步”就是“不去跑步”。)	N(不会游泳，干吗去?)
	HS	Y(腿受伤了。)	Y(它不会去。)
	HB	Y(腿受伤了。)	Y(不会。)
	JZW	Y(小青蛙根本去不了跑步。)	Y(它根本就不会去游泳。)
	ZSX	Y(腿受伤了，它不能去。)	Y(它不会游泳。)
	DY	Y(腿受伤了。)	Y(不会游泳。)
	CN	Y(腿受伤了。)	N(它不一定去游泳。)
	LL	Y(腿受伤了，他去不了了。)	Y(天线宝宝不会游泳，它不去。)
	YY	Y(腿受伤了。)	Y(不会游泳。)
	WQF	N(它“应该不会”去跑步了，“肯定不会”去跑步了。)	N(不应该说“可能不去”，因为它一定不会去游泳了。)
	WZY	N(“可能不去”就是它的腿好了，不想去。)	N(“可能不去”就是代表它会，但是它不去。)
	YZZ	N(它肯定不去了。“可能不去跑步”就是“也许不去跑步”了。)	N(它肯定不去游泳了。)
	ZJY	Y(它的腿受伤了，“可能不去跑步”是“不去”。)	Y(它不会去。)
	HJ	Y(小青蛙腿受伤了。)	Y(它不会游泳。)

续上表

成人组	RC	N(不可能)	N(不可能)
	WRH	Y	Y
	LXL	N(不可能去)	Y
	JWY	N(不可能去)	N(不可能去)
	ZYC	N(不可能)	N(不可能)
	LYN	N(肯定不去)	Y
	LBY	N(一定不去)	N(一定不去)
	LL1	N(不可能去)	N(不可能去)
	LL2	Y	Y
	LHR	N(肯定去不了)	N(肯定不去)
	ZLJ	Y	N(肯定不去)
	CJ	N(一定不去)	N(不应该会去)
	LFH	N(肯定不去)	Y
	ZJ	N(不可能去)	N(不可能去)
	WSY	N(不可能)	N(不会去)

7～8 岁组中，认为测试句是对的(Y)，但又明确表示其中事件是决不会发生的人次占 30%(9/30)；认为测试句是错的(N)，但又明确表示其中事件不一定会发生的人次占 3.33%(1/30)。一共涉及的人占 46.67%(7/15)。7～8 岁的儿童不可能在结构上还没有掌握“可能不 VP”，因为在其他项目的测试结果中已发现更小年龄段的儿童会主动使用“可能不 VP”了，比如：

测试故事	年龄组	被试代号	答案
测试故事(二)12	5～6 岁组	SL	小兔(小兔说应该会。小熊说可能会，小熊就可能不会了。)
测试故事(一)36	5～6 岁组	YZQ	N(它腿受伤可能不会去跑了。)

上文多处提到，CY、SJQ 和 ZTX 在 01;07;00—01;09;00 间开始使用动词后的否定式，开始表现出对否定结构词序的敏感。所以，7～8 岁的儿童不可能还没有认知到“可能”的两个否定式在结构上的差异。

另外，在双重否定结构“不可能不 VP”的测试中(见 4.2.4.1.2)，我们发现 6～7 岁和 7～8 岁的儿童对双重否定结构的处理已经达到一个比较好的水平。下面是关于“不可能不 VP”的测试结果：

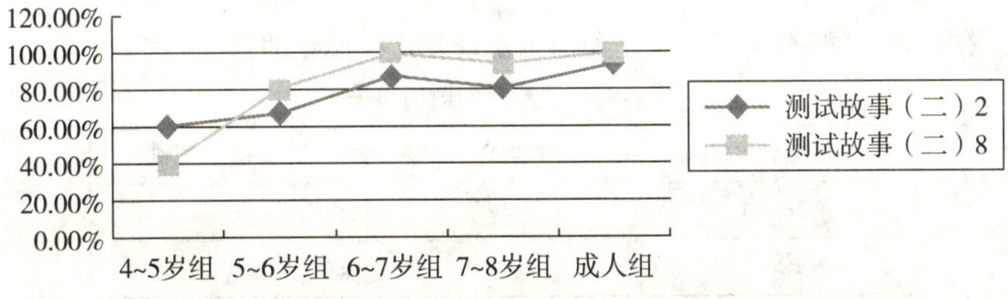

既然 7～8 岁儿童已能较好地处理“不可能不 VP”，也就是说他们能熟练地使用线性

原则来进行计算。那他们在处理“可能不 VP”时为什么不能也同样使用线性原则来解决问题呢？因此，早期儿童在获得“可能不 VP”过程中遇到的困难不可能全部是由于结构因素造成的。

假设二：输入差异。

儿童对“可能不 VP”的习得困难是由于在成人的语言输入中它的出现频率比“不可能 VP”低。

讨论：

语言输入是一个原因，但它不是惟一的原因。在我们的儿童早期语料中，“不可能(XP)”和“可能不 XP”在语言输入中出现的情况如下：

儿童	“不可能”的输入		“可能不”的输入	
	次数	例子	次数	例子
CY	2	＊妈妈：她不可能…… CY01;11;17	5	＊研究者：可能不想看书了。 CY01;08;10
SJQ	1	＊妈妈：是不可能是汽车的声音呀？ SJQ01;08;13	1	＊妈妈：可能是冰箱响也可能不是冰箱响。 SJQ01;08;13
ZTX	3	＊爸爸：不可能。 ZTX01;11;10	1	＊研究者：那可能不好吃。 ZTX01;10;13
总计次数	6		7	

从统计可以看出，两种否定形式在输入频率上并没有很大的差距。

本研究的观点是：7～8 岁儿童对“可能不 VP”的判断与成人的判断还有差异，最主要的原因是他们处理“可能”否定式的原则系统与成人的原则系统有差异。

儿童早期认为否定算子和情态算子之间的计算方向是双向的，如就“可能不 VP”来说：

可能　不　　　　可能　不
◇　¬　　　　　◇　¬
↻　　　　　　　↺
◇¬　　　　　　¬◇

两种演算产生的解释之间有蕴涵关系：

$$\neg\Diamond p \rightarrow \Diamond\neg p$$

成人在处理“可能不 VP”时使用的原则系统是这样操作的：

成人的语法系统判断的结果：

“可能不 VP”	线性原则	语义蕴涵原则
◇＞¬	👍👍	
¬＞◇		👍

在汉语成人看来，线性原则决定的◇＞¬的解释是句子非标记性的解释；语义蕴涵原

则决定的¬>◇的解释是逻辑上可能的、标记性的解释，它可能会被语用原则过滤掉。测试故事36和41中，早期儿童的判断与成人的存在差异，他们把成人认为是标记性的解释当成了非标记性的解释。早期儿童在处理“不”和“可能”的辖域解释时使用了语义蕴涵原则，而且这个原则占核心地位。儿童对线性原则的使用在讨论“应该”的否定式时也已经证明过。在测试故事36和41中，仅从5～6岁组的LZQ和SYQ的答案中就可以看出他们对线性原则的使用，他们也把“可能不VP”解释为成人认为是非标记性的“◇>¬”的解释：

测试故事(一)36：

测试句：小青蛙可能不去跑步了。

LZQ：Y（有可能会去跑。） （5～6岁组）

测试故事(一)41：

测试句：天线宝宝可能不去游泳了。

SYQ：Y(可能，它不会游泳。) （5～6岁组）

因此，4～5岁左右汉语儿童的语法系统是这样处理“可能不VP”的辖域的：

早期儿童的语法系统判断的结果：

“可能不VP”	线性原则	语义蕴涵原则
◇>¬		
¬>◇		

根据这个原则系统，早期儿童对两种解释的优劣判断就与成人完全相反。

上文已谈到，在汉语成人语法中，决定否定和量化辖域、否定和情态辖域的原则系统是相通的。例如：

可能性算子组成的命题：

$\exists w[AT(w,\phi)]$

真值条件：至少存在一个可能世界w，使得命题ϕ在其中为真。

存在量词组成的命题：

$\exists x[p(x)\wedge q(x)]$

真值条件：至少存在一个个体a，使得命题ϕ为真。

可能性算子也就是作用于可能世界集上的存在量词，两种算子有对应关系。¬>◇的解释是“可能不VP”的逆序解释，¬>∃的解释是“一(+Cl.)N不/没VP。”结构的逆序解释。只需回顾“一(+Cl.)N不/没VP。”结构的相关讨论，就会发现在汉语中两种算子与否定算子演算时所涉及的原则是相通的。上文讨论过，决定否定和“一”辖域的原则系统是：

汉语成人的语法中：

线性原则>语义蕴涵原则/数字解释原则

汉语儿童早期的语法中：

语义蕴涵原则/数字解释原则＞线性原则

所以，

成人的语法系统判断的结果：

"一"在否定词前面的结构	数字解释原则	语义蕴涵原则	线性原则
"一"＞否定词（∃＞¬）	👍		👍👍
否定词＞"一"（¬＞∃）		👍	

早期儿童的语法系统判断的结果：

"一"在否定词前面的结构	数字解释原则	语义蕴涵原则	线性原则
"一"＞否定词（∃＞¬）	👍👍		👍
否定词＞"一"（¬＞∃）		👍👍	

数字解释原则与情态算子无关，把它从两个表中除去，就可得到成人和早期儿童对"可能不 VP"的辖域判断结果。

汉语否定和情态辖域的知识的发展过程，与否定和量化辖域的知识的发展过程一样，都是一个对线性原则在汉语中地位的认知过程。观察各个年龄组儿童对测试故事 36 和 41 的判断，可以发现，到了 6～7 岁组和 7～8 岁组，越来越多的儿童和大多数成人一样认为测试句是不正确的，而且他们对自己回答的说明也清楚地反映出他们关于"可能不 VP"的知识。以测试故事 36 为例：

测试故事	测试句	年龄组	被试代号	答案
测试故事36	小青蛙可能不去跑步了。	6～7 岁组	XJL	N（它说："哎哟，我的腿受伤了，我不去了。"）
			YTM	N（它肯定不能去。）
			YS	N（小青蛙根本就不会去跑步。）
			GJ	N（小青蛙说它的腿受伤了，不能去跑步。）
		7～8 岁组	DZY	N（小青蛙的腿受伤了，它肯定不会去跑步了。）
			WZY	N（"可能不去"就是它的腿好了，不想去。）
			YZZ	N（它肯定不去了。"可能不去跑步"就是"也许不去跑步"了。）

随着年龄的增长，儿童会认识到线性原则在处理汉语辖域问题时应该发挥决定性的作用。于是，他们会对原则系统进行调整，最后得到成人语法中"可能不 VP"的非标记性的顺序解释。"可能不 VP"的逆序解释在成人的语法中仍然存在，因为它是普遍性的语义原则所决定的。

成人和早期儿童的原则系统是这样来处理"不可能 VP"的：

成人的语法系统判断的结果：

“不可能 VP”	线性原则	语义蕴涵原则
¬>◇		
◇>¬		

早期儿童的语法系统判断的结果：

“不可能 VP”	线性原则	语义蕴涵原则
¬>◇		
◇>¬		

两个原则按重要性的排列次序不一样，但是产生的结果是一致的。这也很好地解释了为什么早期儿童对“不可能 VP”的掌握情况比对“可能不 VP”的掌握情况好。随着语言经验的增长，线性原则的地位将逐渐在儿童语法中凸显，最终儿童与成人对“不可能VP”的判断才真正完全相同。

4.2.3.3 “不可以$_2$VP”和“可以$_2$不 VP”

“可以”有表达可能和能够的“可以$_1$”和表达许可的“可以$_2$”两种解释。由于对“可以”的理解不一样，被试会对同一个句子作出不同的判断。举例来说：

测试故事(一)37：

> (有三个小动物：小猴，小熊和小兔子。)
> 小熊：老师好。
> 小猴：谁去跑步啊？
> 小熊：我去。
> (对着小兔子。)
> 小猴：小兔子，你去吗？
> 小兔子：我不去。
> 小兔子：我要看书。
> 小猴：小熊，我们走吧。
> 小熊：好。

测试句：小兔子不可以去跑步。

如果将“可以”理解为“可能；能够”，那测试句是对的，因为小兔子想看书；如果将“可以”理解成“许可”，那测试句是错的，因为小兔子可以出去，也可以不出去。在测试故事37和45中，可以发现很多儿童，特别是4～5岁的儿童，与测试中的成人不一样，他们将“可以”理解成了“可以$_1$”。

测试故事(一)45：

> 小猴：小朋友们，我们出去玩吧。
> 小狗：好啊好啊。

小熊：老师，我不想出去玩。我想看书。

小猴：那好吧。

小猴：你看书吧。

小猴：小狗，我们走。

测试句：小熊不可以出去玩。

这两个故事的测试结果反映出一些儿童已经较好地掌握了“可以$_2$”两个否定式的知识。以部分测试结果为例：

测试故事编号	年龄组	被试代号	答案
测试故事37	4～5岁组	WBC	N(他自己不去。他可以去。他喜欢看书。)
	5～6岁组	FYP	N(老师让他们去跑步，它可以去。)
	6～7岁组	WT	N(老师说：“你可以去，也可以不去。”)
测试故事45	6～7岁组	WT	N(“不可以去”是“不能去”；“可以不去”就是“你可以去，也可以不去。”)
	7～8岁组	DZY	N(小熊可以不去跑步。)
		HS	N(小熊不是不可以出去玩。)

这些儿童的回答表明：在进行辖域判断时，他们使用了线性原则。

关于汉语早期儿童处理“可以”两个否定式的情况，Lee (1986)的语言测试也有一些相关的报告。在语言测试中，Lee (1986:338)发现有70%的3岁儿童和45%的4岁儿童将“可以不VP”理解成了“不可以VP”。此外，Lee (1986:338)也发现：5岁、6岁和7岁的儿童仍未完全掌握“可以不VP”的意义；直到8岁，儿童才完全掌握“可以不VP”的意义。

汉语儿童在早期获得“可以$_2$不VP”的困难，有结构的原因，但这不是最主要的。在测试故事(二)4和10中(见4.2.4.1.4)，可以发现5～6岁、6～7岁和7～8岁组的儿童对“不可以$_2$不VP”的处理能力已经到达一个较高的水平：

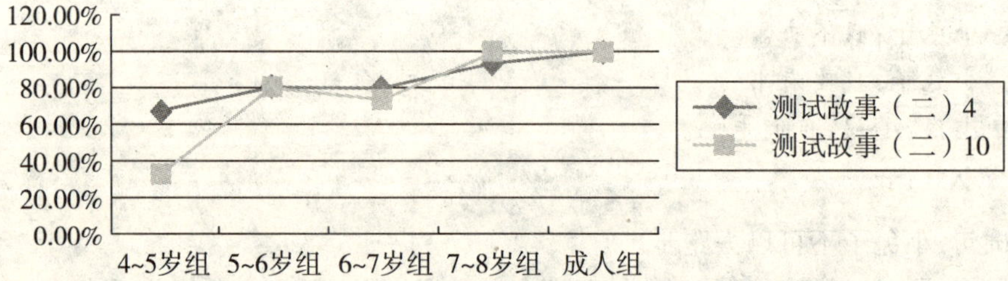

所以，本文认为早期儿童对“可以$_2$不VP”的语义判断与成人的判断有差异是由于指导他们进行判断的原则系统与成人的原则系统存在差异：

成人的语法系统的判断结果：

“可以$_2$ 不 VP”	线性原则	语义蕴涵原则
$\neg > P$		👍
$P > \neg$	👍👍	

早期儿童的语法系统的判断结果：

“可以$_2$ 不 VP”	线性原则	语义蕴涵原则
$\neg > P$		👍👍
$P > \neg$	👍	

这样，早期儿童就把成人认为是标记性的逆序解释当成了非标记性的解释。在分析“不可以$_2$VP”时，成人和早期儿童的原则系统是这样操作的：

成人的语法系统的判断结果：

“不可以$_2$”VP	线性原则	语义蕴涵原则
$\neg > P$	👍👍	👍
$P > \neg$		

早期儿童的语法系统的判断结果：

“不可以$_2$VP”	线性原则	语义蕴涵原则
$\neg > P$	👍	👍👍
$P > \neg$		

虽然原则排序不一样，但生成的结果是一样的。这反映出来的现象就是儿童对“不可以$_2$VP”的掌握情况好于“可以$_2$不 VP”。儿童只有真正建立了以线性原则为核心的原则系统，他们对“可能不 VP”和“可以$_2$不 VP”的判断才会与成人一样。

除了原则上的差异，当然也不能排除以下两个因素对“可以”的两个否定式习得顺序的影响：

结构差异。单就结构来说，“不＋情态词＋VP”是非标记性的，而“情态词＋不＋VP”是标记性的。

输入差异。不统计“可以”与否定词构成疑问句的如下三种情况：

* 研究者：可以＃不可以？　　ZTX01;00;09

* 姥姥：你问阿姨可不可以？　　SJQ01;08;21

* 研究者：可以不？　　ZTX02;03;22

但统计下面形式：

* 研究者：不可以啊？　　SJQ01;05;14

在 CY、SJQ 和 ZTX 的语言输入中，“不可以(VP)”共出现了 100 次，而“可以不 VP”

只出现了1次：

＊研究者：他说，爸爸就可以不抢了。　　ZTX01;02;09

输入频率低的原因是因为“不可以$_2$VP”与“可以$_2$VP”在语义上是对立的，互为参照点，从而能帮助儿童去理解“不可以$_2$VP”的意思。语义参照点在儿童获得语言的过程中发挥着很大的作用。正因为这样，成人有时会有意地帮助儿童建立两个词语在语义上的参照关系，从而减轻儿童获得词汇的负担，例如：

(51)

＊爸爸：左脚还是右脚，左脚还是右脚？
＊爸爸：你说“左脚”。
＊爸爸：左脚，左脚。
＊爸爸：左脚，左脚。
＊爸爸：左脚，左脚。
＊爸爸：左脚。
＊爸爸：右脚，右脚。
＊爸爸：左脚，左脚。
＊爸爸：右脚，右脚。

SJQ01;02;06

(52)

＊研究者：你的车大还是我的车大？
＊研究者：你喜欢大车还是小车？
注释：玩具车发出噪音。
＊研究者：嗯？
＊妈妈：毛毛。
＊妈妈：你说“大”。

ZTX01;02;03

还有一个原因是上文讨论过的，“可以$_2$不VP”在成人语法中有一种标记性的解释，也就是当在所有道义上的可能世界中命题都为假的时候，也是可以说“可以$_2$不VP”的。成人与早期儿童交流时需要明确表达自己的意思，自然就会较少地使用意义上模棱两可的结构。

在跟踪取样获得的语料中，还发现：虽然“可以$_2$”和“可能”都表达“可能性”，但汉语儿童对“不可以$_2$VP”的获得是早于“不可能VP”的。之所以如此，有两个原因：

第一，从理论上说，“可以$_2$”是道义性的情态词，“可能”是认知性的情态词。大量研究已经表明道义性的情态词比认知性的情态词较早被儿童掌握，并且使用频率也较高。从本文所掌握的语料也反映了同样的习得规律：

"可能"与"可以"的始现时间

情态动词	语义概念	分类	CY	SJQ	ZTX
可能	表估计	认知性		SJQ01;10;02	ZTX02;03;08
可以	表准允	道义性(根源性)	CY01;11;09	SJQ01;08;21	ZTX01;08;11

第二,肯定式出现得晚,用得少,对应的否定式必然也出现得晚,用得少。在对 CY(00;10;05—02;04;31)、SJQ(01;02;06—01;11;29)和 ZTX(00;11;18—02;06;02) 的语料进行分析时,没有发现一例他们使用"不可能(XP)"和"可能不 XP"的情况。除此之外,也没发现一例他们使用"可以不 VP"的情况,而"不可以(VP)"出现了 17 次:

"可能"与"可以"的否定式在语言输出中出现的情况

儿童	"不可能"的输出(次数)	"可能不"的输出(次数)	"不可以"的输出(次数)	"可以不"的输出(次数)
CY	0	0	0	0
SJQ	0	0	6	0
ZTX	0	0	11	0

"不可以"在输出中的使用如:

*妈妈:那你还给他。
*儿童:不可以。　　SJQ01;09;27

*研究者:那我就拿走了啊!
*研究者:可以拿走吗?
*儿童:不可以拿走。　　ZTX01;09;29

4.2.3.4 小结

从原则系统的发展来看:

汉语成人和早期儿童进行否定和量化、否定和情态两种辖域解释时使用的原则系统是相通的。在处理汉语中单个否定和情态辖域问题时,有两种情况:

第一,如果两个算子可能有的两个辖域解释中,一个蕴涵另一个,但不相等,那汉语成人的原则系统是:

线性原则>语义蕴涵原则

早期儿童一开始会假设这两个算子间两种演算方向都是可能的,但是他们会使用自己的原则系统对两种可能的解释进行评估。在这种情况下,汉语早期儿童使用的原则系统是:

语义蕴涵原则>线性原则

这解释了为什么早期儿童会把"可能不 VP"等同于"不可能 VP",会把"可以$_2$不 VP"

等同于"不可以$_2$VP"。语言输入会刺激儿童，促使他们将线性原则调整成核心原则。语义蕴涵原则在成人的语法系统中仍然会发挥一定的作用。这表明：参数确定后，普遍原则的影响不会完全消失。

第二，如果两个算子间不同的辖域解释不存在蕴涵关系，则汉语成人使用线性原则来进行计算。汉语早期儿童仍会假设两种不同的辖域解释都成立，但他们将根据线性原则对这两个解释的优劣程度进行评估。

从词汇习得的发展来看：

关于"应该"。从 CY(00;10;05－02;04;31)、SJQ(01;02;06－01;11;29)和 ZTX(00;11;18－02;06;02)的语料看，成人对"应该"否定式的输入很少，"不应该(VP)"有 10 次，"应该不 VP"仅有 1 次。没有发现 SJQ 和 ZTX 使用"应该"的否定式的情况。语言测试的结果表明，儿童在 4～5 岁起能正确处理含有两种否定形式的句子所表达的语言信息。

关于"可能"。在 CY、SJQ 和 ZTX 的语料中，成人使用了 6 次"不可能(XP)"和 7 次"可能不 XP"。没有发现 CY、SJQ 和 ZTX 使用"可能"的否定式的情况。从语言测试中，发现 4～5 岁组的儿童就能比较好地处理"不可能 VP"的结构，而 7～8 岁组中仍发现部分儿童将"可能不 VP"完全等同于"不可能 VP"。

关于"可以$_2$"。在 CY、SJQ 和 ZTX 的成人输入中，"不可以(VP)"共出现了 100 次，而"可以不 VP"只出现了 1 次。SJQ 和 ZTX 使用 17 次"不可以(VP)"，没有使用过"可以不 VP"。"不可以(VP)"在 SJQ 和 ZTX 的语料中出现的时间分别是：SJQ(01;09;27)和 ZTX (01;08;11)，这比"应该"和"可能"的否定式出现得早。

从结构习得的发展来看：

儿童获得"不＋情态词＋VP"结构的时间早于"情态词＋不＋VP"结构。这有三个方面的原因：

第一，原则系统的问题。比如在计算"不可能 VP"时，虽然成人和儿童早期使用的是不同排序的原则系统，但判定的结果是一样的；但是在计算"可能不 VP"时，成人和儿童的原则系统对两种可能解释的优劣判断却恰好相反。

第二，结构特点的不同。如果一个情态词有两种否定式，单从结构来说，"不＋情态词＋VP"是非标记性的，而"情态词＋不＋VP"是标记性的。

第三，输入频率的差异。比如在 CY、SJQ 和 ZTX 的语料中，"可以$_2$不 VP"结构的成人输入的频率就比"不可以$_2$VP"低。

4.2.4 情态词双重否定式的习得

大量的研究(Brown 1973; Kuczaj 和 Maratsos 1983; Shatz，Billman 和 Yaniv 1986)表明，儿童是在 01;10－02;06 期间开始使用情态词，而且常常是在有限的句法结构中(主要是陈述句)使用一个否定形式。CY(00;10;05－02;04;31)、SJQ(01;02;06－01;11;29)和 ZTX(00;11;18－02;06;02)的语料也证实了这一点：没有发现他们使用双重否定的情况。

儿童要完全获得关于情态词双重否定式的知识，必须弄清两点：

第一，在语义内容上，情态词的双重否定式不表达否定，而是表达肯定。

第二，在语义强度上，情态词的双重否定式的意义不一定等于"负负相消"后的肯定式。相对第一点，要弄清第二点比较困难，因为情态词在进入双重否定式后，它原来的语义强度会出现三种情况：减弱、加强和不变。

下文首先考察汉语4～5岁到7～8岁的儿童是否掌握以下双重否定式不再表达否定，而是表达肯定：

"不应该不VP"
"不可能不VP"
"不会不VP"
"不可以$_2$不VP"

然后再考察他们是否掌握双重否定给以下情态词的语义强度带来的变化：

"不一定不VP"和"不应该$_1$不VP"
"不应该$_1$不VP"和"不可能不VP"
"不应该$_2$不VP"和"不可以$_2$不VP"

4.2.4.1 双重否定和语义内容

4.2.4.1.1 "不应该不VP"

"不应该$_1$不VP"

测试故事(二)5：

小猴：哎呀，小青蛙还不来。我告诉他了。
小熊：小猴，小猴，你在干什么呢？
小猴：我在等小青蛙。
小熊：他知道吗？
小猴：知道。

测试句：小青蛙不应该不知道。

测试故事(二)1：

(画外音：小青蛙给小熊打电话。嘟，嘟，嘟。)
小青蛙：没人。
小青蛙：我再打。
(画外音：嘟，嘟，嘟。)
小青蛙：哎，没人。
小青蛙：小熊不在家，我不打了。

测试句：小熊不应该不在家。

各组被试对测试故事 5 和测试故事 1 的详细答案见“附录十三”。

成人(100%,15/15)认为测试故事 5 中的测试句是正确的,测试故事 1 中的测试句是错误的。

以下分组讨论儿童被试的回答:

4～5 岁组:

测试故事编号	认为测试句是正确的,并且		认为测试句是错误的。
	认为“小青蛙知道。”的。	未提供相关解释的。	
测试故事 5	40%(6/15)(HH、CSQ、ZXY、LRQ、ETY 和 ZSY)	26.67%(4/15)(LCL、TZY、LYC 和 ZYH)	33.33%(5/15)(WBC、WLQ、JPJ、JYH 和 WSY)

根据测试结果,我们只能判定第一类被试,40%(6/15)的被试,掌握了所测试的结构,因为他们认为故事 5 中的测试句是正确的,并且能给出合理的解释。有 33.33%(5/15)的儿童认为测试句是错误的。其中有 2 个被试,WLQ 和 JYH,认为“小青蛙知道”。这说明他们将测试句中的“不应该不 VP”错误地理解为“不应该 VP”。

在对故事 1 的测试句的判断中,

测试故事编号	认为测试句是正确的,并且		认为测试句是错误的,并且	
	认为“小熊不在家。”的。	未提供解释的。	认为“小熊不在家。”的。	未提供相关解释的。
测试故事 1	53.33%(8/15)(CSQ、WLQ、TZY、JPJ、JYH、LYC、ZYH 和 ZSY)	6.67%(1/15)(LCL)	33.33%(5/15)(HH、WBC、WSY、LRQ 和 ETY)	6.67%(1/15)(ZXY)

在这些被试中,只能断定第三类被试是真正掌握了这个结构,他们占 33.33%(5/15)。第一类被试将“不应该不在家”理解成了“不应该在家”。

综合两个测试故事的结果,只能判定总共有 36.67%(11/30)的人次掌握这个结构的。

5～6 岁组:

测试故事编号	认为测试句是正确的,并且		认为测试句是错误的。
	认为“小青蛙知道。”或“已经告诉它了。”的。	未提供解释的。	
测试故事 5	73.33%(11/15)(FJH、FYP、CZ、SL、SYQ、ZWB、LZQ、WXF、DWX、ZYH 和 WYF)	6.67%(2/15)(CYF 和 YZQ)	13.33%(2/15)(GQC 和 WYY)

在 5～6 岁组中,我们只能确定 73.33%(11/15) 的被试是掌握了这个结构的。在判断测试句是错误的儿童中,WYY 判断的理由是“小猴想跟小青蛙玩”,由此可推断出:在她看来,小青蛙应该知道。这样看来,她和 GQC 一样都是将“不应该不 VP”理解为“不应该 VP”了。

在对故事 1 测试句的判断中,

测试故事编号	认为测试句是正确的，并且		认为测试句是错误的，并且		
	认为“小熊不在家。”的。	将“应该”理解成根源性的“应该”的。	认为“小熊不在家。”，或对“不应该不在家”进行了正确分析的。	将“不应该不 VP”分析为“不应该 VP”的。	未提供相关解释的。
测试故事1	33.33%(5/15)(FYP、SYQ、YZQ、ZWB 和 WXF)	26.67%(4/15)(CYF、CZ、SL 和 WYF)	20%(3/15)(FJH、GQC 和 LZQ)	6.67%(1/15)(ZYH)	13.33%(2/15)(WYY 和 DWX)

第三类被试的判断和成人一样，他们占的比例是 20%(3/15)；第二类的被试是掌握了“不应该不 VP”的结构的，只是他们对故事中“应该”的理解和成人不同，他们所占比例是 26.67%(4/15)。

综合测试故事 5 和故事 1 的结果，共计 46.67%(14/30)① 人次的判断是和成人的判断完全一致的。

6～7 岁组：

在测试故事 5 的结果中：

测试故事编号	认为测试句是正确的，并且		认为测试句是错误的，并且
	认为“小青蛙知道。”的。	未提供解释的。	将“不应该不 VP”理解成了“不应该 VP”。
测试故事 5	80%(12/15)(SWB、XJL、SCY、DYX、LX、YTM、YTX、YS、GJ、NLL、XRX 和 WT)	6.67%(1/15)(WJY)	13.33%(2/15)(ZY 和 CWD)

综合考察他们的回答，第一类被试，80%(12/15)的儿童，是肯定掌握了这个结构的。

在判断测试故事 1 中的测试句时：

测试故事编号	认为测试句是正确的，并且			认为测试句是错误的，并且
	认为“小熊不在家。”的。	将“应该”理解成根源性的“应该”的。	未提供相关解释的。	认为“小熊不在家。”或“小熊没接电话。”的。
测试故事 1	26.67%(4/15)(ZY、CWD、YTM 和 XRX)	13.33%(2/15)(SWB 和 GJ)	6.67%(1/15)(SCY)	53.33%(8/15)(XJL、DYX、LX、YTX、YS、NLL、WJY 和 WT)

第二类和第四类被试肯定掌握了双重否定结构“不应该不 VP”，他们所占的比例分别是：13.33%(2/15)和 53.33%(8/15)。

综合测试故事 5 和测试故事 1 的结果，6～7 岁儿童的判断中共计 66.67%(20/30)的人次是和成人的判断完全一致的。

7～8 岁组：

对于故事 5 的测试句：

① 不包括将认知性的“应该$_1$”理解为道义性的“应该$_2$”的人次。下文相同。

测试故事编号	认为测试句是正确的，并且能对“不应该不知道”进行正确的分析，或能提供正确的解释，即“小青蛙知道。”，的。	认为测试句是错误的，并且又认为“小猴已经告诉它了。”的。
测试故事 5	93.33%(14/15) (DZY、LY、HS、JZW、ZSX、DY、CN、LL、YY、WQF、WZY、YZZ、ZJY 和 HJ)	6.67% (1/15) (HB)

根据测试结果，93.33%(14/15)的被试是掌握了这个结构的。

对于故事 1 的测试句：

测试故事编号	认为测试句是正确的，并且		认为测试句是错误的，并且			
	认为“小熊不在家。”的。	将“应该”理解成根源性的“应该”的。	认为“小熊不在家。”，或对“不应该不在家”结构提供了正确分析的。	将“不应该不在家”分析为“不在家”的。	未提供相关解释的。	将“应该”作根源性的“应该”理解的。
测试故事 1	13.33%(2/15) (JZW 和 YZZ)	13.33%(2/15) (HS 和 HB)	53.33%(8/15) (LY、CN、LL、YY、WQF、WZY、ZJY 和 HJ)	6.67%(1/15) (ZSX)	6.67%(1/15) (DY)	6.67%(1/15) (DZY)

我们能确定的是：第三类被试是完全掌握这个结构的，他们所占的比例是 53.33%(8/15)；第二类和第六类被试也是掌握了这个结构的，只不过他们将“应该”当作根源性的“应该”理解了，他们所占的比例是 20%(3/15)。

综合故事 5 和故事 1 的测试结果，共有 73.33%(22/30)的人次的判断是和成人的完全一致的。

“不应该$_2$不 VP”

测试故事(二) 3：

（画外音：小兔子在睡懒觉。）

小狗：小兔子快起床。

小狗：小兔子快起床。

小狗：太晚了，老师生气了。

测试句：小兔子不应该不起床。

测试故事(二)7：

（两只小兔子在看书，小熊在唱歌。）

小熊：啊啊啊啊啊。

小兔子 1：小熊，你别唱歌了。

小熊：啊。

小兔子 1：我们在看书。

测试句：小熊不应该不唱歌。

测试结果：

具体的测试结果见“附录十三”。

成人(100%，15/15) 对测试故事 3 的判断是“正确”，对测试故事 7 的判断是“错误”。

4～5 岁组：

测试故事编号	认为测试句是正确的，并且		认为测试句是错误的，并且	
	认为"小兔子应该起床。"的。	未提供相关解释的。	将测试句中的"不应该不 VP"错误地理解为"不应该 VP"的。	只是重复测试句的。
测试故事 3	46.67%(7/15)(HH、LCL、CSQ、TZY、JPJ、LRQ 和 ZSY)	6.67%(1/15)(LYC)	40%(6/15)(WLQ、ZXY、JYH、WSY、ETY 和 ZYH)	6.67%(1/15)(WBC)

测试结果表明 4～5 岁组中，能判定第一类被试(46.67%(7/15))掌握了相关的测试内容。

在对故事 7 的测试句的判断中：

测试故事编号	认为测试句是正确的，并且		认为测试句是错误的，并且	
	认为"小熊不应该唱歌。"的。	认为"小熊要唱歌才行啊。"的。	认为"小熊不应该(在这儿)唱歌。"的。	未提供解释或提供的解释不相关的。
测试故事 7	53.33%(8/15)(HH、CSQ、TZY、ZXY、JPJ、JYH、LRQ 和 ZSY)	6.67%(1/15)(LCL)	26.67%(4/15)(WLQ、WSY、ETY 和 ZYH)	13.33%(2/15)(WBC 和 LYC)

第二类被试的判断和成人虽不一样，但是他对"不应该不 VP"的结构是理解的，只是他对故事中"唱歌"这个行为有自己的理解。所以，在这些被试中，第二类和第三类被试是掌握了这个结构的，他们占 33.33%(5/15)。

综合两个测试故事的结果，只能判定总共有 40%(12/30)的人次是掌握这个结构的。

5～6 岁组：

测试故事编号	认为测试句是正确的，并且			认为测试句是错误的，并且		无法进行判断的。
	认为"小兔子应该起床。"的。	将"不应该不 VP"分析为"不应该 VP"的。	未提供解释的。	将"不应该不 VP"分析成"不应该 VP"的。	未提供解释的。	
测试故事 3	53.33%(8/15)(CZ、SL、SYQ、YZQ、ZWB、WYY、DWX 和 WYF)	6.67%(1/15)(ZYH)	6.67%(1/15)(CYF)	20%(3/15)(FJH、GQC 和 WXF)	6.67%(1/15)(FYP)	6.67%(1/15)(LZQ)

LZQ 未能就测试句作出判断，他向主试表明不知道问题的意思。考察测试结果后，确定第一类被试，53.33%(8/15)的儿童是掌握相关结构的。

在对故事 7 测试句的判断中：

测试故事编号	认为测试句是正确的，并且	认为测试句是错误的，并且	
	将"不应该不唱歌"分析成"不应该唱歌"，或认为"小熊不应该唱歌。"的。	将"不应该不唱歌"分析为"唱歌"，或认为"小熊不应该唱歌。"的。	只是重复测试句的。
测试故事 7	26.67%(4/15)(FJH、FYP、SYQ 和 ZYH)	66.67%(10/15)(CYF、CZ、GQC、SL、YZQ、ZWB、LZQ、WYY、DWX 和 WYF)	6.67%(1/15)(WXF)

第二类被试是掌握了测试句中的结构的，他们所占比例是 66.67%(10/15)。

综合测试故事 3 和故事 7 的结果，共计 60%(18/30)人次的判断是和成人的判断一致的。

6～7 岁组：

测试故事 3 的结果中：

测试故事编号	认为测试句是正确的，并且		认为测试句是错误的，并且	
	能提供正确分析的。	未提供相关解释的。	将“不应该不 VP”理解成“不应该 VP”的。	提供的解释含糊的。
测试故事 3	66.67%(10/15)(CWD、SCY、DYX、LX、YTM、YS、GJ、NLL、WJY 和 XRX)	6.67%(1/15)(XJL)	20%(3/15)(SWB、ZY 和 WT)	6.67%(1/15)(YTX)

第一类被试是掌握所测试的知识的，他们所占比率为 66.67%(10/15)。

在测试故事 7 中：

测试故事编号	认为测试句是正确的，并且		认为测试句是错误的，并且
	将“不应该不唱歌”分析成“不应该唱歌”，或认为“小熊不应该唱歌。”的。	未提供解释的。	将“不应该不唱歌”分析为“唱歌”，或认为“小熊不应该唱歌。”的。
测试故事 7	26.67%(4/15)(YTM、YTX、WJY 和 WT)	6.67%(1/15)(XJL)	66.67%(10/15)(SWB、ZY、CWD、SCY、DYX、LX、YS、GJ、NLL 和 XRX)

第三类被试是掌握了双重否定结构“不应该不 VP”的，所占比例为 66.67%(10/15)。

综合测试故事 3 和测试故事 7 的结果，6～7 岁儿童的判断中共计 66.67%(20/30)人次是和成人的判断一致的。

7～8 岁组：

对于故事 3 的测试句，7～8 岁的被试中：

测试故事编号	认为测试句是正确的，并且	认为测试句是错误的，并且
	能对“不应该不知道”进行正确的分析，或能提供正确的解释，即“小兔子应该起床。”，的。	将“不应该不 VP”理解成“不应该 VP”的。
测试故事 3	86.67%(13/15)(DZY、LY、HS、ZSX、DY、CN、LL、YY、WQF、WZY、YZZ、ZJY 和 HJ)	13.33%(2/15)(HB 和 JZW)

根据测试结果，有理由相信 86.67%(13/15)的被试是掌握了这个结构的。

对于故事 7 的测试句：

测试故事编号	认为测试句是正确的，并且认为“小熊唱歌了。”的。	认为测试句是错误的，并且将“不应该不唱歌”分析为“唱歌”，或认为“小熊不应该唱歌。”的。
测试故事 7	6.67%(1/15)(YZZ)	93.33%(14/15)(DZY、LY、HS、HB、JZW、ZSX、DY、CN、LL、YY、WQF、WZY、ZJY 和 HJ)

第二类被试是掌握了这个结构的，他们所占的比例是 93.33%(14/15)。

综合故事3和故事7的测试结果，共有90%(27/30)的人次的判断是和成人一致的。

将“不应该$_1$不VP”和“不应该$_2$不VP”的所有测试结果与成人的判断一致的人数总结如下：

	不应该$_1$不VP					总比例	不应该$_2$不VP				总比例
	测试故事5		测试故事1				测试故事3		测试故事7		
	人数	比例	人数	比例	理解成“应该$_2$”的人数和比例		人数	比例	人数	比例	
4～5岁组	6	40%	5	33.33%		36.67%(11/30)	7	46.67%	5	33.33%	40%(12/30)
5～6岁组	11	73.33%	3	20%	26.67%(4)	46.67%(14/30)	8	53.33%	10	66.67%	60%(18/30)
6～7岁组	12	80%	8	53.33%	13.33%(2)	66.67%(20/30)	10	66.67%	10	66.67%	66.67%(20/30)
7～8岁组	14	93.33%	8	53.33%	20%(3)	73.33%(22/30)	13	86.67%	14	93.33%	90%(27/30)

上文的讨论和此处的统计结果表明：

第一，儿童对于“不应该不VP”结构的理解在4～5岁期间是比较差的；到了5～6岁儿童对关于这个结构的知识有了很大提高；到了7～8岁，儿童对这个结构的知识已经比较成熟了。

第二，含有“不应该不VP”的复合命题的计算步骤是：

$$\neg\text{应该}\neg p$$
$$\circlearrowleft\quad\circlearrowleft$$
$$①\quad②$$

①这个命题为真，当且仅当极少数的可能世界使得$\neg p$为真；

②当且仅当极少数的可能世界使得p为假。

4～5岁起的儿童在对“不应该不VP”进行计算时，使用的是线性原则。部分儿童将“不应该不VP”理解成“不应该VP”是因为他们在早期缺乏完成第二步演算的能力，这种现象在一些7～8岁儿童(如测试故事3中的JZW)身上仍能观察到。

第三，在测试中也发现，在情景基本允许的条件下，有些儿童会将认知性的“应该$_1$”理解为道义性的“应该$_2$”。这还是由于上文已提到的原因，道义性的情态词的习得要早于认知性的，因为前者对儿童认知能力的要求较低。

4.2.4.1.2 “不可能不VP”

测试故事(二)2：

小兔子：小熊，小熊，我们去踢球吧。

小熊：好啊好啊。

小熊：等一下，我去拿球。

小熊：走吧。

小兔子：嗯。

测试句：小熊和小兔子不可能不去踢球。

测试故事(二)8：

小猴：小青蛙，你会游泳吗？

小青蛙：游泳，我是第一。

小猴：哦。

小猴：那你参加游泳比赛吗？

小青蛙：啊，我太忙了。

小青蛙：我不知道。

测试句：小青蛙不可能不参加比赛。

测试结果：

详见“附录十三”。

93.33%(14/15)的成人对测试故事 2 测试句的判断是“正确(Y)”，100%(15/15)的成人测试故事 8 测试句的判断是“错误(N)”。

4～5 岁组：

测试结果表明：

测试故事编号	认为测试句是正确的，并且			认为测试句是错误的，并且		
	认为“它们要去踢球。”的。	认为小动物不会去踢球的。	未提供解释的。	将“不可能不VP”分析成了“不可能 VP”。	好像是在对小动物们去踢球这个行为作评判的。	未提供解释的。
测试故事2	33.33%(5/15)(HH、CSQ、TZY、ZXY和 ZSY)	6.67%(1/15)(LYC)	6.67%(1/15)(LCL)	40%(6/15)(WLQ、JPJ、JYH、WSY、LRQ 和ETY)	6.67%(1/15)(WBC)	6.67%(1/15)(ZYH)

第一类被试(33.33%(5/15))是掌握了测试内容的。

在对故事 8 的测试句判断中：

测试故事编号	认为测试句是正确的，并且			认为测试句是错误的，并且	
	认为“小青蛙不参加比赛。”，或认为“小青蛙不一定参加。”的。	认为“小青蛙会参加比赛。”的。	未提供解释的。	认为“小青蛙不参加比赛。”的。	认为，由于某种原因，“小青蛙会参加比赛。”的。
测试故事8	46.67%(7/15)(HH、CSQ、TZY、ZXY、JPJ、LYC 和LRQ)	13.33%(2/15)(ETY 和 ZYH)	6.67%(1/15)(LCL)	26.67%(4/15)(WBC、WLQ、JYH 和 WSY)	6.67%(1/15)(ZSY)

第一类和第五类被试是将“不可能不参加比赛”分析成了“不可能参加比赛”。第二类和第四类被试(40% (6/15))虽然对故事的理解不一样，但他们都掌握了“不可能不参加比赛”在意思上大致等同于“参加比赛”。

综合两个测试故事的结果，只能判定总共有 36.67%(11/30)的人次是掌握这个结构的。

5～6 岁组：

对故事 2 测试句的判断中：

测试故事编号	认为测试句是正确的，并且		认为测试句是错误的，并且
	认为“它们要去踢球了。”的。	未提供解释的。	将“不可能不去踢球”分析成了“不可能去踢球。”的。
测试故事 2	66.67%(10/15) (FJH、FYP、SL、SYQ、ZWB、LZQ、WYY、DWX、ZYH 和 WYF)	6.67% (1/15) (CYF)	26.67%(4/15) (CZ、GQC、YZQ 和 WXF)

第一类，66.67%(10/15)的被试所做的判断与成人是完全一致的。

在对故事 8 测试句的判断中：

测试故事编号	认为测试句是正确的，并且		认为测试句是错误的，并且
	将“不可能不参加比赛”分析为“应该不参加比赛”，或者认为由于某种原因“小青蛙不参加比赛”的。	认为“小青蛙会参加比赛。”的。	将“不可能不参加比赛”分析为“参加比赛”，或者认为由于某种原因“小青蛙不参加比赛。”的。
测试故事 8	20%(3/15) (FYP、CZ 和 ZYH)	6.67%(1/15) (WYY)	73.33%(11/15) (FJH、CYF、GQC、SL、SYQ、YZQ、ZWB、LZQ、WXF、DWX 和 WYF)

第二类被试虽然对故事的理解与成人不一样，但是从他的分析来看，他和第三类被试一样，是掌握了“不可能不参加比赛”这个双重否定结构的。这两类被试所占的比例是 80%(12/15)。

综合测试故事 2 和故事 8 的结果，共计 73.33%(22/30)人次的判断表明他们是掌握了这个结构的。

6～7 岁组：

测试故事 2 的结果中：

测试故事编号	认为测试句是正确的，并且认为“它们要去踢球了。”的。	认为测试句是错误的，并且将“不可能不 VP”分析成了“不可能 VP”的。
测试故事 2	86.67%(13/15) (SWB、CWD、SCY、DYX、LX、YTM、YTX、YS、GJ、NLL、WJY、XRX 和 WT)	13.33%(2/15) (ZY 和 XJL)

测试故事 8 的结果中，所有的被试(100%(15/15))都认为测试句是错误的。

测试故事编号	认为测试句是正确的。	认为测试句是错误的，并且能对“不可能不参加”进行正确分析，或者认为由于某种原因“小青蛙不参加比赛。”的。
测试故事 8	0%(0/15)	100%(15/15)

在这个测试故事中，特别值得注意的是 DYX 的解释。从他的解释中，我们看到 6～7 岁阶段儿童已经开始意识到双重否定在意义和语气上给“可能”带来的变化。

综合测试故事 2 和测试故事 8 的结果，6～7 岁儿童的判断中共计有 93.33%(28/30)人次和成人的判断是一致的。

7～8 岁组：

测试故事 2 的结果中：

测试故事编号	认为测试句是正确的，并且认为“它们去踢球了。”，或对“不可能不去踢球”作出正确分析的。	认为测试句是错误的，并且将“不可能不 VP”理解成了“不可能 VP”的。
测试故事 2	80%(12/15) (DZY、LY、HS、JZW、ZSX、DY、CN、LL、YY、WZY、ZJY 和 HJ)	20%(3/15) (HB、WQF 和 YZZ)

第一类被试(80%，12/15)是掌握了相关测试内容的。

测试故事 8 的结果中：

测试故事编号	认为测试句是正确的，并且		认为测试句是错误的，并且
	认为“小青蛙肯定要参加比赛。”的。	将“不可能不 VP”分析成“不可能 VP”。	能对“不可能不参加”进行正确分析，或者能说明由于某种原因“小青蛙不参加比赛。”的。
测试故事 8	6.67%(1/15) (DY)	6.67%(1/15) (HB)	86.67%(13/15) (DZY、LY、HS、JZW、ZSX、CN、LL、YY、WQF、WZY、YZZ、ZJY 和 HJ)

虽然第一类和第三类对“小青蛙是否去参加比赛?”的判断不一样，但他们都是掌握了相关结构的。所以，总计有 93.33%(14/15)的人次掌握了“不可能不 VP”结构。

综合测试故事 2 和测试故事 8 的结果，7～8 岁儿童的判断中共计有 86.67%(26/30)的人次是掌握了这个双重否定的结构了的。

将相关测试结果总结如下：

组别	不可能不 VP				总比例
	测试故事 2		测试故事 8		
	人数	比例	人数	比例	
4～5 岁组	5	33.33%	6	40%	36.67%(11/30)
5～6 岁组	10	66.67%	12	80%	73.33%(22/30)
6～7 岁组	13	86.67%	15	100%	93.33%(28/30)
7～8 岁组	12	80%	14	93.33%	86.67%(26/30)

儿童在 6～7 岁阶段对于“不可能不 VP”结构已经基本了解；但是在 7～8 岁阶段仍然有儿童(如 HB)在处理“不可能不 VP”双重否定结构时只能完成第一步计算：

$$\underset{①}{\neg}\Diamond\underset{②}{\neg}\, p$$

这样他们将“不可能不 VP”错误理解成了“不可能 VP”。

4.2.4.1.3 “不会不 VP”

测试故事(二)9：

(画外音：要上课了。)

小熊：老师呢？

小猴：不知道。

小兔子：老师让我告诉你们，他马上来。

测试句：老师不会不来。

测试故事(二)6：

天线宝宝：我是天线宝宝，今天我和小兔子出去玩。

天线宝宝：小兔子，我们出去玩吧。

小兔子：好啊。

天线宝宝：你想玩什么呀？

(思考。)

小兔子：我想跳舞，我想踢球。

天线宝宝：跳完舞天就黑了。

(停顿。)

天线宝宝：好吧，我们先跳舞。

天线宝宝：天没黑，我们再踢球。

小兔子：好吧，我们先跳舞。

小兔子：天黑了，明天也可以踢球。

测试句：天线宝宝和小兔子不会不去踢球。

测试结果：

关于具体的测试结果，参见“附录十三”。

成人(100%，15/15)对测试故事9的判断是“正确(Y)”，对测试故事6的判断是“错误(N)”。

4～5岁组：

测试故事编号	认为测试句是正确的，并且所表述的理由的意思是“老师马上来。”、“他们在等老师。”或“老师喜欢教小朋友。”的。	认为测试句是错误的，并且	
		认为“老师不会过来。”的。	将“不会不VP”分析成“不会VP”的。
测试故事9	80%(12/15) (HH、LCL、CSQ、TZY、ZXY、JPJ、JYH、WSY、LYC、LRQ、ZYH和ZSY)	6.67%(1/15) (WBC)	13.33%(2/15) (WLQ和ETY)

在测试故事9的结果中，第一类和第二类被试占总数的86.67%(13/15)，是掌握了“不会不VP”的结构的。

在对故事6测试句的判断中：

测试故事编号	认为测试句是正确的，并且				认为测试句是错误的，并且	
	认为由于某种原因"它们不会去踢球。"的。	认为"它们会去踢球。"的。	提供的解释不是非常清楚的。	未提供解释的。	认为由于某种原因"它们不会去踢球。"的。	只是重复测试句的。
测试故事6	26.67%(4/15)（TZY、WSY、LYC 和 ZSY)	26.67%(4/15)（HH、CSQ、ZXY 和 JPJ)	13.33%(2/15)(JYH 和 LRQ)	13.33%(2/15)(LCL 和 ZYH)	13.33%(2/15)（WLQ 和 ETY)	6.67%(1/15)(WBC)

第一类被试是将"不会不去踢球"错误分析成"不会去踢球"。第三类和第四类被试未能提供清楚的分析和解释，所以只能断定第二类和第五类被试掌握了相关结构的知识，他们所占比例是 40%(6/15)。

综合两个测试故事的结果，只能判定总共有 63.33%(19/30)的人次是掌握了这个结构的。

5～6 岁组：

测试故事 9 的结果表明，5～6 岁组中

测试故事编号	认为测试句是正确的，并且		认为测试句是错误的，并且
	认为"老师马上来。"，或能对"不会不来"进行正确分析的。	未提供解释的。	将"不会不 VP"分析成"不会 VP"的。
测试故事 9	86.67% (13/15)(FJH、FYP、CZ、SL、SYQ、YZQ、ZWB、LZQ、WXF、WYY、DWX、ZYH 和 WYF)	6.67% (1/15)(CYF)	6.67% (1/15)(GQC)

第一类被试 (86.67% ,13/15)是掌握了相关测试结构的。

在对故事 6 测试句的判断中：

测试故事编号	认为测试句是正确的，并且			认为测试句是错误的，并且		
	将"不会不去踢球"分析为"不去踢球"，或认为由于某种原因"它们不会去踢球。"的。	认为"说好了，它们会去踢球。"的。	未提供解释。	能将"不会不去踢球"分析成"去"，或认为天黑了，或认为今天"它们不会去踢球。"的。	认为由于某种原因"他们会去踢球。"的。	未提供解释的。
测试故事6	13.33%(2/15)(SL 和 ZYH)	6.67%(1/15)(WYY)	6.67%(1/15)(CYF)	53.33%(8/15)(FJH、FYP、CZ、SYQ、ZWB、WXF、DWX 和 WYF)	13.33%(2/15)(GQC 和 YZQ)	6.67%(1/15)(LZQ)

第一类和第五类被试都将"不会不去踢球"错误分析成"不会去踢球"。只能断定第二类和第四类的被试是掌握了相关结构的知识的，他们所占比例为 60%(9/15)。

综合两个测试故事的结果，只能判定总共有 73.33%(22/30)的人次是掌握了这个结构的。

6～7 岁组：

测试故事编号	认为测试句是正确的，并且所表述理由的意思都是“老师会来。”的。	认为测试句是错误的，并且将“不会不VP”分析成“不会 VP”。
测试故事 9	86.67%（13/15）（SWB、ZY、XJL、SCY、DYX、LX、YTM、YTX、YS、GJ、WJY、XRX 和 WT）	13.37%(2/15)（CWD 和 NLL）

测试结果表明，6～7 岁组中，86.67%（13/15）的被试是具有相关知识的。

在对故事 6 测试句的判断中：

测试故事编号	认为测试句是正确的，并且			认为测试句是错误的，并且
	认为由于某种原因“它们不会去踢球。”的。	认为根据约定“它们会去踢球。”的。	认为“可能去踢球。”的。	认为“它们不会去踢球。”的。
测试故事 6	6.67%(1/15)（SWB）	13.33%(2/15)（XRX 和 WT）	13.33%(2/15)（LX 和 WJY）	66.67%(10/15)（ZY、CWD、XJL、SCY、DYX、YTM、YTX、YS、GJ 和 NLL）

第一类被试将“不会不去踢球”错误分析成“不会去踢球”。第三类被试已经意识到“不会不 VP”表达的是一种肯定概念，但是没有掌握双重否定已经使得“不会不 VP”不是简单地等于“会 VP”。第二类和第四类被试虽然对测试句的判断是相反的，但是他们对“不会不 VP”结构的理解却是一致的，那就是表达 VP 所描述的事件一定会发生。他们所占的比例是 80%(12/15)。

综合两个测试故事的结果，只能判定总共有 83.33%(25/30)的人次是掌握了这个结构的。

7～8 岁组：

测试故事编号	认为测试句是正确的，并且所表述的理由的意思都是“老师会来。”的。	认为测试句是错误的，并且将“不会不VP”分析成“不会 VP”。
测试故事 9	93.33%（14/15）（DZY、LY、HS、JZW、ZSX、DY、CN、LL、YY、WQF、WZY、YZZ、ZJY 和 HJ）	6.67%(1/15)（HB）

测试结果表明，7～8 岁组中，93.33%（14/15）的儿童所做的判断与成人完全一致。

在对故事 6 测试句的判断中：

测试故事编号	认为测试句是正确的，并且		认为测试句是错误的，并且	
	认为“它们会去踢球。”的。	认为如果“天没黑，它们就会去踢球。”的。	能将“不会不去踢球”分析为“去”，或认为“它们不会去踢球。”的。	将“不会不 VP”分析成“不 VP”，认为“会去踢球。”的。
测试故事 6	6.67%(1/15)（DY）	6.67%(1/15)（DZY）	80%(12/15)（LY、HS、JZW、ZSX、CN、LL、YY、WQF、WZY、YZZ、ZJY 和 HJ）	6.67%(1/15)（HB）

第四类被试完全没有掌握“不会不 VP”结构。第二类被试关于这个结构的知识已经有了，但是还不够完整，因为他还没有意识到“不会不 VP”表明相关事件一定会发生。掌握这个结构知识的是第一类和第三类被试，他们所占比例为 86.67%(13/15)。

综合两个测试故事的结果，只能判定总共有90%(27/30)的人次是掌握了这个结构的。

组别	不会不VP				总比例
	测试故事9		测试故事6		
	人数	比例	人数	比例	
4～5岁组	13	86.67%	6	40%	63.33%(19/30)
5～6岁组	13	86.67%	9	60%	73.33%(22/30)
6～7岁组	13	86.67%	12	80%	83.33%(25/30)
7～8岁组	14	93.33%	13	86.67%	90%(27/30)

从两个测试故事的结果来看，绝大多数儿童在6～7岁已经基本掌握了"不会不VP"的结构。7～8岁组仍然有儿童(如HB)存在演算复合命题的能力不够强的问题，将"不会不VP"理解成"不会VP"。

4.2.4.1.4 "不可以$_2$不VP"

测试故事(二)4：

小兔子：我生病了。

小熊：吃药吧，吃药吧。

(把药给小兔子。)

小熊：妈妈说生病了要吃药。

小兔子：啊，好吧。

测试句：小兔子不可以不吃药。

测试故事(二)10：

小猴：小熊，小熊，我们去幼儿园吧。

(小熊咳嗽。)

小熊：我生病了，我不想去幼儿园了。

小猴：好吧，我告诉老师你生病了。

小猴：那你休息吧。

测试句：小熊不可以不去幼儿园。

测试结果：

详细测试结果，见"附录十三"。

成人(100%，15/15)对测试故事4的判断是"正确(Y)"，对测试故事10的判断是"错误(N)"。

4～5 岁组：

测试故事编号	认为测试句是正确的，并且	认为测试句是错误的，并且	
	强调了“生病了，要吃药。”的。	指出了“生病”和“吃药”相互间的必然联系的。	未提供清楚解释的。
测试故事 4	66.67%(10/15)(HH、LCL、CSQ、TZY、ZXY、WSY、LYC、LRQ、ZYH 和 ZSY)	26.67%(4/15)(WBC、WLQ、JPJ 和 ETY)	6.67%(1/15)(JYH)

测试结果表明，4～5 岁组中，第二类被试指出了“生病”和“吃药”相互间的必然联系，这表明他们错误地将“不可以不 VP”结构分析成“不可以 VP”。其中，特别值得注意的是 WBC 的答案。他能用“不应该不 VP”来回答，但是他对句子的判断却是不正确的。我们认为，第一类被试（66.67%，10/15）是掌握了相关测试项目的。

在对故事 10 测试句的判断中：

测试故事编号	认为测试句是正确的，并且		认为测试句是错误的，并且	
	认为由于某种原因“小熊不去幼儿园。”的。	认为“小熊要去幼儿园。”	认为“小熊生病了。”，或“小熊不去。”的。	认为“小熊要去幼儿园。”的。
测试故事 10	53.33%(8/15)(CSQ、WBC、TZY、ZXY、JYH、LYC、ETY 和 ZYH)	13.33%(2/15)(HH 和 JPJ)	20%(3/15)(LCL、WSY 和 LRQ)	13.33%(2/15)(WLQ 和 ZSY)

第一类和第四类的被试都错误分析了“不可以不 VP”结构，只有第二类和第三类的被试掌握了这个结构，他们所占的比例是 33.33%(5/15)。

综合两个测试故事的结果，只能判定总共有 50%(15/30)的人次是掌握了这个结构的。

5～6 岁组：

测试故事编号	认为测试句是正确的，并且		认为测试句是错误的，并且
	所表述的理由的意思是“小兔子生病了。”，或是“生病了要吃药。”的。	未提供解释的	将“不可以不 VP”分析成“不可以 VP”的。
测试故事 4	80% (12/15)(FJH、FYP、CZ、SL、SYQ、YZQ、ZWB、LZQ、WYY、DWX、ZYH 和 WYF)	6.67%(1/15)(CYF)	13.33%(2/15)(GQC 和 WXF)

测试结果表明，5～6 岁组中，80% (12/15)的被试对测试句的判断与成人一样。

在对故事 10 测试句的判断中：

测试故事编号	认为测试句是正确的，并且		认为测试句是错误的，并且
	认为由于某种原因“小熊不去幼儿园。”，或将“不可以不去幼儿园”分析成“不去幼儿园”的。	认为“小熊要去幼儿园。”的。	认为“小熊生病了。”或“小熊不去。”，或能对“不可以不 VP”进行正确分析的。
测试故事 10	20%(3/15)(LZQ、WXF 和 ZYH)	6.67%(1/15)(WYY)	73.33%(11/15)(FJH、FYP、CYF、CZ、GQC、SL、SYQ、YZQ、ZWB、DWX 和 WYF)

除了第一类被试外，第二类和第三类被试掌握了“不可以不 VP”结构，他们所占的比

例是 80%(12/15)。FJH 的解释表明:在 5～6 岁期间,已经有儿童掌握了"不可以不 VP"不能简单地等于"可以 VP",而是等于"必须 VP"的原理。

综合两个测试故事的结果,能判定总共有 80%(24/30)的人次是掌握这个结构的。

6～7 岁组:

测试故事编号	认为测试句是正确的,并且		认为测试句是错误的,并且
	所表述的理由的意思是"小兔子生病了。"或"生病了要吃药。"的。	未提供解释的。	将"不可以不 VP"分析成"不可以 VP"的。
测试故事 4	80%(12/15)(SWB、ZY、XJL、SCY、DYX、LX、YTM、YTX、YS、GJ、NLL 和 WJY)	6.67%(1/15)(XRX)	13.33%(2/15)(CWD 和 WT)

测试结果表明,6～7 岁组中,第一类被试(80%,12/15)是掌握了测试结构的。

在对故事 10 测试句的判断中:

测试故事编号	认为测试句是正确的,并且		认为测试句是错误的,并且	
	认为"小熊生病了",不去幼儿园了的。	未提供解释的。	认为"小熊生病了。","小熊可以休息。",或"小熊不去。"的。	认为"小熊必须去幼儿园。"的。
测试故事 10	6.67%(1/15)(WT)	6.67%(1/15)(XJL)	73.33%(11/15)(SWB、ZY、CWD、SCY、DYX、LX、YTM、YTX、GJ、NLL 和 XRX)	13.33%(2/15)(YS 和 WJY)

第二类和第四类被试错误分析了"不可以不 VP"结构。只能确定第三类被试掌握了相关的知识,他们所占的比例是 73.33%(11/15)。

综合两个测试故事的结果,只能判定总共有 76.77%(23/30)的人次是掌握这个结构的。

7～8 岁组:

测试故事编号	认为测试句是正确的,并且所表述的理由的意思是"小兔子生病了。"或"生病了,必须吃药。"的。	认为测试句是错误的,并且将"不可以不 VP"分析成"不可以 VP"的。
测试故事 4	93.33% (14/15)(DZY、LY、HS、JZW、ZSX、DY、CN、LL、YY、WQF、WZY、YZZ、ZJY 和 HJ)	6.67% (1/15)(HB)

故事 4 的测试结果表明,7～8 岁组中的被试在对故事 10 测试句的判断中,没有一个认为测试句是正确的;100%(15/15)的人认为测试句是错误的。

测试故事编号	认为测试句是正确的。	认为测试句是错误的,并且认为"小熊生病了。"、"小熊不去。",或能对"不可以不去"进行正确分析的。
测试故事 10	0% (0/15)	100%(15/15)

综合两个测试故事的结果,只能判定总共有 96.67%(29/30)的人次是掌握这个结构的。

组别	不可以不 VP				总比例
	测试故事 4		测试故事 10		
	人数	比例	人数	比例	
4～5 岁组	10	66.67%	5	33.33%	50%(15/30)
5～6 岁组	12	80%	12	80%	80%(24/30)
6～7 岁组	12	80%	11	73.33%	76.67%(23/30)
7～8 岁组	14	93.33%	15	100%	96.67%(29/30)

从“不可以不 VP”的测试结果来看，5～6 岁组中的儿童关于这个结构的知识已经比较成熟。但是尽管如此，在 7～8 岁组中，仍然发现有儿童(在测试故事 4 中的 HB)将“不可以不 VP”分析成“不可以 VP”的情况。

4.2.4.1.5 小结

关于情态词双重否定式的儿童习得情况，总结如下：

第一，对于情态词双重否定式的了解，4～5 岁是个起步阶段；到了 6～7 岁和 7～8 岁阶段，绝大多数儿童才掌握了相关知识。将上文的测试数据汇总成图表①，从中可以看出相关知识在各个年龄段发展的趋势：

组别	不应该$_1$不 VP	不应该$_2$不 VP	不可能不 VP	不会不 VP	不可以$_2$不 VP
4～5 岁组	36.67%	40%	36.67%	63.33%	50%
5～6 岁组	46.67%	60%	73.33%	73.33%	80%
6～7 岁组	66.67%	66.67%	93.33%	83.33%	76.67%
7～8 岁组	73.33%	90%	86.67%	90%	96.67%

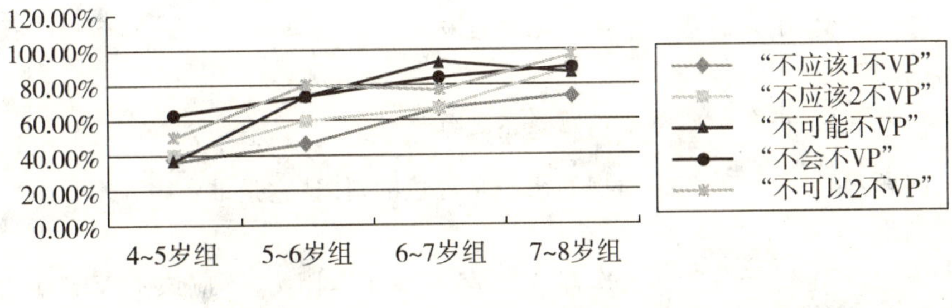

第二，儿童对不同情态词双重否定式的获得情况略有不同，但是相关知识的发展过程是有规律的。很多儿童早期在处理双重否定式时使用了两种策略，一种是省略策略：

省略策略

① “不应该$_1$不 VP”的数值比较低是因为没有将把“应该$_1$”理解为“应该$_2$”的被试统计在内。

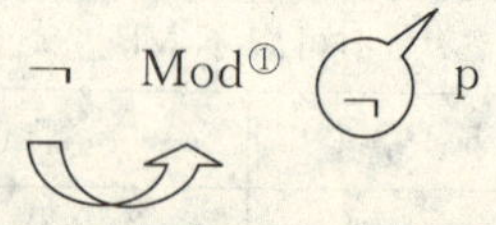

将第二个否定算子省略掉，因为他们没有完全具备计算这样一个复合命题的能力。从另一种角度来说，省略策略的使用也是早期儿童使用线性原则的一个证据。另一种策略是在意识到“否定加否定等于肯定”之后采取的相消策略：

相消策略

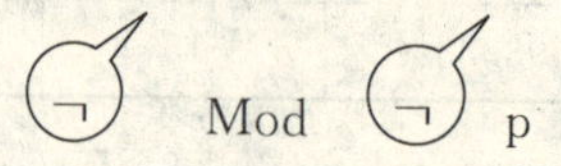

相消策略要优于省略策略，因为它还是可以处理像“不应该不 VP”这样的结构的。相消策略应该是在省略策略基础上发展的结果。但是，相消策略并不能用来处理所有情态词的双重否定结构。当儿童认识到双重否定给情态词语义带来的不完全是“负负得正”的事实后，他们必然就会摒弃相消策略。

4.2.4.2 双重否定和语义强度

“双重否定和语义内容”部分的测试只能帮助我们了解儿童是否明白双重否定式在意义上表达的不再是否定，而是肯定。但是，双重否定式涉及到的问题除了从否定到肯定的语义内容变化外，还有语义强度的变化。4.2.2 讨论过儿童对一些情态词肯定式的语义强度获得的情况，下面关注的是当这些情态词进入双重否定式时，儿童是怎样处理的。

4.2.4.2.1 “不一定不 VP”和“不应该$_1$不 VP”

测试故事(二) 17：

> 天线宝宝：啊，小熊和小兔子今天都穿了裙子。是什么颜色的呢？
> 天线宝宝：是红色的吗？我最喜欢红色了。
> 天线宝宝：让我来猜一猜。
> 天线宝宝：小熊的裙子不一定不是红色的。
> (停顿。)
> 天线宝宝：小兔子的裙子不应该不是红色的。

测试问题：如果只有一个小动物的裙子是红色的，你猜它是谁？

测试结果：

成人组中，100%(15/15)的人次都认为是“小兔子”，因为“不应该不 VP”在语义强度上要强于“不一定不 VP”。

4～5 岁组，只有 1 人，即 WSY，他在选择时运用了故事中提供的语言信息。他在说明自己的理由时，将“小兔子的裙子不应该不是红色的。”简化成了“(小兔子的裙子)应该(是红色的)。”。

---

① Mod 表示情态算子。

	故事编号	被试代号	答案	说　明
4～5岁组	17	HH	小熊	
		LCL	天线宝宝	
		CSQ	小兔子	（它的衣服是红的。）
		WBC	小兔子	（小兔子穿着红色的裙子。）
		WLQ	小兔子	（小兔子就喜欢美。）
		TZY	天线宝宝	
		ZXY	小兔子	（小兔子是穿红裙子的。）
		JPJ	小兔子	（小兔子穿的衣服是红的。）
		JYH	小兔子	（小兔子的上面穿的是粉色。）
		WSY	小兔子	（它说应该。）
		LYC	小兔子	（它是女的。）
		LRQ	小兔子	（它是小女孩。）
		ETY	小兔子	（穿红裙子好看。）
		ZYH	小兔子	（小兔子穿了红衣服，应该穿红裙子。）
		ZSY	小兔子	（小兔子本来就是红色的。）

从5～6岁儿童提供的解释来看，有8人选择了“小兔子”，或使用“不应该不是红色的”，他们是FYP、CZ、ZWB和DWX；或将“不应该不是红色的”理解为“是红色的”，他们是SL和LZQ；或将“不应该不是红色的”理解成“必须是红色的”，他是FJH；或将故事中的“不应该不是红色的”分析成“应该是红色的”，将“不一定不是红色的”分析成“可能是红色的”，他是YZQ。以上8人是掌握了测试内容涉及的知识的。CYF和WXF在解释时，都用了“不可能不是红色的。”。我们不清楚他们是不是将“不应该不VP”等同于“不可能不VP”了，所以对他们是否掌握了“不一定不VP”和“不应该不VP”的区别，本文持保留意见。

	故事编号	被试代号	答案	说　明
5～6岁组	17	FJH	小兔子	（“不应该不是红色的”就是“必须”。）
		FYP	小兔子	（它说不应该不是红色的。）
		CYF	小兔子	（不可能不是红色的。）
		CZ	小兔子	（它都说小兔子“不应该不是红色的”。）
		GQC	小兔子	（它穿着裙子。）
		SL	小兔子	（天线宝宝说它不应该不是红色的。“不应该不是红色”就是“是红色的”。）
		SYQ	小兔子	
		YZQ	小兔子	（它是女的。它说小兔子应该是，它说小熊可能是。）
		ZWB	小兔子	（它不应该不是红色的。）
		LZQ	小兔子	（不应该不是红色。“不应该不是红色的”是红色的。）
		WXF	小兔子	（它肯定是穿红裙子。天线宝宝说它不可能不是红色的裙子。）
		WYY	小熊	
		DWX	小兔子	（它说小兔子的裙子不应该不是红的。）
		ZYH	小兔子	（小熊说不一定，小兔子说不应该。）
		WYF	小兔子	（小兔子穿的是红衣服。）

从6～7岁儿童提供的解释来看，有8人选择“小兔子”，并且使用“不应该不是红色

的"或将"不应该不是红色的"分析为"应该是红色的"，他们是 SWB、CWD、SCY、LX、YTM、YTX、GJ 和 XRX。他们是掌握测试内容的知识的。其中，CWD 能将故事中的"不应该不 VP"分析成"应该 VP"，将"不一定不 VP"分析成"可能 VP"。此外，WJY 的解释中用了"肯定"，不清楚他是根据故事在进行判断，还是自己在推测。

	故事编号	被试代号	答案	说明
6～7岁组	17	SWB	小兔子	（天线宝宝说它的裙子应该是红色的。）
		ZY	小熊	（上面是黑色，下面是红色。）
		CWD	小兔子	（小兔子它穿着红衣服。天线宝宝说小熊可能穿裙子，小兔子应该穿了。）
		XJL	小兔子	（小兔子是女的。）
		SCY	小兔子	（它说不应该不是红的。）
		DYX	小熊	（它说不一定不是。）
		LX	小兔子	（天线宝宝说小兔子应该是红色的。）
		YTM	小兔子	（天线宝宝说小兔子的裙子不应该不是红色的。）
		YTX	小兔子	（天线宝宝说："小兔子，你不应该不穿红裙子。"）
		YS	小兔子	（小兔子喜欢红色。）
		GJ	小兔子	（它是不应该不是红色的。）
		NLL	小熊	（它说小熊不一定不是红色的。）
		WJY	小兔子	（肯定是红的。）
		XRX	小兔子	（天线宝宝说它不应该不是红的。）
		WT	小兔子	（它说："你这个不一定是红色的。"）

从 7～8 岁儿童提供的解释来看，有 11 人使用"不应该不是红色的"或将"不应该不是红色的"分析为"（应该）是红色的"，他们是 DZY、HS、HB、ZSX、CN、LL、YY、WQF、WZY、YZZ 和 HJ。虽然他们的回答表明他们认为"不应该不 VP"要强于"不一定不 VP"，但是他们对"不应该不 VP"在语义强度上的理解却是不一样的：ZSX、LL、WZY 和 YZZ 认为"不应该不 VP"表达的是"不可能不 VP"、"确定/肯定 VP"的意思，而 HJ 则认为它表达的是"可能 VP"。WQF 的分析能体现 7～8 岁阶段的儿童对两个否定结构间语义强度差别的较好理解。从 JZW 的回答，不能确定他是不是将"不应该不 VP"等同于"一定 VP"了；对他是否掌握了相关知识，在此不好下结论。

	故事编号	被试代号	答案	说　明
7～8 岁组	17	DZY	小兔子	（小兔子的不应该不是红色的；小熊可能是红色的。）
		LY	小兔子	
		HS	小兔子	（它说小兔子不应该不是红色的。）
		HB	小兔子	（天线宝宝说小兔子应该穿红裙子。）
		JZW	小兔子	（它说一定是。）
		ZSX	小兔子	（小兔子应该是红色的。“不应该不是红色的”就是“不可能不是红色的”。）
		DY	小兔子	（小兔子比较可爱。）
		CN	小兔子	（它说不应该不是红色的。）
		LL	小兔子	（“不应该不是”就是“应该是”，“不可能不是”红色的。）
		YY	小兔子	（它说小兔子不应该不是红色的裙子。）
		WQF	小兔子	（“不应该不”比“不一定不”的可能性大。）
		WZY	小兔子	（“不应该不是”就是不是别的颜色，就是“红色”，表示确定。）
		YZZ	小兔子	（小熊不一定不是，小兔子不应该不是。“不应该不是”就是“肯定是”。）
		ZJY	小兔子	（天线宝宝说小熊你不应该穿的裙子是红色的，说小兔子你穿的裙子一定是红色的。）
		HJ	小兔子	（天线宝宝说小白兔的裙子不应该不是红色的。“不应该不是红色的”就是“可能”是红色的。）

“不应该$_1$不 VP”等于“应该$_1$VP”，“不一定不 VP”等于“可能 VP”，所以这里结合上文关于“应该$_1$”和“可能”的测试结果来分析：

组别	“不应该$_1$不 VP”强于“不一定不 VP”		“应该$_1$”强于“可能”	
	人数	所占比例	人数	所占比例
4～5 岁组	1	6.67%	2	13.33%
5～6 岁组	8	53.33%	11	73.33%
6～7 岁组	8	53.33%	10	66.67%
7～8 岁组	11	73.33%	11	73.33%
成人组	15	100%	15	100%

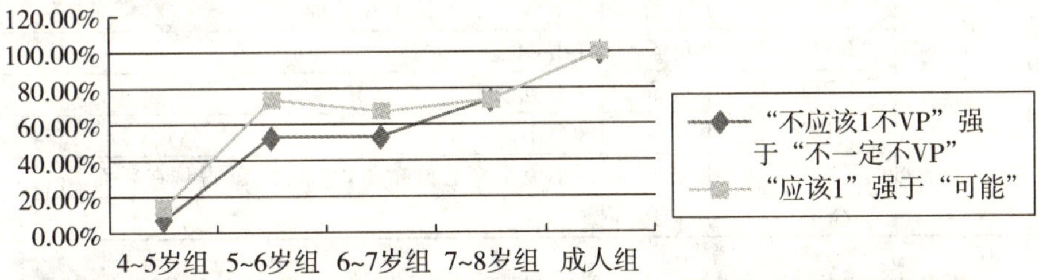

从发展过程来看，4～5 岁阶段儿童对情态词间语义强度的差别知之甚少；5～6 岁阶段和 6～7 岁阶段的儿童对相关知识的了解已经达到了一定的水平。

从双重否定式和肯定式的差别来看，5～6 岁的儿童绝大部分已经了解“应该$_1$”和“可能”之间在意义上的区别，但是对“不应该$_1$不 VP”和“不一定不 VP”间语义强度差别的了解到了7～8岁阶段才到达一个比较好的水平。显而易见，这是双重否定复杂的计算过程造成的。要分辨"不应该$_1$不VP"和"不一定不VP"间的语义强度就必须先进行计算。绝大部分儿童到了6～7岁、甚至7～8岁阶段才能熟练进行双重否定式的计算。

双重否定式给儿童所造成的困难不仅体现在他们较晚才能理解它所表达的意义，而且也反映在他们口头重复双重否定式时，仍有可能错误地将第二个否定词漏掉，如测试故事17中7～8岁组的ZJY①。

4.2.4.2.2 "不应该$_1$不VP"和"不可能不VP"

测试故事(二) 19：

天线宝宝：后面有小动物。是谁呢？让我猜一猜。

天线宝宝：小猴子不可能不在后面。

天线宝宝：小兔子不应该不在后面。

测试问题：如果只有一个小动物在后面，你猜它是谁？

测试结果：

成人组中，有93.33%(14/15)的人次选择了"不可能不在后面"的小猴，说明"不可能不VP"表达的可能性要强于"不应该$_1$不VP"。

4～5岁组中，只有WSY和LRQ使用了测试故事中给的语言信息，但他们的选择却是和成人不一致的。

	故事编号	被试代号	答案	说明
4～5岁组	19	HH	小猴	(它第一个指。)
		LCL	小猴	
		CSQ	小猴	(因为它在里面。)
		WBC	小猴	(它太大了。)
		WLQ	小兔子	(小兔子喜欢捉迷藏。)
		TZY	小猴	(它在后面。)
		ZXY	小兔子	(里面像小兔子的样子。)
		JPJ	小兔子	(听见了叫声。)
		JYH	小猴	(我听见它说小猴先去。)
		WSY	小兔子	(小兔子不应该不在后面。)
		LYC	小兔子	(小，不这么大。)
		LRQ	小兔子	(不应该。)
		ETY	小兔子	(个小。)
		ZYH	小兔子	(小兔子穿着红裙子，它脱了，就得藏在后面。)
		ZSY	小兔子	

5～6岁组中，选择"小猴"，并且解释时能正确使用"不可能不在后面"的被试有3人，

① ZJY的表现并不是个别例子。在测试过程中，我们发现这种现象在低年龄组的儿童中并不少见。又如下面测试故事19中5～6岁组的ZYH。双重否定式中的第二个"不"，对于没有能力处理双重否定的儿童来说，它是没有语义内容、甚至是没有语音内容的。

他们是 CYF、SL 和 DWX。SL 的回答表明，在 5～6 岁，已经有儿童意识到了“不可能不在后面”表示“就是在后面”。FJH 和 ZYH 的答案表明，有儿童将“不＋情态词＋不＋VP”的结构理解成“不＋VP”或者“不＋情态词＋VP”。

	故事编号	被试代号	答案	说 明
5～6岁组	19	FJH	小猴	（“不可能不在后面”就是“不在”。）
		FYP	小兔子	（后面有它的影子。）
		CYF	小猴	（小猴不可能不在后面。）
		CZ	小兔子	（都说它“不应该不”在后面了。）
		GQC	小猴	
		SL	小猴	（天线宝宝说它不可能不在后面。问：是什么意思啊？答：就是在后面。）
		SYQ	小猴	
		YZQ	小猴	（它不可能。）
		ZWB	小兔子	（它不应该不在。）
		LZQ	小兔子	（它不应该不在后面。）
		WXF	小猴	（我觉得后面就是小猴。）
		WYY	小猴	（不可能在后面。）
		DWX	小猴	（不可能不在后面。）
		ZYH	小猴	（小猴“不可能不在后面”是它不在后面。小兔子“不应该不在后面”就是它也不应该在后面。）
		WYF	小兔子	（小兔子不应该不在后面。）

6～7 岁组中，选择“小猴”，并且解释时能正确使用“不可能不在后面”的被试有 3 人，他们是 SCY、YS 和 WT。

	故事编号	被试代号	答案	说 明
6～7岁组	19	SWB	小猴	（天线宝宝说小猴应该在后面。）
		ZY	小猴	（它不应该。）
		CWD	小兔子	（天线宝宝可能在后面，小熊不可能在后面。）
		XJL	小兔子	（天线宝宝说你不应该不在后面。）
		SCY	小猴	（不可能不在后面。）
		DYX	小兔子	（小兔在后面，它告诉了我。）
		LX	小猴	（天线宝宝说：“小猴不应该不在后面。”）
		YTM	小猴	（天线宝宝说小猴子不应该不在后面。）
		YTX	小兔子	（天线宝宝说：“小兔子不应该不在后面。”“不应该不在后面”就是“肯定在后面”。）
		YS	小猴	（不可能不在后面。）
		GJ	小兔子	（小兔子不能不在后面。）
		NLL	小猴	（它说的是“不可能”。）
		WJY	小兔子	（“不应该”意思是“不应该不”。）
		XRX	小兔子	（天线宝宝说小兔子不应该不在后面。）
		WT	小猴	（天线宝宝说：“小猴不可能不在后面。”）

7～8岁组中，选择“小猴”，并且解释时能正确使用“不可能不在后面”的被试有8人，他们是DZY、LY、HB、JZW、ZSX、WQF、YZZ和HJ。WZY和YZZ的分析正好形成一个对照。在理解“不应该不VP”和“不可能不VP”时，WZY只是单纯地将两个否定词“不”消去，没有意识到双重否定给“可能”在意义上所带来的差别，他使用的是相消策略；YZZ意识到了这种意义上的变化，他的这种语言能力也清楚地反映在LY、ZSX和WQF的回答中。LY把握了意义强度上的变化，只不过他不太确切地使用了道义性的“必须”来表达。

	故事编号	被试代号	答案	说明
7～8岁组	19	DZY	小猴	（它说小猴不可能不在后面；小兔子不应该不在后面。）
		LY	小猴	（“不可能不在后面”就是“必须在后面”。）
		HS	小猴	（天线宝宝说小猴不应该不在后面。）
		HB	小猴	（小兔子不应该在后面。因为它说小猴不可能不在那后面。）
		JZW	小猴	（天线宝宝说：“小猴不可能不在后面。”）
		ZSX	小猴	（天线宝宝说小猴不可能不在后面。“不可能不在后面”就是“一定在后面”。）
		DY	小兔子	（小兔比较小，可以在后面；小猴个儿大，会露出来。）
		CN	小猴	（“不可能不在后面”就是表示“小猴不在后面的话，就是小兔子在后面”。）
		LL	小猴	（它说“不可能”。）
		YY	小兔子	（它说小兔子不应该不在后面。）
		WQF	小猴	（它说小猴不可能不在后面，就是小猴在后面；“不应该不在后面”就是可能在后面。）
		WZY	小兔子	（“不可能不在后面”就是不太确定；“不应该不在后面”就是绝对这样。）
		YZZ	小猴	（小猴不可能不在后面。“不可能不”就是肯定在后面；“不应该不”就是可能在后面，但不肯定。）
		ZJY	小兔子	（天线宝宝说小猴可能在后面；说小兔你应该在后面。）
		HJ	小猴	（它说小猴不可能不在后面。）

组别	“不可能不VP”强于“不应该$_1$不VP”		“一定”强于“应该$_1$”	
	人数	所占比例	人数	所占比例
4～5岁组	0	0%	4	26.67%
5～6岁组	3	20%	11	73.33%
6～7岁组	3	20%	11	73.33%
7～8岁组	8	53.33%	14	93.33%
成人组	14	93.33%	15	100%

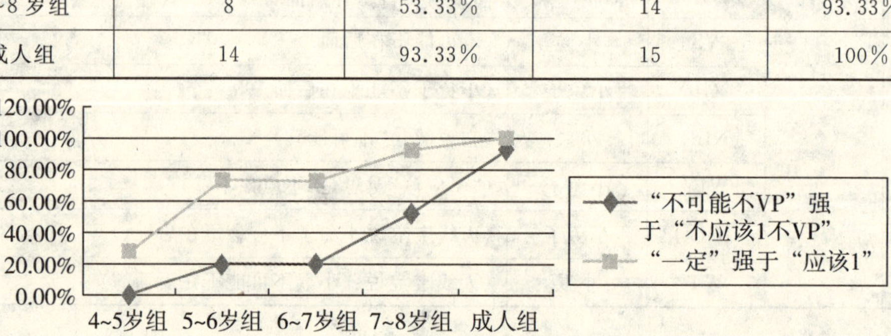

绝大部分儿童在 5～6 岁已经能意识到“一定”和“应该$_1$”间在语义强度上的差别，而到了 7～8 岁也只有 53.33%的儿童能区别“不可能不 VP”和“不应该$_1$不 VP”间的语义强度。

4.2.4.2.3 “不应该$_2$不 VP”和“不可以$_2$不 VP”

测试故事(二)18：

> 小兔子：哎哟哎哟，推不动。
>
> 天线宝宝：我选一个小动物帮助小兔子。
>
> (对着小猴。)
>
> 天线宝宝：小猴，你不可以不帮小兔子。
>
> (对着小熊。)
>
> 天线宝宝：小熊，你不应该不帮小兔子。

测试问题：如果天线宝宝只选一个小动物帮助小兔子，你猜它是谁？

测试结果：

成人组中，有 86.67%(13/15)的人次选择了“不可以不帮小兔子”的小猴，说明“不可以不 VP”表达的语气要强于“不应该$_2$不 VP”。

4～5 岁组的儿童在回答问题时，或者没使用测试故事中提供的语言信息，或者使用的语言信息和故事提供的不一致。

	故事编号	被试代号	答案	说 明
4～5岁组	18	HH	小熊	(天线宝宝还看着小熊。)
		LCL	小猴	(小猴有力气。)
		CSQ	小猴	(天线宝宝让它去。)
		WBC	小猴	(它喜欢帮助别人。)
		WLQ	小猴	(小猴喜欢帮人家。)
		TZY	小猴	(因为它能帮。)
		ZXY	小熊	(小熊就得帮助小兔子。)
		JPJ	小熊	(它说不应该给小兔子帮忙去了。)
		JYH	小猴	(小猴，你应该去。)
		WSY	小熊	(它自己得赶早过去帮它一把。)
		LYC	小猴	(一次都没帮兔子。)
		LRQ	小猴	(帮了。)
		ETY	小猴	(帮着一起推。)
		ZYH	小熊	(小猴在幼儿园看看。)
		ZSY	小熊	(小熊愿意帮助别人。)

5～6 岁组中，有 7 人选择了“小猴”，并且能用“不可以不帮”或者“必须/一定/不能不 VP”回答，他们是 FJH、CZ、SL、YZQ、ZWB、WYY 和 WYF。LZQ 选择了“小猴”，但是他将“不可以不 VP”不准确地分析成了“可以 VP，也可以不 VP”。

	故事编号	被试代号	答案	说　明
5～6岁组	18	FJH	小猴	(“不可以不帮”就是它“必须”。)
		FYP	小熊	(小熊比小猴要大。)
		CYF	小猴	
		CZ	小猴	(都说它“不可以不帮”小兔子。问:“什么是不可以不帮”。答:“就是“不能不帮”。)
		GQC	小猴	(它可以去帮小兔子)
		SL	小猴	(它说不可以不帮小兔子。问:什么是“不可以不”帮啊?答:就是一定帮。)
		SYQ	小猴	
		YZQ	小猴	(它说:“你必须帮小兔子。”)
		ZWB	小猴	(它不可以不帮小兔子。)
		LZQ	小猴	(它不可以不帮。问:“不可以不帮”是什么意思?答:是可以“帮”,也可以“不帮”。)
		WXF	小猴	(它应该帮小兔子。)
		WYY	小猴	(它不可以不帮小兔子。)
		DWX	小猴	(它不应该不帮。)
		ZYH	小熊	(它是不应该。)
		WYF	小猴	(它说它不可以不去。)

6～7岁组中,有5人选择了“小猴”,并且能用“不可以不帮”回答,他们是SWB、YTX、YS、GJ和WT。

	故事编号	被试代号	答案	说　明
6～7岁组	18	SWB	小猴	(天线宝宝说:“小猴,你不可以不去。”)
		ZY	小熊	(天线宝宝说它不应该不帮,就是要帮。)
		CWD	小熊	(天线宝宝说小熊你必须帮小兔子。)
		XJL	小熊	(它说你可以帮,你应该帮小兔。)
		SCY	小熊	(它力气大。)
		DYX	小熊	(小熊劲特别大。)
		LX	小熊	(天线宝宝说:“你不应该不去。”“不应该不去”就是“不能不去”。)
		YTM	小熊	(天线宝宝说小熊必须帮小兔子。)
		YTX	小猴	(“不可以不去”就是“必须”。)
		YS	小猴	(不可以不帮。)
		GJ	小猴	(不可以不帮。)
		NLL	小熊	(“不应该不帮”是“必须要帮”。)
		WJY	小熊	(不应该。)
		XRX	小熊	(天线宝宝说它不应该不帮小兔子。)
		WT	小猴	(天线宝宝说:“你不可以不帮小兔子。”)

7～8岁组中,有8人选择了“小猴”,并且能用“不可以不帮”,或者“必须/一定/不能不VP”回答,他们是DZY、LY、CN、YY、WQF、WZY、YZZ和HJ。

	故事编号	被试代号	答案	说　明
7～8岁组	18	DZY	小猴	（它说小猴必须帮小兔子。）
		LY	小猴	（“不可以不帮”就是“必须帮”。）
		HS	小猴	（天线宝宝说：“你应该去帮小兔子。”）
		HB	小熊	（天线宝宝说小熊不应该不去。）
		JZW	小熊	（天线宝宝说：“你不应该不帮小兔子。”）
		ZSX	小熊	（它说“不应该不帮小兔子”。“不应该不帮”就是必须得帮。）
		DY	小熊	（小熊个儿大一些，推得动；小猴太瘦了。）
		CN	小猴	（“不可以不帮小兔子”就是“必须帮”。）
		LL	小熊	（它说不应该。）
		YY	小猴	（小猴不可以不帮小兔子。“不可以不”是“不能不”。）
		WQF	小猴	（“不可以不帮”就是“必须帮”。“不应该不帮”就是它要帮。）
		WZY	小猴	（“不可以不帮”就是“不能不帮它”。）
		YZZ	小猴	（“不可以不”就是肯定帮助。小猴的可能性高。）
		ZJY	小熊	（天线宝宝说小猴 你不可以不去，说小熊你不应该帮小兔子。）
		HJ	小猴	（天线宝宝说它不可以不帮小兔子。）

测试结果汇总如下：

组别	“不可以$_2$不 VP”强于“不应该$_2$不 VP”		“必须”强于“应该$_2$”	
	人数	所占比例	人数	所占比例
4～5岁组	0	0%	3	20%
5～6岁组	7	46.67%	13	86.67%
6～7岁组	5	33.33%	12	80%
7～8岁组	8	53.33%	15	100%
成人组	13	86.67%	15	100%

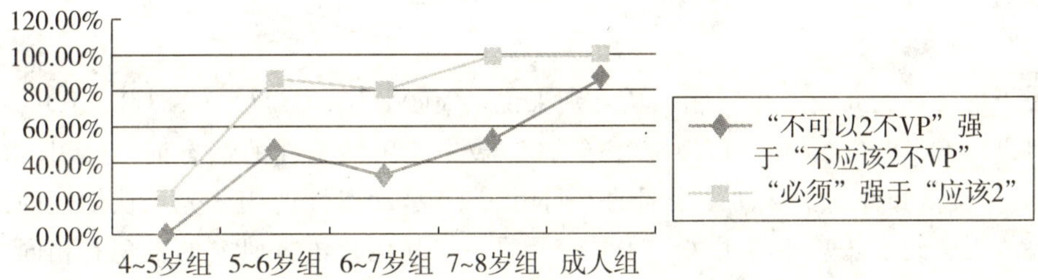

儿童在5～6岁阶段已经开始意识到“必须”和“应该$_2$”在语义强度上的差异，但是双重否定给分辨“不可以$_2$不 VP”和“不应该$_2$不 VP”带来的困难让7～8岁的儿童仍不能都克服掉，他们的判断与成人还有明显的区别。除此之外，双重否定给分析带来的困难也反映在成人组。根据逻辑上的分析，“不可以$_2$不 VP”等于“必须 VP”，“不应该$_2$不 VP”等于“应该$_2$VP”。成人100%(15/15)判定“必须”强于“应该”，而在判断相对应的双重否定结构时比例却只占86.67%(13/15)。13.33%(2/15)的成人被试是确实认为“不应该$_2$不

VP"要强于"不可以$_2$不 VP"呢？还是他们也误用了相消策略？

4.2.4.2.4 小结

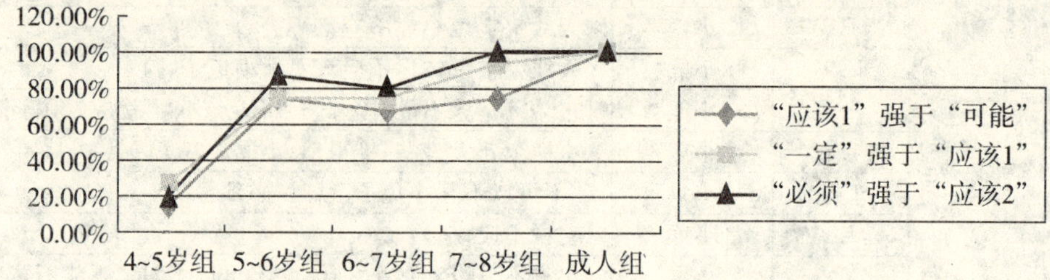

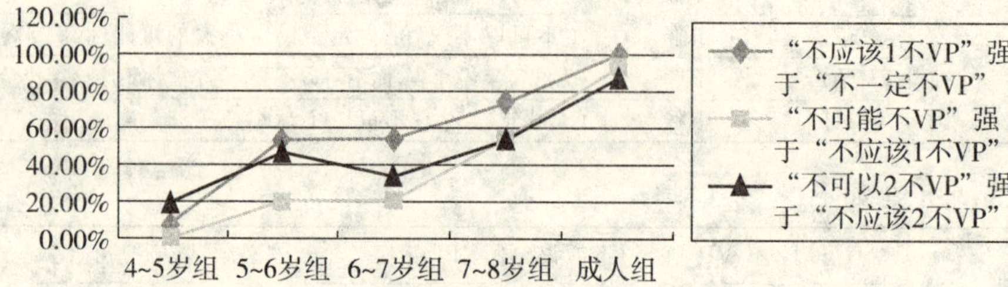

将肯定式和双重否定式的结果一对照就可以清晰地看出：在 5～6 和 6～7 岁，儿童对肯定式情态词间语义差别的了解已经能达到一个比较好的水平；到了 7～8 岁，儿童对相对应的双重否定式间语义差别的判断与成人的仍存在差距。导致这种情况的症结在于：一方面是双重否定使命题计算更加复杂；另一方面双重否定使相关的情态算子在语义强度上出现了三种不同的情况：加强、减弱和不变。

4.3 总结

关于情态词的儿童习得问题。从类别来说，CY(00;10;05－02;04;31)、SJQ(01;02;06－01;11;29)和 ZTX(00;11;18－02;06;02)最先使用动态性的情态词，之后是道义性的，最后才是认知性的。从同一个词的不同用法来说，动态性的用法先于认知性的用法，道义性的用法先于认知性的用法。这个获得顺序与其他跨语言研究的发现有相同之处，本书提出可以用"不同世界间的投射"这个概念来解释这种习得顺序。

关于情态词的语义层级问题。基于语言测试结果，本书建立了汉语中一些主要的情态词的语义层级。特别是利用调查结果进一步证明了方立和范莉(2005)给"应该"的重新定义。在儿童习得方面，本书通过语言测试发现：在 4～5 岁阶段，已经有少数儿童开始意识到情态词在语义强度上的差别；到了 5～6 岁和 6～7 岁阶段，这方面的知识有了进一步发展；到了 7～8 岁阶段，儿童这方面的知识已经比较成熟。

关于情态词否定式的问题。本书运用形式化的手段分析了"应该"、"可能"和"可以"

的否定式，表明汉语的成人在决定否定和情态辖域时使用的核心原则是线性原则。当涉及“可能不VP”和“可以$_2$不VP”时，成人语法中的语义蕴涵原则也会生成一个标记性的解释。在儿童语言获得方面，本书也是围绕“应该”、“可能”和“可以$_2$”的否定式来讨论的。在语言测试中，研究发现4～5岁到7～8岁的儿童都有将“可能不VP”完全等同于“不可能VP”的情况。Lee(1986)也发现3岁和4岁的儿童将“可以不VP”理解成“不可以VP”的情况；5岁、6岁和7岁的儿童仍未完全掌握“可以不VP”的意义。本研究认为，这主要是因为早期儿童在评估“可能不VP”和“可以$_2$不VP”的两种可能的辖域解释时使用了语义蕴涵原则和线性原则，而语义蕴涵原则是核心原则。当两个算子可能的辖域解释之间没有语义蕴涵原则所规定的语义关系时，早期儿童会先假设两种解释都成立，但是他们倾向于选择符合线性原则的解释。汉语儿童的否定和情态辖域知识的发展过程仍然是一个根据语言输入对原则排序进行调整的过程，是建立以线性原则为核心的原则系统的过程。从否定式使用的时间来看，“不＋情态词＋VP”结构早于“情态词＋不＋VP”结构。

关于情态词双重否定式的问题。本研究运用形式化的手段解释了为什么情态词的双重否定式有时“连用相消”，而有时又“……决不是像数学上负乘负得正那样互相抵消”。在两个否定不能简单相消的情况下，本研究解释了双重否定给原来的情态词带来意义变化的原因。关于儿童习得情况，在CY(00;10;05－02;04;31)、SJQ(01;02;06－01;11;29)和ZTX(00;11;18－02;06;02)的语料中未发现他们使用双重否定的结构。从语言测试结果来看，少数儿童在4～5岁开始了解情态词双重否定式的知识，绝大多数儿童到了6～7岁和7～8岁阶段才基本掌握了相关的知识。当儿童还不完全具备处理情态词双重否定结构的能力时，他们会采用省略策略和相消策略。另外，7～8岁儿童对情态词双重否定式之间语义强度差别的判断仍和成人的判断有明显差异。

第5章　结语

最后，从宏观问题的讨论和具体问题的解决两个方面来总结本研究所做的工作。

先从宏观的理论问题上来谈。本研究实质上是围绕下面两个中心展开的：

第一，凸显形式语义学强大的解释力。

Chomsky在不同时期的文献中，都表达了这样一种观点：自足的(Autonomous)句法在整个语法体系中处于核心地位，语义理论必须构建在句法理论基础之上。“一般来说，随着句法描写变得更加深入，看起来是语义的问题也越来越成为句法问题（Chomsky 1964:51）”。“……一个对语义学感兴趣的语言学家将会尝试加深和扩展句法分析，而不是将这降级为无法分析的语义直觉…(Chomsky 1965:75)”。

哪一个句法层面决定语义呢？Chomsky先后提出了语义解释由深层结构(Deep Structure)(Chomsky 1965:135－136,162)、深层结构和表层结构(Surface Structure)、表层结构(Chomsky 1975:116－117)和LF(Chomsky 1986:67;1995:2,6)来决定。可是在最近的文献中，他(2004:152)又提出：以前的D－结构、S－结构和LF三个层次都不存在了，剩下的只有PF和语义交界(Semantic Interface)。句法部分只有一个句法操作，即合并(Merge)，它以递归的方式将“小的东西扩展成大的”(Chomsky 2004:152)。在派生(Derivation)过程中，产生语段(Phase)。那如何对这个句法的东西进行解释呢？Chomsky (2004:152)说：“这个句法的东西被提交给了解释系统；它被传递给了音系部分和语义部分。这两个部分各司其职，该对这个语段做什么就做什么。当它们处理完毕后，就把这个语段抛在脑后。”

在当今的语言学界，Chomsky的理论框架发生如此大的改变必然会产生广泛的影响。在辖域研究中，提出运用成分－控制关系定义辖域的有May (1977)、Reinhart (1976; 1983)、J. Huang (1982)、Aoun和Li (1989;1993)等。这些理论或多或少都依赖于Chomsky的句法理论，试图通过对句法研究的深化来促进语义的研究。而现在Chomsky提出已经没有S－结构和LF，那必然会产生一个很大的疑问：这些学者提出的“成分－控制”在句法的哪个层次进行操作呢？他们的理论根基已经发生了动摇。

另外，以“成分－控制”等句法概念为基础的理论不仅出现了上述理论基础上的危机，而且在解决实际问题时也暴露出它们在解释力上的不足。以本书所进行的否定和量化辖域研究来说，成分－控制不能解释为什么在汉语一些结构中有逆序解释存在，虽然这种逆序解释可能是标记性的。再以量化辖域的解释来说，有学者早就认识到量化辖域的决定因素不是只有量词间的成分－控制关系，还有词汇因素(Ioup 1975; VanLehn 1978; Wu 1992; Beghelli 1997; Beghelli 和 Stowell 1997; Kuno、Takami 和 Wu 1999; Cruse 2000)，还有题元角色(Jackendoff 1972, 1983; Foley 和 Van Valin 1984; Bresnan 和

Kanerva 1992；Xu 和 Lee 1989）。把纷繁复杂而灵活多变的语义和相对简单而静态的句法结构联系起来，从可以很好形式化的“形”出发来解释很难形式化的“义”，这种作法是非常理想的。可是，很多语义问题却往往不是那么简单。

那如何进行语义研究呢？本书认为形式语义学是具有很大描写力和解释力的，特别是在涉及到与逻辑有关的辖域问题上，而且特别是在“形”与“义”紧密相连的汉语的语义研究中。

关于辖域问题，本书提出了决定否定和量化、否定和情态的辖域解释的线性原则和语义蕴涵原则，以及涉及否定和数词辖域的数字解释原则。这样一个原则系统涉及到的因素只有词序和语义，并不牵涉其他任何句法概念和抽象层次，但它却能较好地解释测试结果中成人和儿童对辖域的判断。

在本书中，形式语义学强大的解释力也体现在对汉语情态词的否定式和双重否定式的形式化描写上。形式化的描写手段能帮助澄清以往对一些相关的语言现象不精确的定义和不准确的描写。

在展望 21 世纪语言学发展动态时，Chomsky (2004:184) 指出：“语言学的发展会呈现‘描写性’的特点，尤其是在语义学和语音学领域；而在理论解释方面是不会有长足进展的。”但是，寻求理论的解释性，无论是在过去还是在将来，都肯定是任何语言学工作者的奋斗目标。本书只讨论了与否定相关的一些问题，但是确实发现了形式语义学的一些手段和概念在进行自然语言的语义研究时所具有的强大解释力。

第二，实现成人语法和儿童语法的统一描写。

Pinker (1984，1989)、Crain(1991) 等学者提出了连续性假设：儿童和成人都拥有语言知识的核心部分(Core Grammar)，他们对语言建立的假设都受到普遍语法制约(Crain 和 Thornton 1998:121)；儿童的语法知识在有限的方面和成人的语法存在差异，成人语法与儿童语法间的差别和成人语法间的差别是一样的(Crain 和 Thornton 1998:31)。Crain 和 Steedman (1985)、Crain 和 Thornton (1998)、Crain 和 Wexler (1999) 提出的模块匹配模型理论(the Modularity Matching Model)也有相同的理论假设。

Tomasello (2003) 的观点则不同。Tomasello 认为连续性假设仅是一个假设(“… continuity was only an assumption.” Tomasello 2003:96)，而且这个假设是错误的(“… he[①] had to make the continuity assumption… . This was a mistake.” Tomasello 2003:323)。Tomasello (2003:324) 提出，儿童语言与成人语言是不一样的，因为儿童语言不涉及成人语言中那种潜在的表达式；关于语言的一些抽象性的东西，在儿童语言中力量是非常弱的，只存在于局部范围。

如果普遍语法确实存在，儿童和成人的语法都受到普遍语法的制约，那语言的发展过程就应该呈现出连续性特点，也就如连续性假设和模块匹配模型理论所提出的那样，用来描写成人语法的原则系统也应该可以用来描写儿童语法。相反地，如果根本不存在普遍语法，那就如 Tomasello (2003) 所说，用来描写成人语言的形式化理论是无法适用于儿童语言的。

① 指 Pinker (1984)。

本书关于否定辖域的研究支持连续性假设，同时也证明形式化的手段可以用来描写成人的语法，也可以用来描写儿童的语法。

Tomasello(2003:328)提出儿童习得研究在方法上要注重"实证"，"采纳一种将人类语言能力比拟成形式语言的观点，不如采纳一种建立在以实证为基础的认知科学研究之上的观点"，"儿童怎样成为一个自然语言的运用者不是一个逻辑问题，而是一个实证性的问题"。本书提出的原则系统是抽象的、形式化的，而它对成人和儿童语法的解释力得到语言测试结果的支持，这种尝试说明在统一描写成人和儿童的语法时，形式化的手段和实证的方法并不矛盾。

再从具体的研究问题来说。

在语法体系方面，本书的研究实现了两个方面的"统一"：

第一个"统一"：就否定和量化、否定和情态的辖域问题，实现了汉语成人语法和儿童语法的统一描写：

汉语成人决定否定和量化辖域的原则系统是：

线性原则＞语义蕴涵原则/数字解释原则

汉语早期儿童决定否定和量化辖域的原则系统是：

语义蕴涵原则/数字解释原则＞线性原则

汉语成人决定否定和情态辖域的原则系统是：

线性原则＞(语义蕴涵原则)

汉语早期儿童决定否定和情态辖域的原则系统是：

(语义蕴涵原则)＞线性原则

考察成人和儿童的原则系统，可以发现：

第一，语义蕴涵原则是普遍原则，是公理性的原则，它在成人和儿童语法中都发挥作用。

第二，汉语儿童习得辖域解释知识的过程就是在语义蕴涵原则的指导下，逐步认识线性原则在汉语中重要性的过程，就是建立以线性原则为核心的原则系统的过程。

第三，在进行辖域判断时，汉语早期儿童和成人使用的是同一个原则系统，所不同的仅是内部原则按重要性的排序不同。在语言输入的刺激下，儿童会逐步对原则间的排序进行调整，最终获得成人对这些原则的排序。

第一个"统一"的实现，为下列重要理论假设提供了有力的支持：

第一，儿童和成人对语言的假设都受到普遍语法的制约；

第二，语言习得过程是一个在普遍原则指导下的参数设置过程；参数设定后，普遍原则的影响不会完全消失；

第三，语言发展过程具有连续性的特点。

第二个"统一"：实现了否定和量化、否定和情态两种辖域问题的统一描写。本书的研究证明汉语成人和儿童在判断两种辖域关系时使用的原则是相通的。

在儿童语言发展的研究中，本研究所依据的语料从规模和连续性来说，都应该是以往相关的汉语研究中少有的。

跟踪取样的语料收集工作历时两年(2002/12—2004/12),对象是三名生长在北京的儿童。用于本研究的语料涉及140多次的访问记录。

语言测试涉及4～5岁组、5～6岁组、6～7岁组和7～8岁组的儿童共计60名,能清楚地反映相关语言知识在每个年龄段静态的掌握情况,以及在不同年龄段动态的发展状况。本研究所进行的否定和量化辖域的测试内容比已有的关于汉语的研究要丰富得多,所进行的否定和情态辖域的测试内容则是所接触到的国内外研究中少有涉及的。

基于这两类语料,本文主要有以下发现:

关于否定:

第一,否定词的习得情况。

2岁以前,说普通话的儿童已经开始使用母语中的主要否定词,即“没”、“没有”、“不”和“别”;不同否定词的获得次序存在局部的个体差异;儿童最初对不同否定词的使用频率因人而异;形态的繁简影响词汇的获得时间;能表达更多意义的否定词,优先被儿童获得。

第二,否定概念的习得情况。

本文报告了儿童早期习得主要否定概念的情况,发现否定概念的获得顺序与儿童认知能力的发展水平有关,而否定概念的获得顺序决定了否定词的获得顺序。三名儿童对不同否定概念第一次使用的时间虽然存在个人差异,但从整体来看,存在显著共性。此外,不同否定概念在儿童早期语言中使用频率也表现出共性。

第三,否定结构的习得情况。

所获得的语料反映出普通话儿童对基本否定结构的获得过程存在共性。最初,儿童使用的否定句是以谓语为核心的,而后在谓语的左右加入其他成分。“(N－)V－不－COMP”和“不－V”两个结构的获得情况从句法的角度告诉我们,普通话儿童关于否定焦点和否定辖域知识的发展是个渐进的过程。三名儿童第一次使用“V－不－COMP”的时间在01;07;00－01;09;00之间,这表明他们对否定辖域和否定焦点已经敏感。

第四,语义否定和语用否定的习得顺序。

语义否定的习得要早于语用否定的习得。

根据长期获得的自然语料,没有儿童在02;05;00之前使用语用否定的记录。在语言测试中,发现虽然儿童从6～7岁才开始逐渐意识到“不是一(＋Cl.)N VP。”和“不是两(＋Cl.)N VP。”两个结构中语义否定和语用否定的区别,但是即使是7～8岁阶段的儿童对于语用否定的知识仍不全面。

关于量词:

第一,全称量词的习得情况。本研究报告了“都”、“每”和“所有”在儿童早期语言中始现的情况。根据语料,汉语儿童应该是在03;00;00左右才从词汇和意义上完全掌握全称量词。

第二,数词的习得情况。根据所使用的语料,数词“一”最早出现在01;02;00左右。

第三,否定和量化辖域解释的习得情况。普通话儿童是在6～7岁左右建立起以线性原则为核心的原则系统。

关于情态词:

第一，主要情态词的习得情况。

从情态动词作为一类词始现的时间来说，它们在普通话的儿童语言出现的时间是在01;04左右。从个体情态词的始现顺序来说，“会”和“能”是儿童最早获得的两个词，“敢”、“可能”和“应该”是较晚获得的词。成人语言中的情态词并没有全部在所掌握的02;05左右的儿童语料中出现，如表意愿的“肯”。

第二，不同类型/用法情态词的习得情况。

从动态性、道义性和认知性的三类情态词首次使用的次序来看，在01;04左右出现动态性的情态词（表“客观条件许可”和“能力”），而后是在01;08之后出现道义性的情态词（表“准允”），最后是在01;09之后才出现认知性的情态词（表“估计”）。

从同一个词的不同用法来看，动态性或道义性的用法先出现，而后才是认知性的用法。

无论从多义词的不同情态意义的习得情况来看，还是从不同情态意义在已出现的语料中的总体分布情况来考察，儿童在02;05;00之前最主要是使用动态性的情态词，道义性的情态词占少量比率，认知性的情态词则较少使用。

第三，情态层级的习得情况。

在4～5岁阶段，已经有少数儿童开始意识到情态词在表达认知逻辑上和道义逻辑上的可能性的差异；到了5～6岁和6～7岁阶段，这方面的知识飞速发展；7～8岁儿童这方面的知识已经比较成熟。虽然儿童在获得非认知性的和认知性的情态词时有先后次序，但从4～5岁组到7～8岁组的测试结果没有反映出儿童掌握道义性情态层级的情况要比掌握认知性情态层级的情况好。

第四，情态词否定式的习得情况。

从结构的使用来看，“不＋情态词＋VP”结构比“情态词＋不＋VP”结构的习得时间早，在早期使用频率高。

从语义的掌握来看，儿童在获得“可能不VP”和“可以不VP”会遭遇困难，本研究认为最主要的原因是早期儿童在评估具有蕴涵关系的两种可能的辖域解释时还未建立以线性原则为核心的原则系统。此外，这种习得困难也与结构的标记性和语言输入的频率有关。

第五，情态词双重否定式的获得情况。

对于情态词双重否定式知识的了解，4～5岁是个起步的阶段。到了6～7岁和7～8岁阶段，绝大多数儿童才掌握了相关的知识。很多儿童早期在处理双重否定式时使用了省略策略和相消策略。本研究还发现7～8岁的儿童在重复听到的双重否定式时，仍有将第二个否定词消去的现象。对于双重否定式语义层级的了解，儿童到了7～8岁和成人仍有距离。

本书以否定辖域作为切入点，去发掘儿童和成人语法中关于否定、量化和情态三个体系的一些语言现象，并寻求对它们的理论解释。书中对一些问题的分析可能还不够全面，对一些问题的思考可能还有待深化。对于相关问题，只有进行更深入的研究和更广泛的讨论，我们才能更清楚地认识汉语儿童和成人语法中的否定和否定辖域。

附 录

附录一 否定词始现的语料

否定词	CY	SJQ	ZTX
没	CY01;02;13 * 妈妈：嗯，天线宝宝呢？ * 儿童：没[将玩具放在身后]. * 妈妈：没，你看藏东西呢. * 研究者：嗯.	SJQ01;02;20 * 研究者：不会走了. * 妈妈：青蛙已经被你弄坏了. * 儿童：没. * 妈妈：没？ * 妈妈：什么没了？	ZTX01;05;19 * 妈妈：月亮. * 妈妈：你叫月亮. * 妈妈：月亮呢？ * 儿童：没. * 妈妈：没呀.
没有	CY01;04;22 * 妈妈：这呢[=！ 踩地]. * 儿童：ma3yi4. * 儿童：没有.	SJQ01;03;23 * 爸爸：那你说话声音小点儿. * 妈妈：没关系. * 儿童：没有.	ZTX01;06;22 * 研究者：再喝一点儿吧. * 研究者：还有没有啦？ * 儿童：没有. * 妈妈：没有. * 研究者：没有.
不	CY00;10;20 * 研究者：我给你看着. 注释：妈妈去看儿童的食物是否好了. * 儿童：bu2yao4. 注释：儿童说"不要". * 妈妈：不要？ * 妈妈：什么东西不要啊？	SJQ01;03;23 * 妈妈：还有天线宝宝还有几个小伙伴叫什么来着？ * 儿童：不知道. * 妈妈：不知道啊.	ZTX01;03;17 * 妈妈：这能吃吗？能吃吗？ * 儿童：bu neng. 注释：儿童说"不能".
别	CY01;08;30 * 妈妈：妈妈让你提提裤子啦. * 儿童：别别别别别. * 妈妈：不能拿. * 妈妈：不拿.	SJQ01;09;27 * 研究者：你看. 你去你去帮她叫妈妈好不好？ * 玩伴：妈[哭]. * 儿童：大贝贝别哭了.	ZTX01;07;12 * 奶奶：尿尿去. * 儿童：别动别动. * 爸爸：爸爸抱着去尿尿.

附录二　否定概念始现的语料

CY 获得否定概念的情况

否定概念的范畴	第一次出现的时间和相关语料
否定“拥有”	CY01;08;03 * 儿童:嗯嗯嗯,葡萄. * 阿姨:没有了. * 儿童:小猴子没有了. * 阿姨:啊,小猴子没有了,小猴子给吃了.
否定人或物的“存在”	CY01;02;13 * 妈妈:嗯,天线宝宝呢? * 儿童:没[将玩具放在身后]. * 妈妈:没,你看藏东西呢.
否定物体的性状或习惯性的行为	CY01;04;00 * 妈妈:这能吃吗? * 儿童:不能吃.
表达拒绝或否定意愿	CY00;10;20 * 研究者:我给你看着. 注释:妈妈去看儿童的食物是否好了. * 儿童: bu2yao4. 注释:儿童说“不要”. * 妈妈:不要? * 妈妈:什么东西不要啊?
劝阻	CY01;08;30 * 妈妈:妈妈让你提提裤子啦. * 儿童:别别别别别. * 妈妈:不能拿.
否定行为发生的可能性	CY01;08;16 * 儿童:气球拿. * 妈妈:拿不了,这是画. * 儿童:拿不了. * 妈妈:对了,拿不了,这画在那上面.
否定状态已经存在或过去行为的发生	CY01;08;03 * 阿姨:小宝宝有没有穿衣服啊? * 阿姨:嗯? * 儿童:没.
否定状态或行为将发生或持续	CY01;08;16 * 儿童:找妈妈. * 妈妈:找. * 儿童:妈妈不要了,别再给我了.

SJQ 获得否定概念的情况

否定概念的范畴	第一次出现的时间和相关语料
否定"拥有"	SJQ01;03;30 * 研究者:你还有吗? * 儿童: mei2&you. 注释:儿童说"没有". * 研究者:没有啦?
否定人或物的"存在"	SJQ01;02;20 * 妈妈:这小松鼠给你吧! * 儿童:没. 注释:儿童在找东西. * 妈妈:那你要找什么?
否定物体的性状或习惯性的行为	SJQ01;03;23 * 研究者:大吗? * 儿童: bu. 注释:儿童说"不". * 研究者:不大呀?
表达拒绝或否定意愿	SJQ01;05;00 * 研究者:不给? * 妈妈:给妈妈! * 儿童:不好. * 妈妈:不好?
劝阻	SJQ01;09;27 * 研究者:你看.你去你去帮她叫妈妈好不好? * 玩伴:妈 [=! 哭]. * 儿童:大贝贝别哭了.
否定行为发生的可能性	SJQ01;08;13 * 儿童:不找见了. * 妈妈:找不见了. * 儿童:找不见了. SJQ01;09;18 * 研究者:怎么钓呢,你告诉阿姨怎么钓? * 妈妈:你告诉阿姨. * 儿童:钓不上. * 研究者:钓不上啊.
否定状态已经存在或过去行为的发生	SJQ 01;03;23 * 妈妈:咱们过年那天,舅舅来没来? * 儿童:没有. * 妈妈:没有.
否定状态或行为将发生或持续	SJQ01;05;28 * 妈妈:你开车! * 儿童:不坐了.

ZTX 获得否定概念的情况

否定概念的范畴	第一次出现的时间和相关语料
否定“拥有”	ZTX01;06;09 ＊妈妈:你有妈妈没有? ＊儿童:没. ＊妈妈:没有啊? ＊妈妈:那我是谁呀?
否定人或物的“存在”	ZTX01;05;19 ＊妈妈:月亮. ＊妈妈:你叫月亮. ＊妈妈:月亮呢? ＊儿童:没. ＊妈妈:没呀.
否定物体的性状或习惯性的行为	ZTX01;03;17 ＊研究者:给妈妈. ＊妈妈:这能吃吗? 能吃吗? ＊儿童: bu neng. 注释: 儿童说“不能”. ＊研究者:不能!
表达拒绝或否定意愿	ZTX01;06;16 ＊妈妈:你告诉妈妈,这是什么呀? ＊妈妈:不要了? ＊儿童:不要! ＊妈妈:这是什么呀?
劝阻	ZTX01;07;12 ＊奶奶:没事没事. ＊奶奶:尿尿去. ＊儿童:别动别动.
否定行为发生的可能性	ZTX01;09;29 ＊研究者:跑得可快了. ＊研究者:你你能跑过他吗? ＊儿童:跑不过.
否定状态已经存在或过去行为的发生	ZTX01;06;09 ＊妈妈:日. ＊妈妈:念了吗? ＊儿童:没. ＊妈妈:没念呀?
否定状态或行为将发生或持续	ZTX01;09;01 ＊研究者:看看外面有谁呀? ＊研究者:看爸爸是不是快回来了? ＊儿童:不回来.

附录三　含“不”的否定结构始现的语料

含“不”的否定结构	CY	SJQ	ZTX
不		SJQ01;03;23(不) * 研究者:大吗? * 儿童: bu. 注释:儿童说“不”. * 研究者:不大呀?	
不—V	00;10;20(不—V) * 研究者:我给你看着. 注释:妈妈去看儿童的食物是否好了. * 儿童:bu2yao4. 注释:儿童说“不要”. * 妈妈:不要? * 妈妈:什么东西不要啊?	01;03;23(不—V) * 妈妈:还有天线宝宝还有几个小伙伴叫什么来着? * 儿童:不知道. * 妈妈:不知道啊.	01;03;17(不—V) * 研究者:给妈妈. * 妈妈:这能吃吗? 能吃吗? * 儿童: ben. 注释:儿童说“不能”. * 研究者:不能! 01;07;07(不—V—N) * 研究者:你坐不坐鸭子啊? * 儿童:你干嘛走? 你干嘛走? * 儿童:不坐鸭子.
N—不—V/ADJ	01;04;00(N—不—V) * 妈妈:不要啊? * 儿童: 我不要 wu4.	01;05;21(N—不—V) * 研究者:过来. * 研究者:坐阿姨腿上. * 儿童:我不要.	01;07;12(N—不—ADJ) * 儿童:坏. * 研究者:坏. * 儿童:毛毛不坏.
V—不—COMP(—N)	01;08;03(V—不—COMP) * 阿姨:她吃不着. * 妈妈:啊? * 儿童:吃不着. * 妈妈:吃不着.	01;09;04(N—V—不—COMP—N) * 儿童:妈妈. * 研究者:妈妈去烧水了. * 儿童:贝贝看不到白雪公主的脚了[看不到屏幕].	01;07;21(V—不—COMP) * 研究者:加油! * 研究者:受伤了. * 儿童:拧不动了.
N—V—不—COMP(—N)	01;08;16(N—V—不—COMP) * 儿童:chi1 * 儿童:小猴子吃不 niao3. * 妈妈:对呀,小猴子吃不了.	01;09;04(N—V—不—COMP—N) * 儿童:妈妈. * 研究者:妈妈去烧水了. * 儿童:贝贝看不到白雪公主的脚了[看不到屏幕].	01;11;10 (N—V—不—COMP) * 儿童: zhedao. * 妈妈: 哈哈. * 儿童: 这车走不动了.
N—不—V—N	01;08;16(N—不—V—N) * 妈妈:给妈妈,放那,我不要这个. * 儿童:放. * 儿童:妈不要 pi2dao.	01;09;04(N—不—V—N) * 妈妈:有一次我说,哎呀,妈妈最怕老鼠. * 妈妈:然后她每次看到这,她都说,妈妈害怕老鼠. * 儿童:妈妈不怕老鼠. * 妈妈:o4,对,妈妈勇敢,妈妈不怕老鼠.	02;00;15 (N—不—MOD—V—N) * 研究者:不喜欢那为什么你老吃橘子呀? * 研究者:快排吧. * 儿童:妈妈说我不能吃橘子.

附录四 含"没有"的否定结构始现的语料

含"没(有)"的否定结构	CY	SJQ	ZTX
没	CY01;02;13 *妈妈:嗯,天线宝宝呢? *儿童:没[将玩具放在身后]. *妈妈:没,你看藏东西呢.	SJQ01;02;20 *妈妈:青蛙已经被你弄坏了. *儿童:没. *妈妈:没? *妈妈:什么没了?	ZTX01;05;19 *妈妈:月亮. *妈妈:你叫月亮. *妈妈:月亮呢? *儿童:没. *妈妈:没呀.
没(有)—N/V/ADJ	01;08;03(没—N) *妈妈:就浪费了? *研究者:对,就没录上. *儿童:没声音[将录音机给妈妈]. 01;10;11(没有—V) *姥姥:洗干干净净的. *姥姥:脚不出汗. *儿童:没有 tao3. *儿童:没有洗. *儿童:没有洗.	01;05;21(没—ADJ) *妈妈:妈妈找了啊. *妈妈:一二三. *儿童:没好.	01;06;22(没—V) *妈妈:妈妈说没说尿尿要去小鸭子? *研究者:你看到小鸭子了吗? *儿童:没看. 01;06;22(没—N) *研究者:有没有小熊你家? *研究者:啊? *儿童:没熊. 01;07;21(没—V—N) *研究者:你喝果汁吗? *儿童:没喝果汁. *妈妈:他今天没吃.
N/LOC—没(有)	01;08;03(N—没) *研究者:xxx 也不好. *儿童:葡萄没. *阿姨:嗯? *儿童:葡萄没. *阿姨:不是葡萄,那是桔子. *儿童:桔子没.	01;05;28(PRON—没有) *儿童:有花. *研究者:哪儿还有花儿? *儿童:这儿没有.	01;06;09(N—没) *研究者:快. *研究者:推回去. *儿童:妈妈没. *研究者:什么没了. *儿童:妈妈.
没—V—COMP	02;04;09 *儿童:录完啦. *阿姨:问问录完没. *儿童:录完啦. *阿姨:没录完呢. *儿童:没录完呢.	01;10;02 *妈妈:扣上了. *儿童:zhe4ji1 扣上. *儿童:hai4 没扣上. *妈妈:扣上了. *儿童:hai4 没扣上.	01;07;07 *研究者:找着车了吗? *儿童:没找着. *研究者:没找着. *研究者:那你玩什么呢?
N—没(有)-V(-COMP)/(—N)	01;10;11(N—没—V—N) *阿姨:程颐也没有尾巴. *阿姨:谁都没有尾巴. *儿童:邓湘君没有尾巴. 02;00;13(N—没—V—COMP) *妈妈:吉孙菁要来录相. *儿童:邓湘君没来录相. *妈妈:你跟她说邓湘君没来 a?	01;09;04(N—没—V—N) *儿童:贝贝没有凳 zhi1 了,妈妈. *妈妈:贝贝怎么啦? *儿童:妈妈,妈妈没有凳 zhi1 了.	01;09;22(N—没—V—N) *研究者:你说什么? *儿童:奶奶没穿鞋.奶奶没穿鞋. 01;10;13(N—没—V—COMP) *爸爸:那谁掉到水了? *儿童:毛毛没掉到水里. *爸爸:毛毛掉到水里头.

附录五　含“别”的否定结构始现的语料

含“别”的的否定结构	CY	SJQ	ZTX
别			02;02;09 * 妈妈:你今天还没念呢! * 儿童:妈妈妈. * 儿童:别别[哭].
别—V	01;04;00 * 阿姨:乐得妈妈说. * 儿童:谢谢. * 阿姨:谢谢我的小猴子. * 阿姨:小猴子说... * 儿童:别谢.	01;10;15 * 研究者:预备开始. * 妈妈:又怕被人笑. * 儿童:别拿. * 研究者:每个人碰碰自己的.	01;07;12 * 奶奶:尿尿去. * 儿童:别动别动. * 爸爸:爸爸抱着去尿尿.
别—V—N			01;08;11 * 研究者:你推得好远呐,毛毛! * 儿童:嗯. * 儿童:别动叔叔. * 爸爸:什么? * 儿童:别动叔叔.
N—别—V		01;09;27 * 研究者:你看.你去.你去帮她叫妈妈好不好? * 玩伴:妈[哭]. * 儿童:大贝贝别哭了.	
N—别—V—N	01;08;23 * 儿童:来穿鞋. 注释:她想给妈妈穿她的鞋子. * 儿童:来穿鞋. * 儿童:来穿鞋了. * 儿童:bei2jue3xie1ai1bei2jue3 xie1. * 儿童:妈妈别穿鞋.		02;02;23 * 研究者:你慢点吃啊. * 研究者:别着急. * 儿童:你别抢我的. * 爸爸:我就没抢你的.

附录六 关于量化名词词组与否定辖域的语言测试(一)

测试者信息

姓名：　　　　　　　　　年龄：　　　　　　　　　性别：

学校：　　　　　　　　　测试时间：　　　　　　　测试地点：

首先，请看图片。然后，判断听到的句子描述的内容与图片描绘的内容是否一致。如果一致，请画√；如果不一致，请画×。

预备项目

1. 每只小猪都不吃西瓜。

2. 小老虎没戴所有的帽子。

3. 不是一只小蜜蜂在浇花。

测试部分

1. 每个小朋友都不在吃苹果。

2. 大象没背所有的虫子。

3. 小蜜蜂们都不在浇花。

4. 小朋友没拿一个苹果。

5. 有一个桶，小熊没拿。

6. 小猪一块西瓜都没拿。

7. 所有的虫子都没拿篮子。

8. 有一个小男孩没戴眼镜。

9. 每个小丑都不在吹泡泡。

10. 不是一只小老鼠在睡觉。

11. 小朋友没拿两个苹果。

12. 没有一只小鸭子在看电视。

13. 一个小朋友不在睡觉。

14. 不是两只小老鼠在种树。

15. 有两个车，小熊没推。

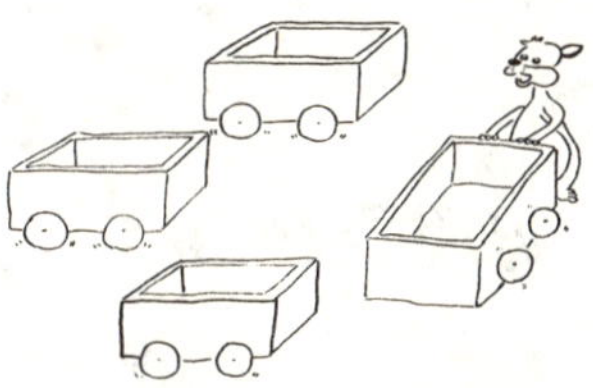

16. 不是每个小女孩都拿花。

17. 不是所有的小羊都在吃叶子。

18. 一个小朋友没戴帽子。

19. 两个小朋友不在玩玩具。

20. 有一个阿姨没拿包。

21. 不是所有的小狗都在啃骨头。

22. 有两个篮子,阿姨都没拿。

23. 有两个阿姨没拿包。

24. 不是一只小海豚在游泳。

25. 老奶奶没抱一个小朋友。

26. 不是两个小朋友在睡觉。

27. 不是每个小朋友都穿裙子。

28. 有一个气球,小狐狸没拿。

29. 不是两只小海豚在玩球。

30. 有两个小男孩没戴眼镜。

31. 所有的小雪人都没拿气球。

32. 有两个苹果，小朋友都没拿。

33. 没有一只小青蛙在喝水。

34. 小乌龟们都不在看书。

35. 小狐狸没拿所有的气球。

36. 小丑没拿两朵花。

37. 两只小熊没拿桶。

38. 小兔子们不都在吃胡萝卜。

39. 有两本书，小女孩没拿。

40. 大象一只虫子都没背。

41. 小鸭子们不都在踢球。

附录七　关于量化名词词组与否定辖域的语言测试(二)

测试者信息

姓名：　　　　　　　　年龄：　　　　　　　　性别：

学校：　　　　　　　　测试时间：　　　　　　测试地点：

首先,请看图片。然后,判断听到的句子描述的内容与图片描绘的内容是否一致。如果一致,请画√;如果不一致,请画×。

预备项目

1. 小狗没吃一根骨头。

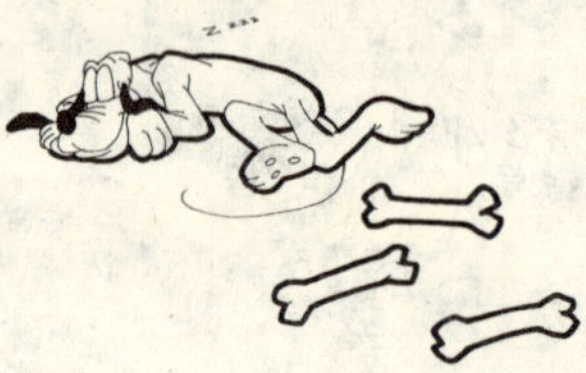

2. 不是所有的小丑都戴帽子。

测试部分

1. 每个小男孩都不在看书。

2. 小朋友没抱所有的小熊。

3. 小老鼠们都不在洗澡。

4. 老奶奶没拿一个篮子。

5. 有一本书，小老鼠没拿。

6. 大象一只虫子都没背。

7. 所有的小熊都不在吃冰棍。

8. 有一个小男孩没戴帽子。

9. 每只小兔子都不在吃胡萝卜。

10. 不是一只小乌龟在睡觉。

11. 小熊没拿两个桶。

12. 没有一只小兔子在吃胡萝卜。

13. 一只小鸡不在睡觉。

14. 不是两只小蜜蜂在浇花。

15. 有两个帽子，小狐狸没戴。

16. 不是每个小男孩都在踢球。

17. 不是所有的虫子都在吃叶子。

18. 一只小青蛙不在喝水。

19. 两只小海豚不在玩球。

20. 有一个小女孩没穿裙子。

21. 不是所有的小朋友都在踢球。

22. 有两条裙子,小兔子都没穿。

23. 有两只小兔子没穿裙子。

24. 不是一只虫子在吃苹果。

25. 小女孩没背一个包。

26 不是两只小老鼠在吃苹果。

27. 不是每个小雪人都拿旗子。

28. 有一个旗子,小雪人没拿。

29. 不是两只小乌龟在睡觉。

30. 有两只小猪不在吃西瓜。

31. 所有的小青蛙都没拿苹果。

32. 有两辆车，小熊都没推。

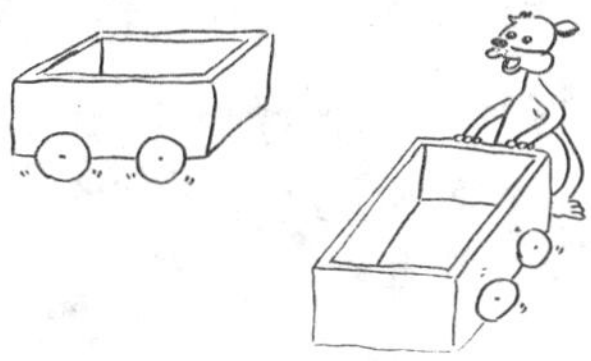

33. 没有一只小狗在睡觉。

34. 小海豚们都不在睡觉。

35. 老奶奶没抱所有的猫。

36. 小兔子没拿两个胡萝卜。

37. 两只大象没戴帽子。

38. 小海豚们不都在游泳。

39. 有两个球，小丑没拿。

40. 小蜜蜂一朵花都没拿。

41. 小朋友们不都在看书。

附录八　关于量化名词词组与否定辖域的语言测试(三)

测试者信息

姓名：　　　　年龄：　　　　性别：

学校：　　　　测试时间：　　　　测试地点：

首先，请看图片。然后，判断听到的句子描述的内容与图片描绘的内容是否一致。如果一致，请画√；如果不一致，请画×。

1. 每只小熊都不在睡觉。

小熊1：我们踢球吧。

(小熊2和小熊3齐声说："好啊好啊。")

(三只小熊开始踢球。)

2. 小兔子没跳过所有的栏杆。

小兔子：有三个栏杆。我一个一个跳。

(跳。)

小兔子：嘿。跳过了。

(跳。)

小兔子：嘿。跳过了。

(跳。摔倒。)

小兔子：哎呀。

3. 小兔子们都不喜欢苹果。

小兔子1：好香的苹果呀。我们吃苹果吧。

小兔子2：好啊好啊。

(对着小兔子3。)

小兔子2：你吃苹果吗？

小兔子3：不，我最不喜欢吃苹果了。

4. 小兔子没买一个胡萝卜。

小兔子：我买吃的。哇，胡萝卜。

小兔子：有三个胡萝卜。

(拿起一个。)

小兔子：我买这个。

(拿起第二个。)

小兔子：我买这个。

小兔子：好了，走了。

5. 有一件衣服，小猴子没买。

（画外音：小猴子和小兔子去买衣服。）

小猴：有三件衣服。

小兔子：你买哪一件？

小猴：这件不喜欢。

小猴：这个不好看。这个也不好看。

小兔子：那你买衣服吗？

小猴：我不买衣服。

6. 小青蛙一件衣服都没买。

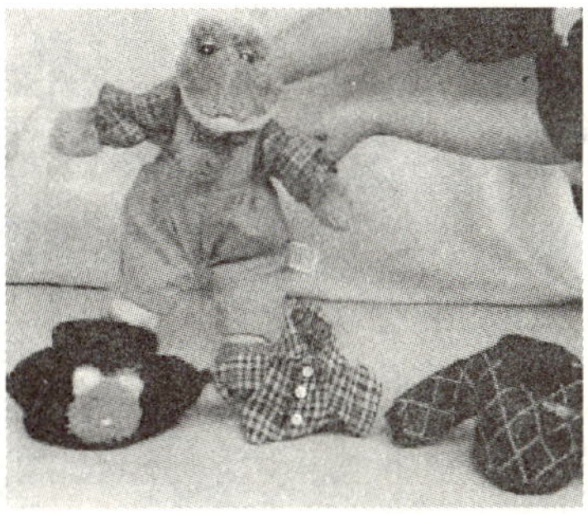

小青蛙：我买衣服。啊，有三件衣服。

（思考。）

小青蛙：这件我不要。我要这件。这件我也要。

7. 所有的小熊都不在看书。

小熊 1：我累了。我睡觉了。

小熊 2：我也累了。我睡觉了。

（小熊 3 在看书。）

8. 有一只小熊不在洗手。

小熊 1：好大的苹果啊。我们吃苹果吧。

小熊 2：好啊好啊。

小熊 3：要洗手。我洗手。

小熊 2：我也洗手。

小熊 1：啊，我先吃了。

小熊 3：你不洗手吗？

小熊 1：不洗，不洗。

9. 每只小熊都不在玩玩具。

（画外音：小熊在家里玩。）

小熊 1：我在玩玩具。

小熊 2：我也在玩玩具。

（指着小熊 3。）

小熊 2：他没有玩玩具。

10. 不是一只小熊在踢球。

（对着小熊 2。）
小熊 1：你玩球吗？
小熊 2：不玩。
（对着小熊 3。）
小熊 1：你玩球吗？
小熊 3：不玩。
（扔掉球。）
小熊 1：我也不玩。

11. 天线宝宝没买两件衣服。

天线宝宝：我要买衣服。有四件衣服。
天线宝宝：这件不好。
天线宝宝：这件太小了。
天线宝宝：这件不好看。
天线宝宝：啊，这件好。我买这件。
（买了一件。走了。）

12. 没有一只小熊在吃胡萝卜。

小熊 1：胡萝卜。
（停顿。）
小熊 1：我不吃。
小熊 2：我也不吃。
小熊 3：我也不吃。

13. 一只小熊没有吃苹果。

小熊 1：我不吃苹果。
小熊 2：我不吃苹果。
小熊 3：我也不吃苹果。

14. 不是两只小兔子在洗衣服。

小兔子 1：我们洗衣服吧。
小兔子 2：好啊。
小兔子 3：他们洗衣服。我们看书吧。
（对着小兔子 4。）
小兔子 4：好吧。

15. 有两个香蕉，小猴子没买。

小猴：啊，有四个香蕉。我买一个香蕉。

16. 不是每只小兔子都在看书。

小兔子 1：我们吃萝卜吧。

（小兔子 2 和小兔子 3 齐声说：“好啊好啊。”）

17. 不是所有的小熊在睡觉。

小熊 1：你玩球吗？

小熊 2：我不玩球。我困了，我想睡觉。

小熊 1：那我们玩球吧。

小熊 3：好啊。

（小熊 1 和小熊 3 玩球，小熊 2 睡觉。）

18. 一只小兔子不在画画。

小兔子 1：我们画画吧。

小兔子 2：好啊。

（对着小兔子 3。）

小兔子 2：你画画吗？

小兔子 3：我不画画，我吃萝卜。

19. 两只小兔子不去幼儿园。

小兔子 1：我去幼儿园。你们去吗？

小兔子 2：我不去。

小兔子 3：我不去。

小兔子 4：我也不去。

小兔子 1：好吧，我走了。

20. 有一只小兔子没吃饭。

小熊：你们吃饭了吗？

小兔子 1：我没吃。

小兔子 2：我没吃。

小兔子 3：我也没吃。

21. 不是所有的小熊都在玩球。

小熊1:你在干什么呀?

小熊2:我在看书。

小熊3:我们也看书吧。

(三只小熊一起看书。)

22. 有两个球,小猴子都没买。

小猴:我买玩具。有两个球。

小猴:这个,啊,不买。

小猴:这个,也不买。去买别的玩具吧。

23. 有两只小兔子没有书。

小青蛙:你们有书吗?

小兔子1:没有。
小兔子2:没有。

小兔子3:没有。

小兔子4:哈哈,我有书。

24. 不是一只小熊在看书。

小熊1:我们看书吧。

小熊2:好啊好啊,
(对着小熊3。)

小熊2:你看书吗?

小熊3:我不看书。我玩车。

小熊2:那我们看吧。

25. 小兔子没买一个胡萝卜。

(画外音:小兔子去买东西。)

小兔子:啊,有三个胡萝卜。
(停顿。)

小兔子:胡萝卜,不买不买。家里有好多胡萝卜。

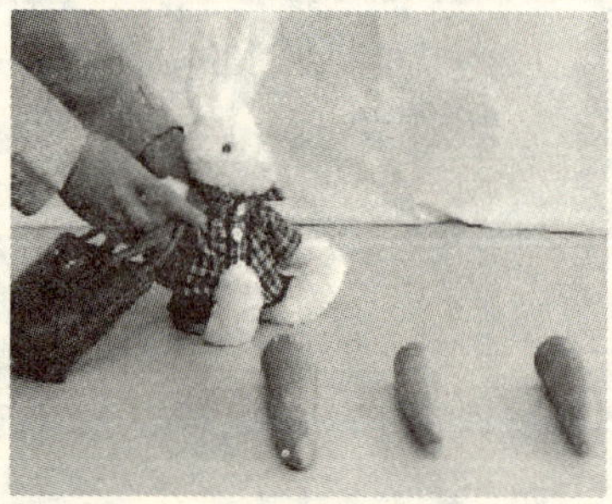

26. 不是两只小兔子在吃苹果。

(有四只小兔子。)
小兔子1:我们踢球吧。
小兔子2/3:好吧。
(三只小兔子开始踢球。)
小兔子4:我不踢球。我吃苹果。

27. 不是每只小兔子都在跳舞。

小兔子1:我们跳舞吧。
小兔子2:好啊。
(对着小兔子3。)
小兔子1:你跳舞吗?
小兔子3:我不跳舞。我看书。
小兔子1:那我们跳舞吧。
小兔子2:好吧。
(小兔子1和小兔子2跳舞。)

28. 有一个车,小猴子没买。

小猴:我买车。有三个车。
小猴:这个太小了。我不买。
小猴:这个好。我买。
(拿起第二辆放进桶里。看见第三辆。)
小猴:咦,真好玩,真好玩。
小猴:我要这个。
(把第三辆车放进桶里。)
小猴:我走了。

29. 不是两只小兔子在玩车。

小兔子1:我在看书。
小兔子2/3/4:我们在玩车。

30. 有两只小兔子没有笔。

小兔子1:我有笔。
小兔子2:我也有笔。
小兔子3:我没有笔。
小兔子4:我也没有。

31. 所有的小熊都不在踢球。

小熊 1:我们看书吧。

(小熊 2 和小熊 3 齐声说:“好啊好啊”。)

(三只小熊一起看书。)

32. 有两个帽子,小兔子都没买。

小兔子:我要买帽子。有两个帽子啊。

(看着大帽子。)

小兔子:这个太大了。

(看着小帽子。)

小兔子:我喜欢这个。就买这个吧。

33. 没有一只小兔子踢球。

小兔子 1:我们踢球吧。
小兔子 2:好啊好啊。

(对着小兔子 3。)

小兔子 1:你踢球吗?

小兔子 3:我不踢球,我吃胡萝卜。

小兔子 1:那我们踢吧。

(两只小兔子开始踢球。)

34. 小兔子们都没拿起桶。

(画外音:森林里在举行运动会。第一项是比比谁的力气大。小兔子队先比。)

(小兔子 1 上前去提。)

小兔子 1:哎哟,好重啊。

小兔子 2:到我了。哎哟,太重了。

小兔子 3:看我的吧。

(没提起来。)

小兔子 3:哎呀,拿不动。

35. 小兔子没跳过所有的栏杆。

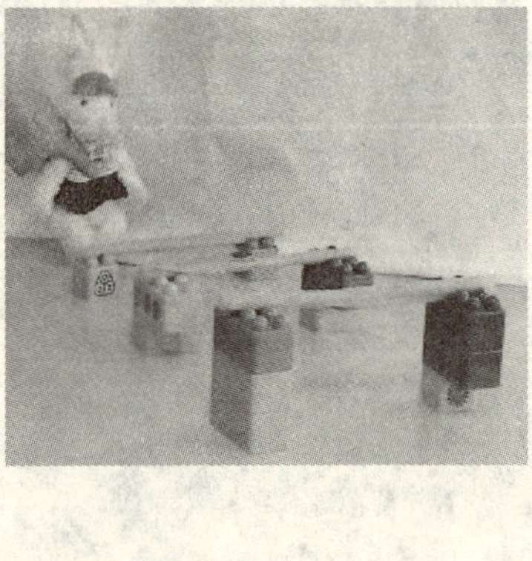

小兔子:有三个栏杆。我一个一个跳。

(跳第一个。)

小兔子:嘿。

(撞倒了。)

小兔子:哎呀。我再试这个。

小兔子:嘿。

（撞倒第二个。）

小兔子：哎呀。

小兔子：好。这个一定要跳过。

小兔子：嘿呀。

（撞倒了第三个。）

小兔子：哎呀，又失败了。

36. 小熊没买两个苹果。

小熊：哎呀，今天的苹果真好。

小熊：有四个苹果。

（拿起一个苹果放进桶里。）

小熊：我要这个。

（拿起第二个苹果放进桶里。）

小熊：我要这个。

（停顿。）

小熊：好啦。

37. 两只小兔子不去幼儿园。

小兔子 1：我要去幼儿园了。你们去吗？

小兔子 2：我不去。

小兔子 3：我也不去。

小兔子 4：我去，我去。

小兔子 1：那我们走吧。

小兔子 4：好啊。

38. 小兔子不都在踢球。

小兔子 1：我在洗衣服。

小兔子 2/3 说：我们在踢球。

39. 有两个苹果，天线宝宝没买。

（画外音：天线宝宝买苹果。）

天线宝宝：啊，有四个苹果。

（拿起一个苹果放进桶里。）

天线宝宝：这个我要。

（拿起第二个苹果放进桶里。）

天线宝宝：这个我也要。

天线宝宝：好啦。走啦。

40. 小熊一个包都没买。

(画外音:小熊去买包。)

小熊:啊,这个红色的,不喜欢。

(指着黑色的包。)

小熊:这个太小了,不好。

(指着白色的包。)

小熊:啊,这个太大了。

小熊:我不买了。我走了。

41. 小兔子没都拿起包。

(有三只小兔子。)

小兔子1:我们来比比谁的力气大。

小兔子2:看谁能拿起这个包。

小兔子1:我先来。

小兔子1:嘿,嘿。

小兔子1:拿不起来。

小兔子2:我来。

小兔子2:嘿,嘿。

小兔子2:拿不起来。

小兔子3:看我的。

小兔子3:嘿,嘿。

小兔子3:哎哟。

小兔子3:拿不起来。

附录九　关于情态词与否定辖域的语言测试(一)

测试者信息

姓名：　　　　　年龄：　　　　　性别：

学校：　　　　　测试时间：　　　　　测试地点：

第一部分

在每个故事后都有一个问题。请根据所听到的故事回答问题。

预备项目

1

小兔子：哎哟，哎哟，打不开。

测试问题：小兔子能打开书吗？

测试部分

1

（画外音：小熊吃香蕉，把皮扔在地上了。）

小熊：真好吃啊。

小青蛙：你不乖，地都脏了。

测试问题：小熊应该不应该把皮扔在地上？

2

小青蛙：小兔子，我们去游泳吧。

小兔子：不行，不行，我没学过游泳。

测试问题：小兔子会游泳吗？

3

（小兔子提书包。）

小兔子：哎哟，哎哟，拿不动。

（停顿。）

小兔子：找小熊帮我吧。

（停顿。）

小兔子：不行。

小兔子：我和小熊吵架了。

小兔子：他生气了。

小兔子：我还是自己拿吧。

测试问题：小兔子想小熊能帮她吗？

4

(画外音：现在已经十点了。小熊还在睡懒觉。)

小熊：呼呼。

测试问题：小熊应该不应该起床？

5

(画外音：小熊推一只兔子。)

(有三个动物：小熊，小兔子 1 和小兔子 2。)

(小熊推小兔子 1。)

小熊：没问题。

小兔子 2：那我也来吧。

(坐到小兔子 1 的车上。)

小熊：哎哟，哎哟，哎哟。

小熊：推不动。

测试问题：小熊可以推两只小兔子吗？

6

小猴：我要去幼儿园。

小狗：别去了，陪我玩儿吧。

小猴：不行，幼儿园可好玩儿啦。

测试问题：小猴子想去幼儿园吗？

7

小兔子：小青蛙呢？

小熊：我看见小青蛙了。

小熊：小青蛙说他去公园。

测试问题：小青蛙应该不应该在家？

8

(画外音：小兔子想从台上跳下来。)

小兔子：好高啊，我害怕。

(哭。)

测试问题：小兔子敢跳下来吗？

9

(小兔子练习跳高。)

小兔子：要比赛了，我练习一下。

(跳，摔倒。)

小兔子：嘿。

小兔子：哎哟，我的腿。

小兔子：哎哟，疼死我了。

小熊：小兔子，你受伤了。

小熊：我们去医院吧。

小兔子：不行，要比赛了。

小熊：不行，不行，去医院。

（抱起小兔子2。）

小兔子：我要比赛，我要比赛。

（画外音：比赛开始了。）

测试问题：小兔子可能参加比赛吗？

10

小青蛙：小熊，你唱歌吧。

小熊：不，我不想唱歌。

小熊：没人教我唱歌。

小熊：你听我的声音。

测试问题：小熊会唱歌吗？

11

（有三只小熊。）

小熊1：我们吃苹果吧。

小熊1：好大的苹果啊。

小熊2：好啊，好啊。

小熊2：要洗手。

小熊2：我洗手。

小熊3：我也洗手。

小熊1：我先吃了。

小熊2：你不洗手吗？

小熊1：不洗，不洗。

测试问题：小熊应该洗手吗？

12

小狗：青蛙老师，我能出去玩吗？

小青蛙：不行，你现在要学习。

测试问题：小狗可以出去玩吗？

13

小熊：我想唱歌。

小熊:啦啦啦啦。

(咳嗽。)

小熊:我感冒了。

测试问题:今天小熊能唱歌吗?

14

(小猴推车。)

小猴:真好玩,真好玩。

测试问题:小猴喜欢车吗?

15

小熊:我们出去玩吧。

小兔子:好啊。

小兔子:我来拿包。

(小兔子提大包。)

小兔子:拿不动。

小兔子:你是哥哥,你拿大的包吧。

小狗:对,你是哥哥。

小狗:你拿大的包。

小熊:好。

(小兔子和小熊提着包。)

小兔子:走吧。

测试问题:小熊可以不拿大的包吗?

16

(画外音:小熊和小兔子比赛。一,二,跑。)

小熊:哎哟,哎哟。

(小熊落在最后面。)

测试问题:小熊能得第一吗?

17

小兔子1:我们吃萝卜吧。

(小兔子2和小兔子3齐声说:“好啊,好啊。”)

测试问题:小兔子喜欢萝卜吗?

18

(两只小兔子在看书,小熊在唱歌。)

小熊:啊啊啊啊啊。

小兔子1:小熊,你别唱歌了。

小熊:啊。

小兔子 1:我们在看书。

测试问题:小熊应该不应该唱歌?

19

小熊 1:困了。

小熊 1:你睡觉吗?

小熊 2:我不睡觉。

小熊 2:我要看书。

小熊 2:这本书特别有意思。

小熊 1:是吗?

小熊 1:那我也看书吧。

小熊 2:好吧。

(小熊 1 在笑。)

测试问题:小熊喜欢这本书吗?

20

(小兔子推车。)

小兔子:哎哟,哎哟,推不动。

小兔子:小猴,你能帮我吗?

小猴:不行,我想睡觉。

(小猴躺下睡觉。)

测试问题:小猴子肯帮小兔子吗?

21

小熊:我们一起去公园吧。

小狗:好吧。

小熊:去了公园我们去踢球吧。

小狗:我不想踢球。

小熊:好吧,我们不踢球。

测试问题:小熊和小狗会去踢球吗?

22

(画外音:小熊在等小兔子。)

小熊:小兔子,小兔子,快来吧,快来吧。

小熊:哎呀,哎呀。

小熊:快来吧。

(看表。)

小熊:太晚了,我不等了。

小熊:我走了。

测试问题：小熊想小兔子能来吗？

23

小青蛙：我腿疼。

小熊：你站起来。

（小青蛙站起来。）

小熊：走。

（小青蛙摔倒。）

小青蛙：哎哟。

测试问题：小青蛙可以走吗？

24

（画外音：小兔子队和小熊队在比赛。第一项：跳栏。小兔子先跳。）

小兔子1：一，二，嘿。

小兔子1：跳过了。

小兔子1：一，二，嘿。

小兔子1：又跳过了。

测试问题：小兔子会跳栏吗？

25

小狗：桶里有只小动物。

小兔子：小狗，你猜我是谁？

小狗：不知道。

小兔子：我的耳朵长长的。

小兔子：耳朵长长的。

测试问题：桶里的小动物应该不应该是小熊？

26

小狗：小猴子，我们去外边玩吧。

小猴：太黑了。我害怕。

测试问题：小猴子敢去外面玩吗？

27

（画外音：动物们要比赛了。）

小兔子1：做准备。

小熊：胡萝卜真好吃啊。

小熊：我还要吃一个大苹果。

（画外音：开始比赛。预备。）

小熊：哎哟，哎哟，哎哟。

（画外音：跑。）

（小熊跑在最后。）

小熊：哎哟，哎哟。

测试问题：小熊可能得第一吗？

28

小狗：老师，今天我不想跑步了。

小狗：我想睡觉。

小猴：不行，你去跑步。

测试问题：小狗可以睡觉吗？

29

（小熊打小兔子。）

小熊：打你，打你，打你。

测试问题：小熊应该爱护小兔子吗？

30

小熊：我在等小青蛙。

小熊：小青蛙还没来。

小狗：小熊，小熊，你在等小青蛙吗？

小熊：嗯。

小狗：小青蛙生病了。

小熊：好吧，我走啦。

测试问题：小青蛙会来吗？

31

小熊：啊，小青蛙，你有三个苹果啊？

小青蛙：嗯。

小熊：给我一个吧。

小青蛙：不给不给。

测试问题：小青蛙肯给小熊苹果吗？

32

小熊：我要去看电影了。

小兔子：带我去吧，带我去吧。

测试问题：小兔子想去看电影吗？

33

小熊：明天是星期一，我要去幼儿园。

小熊：要很早起床，不能迟到。

测试问题：明天小熊可以不早起吗？

第二部分

在每个故事后，都有一个句话。请根据故事内容判断这句话的正误。正确，请画√；错误，请画×。如果您的回答是×，请将正确的句子写在题号后。

34

小熊：不好玩。

小熊：我踩你，我踩你，我踩你。

（踩地上的玩具。）

小青蛙：小熊，你不乖。

小青蛙：你要爱护玩具。

测试句：小熊应该不踩玩具。

35

（有三只小兔子。）

小兔子1：我们来比比谁的力气大。

小兔子2：看谁能拿起这个包。

小兔子1：我先来。

小兔子1：嘿，嘿。

小兔子1：拿不起来。

小兔子3：我来。

小兔子3：嘿，嘿。

小兔子3：拿不起来。

小兔子2：看我的。

小兔子2：嘿，嘿。

小兔子2：哎哟。

小兔子2：拿不起来。

测试句：小兔子不能拿起包。

36

小狗：小青蛙，小青蛙。

小青蛙：谁呀？

小狗：是我，小狗。

小狗：我们去跑步吧。

小青蛙：哎哟，我不能跑步了。

小青蛙：我的腿受伤了。

小狗：哎呀，你的腿。

小狗：那你好好休息吧，我走了。

小青蛙：再见。

测试句：小青蛙可能不去跑步了。

37

(有三个小动物:小猴,小熊和小兔子。)

小熊:老师好。

小猴:谁去跑步啊?

小熊:我去。

(对着小兔子。)

小猴:小兔子,你去吗?

小兔子:我不去。

小兔子:我要看书。

小猴:小熊,我们走吧。

小熊:好。

测试句:小兔子不可以去跑步。

38

(有两个苹果,一个胡萝卜。)

(闻第一个苹果。)

小兔子:不喜欢。

(闻第二个苹果。)

小兔子:不喜欢。

小兔子:啊,胡萝卜。(非常高兴。)

测试句:小兔子应该不喜欢苹果。

39

小猴:小兔子,我们去公园吧。

小兔子:好啊好啊。

(停顿。)

小兔子:可我还有好多衣服没洗。

小猴:我帮你洗吧。

小猴:洗完衣服,天没黑,我们一起去公园。

小兔子:好吧。

小兔子:洗呀洗呀。

(小猴和小兔子一边洗衣服,一边唱歌。)

测试句:小兔子不可能去公园了。

40

(画外音:上课的时候,小动物们都在看书。可小熊在睡觉。)

(青蛙老师拍小熊。)

青蛙老师:小熊,别睡觉了。

小熊:嗯?

青蛙老师:上课的时候别睡觉。

测试句:小熊不应该睡觉。

41

小青蛙:天线宝宝,我们去游泳吧。

天线宝宝:我不会游泳,我不去了。

小青蛙:那我走了。

测试句:天线宝宝可能不去游泳了。

42

小熊:小兔子还在睡觉呢。

小青蛙:嘘。

小青蛙:小声点。

小青蛙:今天是星期天,让她睡吧。

小青蛙:我们走吧。

测试句:小兔子不可以起床。

43

(小熊要去幼儿园,要选一件衣服。)

小熊:穿这件有点冷。

小熊:穿毛衣,有点热。

小熊:穿哪件呢?

测试句:小熊不可能穿毛衣。

44

小熊:我要给天线宝宝买衣服。

(停顿。)

小熊:这是蓝色的衣服。

小熊:真好看。

小熊:我就买这件。

(把衣服放进篮子里推走了。)

小熊:天线宝宝,天线宝宝。

天线宝宝:来啦来啦来啦。

天线宝宝:什么事啊?

小熊:我给你买了件衣服。

小熊:你猜是什么颜色的?

(停顿。)

天线宝宝:我最不喜欢蓝色了。

测试句:天线宝宝不应该喜欢这件蓝色的衣服。

45

小猴:小朋友们,我们出去玩吧。

小狗:好啊好啊。

小熊:老师,我不想出去玩。我想看书。

小猴:那好吧。

小猴:你看书吧。

小猴:小狗,我们走。

测试句:小熊不可以出去玩。

附录十　关于情态词与否定辖域的语言测试(二)

测试者信息

姓名：　　　　　　年龄：　　　　　　性别：

学校：　　　　　　测试时间：　　　　测试地点：

测试部分

第一部分

每个故事后都有一句话，请根据听到的故事内容判断这句话是否正确。正确，请画√；不正确，请画×。

1

(画外音：小青蛙给小熊打电话。嘟，嘟，嘟。)

小青蛙：没人。

小青蛙：我再打。

(画外音：嘟，嘟，嘟。)

小青蛙：哎，没人。

小青蛙：小熊不在家，我不打了。

测试句：小熊不应该不在家。

2

小兔子：小熊，小熊，我们去踢球吧。

小熊：好啊好啊。

小熊：等一下，我去拿球。

小熊：走吧。

小兔子：嗯。

测试句：小熊和小兔子不可能不去踢球。

3

(画外音：小兔子在睡懒觉。)

小狗：小兔子快起床。

小狗：小兔子快起床。

小狗：太晚了，老师生气了。

测试句：小兔子不应该不起床。

4

小兔子：我生病了。

小熊：吃药吧，吃药吧。

（把药给小兔子。）

小熊：妈妈说生病了要吃药。

小兔子：好吧。

测试句：小兔子不可以不吃药。

5

小猴：哎呀，小青蛙还不来。我告诉他了。

小熊：小猴，小猴，你在干什么呢？

小猴：我在等小青蛙。

小熊：他知道吗？

小猴：知道。

测试句：小青蛙不应该不知道。

6

天线宝宝：我是天线宝宝，今天我和小兔子出去玩。

天线宝宝：小兔子，我们出去玩吧。

小兔子：好啊。

天线宝宝：你想玩什么呀？

（思考。）

小兔子：我想跳舞，我想踢球。

天线宝宝：跳完舞天就黑了。

（停顿。）

天线宝宝：好吧，我们先跳舞。

天线宝宝：天没黑，我们再踢球。

小兔子：好吧，我们先跳舞。

小兔子：天黑了，明天也可以踢球。

测试句：天线宝宝和小兔子不会不去踢球。

7

（两只小兔子在看书，小熊在唱歌。）

小熊：啊啊啊啊啊。

小兔子1：小熊，你别唱歌了。

小熊：啊。

小兔子1：我们在看书。

测试句：小熊不应该不唱歌。

8

小猴：小青蛙，你会游泳吗？

小青蛙：游泳，我是第一。

小猴：哦。

小猴：那你参加游泳比赛吗？

小青蛙：嗯，我太忙了。

小青蛙：我不知道。

测试句：小青蛙不可能不参加比赛。

9

(画外音：要上课了。)

小熊：老师呢？

小猴：不知道。

小兔子：老师让我告诉你们，他马上来。

测试句：老师不会不来。

10

小猴：小熊，小熊，我们去幼儿园吧。

(小熊咳嗽。)

小熊：我生病了，我不想去幼儿园了。

小猴：好吧，我告诉老师你生病了。

小猴：那你休息吧。

测试句：小熊不可以不去幼儿园。

第二部分

每个故事后都有一个问题，请根据故事内容回答问题。

11

小青蛙：我家有好多玩具，你们去我家玩吧。

小熊：我一定去。

小狗：我应该去。

测试问题：如果只有一个小动物去了小青蛙家，你才它是谁？

12

小猴：你们会踢球吗？

小兔子：我想我应该会。

小熊：我想我可能会。

测试问题：如果只有一个小动物会踢球，你猜它是谁？

13

(画外音：小青蛙要选一个动物和他去比赛。)

(指着小熊。)

小青蛙：小熊，你应该去。

（指着小兔子。）

小青蛙：小兔子，你必须去。

测试问题：如果小青蛙只选了一个小动物，你猜它是谁？

14

青蛙老师：小兔子生病了，她在医院。你们谁去看她？

（小熊和小狗齐声说："我去，我去。"）

青蛙老师：小熊，你应该去。

（停顿。）

青蛙老师：小狗，你可以去。

测试问题：如果青蛙老师只选了一个小动物去看小兔子，你猜它是谁？

15

小猴：我们玩玩具吧。

小熊：那谁去拿玩具呢？

小猴：我选一个小动物去拿玩具。

（指着小兔子。）

小猴：小兔子，你可以去。

（停顿。）

（指着小熊。）

小猴：小熊，你必须去。

测试问题：如果小猴子只选一个小动物去拿玩具，你猜它是谁？

16

（画外音：谁去公园？）

小狗：我一定去。

小熊：我可能去。

测试问题：如果只有一个小动物去公园，你猜它是谁？

17

天线宝宝：啊，小熊和小兔子今天都穿了裙子。是什么颜色的呢？

天线宝宝：是红色的吗？我最喜欢红色了。

天线宝宝：让我来猜一猜。

天线宝宝：小熊的裙子不一定不是红色的。

（停顿。）

天线宝宝：小兔子的裙子不应该不是红色的。

测试问题：如果只有一个小动物的裙子是红色的，你猜它是谁？

18

小兔子：哎哟哎哟，推不动。

天线宝宝：我选一个小动物帮助小兔子。

（对着小猴。）

天线宝宝：小猴，你不可以不帮小兔子。

（对着小熊。）

天线宝宝：小熊，你不应该不帮小兔子。

测试问题：如果天线宝宝只选一个小动物帮助小兔子，你猜它是谁？

19

天线宝宝：后面有小动物。是谁呢？让我猜一猜。

天线宝宝：小猴子不可能不在后面。

天线宝宝：小兔子不应该不在后面。

测试问题：如果只有一个小动物在后面，你猜它是谁？

附录十一　情态词始现的语料

情态动词	语义概念	CY	SJQ	ZTX
会	表能力	CY01;04;00 ＊妈妈:你不会。 ＊妈妈:你会吗? ＊儿童:会。 注释:儿童发“fui4”的音。 ＊妈妈:会呀?	SJQ01;04;14 ＊研究者:你会踢吗? ＊儿童:会。 ＊研究者:会?	ZTX01;07;12 ＊研究者:又唱歌啊。 ＊研究者:不会吧? ＊儿童:不会吧。 ＊研究者:不会吧。
	表估计		SJQ01;09;04 ＊儿童:有毒苹果死了 xxx,白马王子救了白雪公主。 ＊研究者:会,吃了有毒苹果,是不是? ＊儿童:会死的。 ＊妈妈:会死的。	ZTX01;10;20 ＊研究者:你不听妈妈话呀? ＊研究者:你明天就变成小老头儿了。 ＊儿童:不会变成小老头儿。 ＊研究者:嗯。
能	表能力	CY01;08;16 ＊妈妈:能吗? ＊妈妈:嗯? ＊儿童:能。 ＊妈妈:能啊? ＊妈妈:来,你戴一下试试,嗯?	SJQ01;10;15 ＊妈妈:自己把它扶起来。 ＊妈妈:可以的。 ＊儿童:贝贝自己能行。 ＊研究者:能行啊。	ZTX01;07;00 ＊研究者:现在是叔叔让它走。 ＊研究者:看。 ＊研究者:自己走喽,自己走喽。 ＊研究者:你那车能啊? ＊研究者:你那车不行。 ＊妈妈:能吗? ＊妈妈:毛毛。 ＊儿童:能。
	表客观条件许可	CY01;04;00 ＊妈妈:这能吃吗? ＊儿童:不能吃。	SJQ01;08;13 ＊研究者:那你的水壶浇一浇花儿能变大吗? ＊儿童:能。 ＊研究者:能啊? ＊儿童:en1。	ZTX01;03;17 ＊研究者:给妈妈。 ＊妈妈:这能吃吗? 能吃吗? ＊儿童:ben。 %exp:儿童在说“不能”。 ＊研究者:不能!
	表准允	CY01;10;18 ＊妈妈:是录音机呀。 ＊妈妈:你不都见过很多次了吗? ＊儿童:不能抠。 ＊妈妈:抠坏了。	SJQ01;09;04 ＊妈妈:贝贝你是不是不是很想看啊。 注释:儿童去另一个房间。 ＊妈妈:那妈妈关了 o4。 ＊儿童:大灰狼不能玩了。 ＊儿童:大灰狼不能玩了。	ZTX01;11;03 ＊研究者:回你家了? ＊研究者:我可以到你家玩吗? ＊儿童:不能玩。 ＊研究者:可以吗?
	表估计	CY02;00;13 ＊研究者:擦不掉。 ＊研究者:你看你看....。 ＊妈妈:不是擦掉,是擦一擦。 ＊儿童:擦一擦。 ＊妈妈:对,看看能不能擦掉。 ＊儿童:能擦掉。 ＊妈妈:能擦掉 ma?		ZTX02;03;22 ＊儿童:你把枪弄坏了。 ＊研究者:能,能修好吧毛毛? ＊儿童:能。 ＊研究者:能修好啊?
敢	表有胆量	CY02;01;10 ＊姥姥:来,站着磅磅秤。 ＊儿童:我敢上。 ＊姥姥:上来吧。	SJQ01;11;08 ＊研究者:为什么? ＊姥姥:为什么不可以? ＊儿童:我牙疼我不敢吃那个。 ＊研究者:o4 你牙疼不敢吃呀。	

续上表

可能	表估计		SJQ01;10;02 ＊妈妈:有可能是妹妹也有可能是弟弟。 ＊妈妈:不确定。 ＊儿童:有可能,有可能哥哥。 ＊妈妈:还有可能呢?	ZTX02;03;08 ＊爸爸:八四九到青塔。 ＊爸爸:好远。 ＊儿童:我可能八四九到… ＊儿童:嗯。
可以	表能力	CY02;01;10 ＊儿童:好了。 ＊研究者:可以站吗? ＊儿童:可以站。 注释:儿童站起来。 ＊姥姥:可以站。	SJQ01;11;00 ＊研究者:你可以吗? ＊儿童:可以。 ＊研究者:a2,不行啊拿的太多了。	
	表准允	CY01;11;09 ＊儿童:这这趴这。 ＊妈妈:我也趴这儿啊。 ＊儿童:可以趴这儿。 ＊妈妈:我也趴这儿。	SJQ01;08;21 ＊姥姥:你问阿姨可不可以? ＊姥姥:你问没? ＊儿童:可以。 ＊研究者:给姥姥。	ZTX01;08;11 ＊研究者:真的吗? ＊儿童:真的。 ＊研究者:我们看看好不好? ＊研究者:看一看吧。 ＊研究者:可以吗? ＊儿童:不可以。 ＊研究者:不可以。
	表客观条件许可	CY02;01;10 ＊研究者:这有轮子吗,这个凳子? ＊研究者:有轮子吗? ＊儿童:这个凳子有这个,有这个可以推。 ＊研究者:不可以推啊。	SJQ01;11;29 ＊研究者:yo4 这个蛋糕真好看好吃吗? ＊儿童:好吃。 ＊研究者:可以吃吗? ＊儿童:可以吃。 ＊研究者:可以吃啊? ＊儿童:zhua3 装吃。	
应该	表情理			ZTX01;09;01 ＊研究者:这么多呀! ＊妈妈:看看应该放哪儿呀? ＊儿童:应该放这儿。 ＊研究者:应该放这儿啊?
	表估计			ZTX02;02;09 ＊妈妈:那为什么啊? ＊儿童:嗯。(思考。) ＊儿童:应该是的。大舅舅是个胖子。 ＊妈妈:因为大舅舅是个胖子?

附录十二　关于情态词否定式的语言测试结果

测试故事 **38**、**44**、**34** 和 **40** 的结果

测试故事(一)38:

(有两个苹果,一个胡萝卜。)
(闻第一个苹果。)
小兔子:不喜欢。
(闻第二个苹果。)
小兔子:不喜欢。
小兔子:啊,胡萝卜。(非常高兴。)

测试句:小兔子应该不喜欢苹果。
测试故事(一)44:

小熊:我要给天线宝宝买衣服。
(停顿。)
小熊:这是蓝色的衣服。
小熊:真好看。
小熊:我就买这件。
(把衣服放进篮子里推走了。)
小熊:天线宝宝,天线宝宝。
天线宝宝:来啦来啦来啦。
天线宝宝:什么事啊?
小熊:我给你买了件衣服。
小熊:你猜是什么颜色的?
(停顿。)
天线宝宝:我最不喜欢蓝色了。

测试句:天线宝宝不应该喜欢这件蓝色的衣服。
应该$_2$
测试故事(一)34:

小熊:不好玩。
小熊:我踩你,我踩你,我踩你。
(踩地上的玩具。)
小青蛙:小熊,你不乖。
小青蛙:你要爱护玩具。

测试句：小熊应该不踩玩具。

测试故事(一)40：

(画外音：上课的时候，小动物们都在看书。可小熊在睡觉。)

(青蛙老师拍小熊。)

青蛙老师：小熊，别睡觉了。

小熊：啊？

青蛙老师：上课的时候别睡觉。

测试句：小熊不应该睡觉。

测试结果：

	故事编号	HH	LCL	CSQ	WBC	WLQ	TZY	ZXY	JPJ	JYH	WSY	LYC	LRQ	ETY	ZYH	ZSY
4～5岁组	38	Y	Y	Y	Y	Y	Y	Y	Y	Y	Y	Y	Y	Y	Y	Y
	44	Y	Y	Y	Y	Y	Y	Y	Y	Y	Y	Y	Y	Y	Y	Y
	34	Y	Y	N(不踩玩具是好孩子)	Y	Y	Y	Y	Y	Y	Y	Y	Y	Y	Y	Y
	40	Y	Y	Y	Y	Y	Y	Y	Y	Y	Y	Y	Y	Y	N(小熊不能睡觉。)	Y
5～6岁组		FJH	FYP	CYF	CZ	GQC	SL	SYQ	YZQ	ZWB	LZQ	WXF	WYY	DWX	ZYH	WYF
	38	Y	Y	Y	Y	Y	Y	Y	Y	Y	Y	Y	Y	Y	Y	Y
	44	Y	Y	Y	Y	Y	Y	Y	Y	Y	Y	Y	Y	Y	Y	N(蓝色给丁丁。)
	34	Y	Y	Y	Y	Y	Y	Y	N(不应该。)	Y	N(不应该踩玩具。)	Y	Y	Y	Y	Y
	40	Y	Y	Y	Y	Y	Y	Y	Y	Y	Y	Y	Y	Y	Y	Y
6～7岁组		SWB	ZY	CWD	XJL	SCY	DYX	LX	YTM	YTX	YS	GJ	NLL	WJY	XRX	WT
	38	Y	Y	Y	Y	Y	Y	Y	Y	Y	Y	Y	Y	Y	Y	Y
	44	Y	Y	Y	Y	Y	Y	Y	Y	Y	Y	Y	Y	Y	Y	Y
	34	Y	Y	Y	Y	Y	Y	Y	Y	Y	Y	Y	Y	Y	Y	Y
	40	Y	Y	Y	Y	Y	Y	Y	Y	Y	Y	Y	Y	Y	Y	Y
7～8岁组		DZY	LY	HS	HB	JZW	ZSX	DY	CN	LL	YY	WQF	WZY	YZZ	ZJY	HJ
	38	Y	Y	Y	Y	Y	Y	Y	Y	Y	Y	Y	Y	Y	Y	Y
	44	Y	Y	Y	Y	Y	Y	Y	Y	Y	Y	Y	Y	Y	Y	Y
	34	Y	Y	Y	Y	Y	Y	Y	Y	Y	Y	Y	Y	Y	Y	Y
	40	Y	Y	Y	Y	Y	Y	Y	Y	Y	Y	Y	Y	Y	Y	Y

测试故事**9**和**27**的结果

测试故事(一)9:

(小兔子练习跳高。)

小兔子:要比赛了,我练习一下。

(跳,摔倒。)

小兔子:嘿。

小兔子:哎哟,我的腿。

小兔子:哎哟,疼死我了。

小熊:小兔子,你受伤了。

小熊:我们去医院吧。

小兔子:不行,要比赛了。

小熊:不行,不行,去医院。

(抱起小兔子2。)

小兔子:我要比赛,我要比赛。

(画外音:比赛开始了。)

测试问题:小兔子可能参加比赛吗?

测试故事(一)27:

(画外音:动物们要比赛了。)

小兔子1:做准备。

小熊:胡萝卜真好吃啊。

小熊:我还要吃一个大苹果。

(画外音:开始比赛。预备。)

小熊:哎哟,哎哟,哎哟。

(画外音:跑。)

(小熊跑在最后。)

小熊:哎哟,哎哟。

测试问题:小熊可能得第一吗?

测试结果

	故事编号	HH	LCL	CSQ	WBC	WLQ	TZY	ZXY	JPJ	JYH	WSY	LYC	LRQ	ETY	ZYH	ZSY
4～5岁组	9	不能	也可以	不可能	不可能吧(受了伤,不能去了。)	不能	不能	不可能	不能/不可能	不可能	不可能	不能	不能	不可以/可能(治好就能。)	可能(因为它知道了。)	不能/不可能
	27	不可能	不能/可能不能	不可能	不可能	不能	不能	不可能	不可能	不可能	不能	不能	不能	不可以	不可能	不可能

测试故事**39**和**43**的结果

测试故事(一)39：

小猴：小兔子，我们去公园吧。

小兔子：好啊好啊。

(停顿。)

小兔子：可我还有好多衣服没洗。

小猴：我帮你洗吧。

小猴：洗完衣服，天没黑，我们一起去公园。

小兔子：好吧。

小兔子：洗呀洗呀。

(小猴和小兔子一边洗衣服，一边唱歌。)

测试句：小兔子不可能去公园了。

测试故事(一)43：

(小熊要去幼儿园，要选一件衣服。)

小熊：穿这件有点冷。

小熊：穿毛衣，有点热。

小熊：穿哪件呢？

测试句：小熊不可能穿毛衣。

测试结果

	故事编号	HH	LCL	CSQ	WBC	WLQ	TZY	ZXY	JPJ	JYH	WSY	LYC	LRQ	ETY	ZYH	ZSY
4～5岁组	39	Y（天黑，关门了。）	N（天没黑还是可以去。）	Y（他要洗衣服。）	Y（他要穿衣服。）	Y（有好多东西还没洗。）	Y（还没洗完衣服。）	N（小熊说的是：天也不黑，还去公园。）	N（公园能玩，不能锻炼身体。）	Y（天都快黑了。）	N（它想去。）	Y（洗完衣服，公园关门，就晚了。）	Y（要洗衣服。）	Y（天黑了。）	Y（要洗衣服。）	Y（洗完衣服，天就黑了。）
	43	Y（可以选别的。）	N（小熊应该穿毛衣。）	Y（太热了。）	Y（会热死的。）	Y（毛衣太热。）	Y（毛衣热。）	Y（有点热。）	Y（毛衣勒脖子。）	Y（这个衣服冷。）	Y	N（毛衣太热。）	Y（太热了。）	Y（穿毛衣，外面穿外套。）	Y	Y（太热。）
		FJH	FYP	CYF	CZ	GQC	SL	SYQ	YZQ	ZWB	LZQ	WXF	WYY	DWX	ZYH	WYF
5～6岁组	39	Y（洗衣服呢。）	Y（因为洗衣服呢。）	Y（洗衣服。）	N（它俩都想去公园。）	Y（因为它在洗衣服。）	Y（他在洗衣服。）	N（天没黑。）	Y（天有可能要黑了。）	Y（它还没洗衣服呢。）	Y（天有可能要黑了。）	Y（一大堆衣服没洗完，天肯定黑了。）	Y	N（洗完，天没黑就去公园。）	N（洗完就去公园。）	N
	43	N（冷。）	Y（它觉得毛衣有点热。）	Y（穿毛衣太热，穿那件太冷。）	N（上衣有点冷，毛衣有点热。）	N（它嫌冷它嫌热的。）	Y（今天太热了。）	Y（毛衣热。）	N（要不然就冻着了。）	Y（太热了。）	N（要不然就冻着了。）	Y（穿薄衣的服，天气热。）	Y（穿毛衣暖和。）	Y（它说毛衣太热。）	Y（这件衣服太热。）	N

续上表

6～7岁组		SWB	ZY	CWD	XJL	SCY	DYX	LX	YTM	YTX	YS	GJ	NLL	WJY	XRX	WT
	39	N（洗完衣服，天还没黑呢。）	N（天快黑了，就不能去了。）	N（洗完衣服，天还没黑，再去。）	Y（小猴帮它洗得少，它自己洗得多。）	Y（没有去。）	N（洗完衣服，还没天黑，就去公园。）	Y（它在家里洗衣服。）	N（洗完衣服，天没黑，就去。）	Y（洗完衣服，天就黑了。）	N（天没黑，就去。）	Y	Y（它洗衣服。）	Y（洗完衣服就晚了。）	N（洗完衣服，天没黑，就去。）	N（天没黑的话，就可以去。）
	43	N（不穿毛衣，特冷。）	N（它要穿毛衣，毛衣暖和。）	N（有热有冷。）	Y（这件衣服太热了。）	Y（毛衣太热了。）	Y（穿毛衣太热了。）	N（穿毛衣不冷。）	Y	Y（它不会穿毛衣。）	N（小熊可能穿毛衣。）	N（那件衣服（衬衣）太小了，毛衣大。）	Y（它没有穿。）	Y（热。）	Y（它不穿毛衣。）	Y（穿毛衣太热了。）
7～8岁组		DZY	LY	HS	HB	JZW	ZSX	DY	CN	LL	YY	WQF	WZY	YZZ	ZJY	HJ
	39	N（在天黑之前，就去公园。）	N（天黑了，就不去了。天没黑，就去。）	N（可能。）	N	N（它们天黑之前肯定会洗完衣服。）	N（洗完衣服，天没黑的话就去。）	Y（万一天晚了。）	N（有可能去公园。）	N（天没黑，它就能去了。）	N（洗玩衣服天还没黑。）	N（洗完衣服，天没黑，就去。）	N（它俩洗得快，洗完衣服还可以去。）	N（天没黑，就去。）	N（洗完衣服，天没黑，它就去了。）	N（洗完衣服，天没黑，就可以去。）
	43	N（这件冷，这件热，它不知道该穿哪件。）	N（不穿毛衣，冷死呀?）	N（现在是冬天了。）	Y（穿毛衣太热。）	N（有可能穿这个，也能穿那个。它两件都有可能会穿。）	N（冷的话，就特别冷。穿毛衣热的话，也可以到学校。）	Y	N（有可能穿夏天的衣服。有可能穿毛衣。）	N（它穿那件太冷了。）	N（应该穿毛衣。）	N（不能冻着小熊。）	N（它有可能穿毛衣，万一天气冷。）	N（要是不穿毛衣，着凉，感冒了，那就更不好了。）	N（它应该穿毛衣。）	N（它可能穿毛衣。）
成人组		RC	WRH	LXL	JWY	ZYC	LYN	LBY	LL1	LL2	LHR	ZLJ	CJ	LFH	ZJ	WSY
	39	N（可能去）	N（可能去）	N（可能去）	N（可能去）	N（可能）	N（有可能去）	N（可能去）	N（可能去）	N（洗完可以去）	N（可能）	N（可能）	N（可能去）	N（可能去）	N（可能去）	N（可能去）
	43	N（可能）	Y	N（可能）	N（可能不）	N（有可能穿毛衣）	N（可能不）	N（可能不穿毛衣）	N（有可能）	N（不一定）	N（不一定）	N（可能不穿）	Y	N（不一定）	N（可能）	Y

测试故事 **36** 和 **41** 的结果

测试故事(一)36：

小狗：小青蛙，小青蛙。

小青蛙：谁呀?

小狗：是我，小狗。

小狗：我们去跑步吧。

小青蛙：哎哟，我不能跑步了。

小青蛙：我的腿受伤了。

小狗：哎呀，你的腿。

小狗：那你好好休息吧，我走了。

小青蛙：再见。

测试句：小青蛙可能不去跑步了。

测试故事(一)41：

小青蛙：天线宝宝，我们去游泳吧。

天线宝宝：我不会游泳，我不去了。

小青蛙：那我走了。

测试句：天线宝宝可能不去游泳了。

测试结果：

	故事编号	HH	LCL	CSQ	WBC	WLQ	TZY	ZXY	JPJ	JYH	WSY	LYC	LRQ	ETY	ZYH	ZSY
4～5岁组	36	Y	Y	Y	Y（受伤了，跑不动。）	Y	Y	Y（腿坏了。）	Y（受伤了。）	Y（腿受伤。）	Y	Y	Y	Y	Y（腿受伤。）	Y（腿受伤了。）
	41	Y（有电，都着火了。）	Y（不会。）	Y	Y（他不会。）	Y（它是一种娃娃，不会游泳。）	Y（他不会游泳。）	Y（不会。）	Y（不会。）	Y（不会。）	Y（不喜欢游。）	Y	Y（不会。）	Y	Y（不会游泳。）	Y（不会。）
5～6岁组		FJH	FYP	CYF	CZ	GQC	SL	SYQ	YZQ	ZWB	LZQ	WXF	WYY	DWX	ZYH	WYF
	36	Y（腿受伤了。）	Y（它的腿受伤了。）	Y	Y（腿受伤了。）	Y（它生病了。）	Y（腿受伤了。）	Y（它的脚受伤了。）	N（它腿受伤可能不会去跑了。）	Y（它的腿受伤了。）	Y（有可能会去跑。）	Y（不能跑步。）	Y（腿受伤了。）	Y（因为它的腿。）	Y（腿受伤了。）	Y（腿受伤了。）
	41	Y（它不会。）	Y（不会游泳。）	Y（不会。）	Y（本来就不会游泳。）	Y（它不去游泳。）	Y（他不会游泳。）	Y（可能，它不会游泳。）	Y（它说了它不去游泳。）	Y（它不会游泳。）	Y（它刚说了不去游泳。）	Y（不会游泳。）	Y（不会游泳。）	Y（不会游泳。）	Y（它不会游泳。）	Y
6～7岁组		SWB	ZY	CWD	XJL	SCY	DYX	LX	YTM	YTX	YS	GJ	NLL	WJY	XRX	WT
	36	Y（它的腿受伤了。）	Y（它脚受伤了。）	Y（再跑，它的腿更严重。）	N（它说："哎哟，我的腿受伤了，我去不了。"）	Y（它的腿受伤了。）	Y（它腿受伤了。）	Y（它的腿受伤了，不能去跑步。）	N（它肯定不能去。）	Y（小青蛙不会去跑步。）	N（小青蛙根本就不会去跑步。）	N（小青蛙说它的腿受伤了，不能去跑步。）	Y（它的腿受伤了。）	Y（受伤了。）	Y（它受伤了。它坐都坐不起来，还能跑步去?）	Y（它的腿受伤了。）
	41	Y	Y（它不会，它不去。）	N（它不会游泳。）	N（天线宝宝不会游泳，它不去。）	Y（它不会游泳。）	N（它说不会游泳。）	Y	N（它肯定不去了。）	Y（天线宝宝不去游泳。）	N（它不会游泳，它就不会去。）	N（它不会游泳，就不去了。）	Y（它不会游泳。）	Y（不会游。）	Y（不会游。）	Y（它不会游泳。）

续上表

		DZY	LY	HS	HB	JZW	ZSX	DY	CN	LL	YY	WQF	WZY	YZZ	ZJY	HJ
7～8岁组	36	N（小青蛙的腿受伤了，它肯定不会去跑步了。）	Y（“可能不去跑步”就是“不去跑步”。）	Y（腿受伤了。）	Y（腿受伤了。）	Y（小青蛙根本去不了跑步。）	Y（腿受伤了，它不能去。）	Y（腿受伤了。）	Y（腿受伤了。）	Y（腿受伤了，他去不了了。）	Y（腿受伤了。）	N（它“应该不会”去跑步了，“肯定不会”去跑步了。）	N（“可能不去”就是它的腿好了，不想去。）	N（它肯定不去了。“可能不去跑步”就是“也许不去跑步”了。）	Y（它的腿受伤了，“可能不去跑步”是“不去”。）	Y（小青蛙腿受伤了。）
	41	N（天线宝宝不会游泳，它肯定不会去。）	N（不会游泳，干吗去?）	Y（它不会去。）	Y（不会。）	Y（它根本就不会去游泳。）	Y（它不会游泳。）	Y（不会游泳。）	N（它不一定去游泳。）	Y（天线宝宝不会游泳，它不去。）	Y（不会游泳。）	N（不应该说“可能不去”，因为它一定不会去游泳了。）	N（“可能不去”就是代表它会，但是它不去。）	N（它肯定不去游泳了。）	Y（它不会去。）	Y（它不会游泳。）
成人组		RC	WRH	LXL	JWY	ZYC	LYN	LBY	LL1	LL2	LHR	ZLJ	CJ	LFH	ZJ	WSY
	36	N（不可能。）	Y	N（不可能去。）	N（不可能去。）	N（不可能。）	N（肯定不去。）	N（一定不去。）	N（不可能去。）	Y	N（肯定去不了。）	Y	N（一定不去。）	N（肯定不去。）	N（不可能去。）	N（不可能。）
	41	N（不可能。）	Y	Y	N（不可能去。）	N（不可能。）	Y	N（一定不去。）	N（不可能去。）	Y	N（肯定不去。）	N（肯定不去。）	N（不应该会去。）	Y	N（不可能去。）	N（不会去。）

附录

附录十三　关于情态词双重否定式的语言测试结果

"不应该$_1$不 VP"

测试故事(二)5：

小猴：哎呀，小青蛙还不来。我告诉他了。

小熊：小猴，小猴，你在干什么呢？

小猴：我在等小青蛙。

小熊：他知道吗？

小猴：知道。

测试句：小青蛙不应该不知道。

测试故事(二)1：

(画外音：小青蛙给小熊打电话。嘟，嘟，嘟。)

小青蛙：没人。

小青蛙：我再打。

(画外音：嘟，嘟，嘟。)

小青蛙：哎，没人。

小青蛙：小熊不在家，我不打了。

测试句：小熊不应该不在家。

测试结果

	故事编号	HH	LCL	CSQ	WBC	WLQ	TZY	ZXY	JPJ	JYH	WSY	LYC	LRQ	ETY	ZYH	ZSY
4～5岁组	5	Y	Y	Y	N	N	Y	Y	N	N	N	Y	Y	Y	Y	Y
		(小青蛙知道小猴在哪儿。)	(小猴要等它呀。)	(它知道。)	(小青蛙不来了。)	(小青蛙知道。)	(得慢慢等。)	(小熊跟它说了。)	(小青蛙在睡觉就不来了。)	(它知道。)	(没有看见它的影子。)	(他老不来，他生病了。)	(得知道。)	(因为告诉它了。)	(它来得晚。)	(小青蛙跟它打电话了。)
	1	N	Y	Y	N	Y	Y	N	Y	Y	N	Y	N	N	Y	Y
		(小青蛙给小熊打了三次它都不在。)		(它已经走了。)	(不应该在家。)	(它想出去玩，就去玩了。)	(出去有事。)	(小青蛙给小熊打电话。)	(家里太闷，不好玩。)	(它走了。)	(没人。)	(他出去玩了。)	(不在家。)	(它肯定去公园了。应该不在家。)	(小熊出去玩儿去了。)	(小熊不在家。)

续上表

	故事编号	FJH	FYP	CYF	CZ	GQC	SL	SYQ	YZQ	ZWB	LZQ	WXF	WYY	DWX	ZYH	WYF
5～6岁组	5	Y	Y	Y	Y	N	Y	Y	Y	Y	Y	Y	N	Y	Y	Y
		（“不应该不知道”就是“知道”。）	（小猴告诉小青蛙了。）		（它都告诉它了。）	（小青蛙知道。）	（“不应该不知道”是“知道”。）	（告诉它了。）		（它已经告诉它了。）	（“不应该不知道”是“知道”。）	（它应该知道。）	（小猴想跟小青蛙玩。）	（它已经知道了。）	（“不应该不知道”是“知道”。）	（人家都告诉它了。）
	1	N	Y	Y	Y	N	Y	Y	Y	Y	N	Y	N	N	N	Y
		（“不应该不在家”就是“在家”。）	（不在家。）	（小青蛙给它打电话，它必须在家。）	（有人要给它打电话，应该在家。）	（小熊不在家。）	（小青蛙给它打电话，它应该在家。）	（小熊不在家。）	（它打电话，没人接。）	（它没在家。）	（它不在家。）	（它打了好几次，小熊都没有接。）	（小青蛙想给小熊打电话。）	（打电话嘛。）	（“小熊不应该不在家”是“不在家”。）	（有人给它打电话，它不在家，它应该在家。）
6～7岁组		SWB	ZY	CWD	XJL	SCY	DYX	LX	YTM	YTX	YS	GJ	NLL	WJY	XRX	WT
	5	Y	N	N	Y	Y	Y	Y	Y	Y	Y	Y	Y	Y	Y	Y
		（它知道。）	（它知道。小猴告诉它了。）	（小青蛙知道。）	（知道。）	（应该给它说了。）	（小青蛙知道了。）	（它已经跟小青蛙约好了。）	（小猴和小青蛙约好了时间。）	（小青蛙知道。）	（知道。）	（小青蛙知道。）	（知道。）		（知道。）	（小猴都告诉它了。）
	1	Y	Y	Y	N	Y	N	N	Y	N	N	Y	N	N	Y	N
		（它不在家，有急事，找不着它。）	（不在家，因为刚才打了两次都没人接。）	（小熊不在家。）	（它打了好几次电话都没人接。）		（小青蛙打了那么多电话，它就不回答。）	（小熊不在家。）	（小熊上别处去了。）	（它就是不在家。）	（小熊本来就不在家。）	（它的好朋友在找它。应该在家。）	（不在家。）	（不在家。）	（它不在家。）	（小熊没接电话。）
7～8岁组		DZY	LY	HS	HB	JZW	ZSX	DY	CN	LL	YY	WQF	WZY	YZZ	ZJY	HJ
	5	Y	Y	Y	N	Y	Y	Y	Y	Y	Y	Y	Y	Y	Y	Y
		（应该小猴已经约好了小青蛙了。）	（“不应该不知道”就是“知道了”。	（它知道。）	（小猴已经告诉它了。）	（小猴告诉它了。）	（小猴已经跟它说了。）	（小猴已经告诉它了。）	（小猴说了它告诉青蛙了。）	（小青蛙知道。）	（小青蛙知道。）	（“不应该不知道”是“应该知道”。）	（“不应该不知道”就是“应该知道”。）	（小青蛙知道。）	（小猴跟它说了，它知道。）	（小猴说了，它告诉小青蛙了。）
	1	N	N	Y	Y	Y	N	N	N	N	N	N	N	Y	N	N
		（小熊在哪都可以。）	（“不应该不在家”是“在家”。）	（小青蛙打电话，找它没准。）	（小青蛙在找它。它应该在。）	（它出去了。）	（它电话没人接。“不应该不在家”是“不在家”。）		（它“不应该不在家”就表示小熊“不应该走”。）	（它应该不在家。）	（小熊应该出去了。）	（小熊就是不在家。）	（“不应该不在家”是“在家”。）	（小熊都不在家。）	（它本来就不在家。“不应该不在家”是“在家”。）	（“不应该不在家”是“在家”。）
成人组		RC	WRH	LXL	JWY	ZYC	LYN	LBY	LL1	LL2	LHR	ZLJ	CJ	LFH	ZJ	WSY
	5	Y	Y	Y	Y	Y	Y	Y	Y	Y	Y	Y	Y	Y	Y	Y
	1	N	N	N	N	N	N	N	N	N	N	N	N	N	N	N

“不应该$_2$不 VP”

测试故事（二）3：

（画外音：小兔子在睡懒觉。）

小狗：小兔子快起床。

小狗：小兔子快起床。

小狗：太晚了，老师生气了。

测试句：小兔子不应该不起床。

测试故事（二）7：

（两只小兔子在看书，小熊在唱歌。）

小熊：啊啊啊啊啊。

小兔子1：小熊，你别唱歌了。

小熊：啊。

小兔子1：我们在看书。

测试句：小熊不应该不唱歌。

测试结果

	故事编号	HH	LCL	CSQ	WBC	WLQ	TZY	ZXY	JPJ	JYH	WSY	LYC	LRQ	ETY	ZYH	ZSY
4～5岁组	3	Y	Y	Y	N	N	Y	N	Y	N	N	Y	Y	N	N	Y
		（老师说它，会罚它。）	（起床才行啊，小狗说了要起床。）	（它怕老师生气了。）	（不应该不起床。）	（迟到了，老师就该罚你了。）	（晚了就起床，更晚就不行了。）	（老师要批评它了。）	（该起床。）	（小兔子要起床。）	（它应该起床。）	（他喜欢睡觉。）	（要上课。）	（因为老师要说它的。）	（老师着急生气了。）	（老师不能不说它。）
	7	Y	Y	Y	N	N	Y	Y	Y	Y	N	N	Y	N	N	Y
		（学习时候不能唱歌。）	（要唱歌才行啊。）	（它吵着小熊看不了书。）		（它吵着小兔子都看不了书。）	（别人看书的时候就要安静。）	（它唱歌吵着它们看书了。）	（小熊唱歌会吵死它们的。）	（小兔子说："别唱了，别唱了。"	（它应该去别的地方唱歌。）	（它喜欢唱歌。）	（它们看书。）	（小熊唱歌，它们就念不出来了。）	（小熊吵小兔子了。）	（它们在学习。）
		FJH	FYP	CYF	CZ	GQC	SL	SYQ	YZQ	ZWB	LZQ	WXF	WYY	DWX	ZYH	WYF
5～6岁组	3	N	N	Y	Y	N	Y	Y	Y	Y		N	Y	Y	Y	Y
		（"不应该不起床"是"不起床"。）			（应该起床。）	（老师要生气了。）	（要不老师就会生气了。"不应该不起床"是"起床"。）	（它不起床老师生气。）	（起床。）	（该上幼儿园了。）	（不知道意思。）	（它应该起来。）	（要早起。）	（太晚了。）	（"不应该不起床"是"不应该起床"。）	（老师叫它。）
	7	Y	Y	N	N	N	N	Y	N	N	N	N	N	N	Y	N
		（"不应该不唱歌"是"不唱歌"。）	（小兔子在看书，打扰人家了。）	（打扰它们看书。）	（小熊不应该唱歌。）	（它们看书呢。）	（"不应该不唱歌"是"唱歌"。）	（影响别人看书。）	（它们在看书。）	（它们看书呢。）	（"不应该不唱歌"是"唱"。）	（它不应该不唱歌。）	（小兔子在看书，唱歌影响。）	（它们在看书。）	（这打扰它们。"不应该不唱歌"是"不应该"。）	（它打扰别人了。）

续上表

组别	题															
6～7岁组		SWB	ZY	CWD	XJL	SCY	DYX	LX	YTM	YTX	YS	GJ	NLL	WJY	XRX	WT
	3	N	N	Y	Y	Y	Y	Y	Y	N	Y	Y	Y	Y	Y	N
		（它不起床，老师就生气了。）	（它要起床上学。）	（它马上要起床了。）		（应该起床。）	（应该起床。）	（太晚了，该迟到了。）	（小兔子在那睡懒觉，老师在讲课。）	（小兔子就是没起。）	（它应该起床。）	（应该。）	（应该。）	（应该。）	（要起床。）	（它要是不起床，老师就生气。）
	7	N	N	N	Y	N	N	N	Y	Y	N	N	N	Y	N	Y
		（它一唱歌，它们就看不了书。）	（不能唱歌。）	（小熊不能吵。小熊“不应该不唱歌”就是“唱歌”。）		（它吵人看书。）	（不应该唱歌。）	（小兔子不让小熊唱。）	（两个小兔子看书，唱歌会打扰它们。）	（“不应该不唱歌”是“不应该唱歌”。）	（唱歌打扰了人家学习。）	（它唱歌影响别人了。）	（不应该。）	（不应该。）	（它唱歌影响这些小兔子看书。）	（还是别唱歌。）
7～8岁组		DZY	LY	HS	HB	JZW	ZSX	DY	CN	LL	YY	WQF	WZY	YZZ	ZJY	HJ
	3	Y	Y	Y	N	N	Y	Y	Y	Y	Y	Y	Y	Y	Y	Y
		（起了床，就不会被老师批评了。）	（应该。）	（老师该骂它了。）	（应该起床。）	（小兔子应该起床。）	（如果它不起床，老师就生气了。）	（爱睡懒觉总是不好的习惯。）	（小兔子不起床，老师会骂它。）	（应该。）	（应该。）	（“不应该不起床”是“应该起床”。）	（“不应该不起床”是“必须得起床”。）	（它不起床，就会错过上课了。）	（“不应该不起床”是“起床”。）	（它不能不起床。）
	7	N	N	N	N	N	N	N	N	N	N	N	N	Y	N	N
		（两只小兔子在看书，小熊唱歌，就是不礼貌的行为。）	（不应该。）	（它打扰小白兔。）	（小兔子在看书，不能打扰它们。）	（小熊根本就不应该唱歌。）	（小熊唱歌打扰小兔子看书呢。）	（两只小兔子在看书，不应该打扰它们。）	（不应该。）	（该打扰别人了。）	（小兔子在看书。）	（小兔子说：“你不应该唱歌。”）	（“不应该不唱歌”就是“必须得唱”。）	（小熊唱歌了。）	（小兔子让它不唱歌。）	（小熊不能唱歌。）
成人组		RC	WRH	LXL	JWY	ZYC	LYN	LBY	LL1	LL2	LHR	ZLJ	CJ	LFH	ZJ	WSY
	3	Y	Y	Y	Y	Y	Y	Y	Y	Y	Y	Y	Y	Y	Y	Y
	7	N	N	N	N	N	N	N	N	N	N	N	N	N	N	N

“不可能不 VP”

测试故事

测试故事(二)2：

小兔子：小熊，小熊，我们去踢球吧。

小熊：好啊好啊。

小熊：等一下，我去拿球。

小熊：走吧。

小兔子：嗯。

测试句：小熊和小兔子不可能不去踢球。

测试故事(二)8：

小猴：小青蛙，你会游泳吗？

小青蛙：游泳，我是第一。

小猴：哦。

小猴：那你参加游泳比赛吗？

小青蛙：啊，我太忙了。

小青蛙：我不知道。

测试句：小青蛙不可能不参加比赛。

测试结果：

	故事编号	HH	LCL	CSQ	WBC	WLQ	TZY	ZXY	JPJ	JYH	WSY	LYC	LRQ	ETY	ZYH	ZSY
4～5岁组	2	Y	Y	Y	N	N	Y	Y	N	N	N	Y	N	N	N	Y
		（它们已经准备好去踢了。）		（它们俩都去踢球了。）	（不应该去踢球。）	（它们想玩去就去玩，想踢球就踢球。）	（去踢球玩。）	（都拿起球来了。）	（踢球是锻炼身体的。）	（它拿球，它去了，它也去了。）	（它们去踢球。）	（他们不喜欢踢球，他们不会。）	（去踢球了。）	（老不踢球也不行。不健身，也不行。）		（它们说了要去踢球。）
	8	Y	Y	Y	N	N	Y	Y	Y	N	N	Y	Y	Y	Y	N
		（它不忙的时候就参加。）	（小猴等它呀。）	（它不会游泳。）	（小青蛙不可能游泳。）	（不参加。）	（有事先办完了就再弄别的。）	（它没时间。）	（它太忙了。）	（叫它比赛，它说很忙。）	（它很忙。）	（他不喜欢游泳，他不会。）	（太忙了。）	（参加，它是水里动物。）	（它在游泳比赛上得第一了。）	（它会游泳。）
5～6岁组		FJH	FYP	CYF	CZ	GQC	SL	SYQ	YZQ	ZWB	LZQ	WXF	WYY	DWX	ZYH	WYF
	2	Y	Y	Y	N	N	Y	Y	N	Y	Y	N	Y	Y	Y	Y
		（它们俩出去了。）	（它们去踢球了。）		（它们都踢去了。）	（它们都要去踢球。）	（“不可能不去踢球”是“去”。）	（拿球去踢了。）	（它们要踢球。）	（它们去踢球。）	（它们已经去了。）	（它们肯定去踢球。）	（它们去踢球。）	（现在就要去了。）	（“不可能不去踢球”是“去”。）	（它们都已经去了。）
	8	N	Y	N	Y	N	N	N	N	N	N	N	Y	N	Y	N
		（“不可能不参加比赛”就是“去参加”。）	（它说它不参加比赛。）	（太忙了。）	（它工作太忙了。）	（没参加比赛。）	（“不可能不参加”是“参加”。）	（它太忙了。）	（它很忙。）	（它太忙了。）	（小青蛙太忙了。）	（它不再比赛了。）	（小青蛙游泳第一。它要参加。）	（太忙了。）	（“不可能不参加”是“应该不参加”。）	（它特别忙。）

续上表

组别	测试句															
6～7岁组		SWB	ZY	CWD	XJL	SCY	DYX	LX	YTM	YTX	YS	GJ	NLL	WJY	XRX	WT
	2	Y	N	Y	N	Y	Y	Y	Y	Y	Y	Y	Y	Y	Y	Y
		(它说:"我们出去踢球。")	(它们要去踢球。)	(它们去踢球了。)	(刚才它都和它说好了。)	(它们拿球。)	(玩球了。)	(它们已说好了现在要踢球。)	(它们俩想踢球。)	(它俩去踢球了。)	(它们去踢球了。)	(去踢球。)	(它们去踢球了。)	(它们去踢球了。)	(它们去踢球了。)	(它们俩都说了要去踢球。)
	8	N	N	N	N	N	N	N	N	N	N	N	N	N	N	N
		(它太忙了,它没时间。)	(它太忙了。)	(小青蛙不比赛。)	(它还有一大堆事要干。)	(太忙了就不参加了。)	(有时候忙,就参加不了。"不可能不参加"就是"必须参加"。)	(小青蛙说:"我没时间参加比赛。")	(小青蛙工作太多,没时间。)	(它太忙了,就没法参加比赛了。)	(小青蛙太忙了。)	(小青蛙太忙了。)	(太忙了。)	(肯定不参加。)	(它没时间参加比赛。)	(它说它太忙了。)
7～8岁组		DZY	LY	HS	HB	JZW	ZSX	DY	CN	LL	YY	WQF	WZY	YZZ	ZJY	HJ
	2	Y	Y	Y	N	Y	Y	Y	Y	Y	Y	N	Y	N	Y	Y
		(它们去踢球了。)	(它们踢球去了。)	(它们说好了。)	("不可能不去"是"不可能去"。)	(它们已经去了。)	(小熊去拿球了。)	(它们去踢球了。)	(它俩拿球就出去踢球。)	(它们去踢球了。)	(它们去踢球了。)	(它说它去拿球,它跟小兔子去踢球。)	(它们去了。)	(它们应该去踢球了。)	("不可能不去踢球"是"去"。)	("不可能不去踢球"是"去"。)
	8	N	N	N	Y	N	N	Y	N	N	N	N	N	N	N	N
		(它很忙,不能参加比赛。)	("不可能不去比赛"是"去比赛"。)	(小青蛙特别忙。)	(它说它太忙了。)	(小青蛙有时候很忙。)	(它太忙了,它不知道。)	(它最喜欢游泳,肯定要参加。)	(小青蛙说它太忙了。没法比。)	(它太忙了。)	(它太忙了。)	(它说它没时间,它也不知道。)	("不可能不参加"是"必须得参加"。)	(小青蛙太忙了。)	(它说太忙了,不能参加比赛。)	(小青蛙时间太忙了。)
成人组		RC	WRH	LXL	JWY	ZYC	LYN	LBY	LL1	LL2	LHR	ZLJ	CJ	LFH	ZJ	WSY
	2	Y	Y	Y	Y	Y	Y	Y	Y	Y	Y	Y	N	Y	Y	Y
	8	N	N	N	N	N	N	N	N	N	N	N	N	N	N	N

"不会不 VP"

测试故事

测试故事(二)9:

(画外音:要上课了。)

小熊:老师呢?

小猴:不知道。

小兔子:老师让我告诉你们,他马上来。

测试句:老师不会不来。

测试故事(二)6:

天线宝宝:我是天线宝宝,今天我和小兔子出去玩。

天线宝宝:小兔子,我们出去玩吧。

小兔子：好啊。天线宝宝：你想玩什么呀？

（思考。）

小兔子：我想跳舞，我想踢球。

天线宝宝：跳完舞天就黑了。

（停顿。）

天线宝宝：好吧，我们先跳舞。

天线宝宝：天没黑，我们再踢球。

小兔子：好吧，我们先跳舞。

小兔子：天黑了，明天也可以踢球。

测试句：天线宝宝和小兔子不会不去踢球。

测试结果

	故事编号	HH	LCL	CSQ	WBC	WLQ	TZY	ZXY	JPJ	JYH	WSY	LYC	LRQ	ETY	ZYH	ZSY
4～5岁组	9	Y	Y	Y	N	N	Y	Y	Y	Y	Y	Y	Y	N	Y	Y
		（把事干完了就来。）	（他们等老师呢。）	（老师马上就要来了。）	（老师不会过来。）	（老师不来，小兔子就上不了课。）	（因为他说一会儿就来。）	（老师马上就来。）	（里面的说老师来。）	（它叫它“马上来了”。）	（它会来了。）	（他喜欢在学校里教小朋友。）	（马上就来。）	（不来，它们就没法上课了。）	（老师不应该不来。）	（老师可以来。）
	6	Y	Y	Y	N	N	Y	Y	Y	Y	Y	Y	Y	N	Y	Y
		（它们明天想玩就玩儿。）		（天线宝宝想踢球。）	（不会不去踢球。）	（天黑起来，就不能去了。）	（踢晚就不行了。）	（明天早晨就踢球。）	（踢球是锻炼身体的。）	（它们说先跳舞。）	（它们不踢了。）	（他们不会踢球。）	（得跳舞。）	（天黑了，怎么办呢？）		（天黑它们就出不去了。）
5～6岁组		FJH	FYP	CYF	CZ	GQC	SL	SYQ	YZQ	ZWB	LZQ	WXF	WYY	DWX	ZYH	WYF
	9	Y	Y	Y	Y	N	Y	Y	Y	Y	Y	Y	Y	Y	Y	Y
		（“不会不来”就是“不应该不来”。）	（老师马上来。）		（它会来。）	（小兔子说老师会来。）	（小兔子说老师告诉它，它马上来。）	（老师马上来。）	（马上来，要不然就不能给大家讲知识了。）	（它已经告诉来。）	（老师会来。）	（它应该会来。）	（老师马上来。）	（小兔子说马上来。）	（“不会不来”是“来”。）	（它让小白兔告诉它们，它马上来。）
	6	N	N	Y	N	N	Y	N	N	N	N	N	Y	N	Y	N
		（跳完舞，天就黑了，不能去了。）	（今天不去。它明天才会踢球。）		（“不会不去踢球”是“去”。）	（它喜欢踢球。）	（“不会不去踢球”是“不去”。）	（天黑了。）	（它们都说好了。）	（都天黑了。）		（跳完舞，天就黑了。）	（说好要去踢球。）	（它们说今天不去，明天再去踢球。）	（天黑了，怎么踢球啊。“不会不去”是“应该不去”。）	（它们玩了玩觉得好玩了，它们就不会去踢球。）

续上表

		SWB	ZY	CWD	XJL	SCY	DYX	LX	YTM	YTX	YS	GJ	NLL	WJY	XRX	WT
6～7岁组	9	Y（它让小兔子跟它们说自己马上来。）	Y（老师一会就来。）	N（老师必须得来。）	Y（它们都在等它讲课，老师不应该不来。）	Y（老师马上来。）	Y（马上来。）	Y（小兔子说："老师马上就来。"）	Y（老师马上，一会儿就来。）	Y（老师肯定得来。）	Y（会来。）	Y（马上就来。）	N（它会来。"不会不来"是"不会来"。）	Y（肯定能来。）	Y（马上来。）	Y（小兔子说老师马上来。）
	6	Y（跳完舞，天就黑了，它们不去踢了。）	N（天黑了，就不去。）	N（到晚上，就要回家了。）	N（天就黑了。）	N（天黑了就不踢球了。）	N（它们晚了，就回家了。）	Y（天线宝宝说跳完舞，天没黑，就去踢球。）	N（小兔子跳完舞，天就黑了。）	N（跳完舞，天就黑了。）	N（不会去。）	N（天黑了，不会去踢球。）	N（不去。）	Y（有可能会去。）	Y（它得说话算数。）	Y（天线宝宝说先跳完舞，再踢球。）
		DZY	LY	HS	HB	JZW	ZSX	DY	CN	LL	YY	WQF	WZY	YZZ	ZJY	HJ
7～8岁组	9	Y（老师已告诉小白兔。）	Y（马上来。）	Y（小白兔说老师让它告诉它们它马上来。）	N（小兔子告诉它们："它马上来。"）	Y（老师马上就会来。）	Y（小兔子说老师马上来。）	Y（老师马上来。）	Y（老师马上就会来。）	Y（老师马上来。）	Y（老师马上来。）	Y（小兔子说："老师要我告诉你们，它马上来。"）	Y（"不会不来"是"来"，不是"不来"。）	Y（老师很快就回来了。）	Y（老师一定会来。）	Y（老师告诉小白兔，老师一会儿就来。）
	6	Y（天没黑，它们就会踢球。）	N（"不会不去踢球"是"去"。）	N（跳完舞，天就黑了，它们就回家了。）	N（它们已经说了要去踢球。）	N（不一定。）	N（跳完舞，天就黑了，就踢不了球了。）	Y（小兔说先跳舞，再踢球。）	N（要晚了，怎么踢呀?）	N（天黑了。）	N（跳完舞，天就黑了。）	N（天线宝宝说："跳完舞，天就黑了，就不能踢球了。"）	N（"不会不去踢球"是"会去"。跳舞时间太长。）	N（跳完舞，天就黑了。）	N（跳完舞，天就黑了，不能玩了。）	N（它们跳完舞，天就黑了。）
		RC	WRH	LXL	JWY	ZYC	LYN	LBY	LL1	LL2	LHR	ZLJ	CJ	LFH	ZJ	WSY
成人组	9	Y	Y	Y	Y	Y	Y	Y	Y	Y	Y	Y	Y	Y	Y	Y
	6	N	N	N	N	N	N	N	N	N	N	N	N	N	N	N

"不可以$_2$不 VP"

测试故事（二）4：

小兔子：我生病了。

小熊：吃药吧，吃药吧。

（把药给小兔子。）

小熊：妈妈说生病了要吃药。

小兔子：啊，好吧。

测试句：小兔子不可以不吃药。

测试故事（二）10：

小猴：小熊，小熊，我们去幼儿园吧。

（小熊咳嗽。）

小熊：我生病了，我不想去幼儿园了。

小猴：好吧，我告诉老师你生病了。

小猴：那你休息吧。

测试句：小熊不可以不去幼儿园。

测试结果

组别	故事编号															
4～5岁组		HH	LCL	CSQ	WBC	WLQ	TZY	ZXY	JPJ	JYH	WSY	LYC	LRQ	ETY	ZYH	ZSY
	4	Y	Y	Y	N	N	Y	Y	N	N	Y	Y	Y	N	Y	Y
		（因为生病了。）	（吃药病就能好。）	（它吃药了，它病了。）	（不应该不吃药。）	（不吃药，好不了病。）	（吃药病就好。）	（小兔子生病了。）	（我病了都叫吃药。）	（大熊给它药了。）	（它得吃药。）	（生病了，吃个药就好了。）	（得吃药。）	（不吃药，它的病就不能好。）	（它感冒了。）	（不吃药会感冒的。）
	10	Y	N	Y	Y	N	Y	Y	Y	Y	N	Y	N	Y	Y	N
		（它不去，老师会到家说它。）	（他生病了。）	（它生病了。）	（小熊不应该去幼儿园，它感冒了。）	（不去幼儿园，没人跟它玩。）	（得休息，耽误就更生病了。）	（小熊感冒了。）	（小熊得去幼儿园学知识。）	（它去告诉老师了。）	（它生病了。）	（他不敢去。）	（不去。）	（不去，也行啊。）	（小熊感冒了。）	（它得去幼儿园。）
5～6岁组		FJH	FYP	CYF	CZ	GQC	SL	SYQ	YZQ	ZWB	LZQ	WXF	WYY	DWX	ZYH	WYF
	4	Y	Y	Y	Y	N	Y	Y	Y	Y	Y	N	Y	Y	Y	Y
		（“不可以不吃药”是“不吃药就生病”。）	（不吃药，病就下不去。）		（它都得病了，不吃药会好不了的。）	（生病得吃药。）	（问：意思是“吃药”还是“不吃药”？答：吃药。）	（不吃药，就不能好。）	（它生病，应该吃药。）	（它生病了。）	（问：你明白它的意思？答：“不能不”吃。）	（它应该吃药。）	（生病了，要吃药。）	（生病了。）	（生病了，要是不吃药，就更厉害了。）	（它生病了。）
	10	N	N	N	N	N	N	N	N	N	Y	Y	Y	N	Y	N
		（“不可以不去幼儿园”就是“必须去幼儿园”。）	（小熊它生病了。）	（它生病了。）	（它都告诉老师，它应该休息了。）	（小熊不可以去幼儿园。）	（小熊生病了。）	（它生病了。）	（它自己都说了它生病不去幼儿园。）	（它生病了。）	（问：不可以不去幼儿园是“去”还是“不去”？答：“不去”。）	（它不敢去幼儿园了。）	（上幼儿园，要学习。）	（它生病了。）	（“不可以不去”是“不去幼儿园”。）	（它生病了，还给老师说了。）
6～7岁组		SWB	ZY	CWD	XJL	SCY	DYX	LX	YTM	YTX	YS	GJ	NLL	WJY	XRX	WT
	4	Y	Y	N	Y	Y	Y	Y	Y	Y	Y	Y	Y	Y	Y	N
		（不吃药，病就好不了。）	（不吃药病就好不了。）	（必须得吃药。“不可以不吃药”，就得感冒。）	（它感冒了，不吃药就会感得越来越严重。）	（要感冒就得吃药。）	（小兔子不吃药它就不好了）	（小兔子已经生病了，必须治好它的病。）	（小兔子吃药了，病就会好。）	（它必须得吃药。）	（不吃药就不好。）	（生病要吃药。）	（不吃药就不能好。）	（必须吃药。）		（你要是不吃药，你的病就不会好。）
	10	N	N	N	Y	N	N	N	N	N	N	N	N	N	N	Y
		（它不去。）	（它生病了，就不能去幼儿园了。）	（小熊生病了，必须在家休息。）		（可以休息。）	（可以休息。）	（小熊生病了，不能去幼儿园。）	（小熊生病了，不去幼儿园。）	（它生病了，可以在家休息。）	（不去幼儿园就学不到知识。）	（可以在家休息。）	（它生病了，要传染给别人了。）	（不能不去。）	（它说了它不去幼儿园。）	（小熊说它生病了。）

续上表

		DZY	LY	HS	HB	JZW	ZSX	DY	CN	LL	YY	WQF	WZY	YZZ	ZJY	HJ
7～8岁组	4	Y	Y	Y	N	Y	Y	Y	Y	Y	Y	Y	Y	Y	Y	Y
		（要是不吃药，病就越来越厉害了。）	（不吃药能好得了吗?）	（它生病了，必须吃药。）	（它生病了，必须要吃药。“不可以不吃药”是“不可以吃药”。）	（生病了，必须吃药。）	（它不吃药的话，它的病得越来越大。）	（生病就要打针、吃药。）	（小兔子不吃药会一直生病。）	（生病了，必须吃药。）	（生病了，必须吃药。）	（生病了，必须得吃药。）	（不吃药，病就好不了了。）	（它生病了，要不然病好不了。）	（它生病了，必须得吃药。）	（它要是不吃药的话，感冒就不会好。）
	10	N	N	N	N	N	N	N	N	N	N	N	N	N	N	N
		（已经生病了，会传染幼儿园的小朋友的。）	（它（测试句）说“去”；它（故事）说“不去”。）	（它生病了。）	（它说过它生病了。）	（小熊请假了就可以不去了。）	（小熊生病了，可以不去幼儿园。）	（生病了，如果去，病就更严重了。）	（小熊生病了。）	（它生病了，必须要去看医生。）	（它说它不去幼儿园了。）	（小熊说它生病了，不能去幼儿园了。）	（“不可以不去幼儿园”就是“必须得去”。）	（它生病了，不能去幼儿园了。）	（它不去幼儿园。）	（小熊生病了。）
成人组		RC	WRH	LXL	JWY	ZYC	LYN	LBY	LL1	LL2	LHR	ZLJ	CJ	LFH	ZJ	WSY
	4	Y	Y	Y	Y	Y	Y	Y	Y	Y	Y	Y	Y	Y	Y	Y
	10	N	N	N	N	N	N	N	N	N	N	N	N	N	N	N

参考文献

Abbeduto, L. & S. Rosenberg. 1985. Children's knowledge of the presupposition of know and other cognitive verbs. *Journal of Child Language*, 12: 621—641.

Aoun, J. & A. Li. 1989. Constituency and Scope. *Linguistic Inquiry* 20: 141—172.

Aoun, J. & A. Li. 1993. *Syntax of Scope*. Cambridge, Mass: MIT Press.

Bach, E. 1979a. Montague grammar and classical transformational grammar. In S. Davis & M. Mithun (eds.), *Linguistics, Philosophy and Montague Grammar*. Austin: University of Texas Press, pp. 3—49.

Bach, E. 1979b. Control in Montague Grammar. *Linguistic Inquiry* 10: 515—531.

Bach, E. 1984. Some Generalizations of categorical grammars. In F. Landman & F. Veltman (eds.), *Varieties of Formal Semantics*. Dordrecht: Foris, pp. 1—23.

Baker, C. L. 1970. Double Negatives. *Linguistic Inquiry* 1: 169—186.

Baker, C. L. 1979. Syntactic theory and the projection problem. *Linguistic Inquiry* 10: 533—581.

Barbiers, S., F. Beukema & W. van der Wurff (eds.). 2002. *Modality and its Interaction with the Verbal System*. Amsterdam/Philadelphia: John Benjamins Publishing Company.

Bar—Hillel, Y., C. Gaifman & E. Shamir. 1960. On categorical and phrase structure grammars. *The Bulletin of the Research Council of Israel* 9F: 1—16; Reprinted in Y. Bar—Hillel, *Language and Information*, *Reading*, MA: Addison—Wesley, 1964, pp. 99—115.

Bassano, D. 1996. Functional and Formal Constraints on the Emergence of Epistemic Modality: A Longitudinal Study on French. *First Language* 16: 77—113.

Bassano, D., M. Hickmann & C. Champaud. 1992. Epistemic modality in French children's discourse " to be sure" or "not to be sure"? *Journal of Child Language* 19: 389—413.

Battistel E. L. 1991. The Treatment of Negation in Double Modal Constructions. *Linguistic Analysis* 21: 49—55.

Beghelli, F. 1997. The Syntax of Distributivity and Pair — List Readings. In A. Szabolcsi (ed.), *Ways of Scope Taking*. Dordrecht: Kluwer, pp. 349—408.

Beghelli, F. & T. Stowell. 1997. Distributivity and Negation: The Syntax of Each and Every. In A. Szabolcsi (ed.), *Ways of Scope Taking*. Dordrecht: Kluwer, pp. 71—107.

Bellugi, U. 1967. *The acquisition of the system of negation in children's speech*. Ph. D. dissertation. Harvard University.

Bever, T. G. 1970. The Cognitive basis of linguistic structures. In R. Hayes (ed.), *Cognition and Language Development*. New York: Wiley & Sons, Inc., pp. 277—360.

Bloom, L. M. 1970. *Language development, form and function in emerging grammars*. Cambridge, Mass: MIT Press.

Bloom, P. 1999. Theories of Word Learning: Rationalist Alternatives to Associationism. In W. Ritchie and T. Bhatia, eds., *Handbook of Child Language Acquisition*, 249—278. San Diego: Academic Press.

Bloom, P. 2000. *How Children Learn the Meanings of Words*. Cambridge, Mass: MIT Press.

Bloom, P. & K. Wynn. 1997. Linguistic cues in the acquisition of number words. *Journal of Child Language* 24: 511—533.

Boysson—Bardies de, B. & N. Bacri. 1977. The interpretation of negative sentences. *International Journal of Psycholinguistics* 4: 73—81.

Brennan, V. 1997. *Modalities*. Ms. Vanderbilt University, Nashville, Tennessee.

Bresnan, J. & J. Kanerva. 1992. The Thematic Hierarchy and Locative Inversion in UG: a reply to Paul Schachter's comments. In T. Stowell & E. Wehrli (eds.), *Syntax and Lexicon* (*Syntax and Semantics No*. 26). New York: Academic Press, pp. 111—125.

Brooks, P. & M. Braine. 1996. What do children know about the universal quantifiers *all* and *each*? *Cognition* 60: 235—268.

Brown, R. 1973. *A first language: The early stages*. Cambridge, MA: Harvard University Press.

Bunt, H. 1985. *Mass Terms and Model-theoretic Semantics*. Cambridge: Cambridge University Press.

Butler, J. 2001. *What mustn't' and can't' mustn't and can't mean* (in a feature based system of scope). Master thesis. University of York.

Butler, J. 2003. A minimalist treatment of modality. *Lingua* 113, 967—996.

Cann, R. 1993. *Formal Semantics: An Introduction*. Cambridge: Cambridge University Press.

Chao, Y. R. 1968. *A Grammar of Spoken Chinese*. Berkeley/Los Angeles/London: University of California Press.

Cheng, L. — S. Lisa. 1994. Wh — Words as Polarity Items. In Ren — kui Li (ed.), *Chinese Languages and Linguistics II*. Taipei: Academia Sinica, pp. 614—640.

Cheng, L. — S. Lisa. 1995. On Dou — quantification. *Journal of East Asian Linguistics* 4: 197—234.

Chien, Y. — C. 1994. Structural determinants of quantifier scope: an experimental study of Chinese first language acquisition. In B. Lust, G. Hermon, & J. Kornfilt (eds.),

Syntactic Theory and First Language Acquisition: Cross—Linguistic Perspectives, Vol. 2: Binding, Dependencies and Learnability. Hillsdale, NJ: Lawrence Erlbaum.

Chien, Y. —C. & K. Wexler. 1989. Children's knowledge of relative scope in Chinese. *Papers and Reports in Child Language Development* 28, 72—80.

Chierchia, G. & S. McConnell — Ginet. 1990. Meaning and Grammar: *An Introduction to Semantics*. Cambridge, Mass: MIT Press.

Choi, S. 1988. The semantic development of negation: a cross — linguistic longitudinal study. *Journal of Child Language* 15: 517—531.

Choi, S. 1995. The Development of Epistemic Sentence—Ending Modal Forms and Functions in Korean Children. In J. Bybee & S. Fleischman. (eds.), *Modality in Grammar and Discourse*. Amsterdam: Benjamins, pp. 165—204.

Chomsky, N. 1957. *Syntactic Structures*. The Hague: Mouton.

Chomsky, N. 1964. *Current Issues in Linguistic Theory*. The Hague: Mouton.

Chomsky, N. 1965. *Aspects of the Theory of Syntax*. Cambridge, Mass: MIT Press.

Chomsky, N. 1972 (1969). Deep Structure, Surface Structure, and Semantic Interpretation. In Danny S. & L. Jakobovits (eds.), 1971, *Semantics: An Interdisciplinary Reader*. Cambridge: Cambridge University Press. pp. 183 — 216. Reprinted in Studies on *Semantics in Generative Grammar*, by N. Chomsky (1972). The Hague: Mouton, pp. 62—119.

Chomsky, N. 1972. *Language and Mind* (enlarged edition). New York: Harcourt Brace Jovanovich.

Chomsky, N. 1975. *Reflections on Language*. New York: Pantheon Books.

Chomsky, N. 1981. *Lectures on Government and Binding*. Dordrecht: Foris.

Chomsky, N. 1986. *Knowledge of Language: its Nature, Origin, and Use*. New York: Praeger.

Chomsky, N. 1995. *The Minimalist Program*. Massachusetts: The MIT Press.

Chomsky, N. 2000. *The Architecture of Language*. Edited by N. Mukherji, B. N. Patnaik & R. K. Agnihotri. New Delhi: Oxford University Press.

Chomsky, N. 2002. *On Nature and Language*. Edited by A. Belletti & L. Rizzi. Cambridge: Cambridge University Press.

Chomsky, N. 2004. *The Generative Enterprise Revisited*. Berlin, New York: Mouton de Gruyter.

Cinque, G. 1999. *Adverbs and Functional Heads: A Cross—Linguistic Perspective*. New York: Oxford University Press.

Coates, J. 1983. *The Semantics of the Modal Auxiliaries*. London: Croon Helm.

Coates, J. 1988. The acquisition of the meaning of modality in children aged eight and twelve. *Journal of Child Language* 15: 425—434.

Cook, W. A. 1978. Eliminating Labels. *MIT Occasional Papers in Linguistics* 20.

Cormack, A. & N. Smith. 1998. Negation, Polarity and V Positions in English. *UCL Working Papers in Linguistics* 10 (1998).

Cormack, A. & N. Smith. 2002. Modals and negation in English. In S. Barbiers, F. Beukema, & W. van der Wurff (eds.), *Modality and its Interaction with the Verbal System*. Amsterdam: Benjamins, pp. 133—164.

Crain, S. 1991. Language acquisition in the absence of experience. *Behavioral and Brain Sciences* 14: 597—650.

Crain, S. 1992. The Semantic Subset Principle in the acquisition of quantification. Paper presented at the workshop on the Acquisition of Wh — Extraction and Related Work on Quantification. University of Massachusetts, Amherst,

Crain, S. 1993. Semantic subsetutions. Invited paper at The Center for Cognitive Science Conference: Early Cognition and the Transition to Language, University of Texas, Austin.

Crain, S. 2000. Sense and Sense Ability in Child Language. *Proceedings of the* 24th *annual Boston University Conference on Language Development*. Somerville, MA: Cascadilla Press.

Crain, S. & D. Lillo — Martin. 1999. *An Introduction to Linguistic Theory and Language Acquisition*. Oxford: Blackwell.

Crain, S. & M. Steedman 1985. *On not being led up the garden path: The use of context by the psychological parser*. In D. Dowty, L. Karttunen & A. Zwicky (eds.), *Natural Language Parsing: Psychological, Computational and Theoretical Perspectives*. Cambridge: Cambridge University Press.

Crain, S. & R. Thornton . 1998. *Investigations in Universal Grammar: A Guide to Research on the Acquisition of Syntax and Semantics*. Cambridge, Mass: MIT Press.

Crain, S. , W. Ni, & L. Conway. 1994. Learning, parsing and modularity. In C. Clifton, L. Frazier & K. Rayner (eds.), *Perspectives on sentence processing*. Hillsdale, NJ: Lawrence Erlbaum.

Crain, S. & W. Philip. 1993. Global semantic dependencies in child language. *Paper presented at the* 16th *GLOW Colloquium*, Lund, Sweden.

Crain, S. , & K. Wexler. 1999. Methodology in the study of language acquisition: A modular approach. In W. C. Ritchie and T. K. Bhatia (eds.), *Handbook of Language Acquisition*. San Diego: Academic Press.

Cruse, D. A. 2000. *Meaning in Language: An Introduction to Semantics and Pragmatics*. New York: Oxford University Press.

De Haan, F. 1994. *The interaction of negation and modality: A typological study*. Ph. D. dissertation. University of Southern California. "Outstanding dissertations in linguistics". New York and London: Garland Publishing, 1997.

De Haan, F. 1999. Evidentiality and Epistemic Modality: Setting Boundaries.

Southwest Journal of Linguistics 18:83—101.

De Haan, F. 2004. Typological Approaches to Modality. To appear in W. Frawley (ed.), (2005), *Modality*. Berlin: Mouton de Gruyter.

Diesing, M. 1992. *Indefinites*. Cambridge, Mass: MIT Press.

Donaldson, M. 1978. *Children's Minds*. London: Fontana.

Donaldson, M. & P. Lloyd. 1974. Sentences and situations: children's judgments of match and mismatch. In F. Bresson (ed.), *Problemes Actuels en psycholinguistique*. Paris: Centre National de Recherche Scientifique.

Dowty, D. 1991. Thematic Proto—roles and Argument Selection. *Language*, 67. 3: 547—619.

Dowty, D. & B. Brodie. 1984. The Semantics of "Floated Quantifiers" in a Transformationless Grammar. *In Proceeding of WCCFL* 3: 75 — 90. CSLI. Stanford University.

Dowty, D., R. Wall & S. Peters. 1981. *Introduction to Montague Semantics*. Dordrecht: Reidel.

Drozd, K. F. & E. van Loosbroek 1999. Weak quantification, plausible dissent, and the development of children's pragmatic knowledge. *Proceedings of the 23rd Annual Boston University Conference on Language Development*, pp. 184—195.

Drozd, K. & W. Philip. 1993. Event quantification in preschoolers' comprehension of negation. In E. V. Clark (ed.), *Proceedings of the 24th Annual Child Language Research Forum*. Stanford, CA: Center for the Study of Language and Information, pp. 72—86.

Drubig, H. B. 2001. On the syntactic form of epistemic modality. University of Tuebingen. Ms. http://www. sfb441. uni — tuebingen. de/b2/papers/DrubigModality. pdf

Ehrman, M. E. 1966. *The meanings of the modals in present — day American English*. (Series Practica 45). The Hague: Mouton.

Erbaugh, M. S. 1992. The Acquisition of Mandarin. In D. I. Slobin (ed.), *The Crosslinguistic Study of Language Acquisition*, Vol 3. Hillsdale, NJ: Laurence Erlbaum.

Fan, Li. 2000. *An HPSG Account of Quantifier scope ambiguity in Chinese*. Master thesis. Unpublished. Beijing Language and Culture University.

Von Fintel, Kai. 1999. NPI — licensing, Strawson — entailment, and Context — dependency. *Journal of Semantcs* 16. 1. http://web. mit. edu/fintel/www/npi. pdf

Fodor, J. A. 1983. *The Modularity of Mind*. Cambridge, MA: MIT Press.

Fodor, J. D. 1982. The Mental Representation of Quantifiers. In S. Peters & E. Saarinen (eds.), *Processes, Beliefs, and Questions*. Dordrecht: Reidel, pp. 129—164.

Foley, W. & R. D. Van Valin. 1984. *Functional Syntax and Universal Grammar*.

Cambridge:Cambridge University Press.

Frawley, W. 1992. *Linguistic Semantics*. Hillsdale, NJ: Lawrence Erlbaum.

Freeman, N. H., C. G. Sinha, & J. A. Stedmon. 1982. All the cars — which cars? From word meaning to discourse analysis. In M. Beveridge (ed.), *Children Thinking Through Language*. London: Edward Arnold, pp. 52—74.

Frege, G. 1952. On Sense and Reference. In P. T. Geach & M. Black (eds.), *Translations from the Philosophical Writings of Gottlob Frege*. Oxford: Blackwell, pp. 56~78.

Frege, G. 1972. *Conceptual Notation and Related Articles*. Translated by T. W. Bynum. Oxford at the Clarendon Press.

Gee, J. & I. Savasir. 1985. On the Use of Will and Gonna: Toward a Description of Activity—Types for Child Language. *Discourse Processes* 8:143—175.

Giannakidou, A. 1998. *Polarity Sensitivity as (Non) veridical Dependency*. Amsterdam: Benjamins.

Giannakidou, A. 1999. Affective Dependencies. *Linguistics and Philosophy* 22(4): 367—421.

Giannakidou, A. 2002. Licensing and Sensitivity in Polarity Items: from Downward Entailment to (Non)veridicality. *Chicago Linguistic Society* 39. http://home.uchicago.edu/~giannaki/publications/cls.giannakidou.pdf

Green, M. G. 1979. The developmental relation between cognitive stage and the comprehension of speaker's uncertainty. *Child Development* 50:666—674.

Grice, H. P. 1975 (1967). Logic and conversation. In P. Cole & J. Morgan (eds.), *Syntax and Semantics, vol. 3: Speech Acts*. New York: Academic Press, pp. 41—58.

Grimshaw, J. 1981. Form, function and the language acquisition device. In C. L. Baker & J. J. McCarthy (eds.), *The logical problem of language acquisition*. Cambridge, Mass: MIT Press.

Groefsema M. 1995. Can, may, must and should: A relevance theoretic account. *Journal of Linguistics* 31:53—79.

Groenendijk, J. & M. Stokhof. 1991. Dynamic Predicate Logic. *Linguistics and Philosophy* 14:39—100.

Gualmini, A. & S. Crain. 2001. Downward Entailment in Child Language. *University of Maryland Working Papers in Linguistics* 11:112—133.

Guo, Jiansheng. 1994. *Social Interaction, Meaning, and Grammatical Form: Children's Development and Use of Modal Auxiliaries in Mandarin Chinese*. Ph. D. dissertation. University of California at Berkeley.

Guo, Jiansheng. 1995. The Interactional Basis of the Mandarin Modal n ng can'. In J. Bybee & S. Fleischman (eds.), *Modality in Grammar and Discourse*. Amsterdam: Benjamins, pp. 205—238.

Haegeman, L. 1995. *The Syntax of Negation*. Cambridge: Cambridge University Press.

Haegeman, L. & J. Guéron. 1999. *English Grammar. A Generative Perspective*. Oxford: Blackwell.

Haegeman, L. & R. Zanuttini. 1991. Negative heads and the NEG Criterion. *The Linguistic Review* 8:233—251.

Halliday, M. 1970. Functional diversity in language as seen from a consideration of modality and mood in English. *Foundations of Language* 6:322—361.

Han, H. & M. K. Park. 1994. The syntax of negation in Korean and its development in child language. *Proceedings of ESCOL'94*.

Heim, I. 1982. *The Semantics of definite and Indefinite NPs*. Ph. D. dissertation. University of Massachusetts, Amherst.

Heim, I. 1984. A note on negative polarity and downward entailingness. *NELS* 14: 98—107.

Heim, I. 1990. E-Type Pronouns and Donkey Anaphora. *Linguistics and Philosophy* 13:137—178.

Hendriks, P. & H. de Hoop. 1999. Optimality Theoretic Semantics. http://rucss.rutgers.edu/roa.html

Hirschberg, J. 1985. *A Theory of Scalar Implicature*. Ph. D. dissertation. University of Pennsylvania.

Hirst, W. & J. Weil 1982. Acquisition of epistemic and deontic meaning of modals. *Journal of Child Language* 9:659—666.

Horn, L. R. 1972. *On the Semantic Properties of Logical Operators in English*. Ph. D. dissertation. UCLA.

Horn, L. R. 1978. Some aspects of negation. In J. Greenberg, C. A. Ferguson, & E. A. Moravcsik (eds.), *Universals of Human Language. Vol. 4, Syntax*. Stanford, California: Stanford University Press, pp. 127—210.

Horn, L. R. 1985. Metalinguistic Negation and Pragmatic Ambiguity. *Language* 61: 121—174.

Horn, L. R. 1989. *A Natural History of Negation*. Chicago: University of Chicago Press.

Horn, L. R. 1999. Any and (—)ever. Free Choice and Free Relatives. *Proceedings of IATL (Israeli Association for Theoretical Linguistics)* 15:71—111. Published 2000.

Horn, L. R. 2000. Pick a Theory: Not Just Any Theory. In L. R. Horn & Y. Kato (eds.), *Negation and Polarity*. New York: Oxford University Press, pp. 147—192.

Horn, L. R. & Y. Kato (eds.). 2000. *Negation and Polarity*. New York: Oxford University Press.

Hornstein, N. 1984. *Logic as grammar*. Cambridge, Mass: MIT Press.

Hornstein,N. 1995. *Logical Form*. Oxford:Blackwell.

Huang,C. T. J. 1982. *Logical Relations in Chinese and the Theory of Grammar*. Ph. D. dissertation. MIT.

Huang,C. T. J. 1983. On the Representation of Scope in Chinese. *Journal of Chinese Linguistics* 11:37—91.

Huang,S. F. 1981. On the Scope Phenomena of Chinese Quantifiers. *Journal of Chinese Linguistics* 9:226—243.

Huang,S. F. 1987. Against Syntacticization. In the Chinese Language Society of Hong Kong (ed.),*Wang Li Memorial Volumes* (English Volume). Joint Publishing Co.

Huang,Shi—Zhe. 1996. *Quantification and Predication in Mandarin Chinese: A Case Study of Dou*. Ph. D. dissertation. The University of Pennsylvania.

Inhelder,B. & J. Piaget. 1958. *The growth of logical thinking from childhood to adolescence*. New York:Basic Books.

Inhelder,B. & J. Piaget. 1964. *The Early Growth of Logic in the Child*. London: Rouledge & Kagan Paul.

Ioup, G. 1975. *The Treatment of Quantifier Scope in a Transformational Grammar*. Ph. D. Dissertation. CUNY Graduate Center.

Ioup,G. 1976. Some Universals for Quantifier Scope. In J. Kimball (ed.), *Syntax and Semantics* 4. New York:Academic Press,pp. 37—58.

Ito,K. 1981. Two Aspects of Negation in Child Language. In P. S. Dale & D. Ingram (eds.), *Child Language — an international perspective*. Baltimore: University Park Press.

Jackendoff,R. 1972. *Semantic Interpretation in Generative Grammar*. Cambridge, Mass:MIT Press.

Jackendoff,R. 1983. *Semantics and Cognition*. Cambridge,Mass:MIT Press.

Jiang,Yan,Haihua Pan & Chongli Zou. 1997. On the Semantic Content of Noun Phrases. In Liejiong Xu (ed.), *The Referential Properties of Chinese Noun Phrases* [Collection des Cahiers de Linguistique Asie Orientale 2],Ecole des Hautes Etudes en Sciences Sociales,Centre de Recherches Linguistiques sur l'Asie Orientale,Paris,3—24. http://www. polyu. edu. hk/～cbs/jy/jpc. htm

Johnson — Laird, P. 1969. On Understanding Logically Complex Sentences, *Quarterly Journal of Experimental Psychology* 21:1—13.

Kager,R. 1999. *Optimality Theory*. London:Cambridge University Press.

Kang,H. —K. 2001. Quantifier Spreading:Linguistic and Pragmatic Consideration. *Lingua* 111:591—627.

Karttunen, L. 1972. Possible and must. In J. P. Kimball (ed.), *Syntax and Semantics*,Vol. 1. New York:Academic Press,pp. 1—20.

Karttunen,L. 1977. Syntax and semantics of questions. *Linguistics and Philosophy*

1:3—44.

Kim, Y. — J. 1997. The Acquisition of Korean. In D. I. Slobin (ed.), *The Crosslinguistic Study of Language Acquisition*, *Vol*. 4. Hillsdale, NJ: Laurence Erlbaum.

Kim, Y. —J. & R. Larson. 1989. Scope Interpretation and the Syntax of Psyche Verbs. *Linguistic Inquiry* 20:681—688.

Klima, E. & U. Bellugi. 1966. Syntactic regularities in the speech of children. In J. Lyons & R. Wales (eds.), *Psycholinguistic Papers*. Edinburgh: Edinburgh University Press, pp. 183—208.

Kramer, I. 2000. *Interpreting indefinites: an experimental study of children's language comprehension*. Ph. D. dissertation. University of Utrecht.

Kratzer, A. 1977. What 'must' and 'can' must and can mean. *Linguistic and Philosophy* 1:337—355.

Kratzer, A. 1981. The notional category of modality. In H. J. Eikmeyer & H. Rieser (eds.), *Words, Worlds, and Contexts: New Approaches in Word Semantics*. Berlin: de Gruyter, pp. 38—74.

Kratzer, A. 1991. Modality. In A. von Stechow, & D. Wunderlich (eds.), *Semantics: an International Handbook of Contemporary Research*. Berlin: de Gruyter, pp. 639—650.

Kripke, S. 1972. Naming and necessity. In D. Davidson & G. Harman (eds.), *Semantics of Natural Language*. Dordrecht: Reidel, pp: 253—355. *Reprinted as Naming and Necessity*, Oxford: Blackwell, 1980.

Kroch, A. 1974. *The Semantics of Scope in English*. Ph. D. dissertation, MIT.

Kuczaj, S. 1977. Old and New Forms, Old and New Meanings: The Form—Function Hypothesis Revisited. *Paper presented at the Meeting of the Society for Research on Child Development*, New Orleans.

Kuczaj, S. & M. Maratsos. 1983. Initial Verbs of Yes—no Questions: A Different Kind of General Grammatical Category. *Developmental Psychology* 19:440—444.

Kuno, S., Ken—ichi Takami & Yuru Wu. 1999. Quantifier Scope in English, Chinese, and Japanese. *Language* 75:63—111.

Kurtzman, H. & M. MacDonald. 1993. Resolution of Quantifier Scope Ambiguities. *Cognition* 48:243—279.

Lakoff, G. 1971. On generative semantics. In D. A. Steinberg & L. A. Jakobovits (eds.), *Semantics: An interdisciplinary reader in philosophy, linguistics, and psychology*. New York: Cambridge University Press, pp. 232—296.

Lakoff, R. 1970. Some reasons why there can't be any some—any rule. *Language* 45:608—615.

Lambek, J. 1958. The Mathematics of Sentence Structure. *American Mathematical*

Monthly 65:154—169.

Lasnik, H. 1972. *Analyses of Negation in English*. Ph. D. Dissertation, MIT.

Lasnik, H. 1981. Restricting the theory of transformations: a case study. In N. Hornstein & D. Lightfoot (eds.), *Explanations in Linguistics*. London: Longman, pp. 152—173.

Lee, T. H—T. 1981. *Acquisition of negation in a Mandarin—Speaking Child*. Master thesis. University of Hong Kong.

Lee, T. H—T. 1986. *Studies on Quantification in Chinese*. Ph. D. dissertation. UCLA.

Lee, T. H—T. 1991 Linearity as a scope principle for Chinese: the evidence from first language acquisition. In D. Napoli & J. Kelg (eds.), *Bridges Between Psychology and Linguistics*. Hillsdale, NJ: Erlbaum.

Lee, T. H—T. 1993. The Learnability of Locality Conditions on Quantification. In *Collected Essays in Analytic Philosophy and the Philosophy of Language*, pp. 283—309. Chinese University of Hong Kong.

Lee, T. H—T. 1996a. Scope and distributivity in child Mandarin. *Proceedings of the 28th Annual Child Language Research Forum*. Stanford: Center for the Study of Language and Information.

Lee, T. H—T. 1996b. Theoretical Issues in Language Development and Chinese Child Language. In C. T. J. Huang & Y. H. A. Li (eds.), *New Horizons in Chinese Linguistics*. Dordrcht: Kluwer, pp. 293—356.

Lee, T. H—T., V. Yip & C. Wang. 1998. Rethinking Isomorphism as a Scope Principle for Chinese and English. *Proceedings of the Tenth North American Chinese Linguistics Conference*.

Leibniz, G. W. 1952. *Discourse on Metaphysics*. P. Lucas & L. Grint (Tr.). Manchester: University Press.

Lewis, D. 1973. Adverbs of Quantification. In E. Keenan (ed.), *Formal Semantics of Natural Language*. London: Cambridge University Press, pp. 3—15.

Li, L. H. 1968. *The development of the syntax of a Cantonese—speaking child from 1 1/2 to 2 1/2 years of age*. Master thesis. University of Malaya.

Li, Y. —H. Audrey. 1992. Indefinite Wh in Mandarin Chinese. *Journal of East Asian Linguistics* 1:125—155.

Lidz, J. & J. Musolino. 2002. Children's Command of Quantification. *Cognition* 84: 113—154.

Lidz, J. & J. Musolino. ?. Continuity in Linguistic Development: the Scope of Syntax and the Syntax of Scope. http://www.indiana.edu/~plp/cogsequel.pdf

Lin, Jo—Wang. 1998. Distributivity in Chinese and its implications. A part of Ph. D. dissertation. The University of Massachusetts. Published in *Natural Language*

Semantics 6:201—243.

Lin,Jo—wang & J. Tang. 1995. Modals as verbs in Chinese:a GB perspective. *The Bulletin of the Institute of History and Philology* 66:53—105.

Link, G. 1987. Generalized Quantifiers and Plurals. In P. G rdenforts (ed.), *Generalized Quantifiers:Linguistic and Logical Approaches*. Dordrecht:Reidel,pp. 151—180.

Liu,F. —H. 1990. *Scope Dependency in English and Chinese*. Ph. D. Dissertation. University of California,Los Angeles.

Liu,F. —H. 1997. *Scope and Specificity*. Amsterdam:Benjamins.

Lu,J. H—T. 1984. A Functional Analysis of Word Order in Mandarin Chinese. *Journal of the Chinese Language Teachers Association*, Vol. XTX: No. 1, February 1984,23—45.

Lyons,J. 1977. *Semantics*. London:Cambridge University Press.

May,R. 1977. *The Grammar of Quantification*. Ph. D. dissertation,MIT.

McDowell,J. P. 1987. *Assertion and Modality*. Ph. D. dissertation. University of Southern California.

McNeill,D. & N. B. McNeill. 1968. What does a child mean when he says "no"? In E. M. Zale (ed.),*Proceedings of the conference on language and language behavior*. New York:Appleton—Century—Crofts,pp. 51—61.

Montague,R. 1969. On the nature of certain philosophical entities. The Monist 53:159—194. Represented in 1974 in R. H. Thomason (ed.),*Formal Philosophy. Selected papers of Richard Montague*. Yale University Press,New Haven,pp. 148—187.

Musolino, J. 1998a. *Universal Grammar and the Acquisition of Semantic Knowledge: An Experimental Investigation into the Acquisition of Quantifier Negation Interaction in English*. Ph. D. dissertation. University of Maryland.

Musolino,J. 1998b. Not any child can deal with some. *Proceedings of the 23rd Boston University Conference on Language Development*,pp. 495—506.

Musolino,J. 2001. Structure and meaning in the acquisition of scope. To appear in L. Frazier, T. Roeper & K. Wexler (eds.),*Studies in Theoretical Psycholinguistics*, *Acquisition meets Semantics*. Dordrcht: Kluwer. http://www. indiana. edu/~ plp/chapter. pdf

Musolino,J. ?. What exactly do preschoolers know about the meaning of number words. http://www. indiana. edu/~plp/number. pdf

Musolino,J. ,S. Crain & R. Thornton. 2000. Navigating Negative Quantificational Space. *Linguistics* 38—1:1—32.

Musolino,J. & A. Gualmini. 2003. The role of partitivity in child language. To appear in *Language Acquisition*. http://www. indiana. edu/~plp/partitive. pdf

Musolino,J. & J. Lidz. 2002. Why Children Aren't Universally Successful with

Quantification. Ms. Indiana University and Northwestern University. http://babel. ling. northwestern. edu/~lidz/down. html

Nam, S. 1994. Another Type of Negative Polarity Item. In M. Kanazawa & C. J. Pi n (eds.), *Dynamics, Polarity and Quantification*. Stanford, California: CSLI Publications, pp. 3—15.

Nishigauchi, T. 1990. Quantification in the Theory of Grammar. In G. Chierchia et al (eds.), *Studies in Linguistics and Philosophy Vol*. 37. Dordrecht: Kluwer.

Noveck, I. A. 2001. When children are more logical than adults: experimental investigations of scalar implicature. *Cognition* 78: 165—188.

O' Leary, C. & S. Crain. 1994. Negative Polarity Items (a Positive Result) Positive Polarity Items (a Negative Result). *Paper presented at the 19th Boston University Conference on language Development*. Boston University, Boston, MA.

Palmer, F. R. 1979. Non—assertion and Modality. In D. J. Allerton, E. Carney & D. Holdereroft (eds.), *Function and Context in Linguistic Analysis*. London: Cambridge University Press.

Palmer, F. R. 1986. *Mood and Modality*. London: Cambridge University Press.

Palmer, F. R. 1990. *Modality and the English Modals*. London & New York: Longman.

Palmer, F. R. 1995. Negation and the Modals of Possibility and Necessity. In J. Bybee & S. Fleischman (eds.), *Modality in grammar and discourse*. Amsterdam: Benjamins, pp. 453—472.

Palmer, F. R. 2001. *Mood and Modality*, second edition. London: Cambridge University Press.

Papafragou, A. 1997. Modality in language development: a reconsideration of the evidence. *UCL Working Papers in Linguistics* 9 (1997).

Papafragou, A. 1998. Inference and word meaning: The case of modal auxiliaries. *Lingua* 105 (1998): 1—47.

Papafragou, A. 2000. Epistemic modality and truth conditions. In A. Klinge & H. M ller (eds.), *Perspectives on Modality*. Amsterdam: Benjamins. http://www. cis. upenn. edu/~anna4/papers/epmodtruth. pdf

Papafragou, A. 2001. Linking Early Linguistic and Conceptual Capacities: The Role of Theory of Mind. In A. Cienki, B. Luka & M. Smith (eds.), *Conceptual and Discourse Factors in Linguistic Structure*. Stanford: CSLI Publications, pp. 169—184.

Papafragou, A. & J. Musolino. 2003. Scalar implicatures: Experiments at the semantics—pragmatics interface. *Cognition* 86: 253—282.

Partee, B. H. 1970. Opacity, Coreference, and Pronouns. *Synthese* 21 (1970): 359—385; Reprinted in D. Davidson and G. Harman (eds.), *Semantics of Natural Language*. Dordrecht: Reidel. 1972, pp. 415—441.

Pea, R. D. 1980. The Development of Negation in Early Child Language. In D. Olson (ed.), *The Social Foundations of Language and Thought*. New York: W. W. Norton, pp. 156—186.

Pea, R., R. Mawby & S. MacCain. 1982. World—making and world—revealing: semantics and pragmatics of modal auxiliary verbs during the third year of life. *Paper presented at the 7th Annual Boston Conference on Child Language Development*, October.

Perkins, M. 1983. *Modal Expressions in English*. London: Frances Pinter.

Philip, W. 1991. Quantification over events in early universal quantification. *Paper presented at the 16th annual Boston University Conference on Language Development*. Boston, MA.

Philip, W. 1992. Event quantification and the symmetrical interpretation of universal quantifiers in child language. In K. von Fintel & H. Rullman (eds.), *Semantic Issues*. University of Massachusetts Occasional Papers in Linguistics. Amherst, MA: GLSA.

Philip, W. 1995. *Event Quantification in the Acquisition of Universal Quantification*. Ph. D. dissertation. University of Massachusetts at Amherst.

Philip, W. 1996. The Event Quantificational Account of Symmetrical Interpretation and a Denial of Implausible Infelicity. *Proceedings of the 20th annual Boston University Conference on Language Development*. *Somerville*, MA: Cascadilla Press.

Philip, W. & S. Aurelio. 1991. Quantifier Spreading: Pilot study of preschooler's "every". In T. Maxfield & B. Plunkett (eds.), *Papers in the Acquisition of WH: Proceedings of the Umass Roundtable*, May 1990. Linguistics Department, UMASS, Amherst, MA: Graduate Linguistics Students Association.

Picallo, C. 1990. Modal verbs in Catalan. *Natural Language and Linguistic Theory* 8: 285—312.

Pinker, S. 1984. *Language Learnability and Language Development*. Cambridge, MA: Harvard University Press.

Pinker, S. 1986. Productivity and Conservatism in Language Acquisition. In W. Demopoulos & A. Marras (eds.), *Language Learning and Concept Acquisition: Foundational Issues*. Norwood, N. J.: Ablex Pub. Corp., pp. 54—79.

Pinker, S. 1989. *Learnability and Cognition*. Cambridge, Mass: MIT Press.

Prince, A. & P. Smolensky. 1993. Optimality Theory: constraint interaction in generative grammar. Ms. Rutgers University, New Brunswick and University of Colorado, Boulder. [To appear as Technical report no. 2, Rutgers University Center for Cognitive Science. Cambridge, MA: MIT Press.

Pullum, G. & D. Wilson. 1977. Autonomous Syntax and the Analysis of Auxiliaries. *Language* 53: 741—788.

Quirk, R., S. Greenbaum, G. Leech & J. Svartvik. 1985. *A Comprehensive Grammar of the English Language*. London: Longman.

Reinhart, T. 1976. *The syntactic domain of anaphora*. Ph. D. dissertation. MIT.

Reinhart, T. 1983. *Anaphora and Semantic Interpretation*. London: Croom—Helm.

Reinhart, T. 1997. Quantifier Scope. *Linguistics and Philosophy* 20: 335—397.

Roeper, T. & E. Matthei. 1975. On the acquisition of all and some. *Papers and Reports on Child Language Development* 9. Stanford: Stanford University Press.

Roeper, T. & J. de Villiers. 1991. The emergence of bound variable structures. In T. Maxfield & B. Plunkett (eds.), *Papers in the Acquisition of WH: Proceedings of the Umass Roundtable*. May 1990. Amherst, MA: GLSA.

Sano, T. 2003. Scope Relations of QP's and Scrambling in the Acquisition of Japanese. *Paper presented at GALA 2003 Conference*. http://www_uilots. let. uu. nl/conferences/Gala/gala—programme. html/

Schubert, L. K. & F. J. Pelletier 1989. Generically Speaking or Using Discourse Representation Theory to Interpret Generics. In G. Chierchia, B. Partee & R. Turner (eds.), *Properties, Types and Meaning II*. Dordrecht: Reidel, pp. 193—268.

Shatz M., D. Billman & I. Yaniv 1986. Early occurrences of English auxiliaries in children's speech. Ms. Ann Arbor. University of Michigan.

Shatz, M., H. Grimm, S. Wilcox & K. Niemeier—Wind. 1989. The uses of modal expressions in conversations between German and American mothers and their two—year—olds. *Paper presented at the biennial meeting of the Society for Research in Child Development*, Kansas City, MO.

Shatz, M. & S. Wilcox. 1991. Constraints on the Acquisition of English Modals. In S. Gelman & J. Bymes (eds.), *Perspectives on Language and Thought*. London: Cambridge University Press, pp. 319—353.

Shepherd, S. 1981. *Modals in Antiguan Creole, child language acquisition, and history*. PhD dissertation. Stanford University.

Shepherd, S. 1982. From Deontic to Epistemic: An Analysis of Modals in the History of English, Creoles, and Language Acquisition. In A. Ahlqvist (ed.), *Papers from the 5th International Conference on Historical Linguistics*. Amsterdam: Benjamins, pp. 316~723.

Slobin, D. I. 1985. Crosslinguistic evidence for the language—making capacity. In D. I. Slobin (ed.), *The crosslinguistic study of language acquisition*. Hilsdale, NJ: Laurence Erlbaum pp. 1157—1256.

Sperber, D. & D. Wilson. 1995. *Relevance* (2rd edn). Oxford: Blackwell.

Stalnaker, R. 1984. *Inquiry*. Cambridge: MIT Press.

Stephany, U. 1993. Modality in First Language Acquisition: The State of the Art. In N. Dittmar & A. Reich (eds.), *Modality in Language Acquisition*. Berlin: de Gruyter, pp. 133—144.

Su, Y—C. 2001. *Scope and Specificity in Child Language: A Cross—Linguistic Study on English and Chinese*. Ph. D. dissertation. University of Maryland.

Su, Y—C. 2003. Children don't always follow c—command as a scope principle. *Paper presented at GLOW*, 2003: Lund, Sweden.

Sweetser, E. 1990. *From etymology to pragmatics: Metaphorical and cultural aspects of semantic structure*. Cambridge: Cambridge University Press.

Szabolcsi, A. 1997. Strategies for scope taking. In A. Szabolcsi (ed.), *Ways of Scope Taking*. Dordrecht: Kluwer, pp. 109—154.

Takahashi, M. 1991. Children's interpretation of sentences containing every. In T. Maxfield & B. Plunkett (eds.), *Papers in the Acquisition of WH: Proceedings of the Umass Roundtable*. May 1990. Amherst, MA: GLSA.

Talmy, L. 2000. *Toward a Cognitive Semantics*. Massachusetts: the MIT Press.

Tesar, B. & P. Smolensky. 1993. The Learnability of Optimality Theory: an algorithm and some basic complexity results. Technical Report CU—CS—678—93, Computer Science Department, University of Colorado, Boulder. http://ruccs. rutgers. edu/roa. html

Tesar, B. & P. Smolensky. 1996. Learnability in Optimality Theory (long version). http://www. cogsci. jhu. edu/TechReports/

Thornton, R. 1995. Children's negative questions: a production/comprehension asymmetry. In J. Fuller, H. Han, & D. Parkinson (eds.), *Proceedings of ESCOL*, *Ithica*, NY: Cornell University.

Tomasello, M. 2000. First steps in usage—based theory of language acquisition. *Cognitive Linguistics* 11:61—82.

Tomasello, M. 2003. *Constructing a Language: a Usage—based Theory of Language Acquisition*. Cambridge, Mass: Havard University Press.

Tomasello, M., R. Strosberg and N. Akhtar. 1996. Eighteen—Month—Old Children Learn Words in Non—Ostensive Contexts. *Journal of Child Language* 23:157—176.

Tonhauser, J. 2000. An Approach to Polarity Sensitivity and Negative Concord by Lexical Underspecification. In D. Flickinger & A. Kathol (eds.), *Proceedings of the 7th International HPSG Conference*, UC Berkeley (22—23, 2000). 2001. CSLI Publications. stanford. edu/

Traugott, E. C. & R. B. Dasher. 2002. *Regularity in Semantic Change*. Cambridge: Cambridge University Press.

Trueswell, J. C., I. Sekerina, N. M. Hilland & M. L. Logrip. 1999. The kindergarten—path effect: studying on—line sentence processing in young children. *Cognition* 73:89—134.

Tsai, Wei—Tien Dylan. 1999. On Subject Specificity. http://www. usc. edu/dept/LAS/ealc/Chinling/synformal. htm

Van der Auwera, J. 1996. Modality: the Three — layered Square. *Journal of Semantics* 13:181—195.

Van der Auwera, J. 2001. On the typology of negative modals. In J. Hoeksema, H. Rullmann, V. S nchez—Valencia & T. van der Wouden (eds.), *Perspectives on Negation and Polarity Items*. Amsterdam: Benjamins, pp. 23—48.

Van der Auwera, J. & V. A. Plungian. 1998. Modality's semantic map. *Linguistic Typology* 2:79—124.

VanLehn, K. A. 1978. Determining the scope of English quantifiers. *Technical Report AI—TR*—483, Artificial Intelligence Laboratory, MIT, Cambridge, MA.

Wells, G. 1979. Learning and Using the Auxiliary Verb in English. In V. Lee (ed.), *Cognitive Development: Language and Thinking from Birth to Adolescence*. London: Croom Helm, pp. 250—270.

Wells, G. 1985. *Language Development in the Pre — School Years*. Cambridge: Cambridge University Press.

Wexler, K. & M. R. Manzini. 1987. Parameters and Learnability in Binding Theory. In T. Roeper & E. Williams (eds.), *Parameter Setting*. Dordrecht: Reidel, pp. 41—76.

Wittgenstein, L. 1958. *The blue and brown book*. London: Basil Blackwell.

Wode, H. 1976. Four early stages in the development of L1 negation. *Journal of Children language* 4:87—102.

Von Wright, E. H. 1951. *An essay in modal logic*. Amsterdam: North Holland.

Wu, Yuru. 1992. *Anaphora and Quantifier Scope in Chinese*. Ph. D. dissertation. Harvard University.

Xu, Liejiong & T. H. — T Lee. 1989. Scope Ambiguity and Disambiguity in Chinese. *Papers from the 25th Chicago Linguistic Society Meeting: Part One*. The General Session, Chicago, IL.

Yang, Rong. 2001. *Common Nouns, Classifiers, and Quantification in Chinese*. Ph. D. dissertation. The State University of New Jersey.

Yeh, Ling — hsia. 1997. Focus, Metalingusitic Negation and Contrastive Negation. *Journal of Chinese Linguistics* Vol. 23, No. 2:42—75.

Yeh, Meng. 1998. On 还 Hai in Mandarin. *Journal of Chinese Linguistics*, Vol. 26, No. 2:236—280.

陈鹤琴:《儿童心理之研究》,上海:商务印书馆,1925。

丁声树等:《现代汉语语法讲话》,北京:商务印书馆,1961。

方立:《数理语言学》,北京:北京语言文化大学出版社,1997。

方立:《逻辑语义学》,北京:北京语言文化大学出版社,2000。

方立、范莉:"都"的事件—驱动分析,《中国语文研究》2003(1)。

方立、范莉:"应该"及其否定句式,2005(4)。

方绪军:《现代汉语 实词》,张斌(主编),上海:华东师范大学出版社,2000。

符达维:对双重否定的几点探讨,《福建论坛》,1986(6)。

候学超:《现代汉语虚词词典》,北京:北京大学出版社,1998。

胡裕树:《现代汉语》,上海:上海教育出版社,1981。

黄伯荣、廖序东:《现代汉语》,北京:高等教育出版社,1991。

金兆梓:《国文法之研究》,北京:商务印书馆,1983(1922)。

郎桂青:双重否定句表示肯定的条件,《语文研究》,1989(1)。

黎锦熙:《新著国语文法》,北京:商务印书馆,1998(1924)。

李行德:儿童语言否定词的发展,*Language Learning and Communication* 1.3:269—281,1982。

李宇明:《儿童语言的发展》,武汉:华中师范大学出版社,1995。

刘月华、潘文娱、故韦华:《实用现代汉语语法》(增订本),北京:商务印书馆,2001。

陆俭明、马真:《现代汉语虚词散论》,北京:北京大学出版社,1985。

吕叔湘:"个"字的应用范围,附论单位词前"一"的脱落,《汉语语法论文集》(增订本),1999,北京:商务印书馆,1944。

吕叔湘:《中国文法要略》,北京:商务印书馆,1982(1942)。

吕叔湘:疑问·否定·肯定,《中国语文》,1985(4)。

吕叔湘:《现代汉语八百词》,北京:商务印书馆,1996(1980)。

马建忠:《马氏文通》,北京:商务印书馆,1983(1898—1900)。

Paris,Marie—Claude,汉语普通话中的"连……也/都",罗慎仪 节译,《国外语言学》,1981(3)。

钱敏汝:否定载体"不"的语义一语法考察,《中国语文》,1990(1)。

沈家煊:词序与辖域一英汉比较,《语言教学与研究》,1985(1)。

沈家煊:判断词语的语义强度,《中国语文》,1989(1)。

沈家煊:"语义的不确定性"和无法分化的多义句,《中国语文》,1991(1)。

沈家煊:"语用否定"考察,《中国语文》,1993(5)。

沈家煊:《不对称和标记论》,南昌:江西教育出版社,1999。

丸尾诚:关于否定词移位对谓宾动词的影响,《辽宁大学学报》,1997(3)。

王力:《中国语法理论》,北京:中华书局,1954。

王力:《古代汉语》,北京:中华书局,1962。

王力:《中国现代语法》,北京:商务印书馆,1985。

熊文华:正反,载于赵世开主编《汉英对比语法论集》,上海:上海外语教育出版社,1999。

徐杰、李英哲:焦点和两个非线性语法范畴:"否定""疑问",《中国语文》,1993(2)。

徐烈炯、刘丹青:《话题的结构和功能》,上海:上海教育出版社,1998。

徐仲华:肯定、否定和反诘,《语文知识》,1959(2)。

袁圣:谈双重否定,《大公报》,1951,10.24。

张谊生:《现代汉语虚词》,张斌(主编),上海:华东师范大学出版社,2000。

赵元任:《汉语口语语法》,吕叔湘译,北京:商务印书馆,2001(1968)。

朱德熙:说"差一点",《中国语文》,1959(9)。《朱德熙选集》,季羡林(主编),长春:东北师范大学出版社,2001。

朱德熙:《语法讲义》,北京:商务印书馆,1997(1982)。

朱曼殊:《儿童语言发展研究》,上海:华东师范大学出版社,1986。

朱晓亚:否定句研究概观,《汉语学习》,1992。

《当代汉语词典》,上海:上海辞书出版社,2001。

《现代汉语词典》(增补本),中国社会科学院语言研究所词典编辑室编,北京:商务印书馆,2002。

李行健(主编):《现代汉语规范词典》,北京:外语教学与研究出版社/语文出版社,2004。

北京大学中文系1955,1957级语言班编:《现代汉语虚词例释》,北京:商务印书馆,1996(1982)。